COMPASSIONATE BEINGS IN STONE AND METAL

CHINESE BUDDHIST SCULPTURES IN THE FREER GALLERY OF ART

CHANG QING

常 青／著

金石之躯寓慈悲

美国佛利尔美术馆藏中国佛教雕塑

（研究篇）

文物出版社

图书在版编目（ＣＩＰ）数据

金石之躯寓慈悲：美国佛利尔美术馆藏中国佛教雕
塑．研究篇／常青著．-- 北京：文物出版社，2016.8
ISBN 978-7-5010-4591-4

Ⅰ．①金… Ⅱ．①常… Ⅲ．①佛像－石刻造像－研究
－中国 Ⅳ．① K879.34

中国版本图书馆 CIP 数据核字 (2016) 第 102460 号

金石之躯寓慈悲
美国佛利尔美术馆藏中国佛教雕塑（研究篇）

著　　者／常　青

责任编辑／许海意
责任印制／张道奇
装帧设计／谭德毅

出版发行／文物出版社
社　　址／北京东直门内北小街 2 号楼
邮政编码／100007
网　　址／http://www.wenwu.com
邮　　箱／web@wenwu.com
经　　销／新华书店
制版印刷／北京图文天地制版印刷有限公司
开　　本／1270×965毫米　1/16
印　　张／18.25
版　　次／2016年8月第1版
印　　次／2016年8月第1次印刷
书　　号／ISBN 978-7-5010-4591-4
定　　价／360.00元

I would like to specially acknowledge and thank the Smithsonian Institution and the Freer Gallery of Art and Arthur M. Sackler Gallery for the financial support and facilitation of my research that was offered to me when I was a Smithsonian Fellow. I also appreciate the generosity of the Freer|Sackler in offering the images for the book as a courtesy, and I thank the photographers who over the years carefully photographed all these works.

　　谨向史密森博物学院以及其旗下的佛利尔美术馆、赛克勒美术馆致以诚挚的谢意！感谢他们在我任访问学者时对我的研究课题所提供的资助与便利。感谢佛利尔美术馆、赛克勒美术馆无偿提供本书的全部图片，也向数年来摄下这些精美作品的博物馆摄影师们鸣谢。

Charles Lang Freer (1854~1919)
佛利尔 (1854~1919)

The Freer Gallery of Art
佛利尔美术馆

Seattle
西雅圖

San Francisco 舊金山
Stanford 斯坦福

Los Angeles 洛杉矶

Kansas City
堪薩斯城

Honolulu
火奴魯魯

PACIFIC OCEAN

0   100 mi
0   100 km

CANA

MEXICO

CANADA

RUSSIA

ARCTIC OCEAN

BERING SEA

PACIFIC OCEAN

GULF OF ALASKA

0   200 mi
0   200 km

PACIFIC OCEAN

ATLANTIC OCEAN

Lake Superior

Lake Huron

Lake Michigan

Lake Ontario

Lake Erie

多倫多
Toronto

Boston波士頓

Detroit
底特律

Cleveland克里夫蘭

New York City
紐約

Philadelphia費城

Chicago
芝加哥

Washington D.C.華盛頓

Cincinnati
辛辛那提

nt Louis
路易

Chapel Hill
教堂山

ATLANTIC OCEAN

ULF OF MEXICO

THE BAHAMAS

CUBA

0	100	200	300 mi
0	100	200	300 km

Map on the locations of some American museums mentioned in this book
本书所涉及美国博物馆位置图

Abstract

Compassionate Beings in Stone and Metal:
Chinese Buddhist Sculptures in the Freer Gallery of Art

Chang Qing

Abstract

The Freer Gallery of Art came into being when Charles Lang Freer (1854-1919), an American industrialist and art collector, gave his collection in trust to the Smithsonian Institution, Washington D.C., provided funds for the museum to house and exhibit his collection. Among the about 11,000 pieces of Asian and American arts are about 330 Chinese Buddhist sculptures, formed one of the best such collections in the Western world with motifs on Buddhas, bodhisattvas, monk disciples, arhats, guardian kings, guardians and donors in the forms of individual figures and imagery steles or niches. In these two lavish, comprehensive volumes, studying and cataloging the Freer's pieces serve as the basis for a reassessment of the special collection ranging in date from the fifth to the twentieth century, most of which previously unpublished.

In the Research section, Chapter One provides an overview of collecting Chinese art and Buddhist sculptures in America during the early twentieth century as the historical background for Freer's Buddhist collection and his art gallery. Chapter Two explores the iconographies and styles of Freer's Buddhist sculptures in the contexts of Chinese Buddhist history from the fifth to the twentieth centuries, with discussing of metropolitan styles and regional or provincial styles. Chapter Three conducts a research on the provenances of Chinese cave temple sculptures from the Freer Gallery of Art, including the stone carved images from Longmen, Gongxian and Xiangtangshan grottoes. Chapter Four highlights nine master pieces and their significances in the study of Chinese art history. Chapter Five is a case study on the precious and well-known Dharma Realm Images of the Rocana Figures from the gallery. Chapter Six tries to provide a few methods of identifying forged Chinese Buddhist sculptures.

The section of Catalogue comprehensively records all of Chinese Buddhist sculptures as well as the Daoist sculptures from the collection in a chronological order, with heterogeneous images including wooden carved figures, dry lacquer deities, elegant gilt bronze icons, stone sculpted representations, porcelain figures, gold and crystal images. The catalogue presents a ground-breaking survey, with new lights on their dating and motifs, about this group of Chinese Buddhist treasures.

Compassionate Beings in Stone and Metal is not only the first time to present the treasures in their home country, China, but also the first publication on the entire group of Freer's Chinese Buddhist sculptures in the world for scholars, connoisseurs and collectors in the field of Asian art.

金石之躯寓慈悲
美国佛利尔美术馆藏中国佛教雕塑

常 青

内容提要

位于美国首都华盛顿的佛利尔美术馆是由著名工业家与艺术收藏家佛利尔（1854~1919）捐赠给史密森博物学院的，用来收藏与展出佛利尔捐赠给全美国人民的艺术品。在大约11000件捐赠品中有约330件中国佛教雕塑作品，使该馆成为西方世界最好的中国佛教艺术收藏地之一，包括佛、菩萨、弟子、罗汉、天王、力士、供养人、飞天等造像种类，上自5世纪的南北朝，下迄20世纪。这两卷本著作包括《研究篇》与《著录篇》两部分，对佛利尔美术馆收藏的大部分中国佛教造像作了重新研究与评价，其中大部分雕塑是首次发表。

在《研究篇》的六章里，笔者总体叙述了美国人在20世纪初期如何收藏中国艺术品，作为佛利尔收藏中国文物与建立其美术馆的历史背景。《研究篇》的主要内容旨在探索佛利尔收藏的中国佛教雕塑的图像特点与时代风格，该馆收藏的来自中国佛教石窟寺（包括河南洛阳龙门石窟、巩县大力山石窟、河北邯郸响堂山石窟）造像的归位问题，该馆收藏的九件杰作在研究中国美术史中的意义，以及该馆收藏的两件卢舍那法界佛像的个案研究。《研究篇》的最后一部分以佛利尔收藏的一些赝品造像为例来建立几个鉴定中国佛教造像真伪的方法。

本书的《著录篇》以年代先后为序全面客观地记录了佛利尔美术馆收藏的各种中国佛教雕塑与道教雕塑，包括木雕像、夹纻干漆像、鎏金铜像、石雕像、瓷塑像、金像、水晶雕像等。这些对中国佛教艺术宝库的著录，论述了许多对断代与考证题材方面的新观点。

《金石之躯寓慈悲》不仅是首次在它们的祖国——中国发表这批艺术宝藏，也是首次在全世界的范围内向学者们、艺术品鉴赏家们、收藏家们发表佛利尔美术馆收藏的全部中国佛教雕塑作品，在亚洲艺术界有很高的研究、鉴赏价值。

Acknowledgements And Introduction
鸣谢与本书体例介绍

　　佛利尔美术馆（Freer Gallery of Art）是由美国著名艺术品收藏家佛利尔（Charles Lang Freer, 1854~1919）捐赠的艺术馆，位于美国首都华盛顿市中心的国家广场（The National Mall）南侧。佛利尔是美国著名的工业家与艺术品收藏家，他的藏品在亚洲艺术与美国 19 世纪艺术收藏方面闻名于世。1906 年，他决定将自己毕生收藏的艺术品捐献给由美国联邦政府代管的美国最高科研机构——史密森博物学院（Smithsonian Institution），并出资修建以他个人名字命名的艺术馆，用以安置、展出他的藏品。在他与史密森博物学院的契约生效之后，佛利尔还继续从中国、日本、美国收购亚洲艺术品，一并加入到他的捐献之列。最终他出资建造的佛利尔美术馆收藏了上万件艺术品（也包括其他人的捐献）。佛利尔美术馆在 1923 年正式对外开放，它的许多中国文物都是在中国艺术史研究领域里不可或缺的精品。本书介绍的仅是他收藏的中国佛教雕塑。

　　如今的佛利尔美术馆与相邻的赛克勒美术馆合称为佛利尔－赛克勒美术馆（The Freer Gallery of Art and Arthur M. Sackler Gallery，或简称为 Freer|Sackler），它们是一套行政管理下的两个独立博物馆（佛利尔不借入也不借出其藏品，赛克勒则没有此项要求），合起来称为国立亚洲艺术博物馆（The National Museums of Asian Art），隶属史密森博物学院。

　　该馆十分乐意与全世界愿意致力于独立研究的学者们来分享他们的藏品，并帮助任何学者进行他们的深入研究课题。他们这样做的目的就是为了增进了解其藏品的知识，更好地服务于全世界各国人民对其藏品的观赏。为了更好地进行这项工作，史密森博物学院坚持实行在全世界范围内每年邀请并资助访问学者的计划（Fellowship），那些在艺术史的各个领域里（包括欧洲、亚洲、美洲、非洲艺术史领域）有突出贡献的学者们都将是他们计划中的候选人。被选中的对亚洲艺术史研究有突出贡献的访问学者将被邀请到佛利尔－赛克勒美术馆进行研究，由史密森博物学院资助他们在华盛顿的食宿交通与研究费用，短者数月，长者一年多。这些访问学者可在馆内充分利用博物馆的设备与藏品，作自己的专题研究，而博物馆的工作人员都将大力配合他们的研究项目，给他们的研究与调查提供便利，包括提供临时办公处与计算机等。

　　1999 年 10 月 1 日，我的申请被史密森博物学院接受，我被邀请来到华盛顿，并在其资助下在佛利尔－赛克勒美术馆作为资深访问学者（Senior Research Fellow）工作了近两年，到 2001 年 7 月份结束。佛利尔美术馆是我自来到美国后工作的第一所美国博物馆。我当时的工作重心是该馆收藏的中国佛教雕塑。在近两年时间里，我考察记录了该馆收藏的所有三百多件中国佛教雕塑作品，包括抄录所有造像题记。当时，我的指导者是时任该馆中国艺术策展人的司美茵（Jan Stuart）女士，没有她的指导与帮助，我是不可能完成这项工作的。司美茵还在生活上对我照顾有加。我知道在华盛顿居住是临时的，因此在我租住的房子里没有多少家具。有一次她问我需要一个衣柜吗？我当然需要了。于是，她利用周末时间与丈夫一起开车把那个家传的老式衣柜送到了我的租住地，令我十分感动，至今记忆犹新。

另一位对我在佛利尔美术馆帮助巨大的，是杜克大学（Duke University）艺术史系教授阿部贤次（Stanley Abe）先生。阿部先生对佛利尔美术馆的一些中国佛教造像有很深的研究，他的意见对我帮助极大。在佛利尔美术馆工作期间，我还参与了司美茵与阿部主办的一个展览的策划——"中国佛教艺术的一个新视角"（Chinese Buddhist Art in a New Light），展出于 2003 年 5 月 3 日至 9 月 7 日。那时，我们三人常在一起讨论有关问题，他们的意见对我启发巨大（图 A-1）。

Fig. A-1. In the storage of the collection of the Freer Gallery of Art
From the left: the author, Stanley Abe, Jan Stuart, Jan. 12, 2001
图 A-1：左起：作者、阿部贤次、司美茵，2001 年 1 月 12 日拍摄于佛利尔美术馆库房

能顺利完成在佛利尔美术馆的研究工作，我还要感谢该馆的其他工作人员。首先要感谢佛利尔美术馆藏品库房的管理员们（art handlers of the Freer collection），特别是 Susan Kitsoulis 女士和 Tim Kirk 先生。Susan 亲自为我制定了每周四次进库房参观记录藏品的计划，并为我的每次参观提供方便。例如，当我想看许多背靠墙壁的大型石雕像或造像碑时，她会要求其他管理员把这些雕像搬离墙壁，以使我能看到它们的背部雕刻。他们还提供给我任何我需要的库房档案数据。

还要感谢的是该馆图书馆的工作人员，丰富的图书数据为我的研究提供了极大便利。时任该馆图书馆馆长的陈家仁（Lily Kecskes）女士与图书管理员舒悦（Yue Shu）女士、吉村玲子（Reiko Yoshimura）女士，都为我借阅图书提供了热情帮助。

还要感谢时任该馆中国书画策展人的张子宁（Joseph Chang）先生、司美茵的秘书程薇娜女士（Weina Tray）、该馆文物修复部的中国画装裱专家顾祥妹（Xiangmei Gu）女士，感谢他们对我工作与生活的帮助与照顾。

近两年在佛利尔美术馆的工作，最主要的是客观记录了所有该馆收藏的中国佛教雕塑，为本书《著录篇》的主要内容，共 16 万余字。此外，我还完成了本书的基本框架，写成了本书研究篇的第二章以及第三、四、五、六章中的部分内容。2006 年我在纽约大都会艺术博物馆做博士后研究，再次前往华盛顿参观佛利尔美术馆一周（图 A–2）。司美茵还带我去参观了库房里的藏品，补拍了一些数码照片（图 A–3）。但从那以后，因忙于其他事情，这项工作就被搁下了，直到 2015 年初才重新提笔，并于是年 6 月续写完工，使全书达到了 39 万余字。在续写期间，

司美茵女士给了我许多鼓励，并帮助我联系馆里的图片管理部门，以期使用馆里的图片。阿部贤次先生还为本书提供了他在巩县石窟拍摄的照片，以确认一件佛利尔收藏的北魏立菩萨像的出处。龙门石窟研究所的刘景龙、贺志军先生帮助我核查了佛利尔收藏的一尊唐代等身菩萨雕像在龙门石窟的原始位置，并提供了现场的照片与详细的测量数据。这些照片与数据都用在了本书之中。本书研究篇第四章关于佛利尔美术馆所藏两件卢舍那法界佛像的研究，经清华大学艺术学院教授李静杰先生同意，采用了他对两件佛像题材的考证。我在写作第

Fig. A-2. The author, in front of the Freer Gallery of Art, May 23, 2006
图 A-2：作者在佛利尔美术馆前，拍摄于 2006 年 5 月 23 日

Fig. A-3. In the storage of the collection of the Freer Gallery of Art
Jan Stuart and the author, May 26, 2006
图 A-3：作者与司美茵，2006 年 5 月 26 日拍摄于佛利尔美术馆库房

四章时，李静杰先生还对我的一些补充内容加以新的考证，并无私地提供给我他以前发表的相关文章，这些帮助都无疑充实了本书的内容。

在写作期间，佛利尔－赛克勒美术馆图书馆管理员舒悦女士再次帮助我查找部分相关资料，包括与藏品研究有关的档案数据与图书数据等，在此深表对她的谢意！我还要特别感谢佛利尔－赛克勒美术馆档案部主任霍大为（David Hogge）先生。佛利尔在考察开封、巩县、龙门等地的佛教历史遗迹时，曾雇请专业摄影师随行，拍摄了大批照片。由于半个多世纪的动荡，许多遗迹已非原有面貌。佛利尔的照片就为我们提供了一些珍贵的历史资料。霍大为先生为笔者提供了几幅佛利尔在中国拍摄的照片，为本书增色不少！

我要特别感谢佛利尔－赛克勒美术馆馆长 Julian Raby，也感谢该馆版权事务办公室的 Betsy Kohut 女士（Rights and Reproductions Coordinator）在相关手续上的帮助。佛利尔－赛克勒研究人员将馆藏珍品同世界人民共享，经过多方努力现已将所有的藏品公布于网上，为研究人员和公众提供研究与观赏之便。Julian Raby 馆长是博物馆界力推将馆藏共享的先锋之一，正是因为他的这种共享精神，为我的研究和出版提供了可能。

学术研究有一个共性，就是波浪式的代代递进，不断地向着终极真理迈进。在揭示真理的过程中，任何一代（或一位）学者的研究都是一股向着真理方向迈进的推动力量，即使某些学者的研究观点最后被证明是错误的。

这本书较以往任何关于佛利尔美术馆的中国佛教雕塑藏品的研究与著录都更加全面，那是因为我站在了前辈学者们的肩膀上。我要感谢所有对这部分收藏有过研究或发表过意见的学者们，是他们的研究与想法给我带来了深入思考的灵感。在此，我要特别感谢以下几位在佛利尔美术馆策展人档案中被记录了重要研究观点的学者们。

Berthold Laufer（1874~1934），是美国著名的人类学家与历史地理学家，尤以东亚语言见长，曾在纽约美国自然史博物馆（American Museum of Natural History）、纽约哥伦比亚大学（Columbia University）、芝加哥菲尔德博物馆（Field Museum）工作。他在 1910 年前后帮助佛利尔鉴定了一些其收藏的中国佛教造像，主要针对断代与题材的考证。他极有可能是第一位帮助佛利尔鉴定其中国佛教雕塑的学者。

华尔纳（Langdon Warner, 1881~1955），是美国著名的东方艺术史学家，曾在哈佛大学福格艺术博物馆（Fogg Art Museum）担任东方艺术策展人，并在该校讲授东方艺术课程。1916 年，华尔纳受佛利尔之邀，鉴定了大部分佛利尔收藏的中国佛教雕塑作品。华尔纳不仅对他所考察的所有佛教造像作了断代，还翻译了许多造像铭文题记。他是第一位比较全面地研究佛利尔收藏的中国佛教雕塑的学者。

Carl Whiting Bishop（1881~1942），是美国著名的考古学家、人类学家与东亚研究学者。1922 年，他担任佛利尔美术馆东方艺术副策展人，系统地考察了该馆的中国佛教雕塑作品，并对大部分造像提出了自己的年代与题材看法。

1923 年，中国人董光忠（Kuang-zung Tung）加入了由佛利尔美术馆的副策展人 Carl Whiting Bishop 组织的中国考古考察队，帮助该馆在中国收购古代艺术品。董光忠在此之前的 1915 与 1917 年就曾帮助过 Bishop 在中国的考察队。他有丰富的田野与艺术史的知识，在 1923 年及其以后曾帮助佛利尔美术馆鉴定了一些中国佛教造像，识读了一些造像铭文。

Grace Dunham Guest（1872~1964）于 1922 年成为佛利尔美术馆的助理策展人，她在此之后的 1920 年代也鉴定了一些佛利尔收藏的中国佛教造像。

John Ellerton Lodge (1876~1942) 原为美国波士顿艺术博物馆（Museum of Fine Arts, Boston）的中国与日本艺术部策展人。1920 年，他被任命为首任佛利尔美术馆馆长，在 1923 至 1924 年间对大部分佛利尔收藏的中国佛教雕塑品提出了自己的看法。特别是对一些造像的年代与真伪的看法，今日看来仍是十分中肯与正确的。

Archibald Gibson Wenley（1897~1962）是佛利尔美术馆的第二任馆长。他在 20 世纪 40 年代曾对部分馆藏中国佛教造像作了鉴定。

John Alexander Pope（1906~1982）是美国的东方陶瓷与铜器专家，1943 年进入佛利尔美术馆工作，1946 年为助理馆长并在以后成为馆长。在 20 世纪四五十年代，Pope 考察了很多馆藏的中国佛教造像作品，提出了自己的看法。

喜龙仁（Osvald Siren, 1879~1966），是瑞典著名的东方艺术史专家，曾任斯德哥尔摩大学（Stockholm University）教授，主要从事中国古代艺术史研究，在雕塑与绘画领域均有重大成就。1956 年，他获得了佛利尔奖章（The Charles Lang Freer medal），以奖励他在中国艺术史领域的突出贡献。1962 年，受佛利尔美术馆之邀，喜龙仁来到该馆研究了大部分中国佛教造像。他不仅描述了许多造像的内容与风格，还与别处收藏的或现存中国的造像作了比较研究，以期推断佛利尔造像的题材与年代。他还特别鉴定了许多石雕的石质，以期还原这些造像在中国的原始制作地点。喜龙仁对许多造像的观点至今仍被佛利尔美术馆使用着。

从 20 世纪 60 年代末至 20 世纪 70 年代，对佛利尔美术馆中国佛教雕塑研究有突出贡献的主要是梁献章（Hin-Cheung Lovell）与罗谭（Thomas Lawton）。梁献章曾任佛利尔美术馆的中国艺术副策展人，他抄录并翻译了大部分馆藏中国佛教造像上的铭文题记，对我们认识这些造像的内容与年代作用巨大。罗谭先为该馆策展人，后成为馆长。他总结了前人的研究成果，对绝大多数馆藏中国佛教造像的年代作了重新认定，对该馆以后的展览与收藏档案的著录影响深远。可以不夸张地说，罗谭最终确定了大部分馆藏中国佛教造像的年代。

何恩之（Angela Howard）是仍然活跃在美国东亚艺术史研究领域的学者。她长期担任新泽西州罗格斯大学（Rutgers University）艺术史系教授，主要从事中国佛教艺术史研究，著作颇丰。1991 年，何恩之在佛利尔美术馆研究了馆藏中国佛教雕塑，对大部分重要的造像作了深入研究，包括风格、题材、年代、出处等，还列举了许多比较材料。她的研究至今仍对该馆的展览与学术活动有着指导意义。在何恩之访问期间，时任该馆中国艺术助理策展人的司美茵给予了协助。

除了上述学者专家之外，还有一些中国艺术史学者也对佛利尔收藏的中国佛教雕塑贡献过自己的学识，如 S. Tang 于 1909 年左右，前堪萨斯城纳尔逊艺术博物馆（The Nelson-Atkins Museum of Art）馆长 Laurence Sickman（1907~1988）于 20 世纪 50 年代，前加州大学柏克莱分校教授高居翰（James Francis Cahill, 1926~2014）于 1960 年，前纽约大学教授 Alexander Coburn Soper（1904~1993）于 1966 年，前佛利尔美术馆中国艺术部主任傅申（Fu Shen）于 1980 年，以及佛利尔美术馆陶瓷艺术策展人 Louise Allison Cort 于 1992 年，都曾对佛利尔美术馆的个别中国佛教造像谈了自己的意见。

所有上述前辈学者的观点与研究都保留在该馆策展人档案之中，对藏品研究的发展做出了巨大贡献！感谢司美茵为我提供了佛利尔收藏的中国佛教造像的大部分策展人档案，使上述前辈学者的研究观点的精华部分大都被吸收进了本书之中。

感谢文物出版社为本书的出版事宜所做出的贡献！2015年初，经中国著名玉器考古专家古方先生介绍，我结识了该出版社许海意先生。许先生对我的书稿产生了浓厚的兴趣，认为这是一项非常好的选题，并很快得到出版社领导的大力支持。正是这种善缘，才使这批流往美国近百年的珍贵文化遗产研究与著录图册得以在中国顺利出版。

本书能够出版，我还要特别感谢我的妻子易娟女士与女儿常雨霏（Yvonne Chang, b. 2011）。为了给我的写作提供更多的时间，妻子就在照顾女儿与家务方面承担了更多。我写作的大部分时间是在妻子外出工作、由我单独在家照顾女儿之时。女儿雨霏出生于2011年10月10日。在我续写本书的时间里，她三岁出头，活泼好动，时而要看电视卡通节目，时而要换电视频道，时而要喝牛奶，时而要喝果汁，时而要上卫生间，时而要看 iPod，时而从我身后骑到我的脖子上，时而又从桌子下面钻到我与计算机之间，等等。她虽时常打断我的思绪令我有一时的生气，但有她陪伴在我的身边则又时常给我带来精神上的放松，缓解了头脑中的压力。特将此书献给我的女儿——常雨霏！

本书分《研究篇》与《著录篇》两部分，是一本全面研究与著录佛利尔美术馆所藏中国佛教雕塑的专著。

《研究篇》有六章。第一章"美国的中国佛教艺术收藏与佛利尔美术馆"，总体介绍中国古代艺术品流往西方及美国的历史，在中国艺术品外流上起到关键性作用的东方艺术史学者、策展人、古董商、收藏家以及他们对建立几个美国大博物馆的中国艺术品收藏的贡献。以此作为历史背景，重点介绍佛利尔先生考察中国历史遗迹、收购中国古代艺术品、建立佛利尔美术馆的经过。第二章"佛利尔美术馆藏中国佛教雕塑的时代与地域风格"，以中国佛教艺术史的纵向发展为序，叙述佛利尔美术馆收藏的一些主要中国佛教雕塑的时代风格与地域特色，从中可以看到中国佛教艺术发展史的大体脉络与佛利尔美术馆藏品的涵盖范围。第三章"佛利尔美术馆藏中国石窟造像的辨别与归位"，论述该馆收藏的来自河南巩县大力山石窟、洛阳龙门石窟、河北邯郸响堂山石窟等地造像，以及一些无法判定具体地点的石窟造像。第四章"几件在研究中国美术史上有特殊意义的佛教雕塑"，重点介绍九件该馆收藏的造像，以及它们在研究中国佛教艺术史上的意义所在。第五章"佛利尔美术馆藏卢舍那法界佛像研究"，讨论该馆收藏的一件北周与一件隋代卢舍那法界佛像的客观情况、年代与题材考证等问题。第六章"真品还是赝品：中国佛教造像真伪的鉴定方法"，主要以佛利尔美术馆收藏的一些赝品为例，来讨论19世纪末至20世纪初赝品制造的几个规律性错误，以期帮助人们来鉴别中国佛教艺术收藏中的赝品造像。

《研究篇》中的插图均以章号在前，序列号在后。例如，图1-1，意即第一章中的第1号插图。凡有关佛利尔美术馆藏品插图的说明文字以馆藏编号在前，以方便读者依编号查询。佛利尔美术馆的艺术品编号有规律可循，但与艺术品的性质无关。例如，佛利尔收藏的刘宋元嘉二十八年（451）刘国之造金铜弥勒佛像，编号为 F1911.121。编号中的 F 代表佛利尔或佛利尔美术馆，1911表示该像是于1911年为佛利尔或其美术馆所拥有的，121表示这件金铜弥勒佛像是佛利尔或其美术馆于1911年获得的第121件艺术品。在美国，许多博物馆都采用这种方式给每一件艺术品或文物编号。编号之下的英文信息来自佛利尔-赛克勒美术馆的档案记录。英文信息之后为插图的汉文说明，对于造像尺寸，如与该馆档案记录差别太大，笔者在汉文说明中保留亲自测量数据。在研究篇的插图文字说明之中，凡没有注明雕塑及图片出处的，均来自佛利尔－赛克勒美术馆。

在《研究篇》之后还有二项检索数据。"参考文献"详列书中引用过的文献，分中文、日韩文、西文三部分。在中日韩文部分，均以中文发音为依据，以转写为汉语拼音的编、著者之姓（或编者第一字）的头一个字母在英文 26 个字母中的位置为序来排列。西文部分以编、著者之姓（或编者第一字）的头一个字母在英文 26 个字母中的位置为序来排列。凡在《著录篇》中提到过的简化著作目录，在条目前面首先列出其简化方式，以便读者对照《著录篇》"出版物"中的条目。"术语索引"中的术语指出现在书中的一些主要术语，包括人名、地名、佛教术语等。

《著录篇》包括两部分。绝大多数造像的著录包括佛利尔美术馆策展人档案中记录的前辈学者对这些造像的研究意见，主体部分是笔者在佛利尔美术馆工作期间在展厅与库房中对每一件造像所做的客观描述与记录。一些前辈学者认为，雕塑著录后面的"出版物"很重要，故列出以前发表或收录过这些雕塑的著作，以供读者查询。这里所列的著作目录采用简化方式，只标出作者的姓、出版年与被发表的佛利尔美术馆收藏的某件造像在书或文章中的具体位置，而每条的完整信息可以在下述"参考数据"中找到。《著录篇》的第一部分是"佛利尔美术馆藏中国佛教雕塑著录"，将所有馆藏真品造像以时代顺序分五组（A~E）排列：A. 北魏、东魏、西魏时期；B. 北齐、北周时期；C. 隋、唐时期；D. 五代、宋、辽、金、大理国时期；E. 元、明、清时期。在每一时代分组之中，先以早晚为序排列有铭文纪年的雕塑，再以佛利尔美术馆的艺术品编号为序排列无纪年雕塑。第一部分的最后一组是：F. 清代与民国时期赝品，各造像仅以编号为序排列。这组中的绝大多数赝品是佛利尔去世前在中国、日本、美国购买的，距今也有一百年左右的历史了，可以称得上是近代的古董了，对于研究百年前赝品中国佛教造像的制作意义重大。在《著录篇》的第二部分"佛利尔美术馆收藏的道教造像"中，各造像仅以时代为序排列。

对每一件雕塑的著录以统一编号居首位，随后是雕塑的英文名称。统一编号以 Z（意即著录篇）居前。例如，Z001，意即《著录篇》第 001 号雕塑。第二行为馆藏编号，以方便读者依编号查询。编号之下的英文信息来自佛利尔－赛克勒美术馆的档案。英文信息之后为雕塑的汉文名称与著录。

在《著录篇》之后有"佛利尔美术馆藏佛教造像编号索引"，则是为了方便读者在书中以编号来查询某件雕塑品。

佛利尔美术馆这批造像的内容远非我的这几篇文章就能研究透彻的，其中还将有大量的课题等待着学者们去研究探讨。本书只想起到抛砖引玉的作用，也请学者们对我书中的错误不吝指正！本书稿没有经过佛利尔美术馆审阅与参与，因此，笔者论述出现的任何错误都与佛利尔美术馆无关，应由笔者负责。

Freer's followers in front of Qianxi si cave of Longmen Cave Temples,1910
1910 年龙门石窟潜溪寺前，佛利尔一行准备出发

Freer in Hangzhou, Feb, 1911
1911 年 2 月佛利尔 (居中者) 在杭州

Contents

目录

Researches | 研究篇

Chapter One:
Chinese Buddhist Art in the Collections of the
United States and the Freer Gallery of Art

第一章
美国的中国佛教艺术收藏与
佛利尔美术馆

1. 参见 Peter Hopkirk, *Foreign Devils on the Silk Road: The Search for the Lost Cities and Treasures of Chinese Central Asia*［丝绸之路上的魔鬼：探索失去的中国中亚古城与珍宝］, Amherst: The University of Massachusetts Press, 1980.

1840 年的鸦片战争，英国人用炮火打开了中国的通商大门。1868 年在日本开始的明治维新，使日本人主动"脱亚入欧"，投入了西方的怀抱。从此，在西方发达国家的文化领域里掀起了前往遥远的东方探险的热潮。他们不仅在其国内兴起了东方文化（特别是中国文化）热，还认为在古代贯通欧亚的丝绸之路上蕴藏着巨大的古代文化宝藏。于是，西方的探险家们沿着古老的丝绸之路，纷纷踏上了中国这片东方神秘的国土，在那寂寞荒凉、杳无人迹的沙漠之中，在那残垣断壁的佛寺之中，在那无人问津的山崖间的石窟之中，去探寻中国古代的文化宝藏。1879 年，匈牙利地理学会会长洛克齐（Lóczy Lajos, 1849~1920）到中国西北甘肃一带考察地质地理，无意中在敦煌见到了莫高窟中精美的塑像与壁画。从此，这处中国现存最大的佛教艺术宝库便开始闻名于世界。1895 年 12 月，瑞典探险家斯文·赫定（Sven Anders Hedin, 1865~1952）来中国探险，在新疆完成了一次穿越塔克拉玛干沙漠的危险旅行。此行虽没有达到预期目的，以失败告终，但给西方人以极大的精神鼓舞，激发了更多的西方学者前往中国探险。1899 年 9 月，在瑞典国王奥斯卡二世（Oscar II, 1829~1907）和百万富翁诺贝尔

（Alfred Bernhard Nobel, 1833~1896）的支持下，赫定再次进入塔克拉玛干，发现了久已湮废的楼兰古城，震惊了西方世界。

在接下来的前往中国的探险活动中，英国人、法国人、日本人、俄国人、德国人、美国人相继登上了历史舞台。[1]斯坦因（Marc Aurel Stein, 1862~1943）是世代居住于匈牙利的犹太人，曾在印度北部旁遮普大学任督学，在东方学院任校长。1900 年，作为考古学家的斯坦因在新疆塔克拉玛干沙漠南沿米兰、和田发掘古代佛寺遗址，发现了大量珍贵的佛寺建筑、佛教雕塑与壁画（图 1–1）。他于 1904 年入了英国籍，并在随后的 1907 年中国之行中收获巨丰——从敦煌莫高窟新发现的藏经洞中获取了九千多卷古代写本和五百多幅唐五代时期的佛画。这些文物现藏大英博物馆（The British Museum）与印度新德里国家博物馆（National Museum, New Delhi）。法国汉学家伯希和（Paul Pelliot, 1878~1945）于 1908 年来中国考察，也从敦煌莫高窟获取了古代文书六千余卷与一百多幅佛画，现藏法国巴黎的吉美台北亚洲艺术博物馆（Musée national des Arts Asiatiques–guimet）。1903 年，日本人渡边哲信（1874~1957）和崛贤雄在新疆一带探险之时，从

Fig. 1–1. Wall painting and relief sculpture in small room of a Buddhist shrine
Dandan Uilik, Khotan, Xinjiang Photograph in 1907
From Aurel Stein, Ancient Khotan, vol. 1, fig. 30.
图 1–1: 1907 年斯坦因在新疆和田丹丹乌里克发现的佛教寺院遗址
采自斯坦因《古代和田》第 1 卷, 图 30。

拜城克孜尔石窟中切割走了一批佛教壁画。1911年, 日本人吉川小一郎和橘瑞超 (1890~1968) 在敦煌莫高窟得到了 360 多卷中国古代写经。1907~1909 年, 俄国考古学家科兹洛夫 (Пётр Кузьми́ч Козло́в, 1863~1935) 在位于今内蒙古额济纳旗的西夏 (1038~1227) 与元代 (1271~1368) 修筑的黑水城遗址发掘了三百多幅佛教绘画与雕塑, 现藏圣彼得堡艾尔米塔什博物馆 (The State Hermitage Museum, Saint Petersburg)。1902~1905 年, 德国考古学家格伦威德尔 (A.Grunwedel, 1856~1935)、勒科克 (Albert von Le Coq, 1860~1930) 等人在新疆吐鲁番发现了高昌故城与柏孜克里克石窟、拜城克孜尔石窟等遗址, 搬走了大量的佛教泥塑像, 切割走了许多精美的佛教壁画。这些德人获得的绝大部分中国佛教文物现藏柏林亚洲艺术博物馆 (Museum für Asiatische Kunst, Berlin), 但有相当一批大型壁画毁于二战的战火。

这些西方探险家们的所谓壮举, 引起了外国收藏家们与古董商们的极大兴趣。于是, 在 20 世纪上半叶, 大量的外国收藏家们与古董商们前往中国搜求古代艺术品, 而中国的古董商们也要抓紧这些商机而不甘落后。还有不计其数的中国本土的破落贵族的败家子们、穷途末路的不法之徒、为图暴利的各阶层人士也纷纷加入了使不计其数的中国文物流往西方与日本的大军。就在这些中外合作谋利的活动中, 为了满足西方人对中国艺术的喜爱, 数百万件文物流往外国的大小博物馆与个人收藏之中。佛利尔的收藏和他的美术馆便是这种大的历史背景之下的产物。本章将介绍曾经活跃在美国的两大古董商以及他们对中国佛教艺术品流失起到的重要作用, 以及美国的几个大博物馆的中国艺术品收藏的来源与基本情况, 这两方面的重点都将放在中国佛教艺术品上。之后, 将是本章中的重点——佛利尔的收藏史。

一、游走在中国与美国之间的古董商

一件中国古代艺术品销往国外并进入一个公共或私人的收藏过程需要以下因素：中国文物的出售者或获得者，中国与西方古董市场中的古董商，西方的收藏家或博物馆中的策展人。首先，中国文物的出售者可以是某个家传收藏的继承者，在家道中落的情况下不得不以出卖家传收藏以获取生活或娱乐费用。还有一类文物的出售者不一定是家传收藏的继承者，笔者称他们为文物的获得者，即为了谋求古董市场之利润而特意去搜求古董之人，获得之后再将它们卖给古董商。这些文物获得者可以是走街串巷的文物二道贩子，也可以是主动去历史遗址盗窃文物的如盗墓贼等。古董商是这个文物流散渠道的中间环节：经他们之手收购文物，再经他们之手出售文物，从中谋取差价。在当代，拍卖行也起着古董商的沟通卖家与买家的桥梁作用。而西方的文物购买者则是这个流通领域的最后一个环节。绝大多数文物购买者是私人收藏家，他们出于对古代艺术品的热爱与兴趣而购买文物加以收藏，放在自己家里欣赏。但随着他们的年老或离开人世，他们中的相当一部分将其收藏捐赠给了博物馆，或自建博物馆以向公众展出自己的毕生藏品。策展人则是代表博物馆的文物购买者，他们可以在某个基金的资助下直接从卖家、古董商、拍卖行或私人收藏家手中为博物馆购买艺术品，在馆内收藏与展出。这种流通渠道是造就美国大小博物馆内艺术品收藏的主要来源。在不计其数的大小古董商中，卢吴公司与山中商会便是在建立美国各大博物馆中的中国艺术品收藏起到关键性作用的两大古董商行。

卢吴公司的创建人是卢芹斋（Ching Tsai Loo, 1880~1957）。他是一位活跃于 20 世纪上半叶的西方古董界的风云人物（图 1–2）。卢芹斋1880 年出生于浙江湖州卢家渡，祖上是连续十六

Fig. 1-2. C. T. Loo and his Water-Moon Guanyin sculptures
图 1-2：卢芹斋与他的水月观音雕塑

代拥有巨业的富裕家庭。19 世纪末，卢芹斋被家族送到法国寻找商业机会。1902 年，在大清帝国驻巴黎的大使馆，他结识了一位潇洒干练的年轻人张静江（1877~1950）。张静江也是浙江湖州人，出身江南丝商巨贾之家，仗义好侠，是曾任中华民国临时大总统的孙中山（1866~1925）的密友，后蒋介石（1887~1975）与他结为兄弟，曾任国民党中央执行委员会常务委员会主席。那时的张静江正在使馆做商务工作。他建议卢芹斋做法中贸易，开一个古董行，张表示愿意参股协助。于是，张静江父出资 30 万，张静江与卢芹斋合作在巴黎设立了通运古玩公司，主要经营茶叶、丝绸和古玩，生意兴隆。之后又设来远公司，在英国、美国以及中国国内开设分号。C.T. LOO 便是其公司和卢芹斋的英文缩写。在第一次世界大战期间，卢芹斋明白美国已经成为世界古董市场的中心，便决定和上海人吴启周在纽约麦迪逊和第57 街的街角，开了一间美国最大的古董店——卢

Fig. 1-3. C. T. Loo worked in his storage
图 1-3：卢芹斋在他的艺术品库房

Fig. 1-4. C. T. Loo in his antique store
图 1-4：卢芹斋在他的古董店

吴公司，专门从事向美国人出售中国古董的生意（图1-3、1-4）。此时的卢芹斋和北京、上海古董行的大买卖人已结成了一个圈子，类似现在的商会。卢芹斋驻巴黎，英语好的姚叔来驻纽约，上海的吴启周、北京的祝续斋给他们进货，运往上海，再由吴启周往巴黎或纽约发出。这是一家最早、最大、时间最长的中国文物出口公司。卢芹斋精通英语、法语，他以对中国文物高超的鉴别力和天才的商业眼光收购了大量的高质量的中国文物，逐渐征服了欧美收藏界。他的名气和人脉很快使他成为许多私人博物馆的供应商和顾问，前往他的古董行访问的客人不是商业巨子，就是活跃于文物与美术界的专家。他所参与买卖的中国古董有许多都是价值连城，包括精美的雕塑（包括佛教造像）、壁画、青铜器、玉器等。1926~1928年在巴黎市中心建成的红楼，是他展览自己收藏文物的中心。

总之，自1915年起，经卢吴公司之手向美国出口文物长达三十年之久，不计其数的国宝源源不断地运往美国。卢芹斋古董生意的高峰期，正是中国多灾多难之秋。清政府的垮台造成了大批清朝遗老遗少们的破产，昔日贵族家庭的败家子们为了自身的生活而不得不将祖传的宝物出售。北洋军阀的混战，日本人的入侵，使得中国政府无暇顾及历史文物。这些都给卢芹斋以低价收购古稀珍品带来了绝好的机会，再将它们以一本万利推销到欧美市场。卢芹斋便逐渐成为享有盛誉的中国古董鉴赏家与欧洲华人中的杰出人物。经他手出售的中国古董最为收藏者所信服。所以，每次卢芹斋有新货从中国运来，马上就有收藏爱好者赶来先睹为快，以便抢购自己最中意的古董。经他之手贩卖到美国的国宝级文物包括唐太宗李世民（626~649）昭陵六骏中的"飒露紫"和"拳毛䯄"二浮雕作品，出售给了费城宾州大学考古与人类学博物馆（University of Pennsylvania Museum of Archaeology and Anthropology）。卢芹斋在纽约向美国人出售他的古董时，经常是先举办一个展览，还出版有展品图录，边展边售。从他的展览图录中，我们可以看到有来自河南洛阳龙门石窟、山西大同云冈石窟、太原天龙山石窟、河北邯郸响堂山石窟的石雕像，还有大量来自中国佛教寺院的单体石像与造像碑。[2] 这些佛教雕刻精品后被多个美国著名的博物馆收藏，如纽约大都会艺术博物馆（The Metropolitan Museum of Art, New York City）与佛利尔美术馆，有的则被私人收藏。有人说，在20世纪上半叶，从中国流往海外的一半古董是经卢芹斋

2. 参见C. T. Loo（芦芹斋），*An Exhibition of Chinese Stone Sculpture*［中国石雕展］, New York: C. T. Too & Co., 1940.

3. C. T. Loo, *An Exhibition of Chinese Stone Sculpture*, "Preface".

之手。此言虽有夸张，但从另一方面可说明卢在当时的美国古董界的重要地位。

对卢芹斋的评价，中国与西方观点截然对立。在西方人的眼里，卢是20世纪上半叶卓越的中国艺术品古董商，他用一己之力将中国早期艺术介绍到了欧洲与美国。卢芹斋于是被赞誉为让西方认识中国古董的启蒙者，让欧美收藏者欣赏到了中国文物之美。他的文物专业知识与眼光征服了欧美收藏者。没有卢的"贡献"，便没有许多美国大博物馆中国艺术品收藏的基础。此外，他还造就了一批西方大收藏家或家族收藏，如 J. P. Morgan（1837~1913），Samuel Peters，Alfred Pillsbury（1842~1899），与 Henry Clay Frick（1849~1919）等。晚年的卢芹斋则以些许内疚的心情评价自己的一生。他说："作为国宝流失的源头之一，我感到羞耻。唯一能让我们辩解的是：没有一件艺术品直接出自我们之手，都是在公共市场与其他买家竞争获得的。中国失去了她的国宝，但唯一令我们安慰的是：艺术无国界，这些被学者们及公众欣赏的流往世界各地的雕塑也许能比任何活着的大使令中国更多的获益。通过这些艺术品，中国能在其外面的世界里更加闻名。由于中国的战乱与巨变，我们的历史丰碑们也许会在别的国家得到更好的保护。我们失去的国宝将作为真正的信使让世界了解我们的古代文明、文化，从而服务于创造对中国与中国人民的热爱与更好的了解。"[3] 而中国人则更倾向从卢芹斋古董公司对中国古代文物造成的客观后果来评价他。尽管他声称没有直接参与对中国历史遗迹与文物的破坏，包括盗凿石窟中的佛教造像等，但这些艺术品毕竟是经过他之手流失了。没有买者就没有卖者，而他正是这个行业里最重要的沟通买家与卖家的桥梁。

美国的另一大出售中国古代艺术品的古董商行是由日本人建立的山中商会（Yamanaka & Company）。山中商会的实际发展人是山中定次郎（1866~1936），创建地是日本大阪（图1-5）。山中定次郎原名安达定次郎，出生在大阪古董商家庭，有家传经营古董商铺的背景。因此，他从幼年起便随其父在家庭古董店中学习古董

Fig. 1-5. Yamanaka Sadajirō (1866~1936); Yamanaka Sadajirō (the second one from the left in the front row) and his staff members of the branch store of Yamanaka & Company in Beijing.
图1-5: 山中定次郎 (1866~1936)；山中定次郎（前排左二）与他的北京分店员工们

知识，引起了他对古董行浓厚的兴趣。安达定次郎在13岁时进入了当时大阪颇有名气的山中吉兵卫古董商店当学徒，正式开始了他的古董商生涯。通过自己的勤奋学习与钻研，他积累了相当的从商经验和鉴定文物的知识，同时也接触了很多来自欧美的学者和收藏家，打开了一扇通向西方古董界的大门，意识到了东方艺术品在西方古董市场上的巨大商机。23岁那年是他一生事业的转折点。他所学徒的古董店主人山中吉兵卫把自己的长女许配给他为妻，他便入赘山中家族，改姓山中，名山中定次郎，开始努力将山中商会的古董生意引入欧美市场。1894年，他在美国纽约开设了山中商会的古董店（图1-6），之后在波士顿、芝加哥等地陆续开设分店。1900年在伦敦、1905年在巴黎也相继开设了代理店。于是，山中商会在欧美的古董界建立发展了自己的销售东方艺术品网络，尽力去满足欧洲上流社会对于东方文化与艺术品的需求。所以，毫无疑问，有了山中

Fig. 1–6. The Façade of Yamanaka & Company at 5th Ave., Showroom, New York City, ca. 1925.
图1-6：位于纽约的山中商会古董店，拍摄于1925年

定次郎的参与，山中商会才得以在欧美建立了市场，他本人也与美国巨商客户建立了良好关系，如美国的石油大王洛克菲勒（John Davison Rockefeller, 1839~1937）等。

山中商会的主要古董来源之一就是历史悠久、文物与艺术品珍藏丰富、古董市场交易最活跃的中国。山中商会的主要宗旨就是收购东方文物，再将它们销售到欧美以从中营利。为了更好地在中国收购古代艺术品，1894年，山中商会的掌门人山中定次郎在北京的崇文门开设了日本古董界在中国的第一个古董分店，专门致力于收购中国文物。通过在中国三十多年的经营，山中商会从中国收集了大量珍贵的艺术品，致使无数中国国宝流失海外。山中商会在中国的成功，得益于当时历史、社会的转折与发展。当时的北京正处于民国建立之初、时代更替之际，古董市场也迎来了空前的繁荣期。1900年5月，敦煌莫高窟的管理者、道士王圆箓（1851~1931）发现了一处被西方学者称为中国中古时期的图书馆的藏经洞，这是20世纪中国考古文物界的第一大发现。可在随后的十几年时间里，数万件写本文物、数百件佛画的大部分流失到了海外，震惊了西方学术界与文物收藏界，极大地刺激了古董市场的兴盛，也吸引来了众多的西方探险家、学者、收藏家、古董商们。民国初年，河南安阳小屯的商代遗址发掘出了大量青铜器、陶器、玉器等；陕西周原的西周遗址出土了大量青铜器；洛阳北面邙山众多的历代古墓被盗掘，埋藏地下的不计其数的文物如陶俑、青铜器、玉器等纷纷流入了北京、上海等地的文物古董市场；原清朝皇室收藏的许多古董与字画也随着末代皇帝溥仪（1906~1967）变卖流入了市场。1928年，军阀孙殿英（1889~1947）盗掘了清西陵，再次使大量清朝的奇珍异宝流入了古董市场。可以说，在民国初期，中国古董市场空前绝后的繁荣，是西方收藏者与古董商在中国购买古代艺术品的黄金时期，为山中商会在中国的发展带来了极佳的机遇。

20世纪上半叶，山中商会从中国购得了不

4.山中定次郎《天竜山石仏集》，山中商会，1928年。

5.关于山中商会出售的天龙山石窟雕像，参见山中商会举办的文物展览图录，如 Yamanaka & Company, Inc., *Exhibition of Early Chinese Bronzes, Stone Sculptures and Potteries* ［早期中国青铜器、石雕、陶器展］（New York, 1926），*Collection of Chinese and Other Far Eastern Art* ［中国与其他远东艺术收藏］，New York, 1943.

可计数的文物与艺术品，包括铜器、陶瓷器、玉器、佛教造像、书画、家具等，再转手并贩卖到世界各地的美术馆或个人收藏。经山中商会之手流失的中国文物中，最令人痛心的当属一大批凿自石窟的石雕作品。石窟，就是开凿在河畔山崖的佛教寺院，是集建筑、雕塑、绘画于一身的艺术形式。石窟起源于印度。随着佛教在中国的传播，石窟寺艺术自公元4世纪起在中国逐渐兴起，以现存的山西大同云冈石窟、甘肃敦煌莫高窟、河南洛阳龙门石窟为代表。然而，在20世纪初期，在西方探险家们前往中国搜寻宝藏之时，在西方古董商、收藏家们前往中国收购古代艺术品之时，中国的石窟寺艺术遭遇到了极大的人为破坏。前述德国人在新疆吐鲁番伯兹克里克石窟、拜城克孜尔石窟切割壁画、搬走泥塑像即为一例。在中原北方，在那个时期，云冈石窟被盗凿和破坏的佛教造像达1400余躯，龙门石窟、河北邯郸响堂山石窟、河南巩县大力山石窟也都遇到了盗凿，

致使大批精美的石雕作品流失，许多至今下落不明。山中商会就是使这些石窟造像流失海外的主要推手。破坏最为严重的当属位于山西省太原的天龙山石窟。1924年与1926年，山中定次郎访问了天龙山石窟，他深深地被那里的精美的佛教雕刻震撼了（图1-7）。[4] 于是，在1927年以后，山中商会参与了对天龙山石窟造像的盗凿，在开凿于东魏、北齐、隋、唐时期的25所洞窟里，有150多件精美的雕刻被盗凿，可以说基本毁了整个石窟群（图1-8）。笔者不敢说全部这些被凿下的雕刻均出自山中商会之手，至少大部分是经他们之手流散到了国外，进入了纽约大都会艺术博物馆、堪萨斯城纳尔逊艺术博物馆（Nelson-Atkins Museum of Art, Kansas City）等处。[5] 佛利尔及其美术馆就从山中商会购得了来自大力山、龙门、响堂山石窟的石雕作品。除了石窟雕像之外，山中商会还收购、出售了大量的中国单体造像与造像碑。山中商会在当年出版的展览图录，记录了这些

Fig. 1-7. Tianlongshan Cave Temples in 1920s
Taiyuan, Shanxi Province
From Tokiwa Daijō and Sekino Tadashi. Shina Bukkyō shiseki ［Buddhist Monuments in China］, plate VIII-1.
图1-7: 20世纪20年代的山西太原天龙山石窟外景
采自关野贞、常盘大定:《支那文化史迹》，图版 VIII-1

国宝在从山中商会的手中流往各博物馆与私人收藏时的最后状态。

承担沟通中西方古董市场桥梁作用的古董商还有很多,他们在美国各地开设着自己的古董店收购文物,再出售。卢芹斋的公司与山中商会只是这个庞大的西方古董商网络中的最大与最活跃的两个公司。

Fig. 1–8. South side of the central pillar Cave 8 of Tianlongshan Cave Temples
Taiyuan, Shanxi Province
图1–8:山西太原天龙山石窟第8窟中心柱南壁

二、策展人、收藏家与
美国各大博物馆的中国艺术收藏

Fig. 1–9. Langdon Warner (1881~1955) in 1920s China
图 1–9：华尔纳 (1881~1955) 在 20 世纪 20 年代的中国考察

与中国当代博物馆不同，美国及西方国家博物馆的策展人（Curator）的一项职责便是为他们服务的博物馆收购文物与艺术品。策展人为博物馆收购艺术品的来源就古董商、拍卖行、私人收藏家，以及艺术品的原产地。换句话说，对博物馆来说，没有策展人用其艺术品鉴定知识的努力，纵有文物的来源也是枉然。

华尔纳（Langdon Warner, 1881~1955）是美国考古学家与东亚艺术史学家。他于 1903 年毕

业于哈佛大学，1905 年又重返母校哈佛大学进修考古学一年。1906 年后留学日本，专攻佛教美术。1910 年在朝鲜和日本调查佛教美术，1913 年在哈佛大学第一次开设了东方艺术课程。1916 年来到中国，为新成立的俄亥俄州克里夫兰艺术博物馆（Cleveland Museum of Art）收集中国文物。1923 年回到哈佛，任教授与哈佛大学福格艺术博物馆（Fogg Art Museum）东方艺术策展人，开始组织考古队远赴中国考察丝绸之路。华尔纳一行于 1923 年 7 月到达北京，当时的直系军阀吴佩孚（1874~1939）为他们在中国的探险行动提供了极大的方便。他们考察了西安与黑水城，但收获不大。华尔纳于 1924 年 1 月到达敦煌莫高窟，他的原始目标可能是藏经洞内的古代写本与绘画（图 1–9）。但那时的藏经洞已空了，再没有什么文书可取了。于是，他就把目标转移到了那些窟内的塑像与壁画上。据敦煌文物研究所的统计，华尔纳在莫高窟用胶布粘去与毁损的初唐石窟壁画，有敦煌文物研究所编号第 320、321、328、329、331、335、372 各窟壁画 26 方，共计 32006 平方厘米。其中初唐画有汉武帝（公元前 141~ 前 87 年在位）遣博望侯张骞（公元前 195~ 前 114 年）出使西域迎金佛的故事画，有关民族历史与中国佛教史重要故事内容的壁画等。华尔纳在敦煌剥离壁画时，由于保护技术的水平低下，造成了人为的破坏。另外，经过道士王圆箓的同意，华尔纳搬走了唐代（618~907）开凿的第 328 窟中高 120 厘米的半跪式彩塑菩萨像一尊。他还购得敦煌写本《妙法莲华经》残卷。当时由于气温寒冷，华尔纳于 1924 年 4 月返回兰州，经北京回国。这批珍贵的敦煌艺术品现藏在美国哈佛大学赛克勒艺术博物馆。华尔纳还根据自己的经历，写了一本书，名为《在中国漫长的古道上》。[6]

6. Langdon Warner, *The Long Old Road in China.* New York: Doubleday, Page & company; 1926.

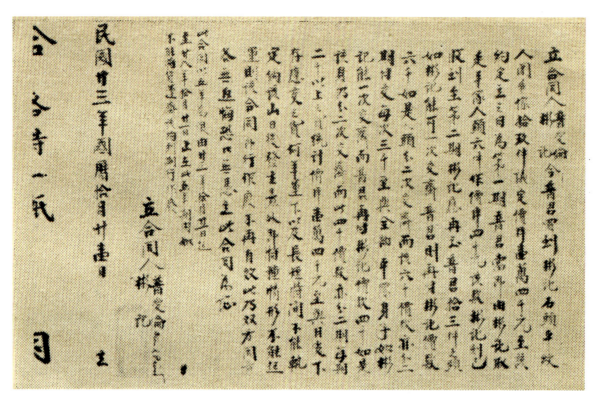

*Fig. 1–10. The Contract of Alan Priest and Yue Bin
Dated 1934
From Wenwu cankao ziliao 7 (1955): plate 4.
Transcription of the contract:*
图1–10：1934年普爱伦与岳彬签定的合同
采自《文物参考资料》1955年第7期，图4。

全文如下：

立合同人普爱伦、彬记今 普君买到彬记石头平
纹人围屏像拾玖件，议定价洋壹万四千元。至该
约定立之日为第一期，普君当即由彬记取走平
像人头六件，作价洋四千元，该款彬记刻已收
到。至第二期，彬记应再交普君拾（十）三件之
头。如彬记能可一次交齐，普君则再付彬记价款
六千，如是，人头分两次交齐，而该六千价款，
亦分二期付交，每次三千。至与（于）全部平像
身子，如彬记能一次交齐，而普君再付彬记价款
四千。如是，该身仍分两次交齐，而此四千价款，
亦分两期，每期二千。以上之货，统计价洋壹（一）
万四千元。至与（于）日后下存应交之货何年运
下及长短时间，不能轨（规）定。倘该山日后发
生意外，即特种情形不能起运，则该合同即行作
废，不再有效。此乃双方同意，各无返（反）悔，
恐（空）口无凭，立此合同为证。
……

立合同人普爱伦 Alan R. Priest　彬记
民国廿三年 (1934) 国历拾月廿壹日　立

　　另一位前往中国收购文物的是纽约大都会
艺术博物馆东方艺术策展人普爱伦（Alan Priest,
1898~1969）。在20世纪30年代之初，普爱伦访
问了洛阳龙门石窟。在为数众多的佛雕之中，他
唯独喜爱北魏宣武帝（499~515年在位）为其父
孝文帝（471~499年在位）及其皇后造功德而开
凿的宾阳中洞。在这所洞窟的前壁有大型浮雕《皇
帝礼佛图》与《皇后礼佛图》，展示孝文帝与他
的皇后在随从簇拥之下礼佛的场面。普爱伦希望
凿下《皇帝礼佛图》，运到大都会艺术博物馆收
藏与展出。但普爱伦靠自己之力显然无法完成这
项工作。于是，在1934年，他前往北京，与琉
璃厂的古玩商人岳彬（？~1954）签定了一个买
卖合同，他愿付14000银元从岳彬手中买下此浮
雕（图1–10）。[7]但岳彬与他的公司也是无法独自
完成这项工作。岳彬便请洛阳的古玩商人马龙图
帮助，愿付马5000银元。接着，马龙图请龙门

7. 参见王世襄：《记美帝搜
刮我国文物的七大中心》，
《文物》1955年第7期，
第45~55页。
8. 大都会艺术博物馆藏中
国佛教雕塑的总体情况，
参见 Denise Patry Leidy
and Donna Strahan, *Wisdom
Embodied: Chinese Buddhist
and Daoist Sculpture in the
Metropolitan Museum of Art*
［体现慈悲：大都会艺术
博物馆的中国佛道雕塑］，
New York: The Metropolitan
Museum of Art, 2010。

图1-11：美国纽约大都会艺术博物馆藏龙门石窟宾阳中洞《孝文帝礼佛图》北魏

石窟对面偃师县杨沟村保甲长王梦林与土匪王东立、王毛、王魁帮助，付给他们2000银元。王梦林等人便持枪胁迫同村石匠王光喜、王水、王惠成三人去宾阳中洞盗凿《皇帝礼佛图》与《皇后礼佛图》。当时的龙门石窟不仅无人管理，窟前还是车水马龙的公路。三名石匠只能在夜间潜入洞中来盗凿。他们先凿下众浮雕像的头部，再凿下众像的身子。王梦林仅付了三石匠很少的费用，这些被凿下的碎片就被运往了北京岳彬的公司。于是，普爱伦如愿地得到了《孝文帝礼佛图》，于1935年入藏大都会艺术博物馆（图1-11）。

这只是大都会收购中国佛教艺术品的一个特例。这所美国最大的博物馆、世界三大博物馆之一的"远东艺术部"成立于1915年，在1986年改名为"亚洲艺术部"，拥有64500平方英尺的展厅。经过历任策展人的努力，大都会共收藏有亚洲艺术品60000件以上，上起新石器时代，下迄21世纪，包括书法、绘画、版画、雕塑、金属器物、陶瓷品、漆器、丝织品等。而这个博物馆的大部分中国佛教造像是在20世纪20~50年代获得的，文物的来源主要是私人收藏者。其中包括闻名于世的制作于公元524年的北魏（386~534）鎏金铜造释迦佛会造像，稀有的隋代（581~618）夹纻干漆佛坐像，来自龙门石窟、响堂山石窟、天龙山石窟的北齐与唐代佛教雕刻，来自山西洪洞广胜下寺主殿的元代大型《药师佛经变》壁画（图1-12），还有大量的无纪年的从北魏至明代（1368~1644）的单体石造像、木雕像、金铜造像、泥塑像、造像碑等，都是研究中国佛教艺术史不可多得的实物资料。[8]

龙门石窟宾阳中洞的《皇后礼佛图》最后被美国堪萨斯城纳尔逊艺术博物馆收藏。岳彬在当年得到这幅大型浮雕之后，也许是无人能以重价购买整件浮雕，他并没有将其整件浮雕出售给某

Fig. 1–12. The gallery for early Chinese Buddhist art
Metropolitan Museum of Art, New York City
图 1–12：纽约大都会艺术博物馆早期中国佛教艺术展厅

人，而是分成了许多小块出售，都于 1934~1935 年流散到了欧洲。让《皇后礼佛图》复合之功应推纳尔逊艺术博物馆的首任东方艺术策展人与第二任馆长史克曼（Laurence Sickman, 1907~1988）（图 1–13）。史克曼与哈佛大学福格艺术博物馆馆长经过多年的努力搜寻，收集到了大部分被凿下的数百片《皇后礼佛图》碎石块，经过两年的修复，最终复原了这幅浮雕，于 1941 年展出在了纳尔逊新开的中国雕塑展厅。[9] 当代中国人十分痛恨那些在古董交易中使中国国宝流失的中国古玩商人与外国策展人、学者或收藏家，但中国政府及人民却十分敬重史克曼，并感谢他使这件国宝得以复原，虽然它仍然保存在美国。至于岳彬，根据中国学者们的证明，1952 年被中国政府逮捕下狱，并于 1954 年死于北京狱中。

　　史克曼是美国现代著名的艺术史学者与汉学家。早在高中时期，他就对日本与中国艺术十分感兴趣。1930 年，他毕业于哈佛大学，精通汉语。随后，在哈佛－燕京学社（Harvard–Yenching Institute）的资助下，他访问了中国许多历史遗

Fig. 1–13. Laurence Sickman (1907–1988) in 1943
图 1–13：1943 年的史克曼 (1907~1988)

9. 参见李松等：《中国古代雕塑》，北京：中国外文出版社，纽黑文 / 纽约：美国耶鲁大学出版社，2003，图版 3–43。

迹。当史克曼访问中国时，他遇到了昔日在哈佛大学读书时的老师华尔纳，成了他一生事业的转机。华尔纳当时是堪萨斯城纳尔逊艺术博物馆的董事会成员之一，并受该馆之托，为博物馆建立东方艺术品收藏。1931年，史克曼进入纳尔逊艺术博物馆工作，成为华尔纳的助手。1935年，他成为该馆东方艺术策展人。纳尔逊艺术博物馆正式开馆的时间为1933年，因《堪萨斯城之星》（Kansas City Star）报社的创建者纳尔逊（William Rockhill Nelson, 1841~1915）的赞助而得名。之后，在纳尔逊基金会1100万美元的赞助下，史克曼负责为纳尔逊艺术博物馆购买了许多中国绘画、雕塑、青铜器、陶瓷器、家具等，上自新石器时代，下至清代，并在该博物馆研究这些中国艺术品。在史克曼的努力下，使纳尔逊艺术博物馆成为世界闻名的收藏与展出中国艺术品的博物馆之一（图1-14）。如今的纳尔逊艺术博物馆收藏有7500件以上的中国艺术品，就是在史克曼建立的收藏基础上形成的。在它的中国佛教艺术藏品中，有著名的来自山西的宋代（960~1279）木雕水月观音像，有凿自龙门与天龙山石窟的佛教雕刻，有来自中国佛寺的单体造像与造像碑，有来自山西洪洞广胜下寺主殿的元代精美的大型壁画《炽盛光佛经变》，有中国佛寺的奇珍之一——北京智化寺大殿的天花板。二战时期（1939~1945），史克曼入伍，并在美军占领日本后在东京工作过一段时间。这对他了解日本艺术史很有帮助。战后，史克曼返回纳尔逊艺术博物馆，1953~1977年任该馆馆长。当他在日本东京时，有一位叫谢尔曼·李的学者曾与他一起工作过。

谢尔曼·李（Sherman Lee, 1918~2008）是美国另一位有盛誉的亚洲艺术史学家（图1-15）。1939~1941年，李作为一名研究助理在美国俄亥俄州的克里夫兰艺术博物馆工作，以完成他在克里夫兰市西储大学（Western Reserve University, 即今凯斯西储大学，Case Western Reserve University）学习的博士论文。1941年，他成了底特律艺术研究所（Detroit Institute of Arts）的远东艺术策展人，直至1946年。1948年，李加入了

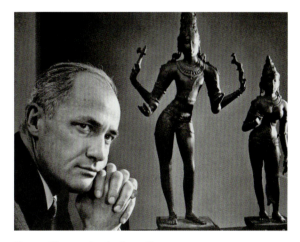

Fig. 1–15. Sherman Lee (1918~2008)
图 1–15: 谢尔曼·李 (1918~2008)

Fig. 1–14. Nelson–Atkins Museum of Art, Kansas City
图 1–14: 堪萨斯城纳尔逊艺术博物馆

西雅图艺术博物馆（Seattle Museum of Art），成为该馆的助理馆长，并于1951年成为该馆副馆长。此间，他曾在西雅图的华盛顿大学讲授亚洲艺术史。1952年，李又回到了克里夫兰，成为该馆的东方艺术策展人。1957年为助理馆长，1958年为副馆长与馆长，直至1983年退休。在李长期为克里夫兰艺术博物馆工作期间，为该馆收购了大量的亚洲艺术品，包括数量巨大的精美的中国文物，种类有佛教造像、青铜器、金银器、书画等，使这所博物馆一跃成为美国著名的亚洲艺术收藏之一（图1-16）。克里夫兰的中国佛教艺术品有公元435年制作的来自甘肃的北凉国（397~439）小石塔、北齐（550~577）大理石立佛五尊雕像、形体巨大的唐代石雕十一面观音像、唐代做工精细的夹纻干漆坐菩萨像、宋代木雕彩绘立菩萨像等。克里夫兰的收藏还在书画界极为有名，也是李的功劳。李还受石油大王洛克菲勒基金会的邀请为他们购买亚洲艺术品，这个收藏的大部分在后来捐赠给了纽约亚洲社团（Asia Society）的博物馆。1983年，李退休，于第二年移居北卡罗莱那州（North Carolina）的教堂山市（Chapel Hill），被北卡大学（The University of North Carolina）聘为客座教授，讲授亚洲艺术史。此后，他帮助北卡大学的亚克兰艺术博物馆（Ackland Art Museum）收藏亚洲艺术品，并把自己收藏的100多件亚洲艺术品捐赠给了这所博物馆，其中包括中国佛教造像。笔者于2006~2008年在亚克兰艺术博物馆工作时，曾有幸见到李及其家人四次。2008年，李逝世，终年90岁。第二年，在李原来工作过的克里夫兰艺术博物馆举办了"无尽山水（Streams and Mountains without End）"艺术展，亚克兰艺术博物馆也同时举办了"竹林之贤（Sage in the Bamboo Grove）"艺术展，以纪念这位杰出的亚洲艺术史学家。李于1964年出版的《远东艺术史》（A History of Far Eastern Art）已修订再版五次，至今仍是许多大学学习亚洲艺术史的必用教材。

上述几位亚洲艺术策展人仅是美国为数众多的策展人中几位杰出者，我们从中可以看到他们的学习背景、工作性质、主要成就，以及对一所

Fig. 1-16. Cleveland Museum of Art
图 1-16：克里夫兰艺术博物馆

博物馆的亚洲艺术品收藏的特殊作用。策展人虽也为博物馆的收藏主动出击收购文物，但美国各大博物馆所藏艺术的主要来源还是私人收藏之捐赠。与欧洲相似，美国是一个全民族热爱艺术的国家，研究艺术的学者、教授在美国拥有较高的社会地位，并受人尊敬。美国的工商业巨子以及以各种渠道致富了的人们大多没有吃喝嫖赌的恶习，也没有将财产传给后人的社会风俗（美国孩子18岁以后父母便没有抚养的义务，而孩子们也以那时以后向父母伸手要钱为耻），而是将他们的钱建立慈善基金会，或将财产捐赠给各种社会公益事业，包括教育与博物馆。因此，美国的大小博物馆基本都是由私人捐赠建立的，馆内的藏品也多来自私人捐赠，或用私人捐赠得来的钱购买。这种私人捐赠的目的，一是为了回报社会，二是为了使自己永世留名。于是，私人捐赠的博物馆或展厅往往以捐赠者的名字来命名，如佛利尔、亚克兰、纳尔逊等博物馆。另外，在每个展览的展品说明牌上，都要写明展品的出资购买者或捐赠者的名字。在上百年的私人收藏捐赠之下，美国涌现了几所世界闻名的亚洲艺术品（包括中国艺术品）收藏丰富的博物馆，如前述大都会艺术博物馆、克里夫

兰艺术博物馆、纳尔逊艺术博物馆等。

下面再介绍几位大收藏家对美国的几个著名博物馆的中国艺术品收藏的杰出贡献。

波士顿（Boston）是美国东北部马萨诸塞州（Massachusetts）首府，新英格兰地区最大的港口城市，始建于 1630 年，被称为美国"最古老的城市"。波士顿艺术博物馆（Museum of Fine Arts, Boston）建成于 1870 年，是美国著名的一所大博物馆（图 1-17）。它的中国与亚洲艺术的收藏基础是收藏家凡诺罗萨（Ernest Francisco Fenollosa, 1853~1908）奠定的（图 1-18）。凡诺罗萨曾是一位在日本东京帝国大学讲授哲学与政治经济学的美国教授。那时的他酷爱东方艺术，收藏了许多日本传统艺术品。1886 年，他将自己的收藏卖给了波士顿的医生 Charles Goddard Weld (1857~1911)，但条件是：这个收藏必须最后进入波士顿艺术博物馆。1890 年，凡诺罗萨返回了波士顿，成为该博物馆东方艺术部的策展人。1894 年，他举办了波士顿的第一个中国绘画展览。在他任策展人期间，还为该馆收购了大量的中国艺术品。1897 年，他又返回日本，成为东京师范学校（今筑波大学）的英语语言文学教授。在后任策展人继续努力下，使该馆成为西方世界最佳博

物馆之一。波士顿艺术博物馆的亚洲艺术收藏的重点是日本、中国、印度的绘画与雕塑。其中中国的艺术品时代跨度很大，上自新石器时代，下至现代艺术，各类涵盖陶瓷器、青铜器、绘画、

Fig. 1-18. Ernest Francisco Fenollosa (1853~1908)
图 1-18：凡诺罗萨 (1853~1908)

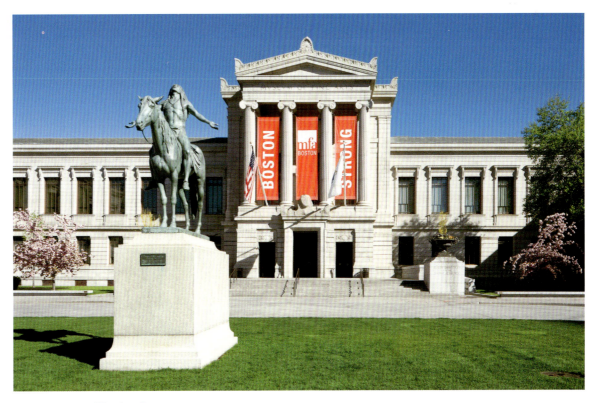

Fig. 1-17. Museum of Fine Arts, Boston
图 1-17：波士顿艺术博物馆

书法、丝织品、雕塑、玉器、漆器等。在波士顿艺术博物馆的中国佛教艺术品收藏中，有身高 2.49 米的雕刻精美的隋代石雕立菩萨像，有公元 593 年制作的极为罕见的位于坛上的一组鎏金铜造佛与其侍从说法像等，多次被中外论著发表。[10]

另一所收藏中国传统艺术品的世界闻名的博物馆是位于加利福尼亚州（California）旧金山市的亚洲艺术博物馆（The Asian Art Museum of San Francisco）。旧金山是 19 世纪华人苦力们淘金的所在地。这个博物馆的中国艺术藏品基础的奠基人是收藏家布伦戴奇（Avery Brundage，1887~1975）。布伦戴奇是第十五届国际奥林匹克委员会主席（1952~1972）（图 1-19）。他出生于底特律（Detroit）一个工人家庭。他对亚洲艺术的兴趣来自于他在 1936 年初的德国加尔米施 - 帕滕基兴（Garmisch-Partenkirchen）冬季奥运会之后参观伦敦皇家艺术研究院（Royal Academy of Art）的一个中国艺术展览。但他真正开始收藏亚洲艺术品则是在其于 1939 年两个星期的访问日本之后。之后，他又访问了中国的上海与香港。与佛利尔相似，他拥有良好的亚洲艺术知识，因此，他具有购买一流艺术品的能力，很少

Fig. 1-20. Seated Buddha
H: 39.7 cm
Gilt bronze
Dated to 338
Later Zhao kingdom (319~351)
Sixteen Kingdoms period (304~439)
Asian Art Museum of San Francisco, B60 B1034
图 1-20：后赵（319~351）建武四年（338）鎏金铜坐佛像
高 39.7 厘米
旧金山市亚洲艺术博物馆藏

被那些不良古董商人所欺骗。他的良好的玉器收藏有上自新石器时代下至当代的作品，他还收藏了数百件中国、日本、朝鲜半岛的铜器与佛教造像，包括凿自龙门石窟的雕刻。最惊人之举是：他从卢芹斋的手中购得了闻名于世的铸造于后赵建武四年（338）的鎏金铜坐佛像（图 1-20），这是迄今发现的最早纪年中国佛教造像，被无数论著谈及与发表，因为凡是研究中国佛教艺术史的专著都无法避开此像。[11] 这尊金铜佛像也使旧金山亚洲艺术博物馆闻名于世。他还收藏有来自龙门石窟、响堂山石窟的佛教雕刻，以及来自河南安阳修定寺著名的唐代亭阁式塔的砖模浮雕数件等。[12] 在一篇 1948 年发表于《生活》（Life）杂志的关于布伦戴奇的文章中，历史学家与记者 Roger Butterfield（？~1981）说："他的收藏被认为是这个国家最大与最重要的收藏之一。"[13] 1959 年，布伦戴奇同意将其部分收藏捐赠给旧金山市。第二年，旧金山市民投票通过了一项

10. 该馆收藏的亚洲艺术品精华，参见 Museum of Fine Arts, Boston, ed. *Selected Masterpieces of Asian Art*［亚洲艺术精品选］, Boston: Museum of Fine Arts, Boston 1992.

11. C.T. Loo & Cie, *An Exhibition of Ancient Chinese Ritual Bronzes*［古代中国祭祀铜器］, Detroit, Mich:Detroit Institute of Art, 1940.

12. Lefebvre d'Argence, Rene-Yvon, ed. *The Avery Brundage Collection: Chinese, Korean, and Japanese Sculpture*［布伦戴奇的收藏：中国、朝鲜、日本雕塑］, San Francisco: The Asian Art Museum of San Francisco and Kodansha, 1974.

13. Roger Butterfield (d. 1981), "Avery Brundage," *Life*, New York: Time, Inc., June 14, 1948.

Fig. 1-19. Avery Brundage (1887~1975) addresses the media at the London Olympics, 1948
图 1-19：布伦戴奇（1887~1975）在 1948 年伦敦夏季奥林匹克运动会上讲话

2725000 美元的债券发行，用以安置布伦戴奇的捐赠品。这就是位于旧金山金门公园（Golden Gate Park）的亚洲艺术博物馆，于 1966 年向公众开放。2003 年，该馆迁入位于市民中心（Civic Center）的新址（图 1-21）。1969 年，布伦戴奇又将他的收藏的一部分捐赠给了这所博物馆，并立下遗嘱在他死后将所有剩下的藏品捐赠给亚洲艺术博物馆。今天，该馆拥有约 7700 件布伦戴奇的藏品，而整个博物馆的亚洲艺术藏品是 17000 多件，包括许多中国玉器、陶瓷器、漆器、丝织品、家具、兵器、佛教单体造像与造像碑，非常系统地展示着亚洲与中国的艺术史。

赛克勒（Arthur Mitchell Sackler, 1913~1987）是另一位对美国的中国艺术品收藏与展览作出过特殊贡献的收藏家（图 1-22）。赛克勒是美国著名的精神病专家、企业家与慈善家。他毕业于纽约大学医学院，获得学士与硕士学位。1960 年，赛克勒开始发行他的《医学论坛》（Medical Tribune）周刊，随后建立了他的健康治疗研究实验室（Laboratories for Therapeutic Research）。他还编辑出版《临床实验精神病理学杂志》（Journal of Clinical and Experimental

Psychopathology）。他的致富来自他的医学广告业、医学治疗出版物、柜台上出售的非处方药产品。他建立了一些以他的名字命名的医学研究所，如 1972 年成立的以色列特拉维夫大学（Tel Aviv University）赛克勒医学院（Sackler School of

Fig. 1-22. Dr Arthur M. Sackler (1913~1987), 1976 in Japan
图 1-22：赛克勒 (1913~1987)，1976 年摄于日本

Fig. 1-21. Chinese Buddhist Art Gallery
The Asian Art Museum of San Francisco
图 1-21：旧金山市亚洲艺术博物馆的中国佛教艺术展厅

Fig. 1–23. Arthur M. Sackler Gallery, Smithsonian Institution, Washington D.C.
图 1–23:华盛顿史密森博物学院的赛克勒美术馆

Medicine），1980 年成立的纽约大学赛克勒生物医学科学研究生院（Sackler Institute of Graduate Biomedical Science），1985 年成立的克拉克大学（Clark University）赛克勒科学中心（Arthur M. Sackler Science Center），塔夫茨大学（Tufts University）赛克勒生物医学科学研究生院（Sackler School of Graduate Biomedical Sciences），以及塔夫茨大学赛克勒健康交流中心（Arthur M. Sackler Center for Health Communications）等。他被誉为"当代制药广告业之父"。

但同时，赛克勒还是一位研究艺术的学者与收藏家，于 1950 年开始购买艺术品。他常常是买一个他认为的好收藏家的全部藏品。到了 20 世纪 60 年代，他已收藏了数千件中国与古代近东艺术品，包括大量高质量的中国艺术品，有些文物是直接来自山中商会与卢芹斋之手。他还捐赠了许多艺术博物馆，如哈佛大学赛克勒博物馆（Arthur M. Sackler Museum at Harvard University），北京大学赛克勒艺术与考古博物馆，华盛顿史密森博物学院的赛克勒美术馆（Arthur M. Sackler Gallery, Smithsonian Institution），以及伦敦皇家艺术研究院的吉利安赛克勒翼（Jillian

& Arthur M. Sackler Wing）。他还给一些博物馆捐赠展厅，如纽约大都会艺术物馆与普林斯顿大学艺术博物馆。他在捐赠博物馆或展厅时，往往都是伴随着他的一大批收藏的捐赠，如华盛顿的赛克勒美术馆。他的捐赠中不乏中国佛教艺术品，如大都会艺术博物馆收藏的来自山西洪洞广胜下寺大殿的宏伟巨大的元代《药师佛经变》壁画。他还给纽约哥伦比亚大学捐赠了一批中国文物。但该大学没有校博物馆，所以，他捐赠的艺术品长期被存放在该校的图书馆地下室内，其中有许多来自龙门石窟与响堂山石窟的精美佛教雕像作品。[14] 赛克勒的女儿伊丽莎白·赛克勒继承其父之志，也是一位艺术捐赠者。她资助建立了纽约布鲁克林博物馆伊丽莎白·赛克勒女权艺术中心（Elizabeth A. Sackler Center for Feminist Art at the Brooklyn Museum），于 2007 年对外开放。

顺便说一下哈佛大学与华盛顿的赛克勒博物馆（图 1–23）。哈佛大学赛克勒博物馆于 1985 年向公众开放，凡过去福格艺术博物馆收藏的艺术品全部转入该馆收藏并展出。该馆藏有大量的古代欧洲、亚洲、伊斯兰、印度艺术品，包括极佳的中国玉器、青铜器、兵器、佛教雕塑，还有来

14. Leo Swergold and Eileen Hsu, *Treasures Rediscovered: Chinese Stone Sculpture from the Sackler Collections at Columbia University* ［珍宝重现:哥伦比亚大学赛克勒藏品中的中国石雕］, New York: Miriam and Ira D. Wallach Art Gallery, 2008.
15. 马欣乐:《收藏家黄蕙英（Dora Wong）和她的犀角雕收藏》，《收藏》2010 年第 3 期。

自日本与朝鲜半岛的陶瓷器、漆器与版画作品。华尔纳在中国掘取的敦煌壁画与彩塑就在那里展出，还有制作于十六国时期（304~439）的具有犍陀罗风格的金铜坐佛像、来自天龙山石窟的石雕佛像等。位于华盛顿市中心国家大广场上的赛克勒美术馆紧靠着佛利尔美术馆，于1987年对公众开放。这所博物馆内收藏着赛克勒捐赠的1000余件亚洲艺术品，其中就有中国佛教单体造像与造像碑，如来自龙门石窟的唐代石雕佛头像等。华盛顿的佛利尔与赛克勒美术馆为相邻与相通的两所美术馆，但却拥有同一支行政与研究班子。

除上述博物馆外，收藏有中国佛教艺术品的美国博物馆还有许多，芝加哥艺术研究所（The Art Institute of Chicago），芝加哥菲尔德自然史博物馆（Field Museum of Natural History）、加州斯坦福市的斯坦福大学视觉艺术中心（The Iris & B. Gerald Cantor Center for Visual Arts at Stanford University）、费城宾州大学考古与人类学博物馆、费城艺术博物馆（Philadelphia Museum of Art）、洛杉矶县立艺术博物馆（Los Angeles County Museum of Art）、密苏里州圣路易艺术博物馆（Saint Louis Art Museum, Missouri）、俄亥俄州的辛辛那提艺术博物馆（Cincinnati Art Museum）、夏威夷的火奴鲁鲁艺术博物馆（Honolulu Museum of Art）等。美国还有为数众多的小型艺术博物馆，许多这种小博物馆中也或多或少地收藏着一些中国佛教艺术作品。同样位于北美洲的加拿大多伦多皇家安大略博物馆（Royal Ontario Museum, Toronto）也收藏了大量的中国佛教艺术品，包括壁画、金铜造像、单体石雕像、造像碑等。其实，在整个西方世界（包括日本）的公共博物馆中总共收藏有约160万件中国古代艺术品，但这只是总共流失的中国文物的20%左右。而其他80%左右的海外中国文物则收藏在私人手中，且多没有发表过，如长期居住在纽约的华裔女收藏家黄蕙英（Dora Wong）就藏有不少中国佛教石雕像，包括来自云冈石窟、龙门石窟的雕刻作品。[15] 那么，在所有西方私人收藏家手中，又有多少中国佛教艺术品呢？这是一个值得我们去探索的宝藏！

三、佛利尔的中国艺术收藏与佛利尔美术馆

以下信息均编译自 John A. Pope, "Preface［序言］"，刊于 *The Freer Gallery of Art: China*［佛利尔美术馆：中国］（Tokyo: Kodansha Ltd., 1971），第9~14页。

位于美国首都华盛顿的佛利尔美术馆（Freer Gallery of Art）来自著名东方艺术收藏家佛利尔（Charles Lang Freer, 1856~1919）的捐赠（图1-24）。佛利尔不仅将自己毕生收藏的艺术品捐赠给了史密森博物学院（Smithsonian Institution），并提供资金修建收藏、展出他的艺术品的美术馆，还用自己的钱设立了一个基金，以基金的收入来为美术馆在将来购买更多的东方艺术品，以及资助东方文明研究项目。他还立下了自己的遗嘱，使任何学习东方艺术的学者或学生都可以进入美

Fig. 1–24. Charles Lang Freer, ca. 1905
Photo courtesy Freer Gallery of Art and Arthur M. Sackler Gallery Archives
图1-24：佛利尔，约拍摄于1905年

术馆的库房去研究他的没有在展厅展出的艺术品。这个世上独一无二的规定，给无数学者学生的研究提供了极大的便利。我们也由此可以看出佛利尔为东方艺术所作出的杰出贡献，以及他对晚辈学者们所寄予的期望。

佛利尔正式的捐赠契约是在 1906 年美国第 26 任总统老罗斯福（Theodore Roosevelt, 1858~1919）的任期内达成的。根据这项契约，在佛利尔的有生之年，他本人拥有他的藏品并继续购入新的艺术品，但每一件新加入的藏品都不能被从总体收藏中去除。契约规定佛利尔去世后，他的收藏将移入华盛顿，进入捐赠者在史密森博物学院领地内资助修建的建筑物之中。在接受了这项捐赠之后，史密森博物学院的执行官同意对佛利尔的藏品及其资助修建的美术馆进行妥善地保护，并向公众开放。

1856 年 2 月 25 日，佛利尔出生于纽约州的肯斯顿（Kingston）。他的祖先是法兰西胡格诺教徒（Huguenots），因 17 世纪的宗教迫害而逃离法国。在他的家族中，第一位来到美国新大陆的是纽约州新帕尔茨（New Paltz）皇家土地出让的原始拥有者之一。佛利尔的小学与初中是在公共学校学习的。但当他 14 岁时，他进入了邻居开办的水泥厂工作。16 岁时，他成了位于肯斯顿的 John C. Brodhead 总店的一名店员。在同一座办公楼里，有纽约－肯斯顿与锡拉库扎（New York, Kingston & Syracuse）铁路的办公室，Col. Frank J. Hecker 是该铁路的主管。Hecker 被年轻的佛利尔的工作能力所吸引，并在 1873 年将佛利尔雇入了自己的公司。佛利尔从此开始了自己真正的铁路事业生涯。几年的铁路工作之后，佛利尔跟随 Hecker 来到底特律，参与了制造火车的半岛火车工厂（Peninsular Car Works）组织并成为财务助理（图 1–25）。1880~1900 年，佛利尔致力于这个火车制造公司及其后继者的工作。1900 年，在完成了公司合并、组成新的美国火车制造公司（American Car & Foundry Co.）之后，佛利尔从他活跃的生意场中退休了，时年 44 岁。

在其生命的后 19 年里，佛利尔以极大的兴趣专心致力于他的艺术品收藏的研究与发展。在 1880 年代初期，佛利尔开始了他的艺术品收藏。他购买的第一批艺术品是蚀刻版画与平版印刷品。在其最早收藏的艺术品之中，有他于 1887 年购买的美国著名印象派画家惠斯勒（James

Fig. 1–25. Charles Lang Freer House
71 East Ferry Street
Detroit, Michigan
图 1–25：佛利尔在底特律的故居

McNeill Whistler, 1834~1903) 的一套蚀版画作品——《威尼斯：第二系列》(Venice, Second Series)。1888 年，他在访问英格兰时遇见了惠斯勒。但从那时起，他将自己越来越多的注意力转向了日本艺术。经过一个短暂的对日本浮世绘版画的兴趣之后，他把更多的兴趣投入到了日本古代绘画、屏风画与陶瓷艺术，并由此将他的收藏方向转向了中国古典艺术。

佛利尔于 1895、1907、1909、1910~1911 年共四次访问东亚国家。在这些旅行与访问之中，佛利尔对一些公共与私人艺术品收藏进行了研究，与当地学者、收藏家们探讨有关问题，同时购买他感兴趣的艺术品以丰富其收藏。佛利尔的日记与信件展现了他从这些访问中学到的知识，以及他对自己学识的谦虚。就是在他成为受人赞誉的重要收藏家之后，他仍以谦恭待人。

佛利尔首次访问中国是在 1895 年，当时他39 岁。实际上，他的首次中国行是前往日本途中的意外停留。佛利尔当时对香港作了三天的短暂访问，然后又访问上海一周，再乘船前往日本作为期四个月的旅行。当他那次在计划外访问中国时，佛利尔对这个他仅为之短短一瞥的国家极为欣赏。在 1895 年 4 月到达日本之后，佛利尔偶遇了大丝绸出口商与艺术收藏家原富太郎（1868~1937）。之后，佛利尔成了位于横滨郊区的原富太郎公馆的常客，并得以研究原富收藏的许多艺术精品。原富还介绍佛利尔认识了另一位收藏家及具有国际声誉的株式会社三井住友银行总裁——益田孝（1848~1938）。于是，佛利尔以得天独厚的机遇保持着与这两位日本大收藏家的友谊，并在他们的指导下开始发展自己在远东艺术领域的兴趣与知识，开始构筑自己的亚洲艺术收藏。

1907 年，当佛利尔在十二年后再次访问中国时，已是闻名遐迩。但他仍以谦逊的态度把他的中国之行当做一次进一步学习中国艺术的机会。与前次相同，这次的中国行也很短暂。他抵达香港时，正值星期日复活节的 3 月 31 日。在那里，他购买了一些中国陶瓷器，然后于 4 月 2 日前往广东去买更多的艺术品。这是他的首次中国内陆

Fig. 1–26. Charles Lang Freer's visiting Japan, ca. 1895~1911
Photo courtesy Freer Gallery of Art and Arthur M. Sackler Gallery Archives
图 1–26: 佛利尔在日本访问, 拍摄于 1895~1911 年

之行。与香港的西方风格形成鲜明对比的被古城墙围绕着的广州给他带来了极佳的深刻印象。然后，他再次返回香港，又买了一些陶器与青铜器，再前往上海。在上海逗留的三天时间里，他集中精力购买了一些文物，然后乘船前往日本。

在佛利尔第一次与第二次访问日本的十二年时间里，他与他的收藏已闻名于日本。因此，对于他的第二次访问，所有日本收藏家均对他的到来表示欢迎，并希望佛利尔前去参观与购买他们的藏品（图 1–26）。在他的日记里，我们可以看到他对这次日本之行非常满意，因为他欣赏到了日本博物馆与私人收藏家手中的所有早期中国绘画作品。

两年以后的 1909 年，佛利尔再次来到香港。他住在德国驻港总领事位于山间的别墅里，可以远眺欣赏香港湾的美景。德国总领事也十分喜爱中国古代艺术，给佛利尔介绍认识了许多来自广东与香港的古玩专家、收藏家与古董商人。他们二人常在一起探讨学习。之后，佛利尔前往上海作了短期停留，再前往山东青岛，那里是德国人的一个重要租借地。接着，他经由天津前往北京。在天津访问期间，他参观了满洲贵族、清末政治

多中国古董商认为他是为一些美国拍卖行收购中国文物的商人。喧闹的北京内城极大地吸引着他，令他把那里与同为历史文化名城的埃及的开罗与土耳其的君士坦丁堡相比。在北京城外的旅行中，他参观了颐和园、长城、明十三陵。在四个半星期的北京之行里，佛利尔积累了一个大的收藏，包括青铜器、陶瓷器与绘画。在离开北京之前，他把购买的所有中国艺术品打包装了八个货运箱，运往他位于底特律的家。他极为自豪地写道，这些购买使他的中国藏品水平超越了他的日本与波斯藏品。他的首次中国首都之行的成功促使他于第二年再次访问北京。

令佛利尔最值得纪念的中国之行是他于1910~1911年的最后一次访问。在此旅行期间，佛利尔的日记与通信里充满了古董商与收藏家的名字，以及当时著名的古董鉴赏家的名字，如美国德裔汉学家 Friedrich Hirth（1845~1927）、美国的中国艺术史学者兼收藏家 John Calvin Ferguson（福开森，1866~1945）、美国考古学家与东亚艺术史学家华尔纳、美国艺术评论家与收藏家 A. W. Bahr（1877~1959）。在此期间，他整日忙于工作与学习研究。1910年9月11日，佛利尔从日本长崎市抵达上海，当天就前往一些地点参观中国陶瓷器与绘画作品。三天后，他乘船前往青岛，并在同月21日之前返回北京。他有幸参加了正在北京访问的美国战争部长和他的妻子举办的正式晚会，并由此关系得以参观了紫禁城。他又一次访问了住在天津的端方，参观了以前没有看到的著名藏品。

佛利尔最后一次中国行的最重要的部分是访问中国内地。在旅行之初，他原计划参观三个中国古代都城：开封、洛阳、西安。10月29日，他乘火车前往彰德府（今河南安阳），于第二天到达开封。那里的古城、古寺与宫殿遗址令他着迷。他描述道，开封对他来说，就好比是日本奈良的法隆寺对于凡诺罗萨，令他神往。在开封之外的旅行中，他参观了著名的巩县大力山石窟寺。参观河南洛阳伊河两岸的龙门石窟，是他在中国的最困难与最危险的旅行。那时的龙门东山与西山石窟前是车水马龙的公路，几乎没有一处安全所

家、金石学家、收藏家端方（1861~1911）的私人收藏（图1-27）。在佛利尔的眼里，这是他所见过的最好的私人收藏，而端方也是他遇到过的最热情与最有才情的收藏家。

端方，托忒克氏，字午桥，号匋斋，谥号忠敏，满洲正白旗人，清末政治家、金石学家、收藏家。仕途上，他曾历任员外郎、候补郎中、直隶霸昌道、主持农工商局、陕西按察使、布政使、代理陕西巡抚、河南布政使、湖北巡抚、代理湖广总督、代任两江总督、湖南巡抚、直隶总督等职。在历任上述封疆大吏期间，端方鼓励学子出洋留学，被誉为开明人士，奋发有为，于内政外交尤有心得。端方从政之余，醉心于古玩收藏，是中国著名的收藏家之一，个人亦喜藏书，且收藏颇富，精品亦多。他与法国汉学家伯希和等人保持着良好的关系。

在北京，佛利尔参观了几个最为著名的历史丰碑性的建筑，包括天坛、先农坛、鼓楼等。为了方便处理自己的生意，他在北京内城租了几间房子（图1-28、1-29）。他非常高兴地发现：许

Fig. 1–28. In front of the Dongbian Gate of Beijing City in 1900s
图 1–28：清末北京东便门箭楼前

Fig. 1–29. The South Street (Dashi Street) of Dongsi, Beijing, ca. 1907
图 1–29：1907 年的北京东四南大街（大市街）

在，因为山间的洞窟给当地拦路抢劫的土匪们提供了藏身之所（图1-30、1-31）。中国的官员与朋友们都提醒佛利尔注意旅行安全。

在前往龙门之前，佛利尔咨询了北京清政府下辖的河南省副总督，后者特意拨给佛利尔考察队六名士兵全程保护。佛利尔的考察队还包括一

Fig. 1–30. Binyang dong area of Longmen Grottoes, Luoyang of Henan Province, 1907
From édouard Chavannes, Msiion Archeologique La Chine Septentrionale, plate no. 278.
图1-30: 1907 年的河南洛阳龙门石窟宾阳洞一带
采自沙畹《北中国考古旅行记》，图版 278。

Fig. 1–31. Fengxian si area of Longmen Grottoes, Luoyang of Henan Province, 1907
From édouard Chavannes, Msiion Archeologique La Chine Septentrionale, plate no. 283.
图1-31: 1907 年的河南洛阳龙门石窟奉先寺一带
采自沙畹《北中国考古旅行记》，图版 283。

名厨师、一名摄影师、一名仆人、一名翻译。当佛利尔到达龙门时，中国政府对这位显要的访问者安全的关心就变得十分明显了。他愉快地发现，不论他到哪里，总是被至少四名士兵贴身保护。不久，洛阳的地方官员命令自己的卫兵去龙门一带巡逻，有时对天鸣枪以吓走那些土匪们。持续不断的枪声缓解了考察队员们对土匪的紧张与恐惧感。佛利尔在那几天的日记中写道："在工作途中，我的摄影师被一有敌意的家伙用石头打中了右眼，但今天庞德氏浸膏又使他重新回来与我肩并肩地工作，尽管现在一个小针掉到地上都能吓到他。我的厨师手握着我从北京买来的切面包刀睡觉。我的翻译在躺下睡觉时，身上裹着无数毛毯。摄影师从不敢睡着。当附近寺院的猫在外面叫时，我的仆人吓得哭出了声。如果土匪们制服了我的保镖，我将立即钻到折叠小床下面。"尽管遇到了许多困难，佛利尔和他的队员们每天都工作很长时间，他们在伊水两岸的龙门山崖间拍摄了大量的关于各种洞窟与雕刻的照片。[16] 这些照片现保存在佛利尔美术馆的档案室中，为学习与研究中国佛教雕塑的学者与学生们提供了极为重要的关于那个历史遗迹的原始记录。

在龙门的工作结束之后，河南府尹在其衙门里十分优雅地宴请了佛利尔和他的考察队员们。佛利尔原本打算接着去访问山西大同的云冈石窟，但他的考察队员们都觉得挣得钱够了，全部拒绝继续随他前往山西。同时，洪水又阻止了他向西访问西安的愿望。于是，佛利尔和他的意气消沉的队员们返回了北京。

回到北京后，他的时间都被购买陶瓷器、青铜器、绘画所占据了。12月21日，佛利尔离开北京前往沈阳，去访问那里的宫廷文物收藏。在这个东北城市相当寒冷的周边地区度过了圣诞节之后，他旅行到了大连与旅顺，然后再乘船前往上海。

在上海，他见到了著名收藏家庞元济（1864~1949）收藏的文物精品，并购买了庞的一些艺术品。庞元济，字莱臣，号虚斋，浙江吴兴南浔人，被誉为"全世界最负盛名"的中国书画收藏大家（图1-32）。庞元济收藏文物的资本来自他创办

Fig. 1-32. Pang Yuanji (1864~1949), a prestigious Chinese businessman and collector
图1-32：庞元济（1864~1949），近代著名商人与收藏家

的实业。从光绪二十一年（1895）起，他与人合资先后在杭州拱宸桥、德清塘栖（今余杭塘栖）开设世经、大纶缫丝厂和通益公纱厂。后在上海与人合资创办龙章机器造纸有限公司，任总经理。此外，在南浔、绍兴、苏州、杭州等地开设米行、酱园、酒坊、中药店、当铺、钱庄等大小企业，并在以上地方拥有大量田产和房地产。庞元济既拥有财力，又精于鉴赏，收藏有铜器、瓷器、书画、玉器等文物，尤以书画最精，为全国著名书画收藏家之一。与于右任（1879~1964）、张大千（1899~1983）、吴昌硕（1844~1927）等人均有交往。佛利尔从庞元济手中购买的文物包括传为唐代著名画家阎立本（601~673）《锁谏图》的元明时期摹本，表现的是十六国前赵国（304~329）廷尉陈元达向皇帝刘聪（310~318年在位）冒死进谏的情景，画面气氛紧张，人物表情十分传神生动，是佛利尔美术馆收藏的中国人物画中的杰作。

经过长期的旅行与购买文物之后，佛利尔决定给自己放放假，与几位朋友去美丽的杭州来一次愉快轻松的旅行。他们租了两艘形如房子的被

16. 佛利尔在龙门石窟的日记以及所拍摄的部分照片，参见查尔斯·兰·弗利尔著、李雯／王伊悠译：《佛光无尽——弗利尔1910年龙门纪行》，上海：上海书画出版社，2014年。

Fig. 1–33. Detail of West Lake
Hangzhou of Zhejiang Province
In 1920s
图 1–33: 20 世纪 20 年代的浙江杭州西湖三潭印月

命名为"安妮（Annie）"与"洛伊斯（Lois）"的大船，由纤夫拉着，经河道与运河从上海前往杭州。佛利尔的日记与信件中洋溢着他对这个美丽城市的激动心情，以及对西湖与周边环境的欣赏，他的最长也是最后一次中国之旅达到了高潮（图 1–33）。

1911 年 2 月 20 日，佛利尔乘火车从杭州返回上海，再从上海乘船前往日本长崎。他对中国文物的研究深度可以被他在中国的旅行日记所证明，大量的内容记录着中国著名的瓷窑及其产品的特征。他还试图学习一些中文口语的基本原理，可见于他的日记中对一些中文基本词语发音的笔记。回到美国之后，久费时日地著录他的藏品以及一系列的疾病阻止他再次前往东亚访问。但四次东亚之行的结果是他在其余生里描述他的藏品的与日俱增的洞察力。

作为一名收藏家，佛利尔拥有一个敏感的且深具洞察力的审美观，而这个审美观给他在探索中国古典艺术之时带来了极大的益处。那时，正是西方人审察中国艺术的开始。他的对未来美术馆增加藏品与在该领域里系列研究的条款，对识别其藏品的学术与审美的重要性都有十分重要的意义。如今，他的捐赠品被史密森博物学院妥善地保管着，赠品的封条上写着他的话："为了人类

知识的增强与传播。"1919 年 9 月 25 日，佛利尔逝世于纽约。

建立佛利尔美术馆的目的，正如佛利尔自己所言，是为了使他的藏品能够面向美国人民，鼓励与促进对这些东方艺术品出产国家之文明的继续研究。他的遗嘱中的两项重要条款是为了增加他的东方艺术品收藏与研究这些文物的来源。尽管佛利尔并不是一名学者，但他以真诚之心对待真理的探索，并力求对艺术品有准确的了解。他的慷慨捐赠对增进东方艺术与文明的研究之贡献巨大，也对增进美国人民对东方文化的审美标准影响巨大。

对佛利尔遗嘱基本条款的贯彻更多地依靠美术馆的首任馆长（或策展人）John Ellerton Lodge（1878~1942）的想象与倡议。佛利尔逝世后，美术馆建成了，佛利尔的藏品也从底特律运到了华盛顿。1921~1922 年，选出的展品在展厅里完成了安装，也完成了库房的设备安排以保障其余藏品的妥善保管。1923 年 5 月 2 日，美术馆正式对外开放。根据佛利尔的遗嘱，从建馆之始，工作人员就开始不断地增加着东方艺术品的收藏。随着岁月的流逝，美术馆工作人员对东方艺术的兴趣与知识也与日俱增。同时，远东与近东艺术品的市场价格也变得越来越高。于是，

在 20 世纪中期与晚期，佛利尔美术馆的藏品不仅在数量上大大增加，在质量上也上升到了一个新的高度。我们可以毫不夸张地说，在今天，不论是在何地收藏或研究亚洲艺术，佛利尔美术馆的藏品都被认为是建立公共与个人亚洲艺术品收藏的楷模与评估其藏品质量的极佳的标准。佛利尔将约 9000 件艺术品遗赠给了国家，之后又有约 2000 件艺术品加入了他的收藏之中。由于展厅空间大小的限制，更重要的是要保持那种雅致的常规展品安装，每次只能展出极少一部分藏品（图 1-34）。但是，展出的艺术品总是在更换着。对于那些收藏在库房里的其余的艺术品，学生们或其他任何人，只要对那些文物有特殊的兴趣，都可以提前预约，进入库房里仔细观看，也可以拍照（图 1-35）。佛利尔在其《赠品契约》（Deed of Gift）的第一段就对这点作了强调："博物学院将用遗赠金额修建与装备该美术馆，特别留意对学生与其他人希望有机会对其不间断地研究这些藏品提供方便。"美术馆也举办一些特别展，从

藏品中选出，以展示东方艺术的某个特殊方面。《赠品契约》特别禁止将馆内藏品借往他地展出，也禁止别地收藏的艺术品进入佛利尔美术馆展出。

1951 年，佛利尔美术馆建立了保存科学实验室，承担了东代艺术品制作方法与制作材料的研究项目。这项研究具有双向目的：增进人们对亚洲艺术品制作技术历史的认识，使美术馆能更好地保存与保护这些受佛利尔嘱托的艺术品。

今天，屹立在华盛顿国家大广场上的佛利尔美术馆宛如一座历史丰碑，体现着卓越的佛利尔的理想事物（图 1-36）。馆里的东方艺术收藏仍在不断地增长着，不仅在艺术种类方面有所扩展，在艺术品的质量上也有所提高。馆内工作人员的学术研究也不断地加深人们对艺术品的宗教、历史、物质起源的理解。历代美术馆的馆长们力求将馆里的各项工作保持在同样最佳的高度，不忘美术馆的创建人佛利尔对发展前景的嘱托。

Fig. 1–34. A gallery of Chinese Buddhist sculpture Freer Gallery of Art, Washington D.C., in 2013
图 1-34: 2013 年的佛利尔美术馆中国佛教雕塑展厅之一

Fig. 1–35. The author examining the painting Nymph of the Luo River attributed to Gu Kaizhi (344~405) in the storage of the Freer Gallery of Art, May 22, 2006
图 1-35: 2006 年 5 月 22 日, 本书作者在佛利尔美术馆库房观察东晋顾恺之《洛神赋图》摹本

Fig. 1–36. National Mall in Washington D.C.
The building with the Red Arrow pointed is the Freer Gallery of Art
图 1-36: 鸟瞰华盛顿国家大广场之国会大厦与史密森博物学院（红箭头所指者为佛利尔美术馆）

Chapter Two:
Period and Regional Styles of Chinese Buddhist
Sculptures from the Freer Gallery of Art

第二章
佛利尔美术馆藏中国佛教雕塑的
时代与地域风格

在中国历代佛教造像中，每一个时代的造像都具有两方面的属性，即大的时代风格与地方特色，这样就形成了纵向的佛教艺术史的时代风格发展，与横向的地方特色扩展的网状结构。北魏晚期与初唐时期，是中国佛教艺术发展的两大高峰期，这种风格发展的特点尤为明显。各时期的首都是佛教发展中心，对形成佛教艺术的时代风格与地方特色起着关键性的作用。总结中国佛教艺术的时代风格与地方特色的关系，近年来已被越来越多的学者们所重视。地点固定的石窟艺术为这方面的研究带来了许多方便之处。再就是，具有某个造像地点的铭文题记的单体造像，也可以为这方面的研究提供线索，虽然它们的收藏地点早已不是原来的雕造地点了。那么，对于大量的没有注明造像地点的，甚至没有造像铭文，也没有最早的收藏地档案的造像，我们应该如何对待呢？佛利尔收藏的很多佛教造像就是这样的。对此，我们可以利用保存在中国各地的石窟造像，以及保存在世界各地的具有造像地点铭文的造像，来做分析、比较与判断。下面，笔者将佛利尔收藏的部分单体造像划分为北魏中晚期、北朝晚期、隋唐、五代宋元明这四个发展阶段，运用已知的其他地点的资料，来分别评述一下这些造像都具有哪些时代风格与地方特色。关于佛利尔的来自中国石窟与摩崖的造像，笔者将在本书第三章中论述。

一、北魏中晚期 (439~534)

1. 宿白：《云冈石窟分期试论》，《考古学报》1978年第1期，第76~87页。
2. 宿白：《平城における国力の集中と"云冈样式"の形成と发展》，《中国石窟·云冈石窟》（一），东京：平凡社，1989年。

佛教自东汉（25~220）从印度传入中国后，在中国大地逐渐生根并形成了中国的佛教艺术。从现存东汉与其后的三国（220~280）、西晋（265~316）、东晋（317~420）十六国（304~439）时期的佛教艺术来看，主要是受古印度西北地区犍陀罗艺术的影响，表现为类似欧洲人面相的佛与菩萨形象。这段时期，虽然现今发现的佛教艺术品不多，但却是佛教在中国从依附于中国传统信仰与文化走向独立发展的重要时期。中国与西域的高僧们翻译出了许多的佛典，形成了北方重视禅修实践、南方重视佛教义理讨论的局面。这种南、北佛教修习重心之不同在南北朝时期得到了进一步的发展，并形成了研讨佛教义理的不同学派。现存中国的集建筑、雕塑、绘画于一体的石窟寺艺术在十六国时代也出现于西北地区。

鲜卑族是十六国时期入侵北方的五胡之一，而拓跋部则是鲜卑的一支，起源于中国东北黑龙江上游。在十六国时期的军阀混战中，拓跋部的势力日益壮大，控制了黄河以北的大部分地区，建立了北魏王朝。公元398年，北魏道武帝拓跋珪（386~409年在位）从盛乐（今内蒙古和林格尔境内）迁都平城（今山西大同市）。公元439年，北魏攻灭了北凉国（397或401~439），统一了黄河流域，与南方的汉族政权相对峙，形成了长达一百多年的南北对立，史称南北朝（420~589）。

北魏皇室从道武帝拓跋珪的登国元年（386）起就开始信仰佛教了。但是，北魏早期的佛教艺术因发现数量极其有限而对其基本面貌认识不清。迁都平城后，北魏的历代帝王便在京城内修建佛寺、佛塔，雕造佛像，供养高僧大德，使佛教与君主政治得到了紧密地结合。北魏皇室于公元460年在平城西郊的武州山开始兴建的云冈石窟寺，是北魏佛教艺术开始蓬勃发展的起点。北魏孝文帝（471~499年在位）于公元495年迁都洛阳，并由此在今洛阳南郊龙门石窟兴起了石窟造像艺术。同时，以北魏新都洛阳为代表的中原佛教艺术样式迅速地波及北方各地，将中国佛教艺术推向了历史上的第一个高峰期。现存北魏佛教艺术资料绝大部分制作于北魏中期与晚期。北魏中期以平城为都，北魏晚期以洛阳为都，公元495年可作为此两时期的大体分界线。

1. 北魏中期（439~494）

北魏中期（即北朝初期）的中国佛教艺术是在印度秣菟罗艺术影响下形成的。这个时期的佛教艺术以大同云冈石窟为代表，它开凿于和平（460~465）初年。[1]这段时期佛教造像的主要特点是：继承了十六国晚期来自后秦（384~417）长安、北凉凉州（今甘肃武威）以及河北等地的佛教艺术内容，在首都平城得以发扬光大，并取得了开创性的成果。[2]佛像的大衣保持了传自印度的通肩式与袒裸右肩式两种。但不少着袒右式大衣的佛像则有少许衣襟披覆右臂与右肩，形成了覆肩衣，是中国艺术家在印度传统上的再创作。佛的面相一般方圆浑厚，块面清晰，身体威武雄壮，颇有力度。那些具有健壮体魄的佛像，正反映了鲜卑拓跋氏勇武雄健的民族审美意识。这个时期的菩萨像一般是袒裸上身、下身着裙，有帔帛在肩后绕作圆环。各种造像的体形一般都具有雄健有力的作风。造像身体表面一般为阴刻线衣纹，刻划不写实。这种程序化的衣纹刻划正是印度秣菟罗佛像衣纹的特点，表现了来自印度佛教艺术界的影响力。佛利尔的一些金铜佛像就具有北魏中期的造像风格，如：F1909.265、F1909.266、F1911.125、F1911.126、F1911.127、F1911.128、F1911.137。同时，这些造像又表现出了北魏中期的一些地方风格，主要有如下几种。

Fig. 2–1. Sakyamuni Buddha seated on a lion throne
F1909.265
Bronze
H×W×D: 18×7.7×7 cm (7 1/16×3 1/16×2 3/4 in)
Origin: probably from Hebei Province
Northern Wei dynasty (386~534), dated ca. 480
Gift of Charles Lang Freer
图 2–1：北魏金铜坐佛像

河北风格

F1909.265 是一件具有典型北魏中期风格的以右手施无畏印的坐佛像（图 2–1）。它的额上发际中央有圆形的水涡状发纹，这种特点可见于日本东京国立博物馆藏北魏太平真君四年（443）高阳蠡吾（今河北省博野县西南）任丘村人菀申造的金铜立佛像，[3] 日本根津美术馆藏太和十三年（489）九门县（今河北省石家庄市藁城区西北）宽法王兄弟四人造的金铜释迦与多宝并坐像。[4] 佛利尔的这尊坐佛像所着的祖裸右肩的覆肩大衣样式，则与太和十三年贾法王兄弟四人造的左侧坐佛像相同，是北魏中期流行的一种佛装。日本东京新田氏个人收藏的太和元年（477）安熹县（今河北省定州市）阳氏造的金铜释迦文佛像，其头上的发纹纹样、大衣的样式、双手的动作，以及台座的形制与束腰处立二狮子的做法，均与 F1909.265 十分相似。[5] 类似的金铜佛像，还可见于日本东京国立博物馆藏的比丘法恩造释迦文佛坐像，美国哈佛大学赛克勒艺术馆藏的太和八年（484）杨僧景造坐佛像，[6] 1956 年内蒙古乌兰察布盟托克托县古城出土、现藏于内蒙古博物馆的太和八年比丘僧安等释迦文佛坐像（图 2–2），1977 年北京延庆宗家营出土、现藏于北京首都博物馆的大代某年铭坐佛像，等等。相似风格的单体石造像，则可见于美国纳尔逊博物馆藏的太和十八年（494）尹受国造释迦文佛坐像。[7] 从上述同类造像的情况来看，F1909.265 的时代应该在北魏太和年间（477~499），制作地点则很可能在河北一带，因为相似的像例多具有河北一带的地名。

佛利尔收藏的四件释迦与多宝佛金铜造像也具有河北地方风格。据后秦龟兹国三藏法师鸠摩罗什（334~413）《妙法莲华经》卷四"见宝塔品"记载：释迦在七叶窟说《法华经》时，地下涌出七佛宝塔，悬于空中，多宝佛于宝塔中踞狮子座，对释迦佛赞叹有加，并分半座给释迦。于是，二佛于塔内并坐，共同说法。[8] 在中国佛教艺术中，由《法华经》的普及与流行，一般来看，凡二佛并坐者即应视为释迦多宝题材，是中国佛教徒与艺术家创作的一种图像。F1911.125 是一尊二佛

3. 松原三郎：《中国佛教雕刻史论》，图版编一《魏晋南北朝前期》，图版 23。

4. 大和文华馆：《特别展：中国の金铜佛》，奈良：大和文华馆，1992 年，图 20。

5. 东京国立博物馆：《特别展：金铜佛——中国·朝鲜·日本》（东京，1987 年），第 26、88 页。

6. 台北故宫编辑委员会：《海外遗珍·佛像》（台北，1986 年），图版 6。

7. 松原三郎：《中国佛教雕刻史论》，图版编一《魏晋南北朝前期》，图版 60、63、64、71、80；大村西崖《支那美术史雕塑篇》，东京：佛书刊行会图像部，1915 年，附图 463、464；金申《中国历代纪年佛像图典》，北京：文物出版社，1994 年，图版 10、29、30、39、40、42、58。

8.《大正藏》第 9 册，第 32c、33c 页。

并立金铜像，下部有粗大的四足方座（图2-3）。二立佛身体粗短，头上发际刻有竖向的发纹，身着通肩式大衣，手施无畏印，大衣表面刻划着密集的衣纹，身后的舟形背光相互连接着。该像的座后刻有铭文题记曰：

景明四年（503）岁在癸未，饶阳（今河北省衡水市）刘法□六兄弟为亡父母造多宝像壹躯，供养礼拜。

Fig. 2-3. The Buddhas Duobao (Prabhutaratna) and Sakyamuni standing side-by-side
F1911.125
Bronze
H×W: 14.5×8.1 cm (5 11/16×3 3/16 in)
Origin: from Hebei Province
Northern Wei dynasty (386~534), dated 503
Gift of Charles Lang Freer
图2-3：北魏景明四年（503）刘法□造金铜释迦多宝立像

Fig. 2-2. Seated Buddha on Sumeru throne
H: 28.5 cm
Gilt bronze
Dated 484
Northern Wei dynasty (386~534)
Found at Togeton, Hohhot, Inner Mongolia Autonomous Region, 1956
Inner Mongolia Autonomous Region Museum
图2-2：北魏太和八年比丘僧安等造释迦佛坐像
1956年内蒙古乌兰察布盟托克托县古城出土
内蒙古博物馆藏
采自中国美术全集编辑委员会《中国美术全集·雕塑编3·魏晋南北朝雕塑》，图版92。

F1911.126 是 一 尊 类 似 于 F1911.125 的 金铜二佛并立像，仅二佛背光的中部相连（著录篇 Z003）。其台座背面的铭文表明，该像为博陵饶阳佛弟子刘琛于北魏延兴三年（473）发愿造的刀保（多宝）佛像。另外，F1911.127 与 F1911.128 均为二佛并坐金铜佛像（图 2-4、2-5、著录篇 Z007），二佛均施禅定印，头上刻有发纹，通肩式的大衣表面也刻有密集的横向衣纹。它们的身后都有着共同的舟形背屏，表面刻着二舟形背光，背光间阴刻有伞盖。在背屏的背面有一身线刻的结跏趺坐佛像，着袒裸右肩式大衣，大衣表面也有密集的衣纹。二像下部都有粗大的四足方座，表面的铭文题记表明，F1911.127 为景明元年（500）刘敬难造的多宝佛像；F1911.128 为饶阳县人刘方于北魏正始三年（506）为父母造的多保（宝）佛像。上述四尊佛利尔收藏的金铜造像的风格一致，具有明确制作地点的三尊像都产自饶阳县，位于今河北省。

佛利尔的这四件产自河北的金铜释迦多宝像与保存在别处的同样来自河北的同时代造像有着相似之处。日本学者松原三郎编著的《中国佛教雕刻史论》中收录了几尊由日本个人收藏的金铜二佛并坐像，其正背两面的内容与技法都与 F1911.128 基本相同：其一，太和廿年（496）铭金铜二佛并坐像，由饶阳县人刘偏祖发愿制作；其二，景明二年（501）唐县（今河北省正定县西北）人郑□□自为夫妻男女造的多保（宝）像；其三，景明四年（503）肪子县（即房子县，今属河北省）人翟臣造像。北京故宫博物院也收藏了几件相同类型的金铜释迦与多宝佛并坐像：其一为唐郡（今河北唐县）人比丘某某造于太和十三年（489），其二为居庸县（今北京延庆区）人公孙元息造于太和十六年（492）。[9] 此外，松原三郎的书中还收录了一件与 F1911.125、F1911.126 立佛风格相同的单尊金铜立佛像，为太和十九年（495）零寿县（今属河北省）人某氏造的佛像。[10] 从上述情况看，佛利尔的这四尊金铜佛像代表了北魏河北一带的造像风格。若与图 2-1 所示的 F1909.265 相比，它们应该表现的是河北一带金铜佛像制作的地

方风格。这类风格的突出表现就是造像身体表面的密集衣纹，在山东省也曾发现过，如 1983 年山东省博兴县崇德村出土、山东博兴县文管会藏太和八年（484）金铜立佛像，[11] 松原三郎书中收录的太和十三年阳信县（今属山东省滨州市）人李某造的金铜立佛像等。[12] 清华大学美术学院教授李静杰先生认为：这种雕刻风格叫作"隆线雕"，在山东青州区应用于各种类型的

9. 李静杰：《中国金铜佛》，北京：宗教文化出版社，1996 年，图版 23、25。
10. 前述松原三郎书中的金铜像，参见松原三郎：《中国佛教雕刻史论》，图版编一《魏晋南北朝前期》，图版 82ab、109ab、109cd、77f。其中太和廿年刘偏袒造像还收录于《特别展：中国の金铜佛》，图 21。

Fig. 2-4. The Buddhas Duobao (Sanskrit Prabhutaratna) and Sakyamuni
F1911.127
Bronze
H×W: 12.2×6.3 cm (4 13/16×2 1/2 in)
Northern Wei dynasty (386–534), dated 500
Gift of Charles Lang Freer
图 2-4：北魏景明元年（500）刘敬难（？）造金铜释迦与多宝佛坐像

11. 中国美术全集编辑委员会：《中国美术全集·雕塑编3·魏晋南北朝雕塑》，图版91。

12. 松原三郎：《中国佛教雕刻史论》，图版编一《魏晋南北朝前期》，图版77c。

13. 李静杰：《关于金铜佛的几个问题》，刊于《中国金铜佛》，第284页。

14. 参见李玉珉：《河北早期的佛教造像——十六国和北魏时期》，《故宫学术季刊》第11卷第四期，1994。

15. 北魏石窟与石造像中所见的密集型衣纹像例，可见于陕西耀县药王山博物馆收藏的北魏造像、陕西宜君县等地的北魏小型石窟寺、甘肃陇东地区的北魏小型石窟、宁夏固原须弥山石窟中的北魏洞窟等。参见张燕：《北朝佛道造像碑精选》，天津：天津古籍出版社，1996年；靳之林：《陕北发现一批北朝石窟和摩崖造像》，《文物》1989年第4期；甘肃省文物工作队等：《陇东石窟》，北京：文物出版社，1987年12月；宁夏回族自治区文物管理委员会等：《须弥山石窟》，北京：文物出版社，1988年。

造像；冀南区出现的部分"隆线雕"像例当是青州区方面影响的结果，而青州区金铜造像的这种风格可能直接借鉴了关中地区的风格。[13] 问题在于，李静杰先生在此比较的隆线雕像例，主要指的是用于金铜佛像背光上的技法，而背光上的纹样使用这种技法的早就见于佛利尔收藏的刘宋元嘉二十八年（451）刘国之造的金铜佛像（F1911.121，详见本书第四章），并且也多

见于河北地区北魏中期的其他造像，如日本新田氏收藏的太和元年金铜坐佛像等。就现存资料来看，使用这种技法的像例注明产地为河北一带的要多于山东地区。[14] 另外，这种技法确实与关中地区乃至甘肃东部、宁夏南部地区许多石造像所使用的密集型衣纹的刻法有些相近之处，[15] 但在地理分布上还缺乏衔接地点，所以其间关系还值得我们做进一步地探讨。

Fig. 2–5. Seated Buddha figure, back of F1911.127
F1911.127
图2-5：北魏景明元年（500）刘敬离（？）造金铜释迦与多宝佛坐像背面

Fig. 2–6. Bodhisattva Avalokiteshvara (Guanyin)
F1909.266
Bronze with gilding
H×W×D: 23×11.9×6.8 cm (9 1/16×4 11/16×2 11/16 in)
Origin: Hebei or Shandong province
Northern Wei dynasty (386~534), dated 453
Gift of Charles Lang Freer
图 2-6：北魏兴安二年（453）赵路原造金铜观世音菩萨立像

F1909.266 是一尊具有北魏中期典型风格的右手执莲花的金铜莲花手菩萨立像（图 2-6）。该像体形矫健，上身祖裸，下身着裙，璎珞于腹前交叉，帔帛在肩后绕作圆环，背光外匝的火焰纹为镂空雕出。日本个人收藏的一件北魏皇兴四年（470）王锺夫妻造的金铜观世音像，风格形制与 F1909.266 十分相似。[16] 类似于 F1909.266 菩萨像背光镂空的雕法不多见，如河北省博物馆藏的 1955 年于河北省满城县景阳驿乡孟村出土的北魏延兴五年（475）张某造金铜立佛像之背光。[17] 但与这尊莲花手菩萨像相似的金铜造像实例极多，如日本个人藏太和十六年（492）比丘僧慧造金铜莲花手菩萨像，[18] 太和八年（484）清信士赵某造的金铜莲花手菩萨像，太和廿二年（498）条县（即修县，属河北省）吴道兴造金铜光世音（即观世音）像；河北省博物馆藏 1961 年河北省平泉县出土的太和十三年东平郡（在今山东省）人某某造的金铜观世音像；[19] 英国伦敦大英博物馆藏皇兴五年（471）新城县民仇寄奴造的金铜观世音菩萨立像。[20] 因此，F1909.266 制作于中国河北、山东一带的可能性较大。

16. 松原三郎：《中国佛教雕刻史论》，图版编一《魏晋南北朝前期》，图版 35a。
17. 中国美术全集编辑委员会：《中国美术全集·雕塑编 3·魏晋南北朝雕塑》，图版 88；松原三郎《中国佛教雕刻史论》，图版编一《魏晋南北朝前期》，图版 35b。
18. 大村西崖：《支那美术史雕塑篇》，附图 470。
19. 中国美术全集编辑委员会：《中国美术全集·雕塑编 3·魏晋南北朝雕塑》，图版 93；松原三郎《中国佛教雕刻史论》，图版编一《魏晋南北朝前期》，图版 73b、86、88。
20. 参见台北故宫编辑委员会：《海外遗珍·佛像》，图版 20；李玉珉：《河北早期的佛教造像——十六国和北魏时期》。

21. 松原三郎:《中国佛教雕刻史论》,图版编一《魏晋南北朝前期》,图版55、59;《特别展示·中国古式金铜佛与中央、东南亚的金铜佛》,和泉市久保惣记念美术馆编集发行,昭和63年(1988),图版58、59。

22. 松原三郎:《中国初期金铜佛の一考察》一文认为:这类金铜像大约制作于中国宁夏、甘肃一带。见《中国佛教雕刻史论》之《本文编》,第17页。

西北风格

F1911.137是一件小型的铜造结跏趺坐佛像,身着袒右肩大衣,双手施禅定印,是典型的北魏中期佛像风格(图2-7、2-8)。该佛像的身后有圆形头光与舟形背光,在头光的周围雕有一圈小坐佛像。背光的背面可分为三层:下层雕一尖拱形龛,龛内雕释迦与多宝佛并坐说法像;中层雕一屋形龛,龛内并坐八身小佛像;上层也雕一屋形龛,龛内雕坐佛与四身胁侍像,在两侧还各雕一斜的屋檐,相互组成八字形,以象征一所院落。

这种前后内容的组合形式在铜造像中是比较特别的。宁夏固原县博物馆在1981年征集到了一件铜造像,其正、背两面的内容与布局方式,以及尺寸的大小,都与F1911.137十分相似。类似的像例还可见于松原三郎《中国佛教雕刻史论》图版编一第55cd、第59cd所收录的两件铜佛像。[21]在没有更多材料比较的情况下,F1911.137制作于中国西北部的可能情较大,[22]其时代也当属太和年间。

Fig. 2-7. Seated Buddha with mandorla
F1911.137
Bronze
H×W: 10×6.3 cm (3 15/16×2 1/2 in)
Northern Wei dynasty (386~534), dated ca. 490~510
Gift of Charles Lang Freer
图2-7: 北魏铜坐佛像

Fig. 2-8. Back of F1911.137
图2-8: F1911.137 北魏铜坐佛像背面

2. 北魏晚期（495~534）

北魏晚期的中国佛教艺术以来自南朝的汉化样式为主体。为了缓和民族矛盾，北魏孝文帝于5世纪下半叶实行了汉化改革，全面学习汉民族的政治制度与文化艺术。于是，传自南朝的汉化佛教艺术样式就在孝文帝于平城汉化改革之初的公元489年就已出现在了云冈石窟之中。太和十九年（495），北魏政府迁都洛阳，佛教中心也随之从代北平城转移到了嵩洛，也使汉化佛教艺术样式在中国北方得以发扬光大。北魏晚期的佛教艺术普遍地出现了融合外来与传统艺术的新的汉民族样式，这与北魏统治者进一步以南朝为榜样的汉化改革的历史背景密不可分。佛像普遍穿着与汉民族贵族传统的褒衣博带装相似的佛衣，这是一种从后向前披覆在双肩上的大衣，并在内衣胸前束一长带。同时，佛像重在表现纤弱病态的体形、清秀俏丽的面相，即所谓的秀骨清相，一改北魏中期流行的具有力度的雄健美。菩萨像也是身体纤细、瘦弱，多着自双肩处披下的长帔帛，并于腹前交叉（或穿一环），一改传自印度的完全袒裸上身的形象。这种新型的佛与菩萨像就是北魏晚期阶段典型的造像时代特点，也是北魏佛教艺术接受汉民族样式的重要标志，反映了来自南朝的汉族士大夫们的潇洒不群、超然自得的所谓"魏晋风度"，也是南方汉族上流社会流行的精神风貌。

在北魏皇室对佛教的大力提倡之下，洛阳一带的寺、塔、石窟、造像的建造呈现出了一派繁荣的景象，以现存龙门石窟与巩县大力山石窟中的北魏作品为代表。同时，在公元6世纪前期的几十年间，在洛阳佛教事业的带动下，中国北方的佛教艺术迎来了第一次高潮。北方其他地区的艺术家们在雕造佛像时，必然会或多或少地以洛阳一带的造像样式为榜样。但他们在接受来自中原的佛教艺术影响时，决不意味着机械地临摹与照搬，而是创造出既有统一的时代风格，也有丰富多彩的地方特色的艺术形式。佛利尔收藏的北魏晚期造像有以下代表：F1909.77、F1909.264、F1909.268、F1911.130、F1911.134、F1913.16、F1917.237、F1917.411、F1968.53、F1968.54、F1969.5。在此略谈一下这些造像所表现的地方风格。

中原风格

F1968.53为北魏永平四年（511）姚羌尔等造的佛三尊石像（图2-9、2-10）。主尊结跏趺坐，佛面相过长，双肩下削，身体瘦削，与河南省新乡市博物馆收藏的景明四年（503）下张村合邑捌拾人造石佛三尊像之主尊相似。[23] F1968.53主尊之头部还与龙门石窟古阳洞6世纪早期的佛像头部相似，虽然在古阳洞中，很多佛像仍然穿着北魏中期的佛像服装，如陈哲敬先生收藏的古阳洞景明三年（502）高树造像龛的主尊头部。[24] F1968.53的背部以减地阴刻的手法刻出两排小坐像，其题材与北魏流行的千佛相仿。北魏雕刻与壁画中的千佛像一般为正面相的坐姿，而F1968.53背部的众小坐佛像却均将头部扭向一侧，这点与中国西部地区的一些北魏壁画中的千佛像表现法相同，如甘肃张掖马蹄寺千佛洞第8窟中的北魏千佛壁画等。[25] 其中的关联还值得我们做进一步的研究。

佛利尔收藏的另三件造像也带有明显的中原风格。F1917.237为倚坐佛与二胁侍立菩萨石像（图2-11）。其中右菩萨已残，主尊的服装为标准的褒衣博带式大衣，衣质薄厚适中，与龙门石窟普泰洞、魏字洞等窟内的主尊佛像相似。[26] F1911.130为金铜释迦与多宝佛并坐像（图2-12）。二佛身体略微显胖，大衣薄厚适中，与龙门石窟北魏末年的来思九洞、地花洞、弥勒北一洞等窟内的主佛相似。[27] 所不同的是，F1911.130之二佛头顶均盘作螺形发髻。F1913.16为小型造像碑，正面雕盝顶佛龛，龛内置坐佛与二立菩萨像，碑两侧各雕上下二龛，龛内均为二佛并坐像（图2-13）。该像碑正面龛内的三像风格，均可见于龙门石窟北魏末年的石窟与小龛。因此，这四尊造像大体反映了中原一带的风格。

23. 松原三郎：《中国佛教雕刻史论》，图版编一《魏晋南北朝前期》，图版122a。

24. 龙门石窟研究所：《龙门流散雕像集》，上海：上海人民美术出版社，1993年，图版1~6。

25. 中国美术全集编辑委员会：《中国美术全集·绘画编17·麦积山等石窟壁画》，北京：人民美术出版社，1987年，图版40、41。

26. 龙门文物保管所等：《中国石窟·龙门石窟》（一），平凡社·文物出版社，1991年。

27. 龙门石窟研究所：《龙门石窟雕刻萃编——佛》，北京：文物出版社，1995年，图版39、49、50。

Fig. 2-9. Buddhist stele
F1968.53
Limestone
H×W×D: 30.4×18.6×10.6
cm (11 15/16×7 5/16×4 3/16
in)
Origin: Probably Henan
province
Northern Wei dynasty
(386~534), dated 511
Gift of Eugene and Agnes
E. Meyer
图 2-9: 北魏永平四年（511）
姚羔尔等造石像

Fig. 2-10. Back of F1968.53
F1968.53
图 2-10: 北魏永平四年（511）
姚羔尔等造石像背面

Fig. 2–11. Buddha with a bodhisattva (fragment of Buddha triad)
F1917.237
Stone
H×W×D: 37 × 27.2 × 20 cm (14 9/16 × 10 11/16 × 7 7/8 in)
Northern Wei dynasty (386~534), dated ca. 510~534
Gift of Charles Lang Freer
图 2–11：北魏石雕佛与一胁侍菩萨像

Fig. 2–12. *The Buddhas Duobao (Prabhutaratna) and Sakyamuni*
F1911.130
Bronze, gilt
H×W×D: 13.8×13.4×6.1 cm (5 7/16×5 1/4×2 3/8 in)
Northern Wei dynasty (386~534), dated ca. 510~534
Gift of Charles Lang Freer
图 2–12：北魏金铜释迦多宝坐像

Fig. 2–13. *Buddhist tablet in brick form*
F1913.16
Stone
H×W×D (overall): 19×12.7×8.1 cm (7 1/2×5×3 3/16 in)
Northern Wei dynasty (386~534), dated ca. 510~534
Gift of Charles Lang Freer
图 2–13：北魏造像碑

河北与山东风格

F1909.77 为一尊立佛像（图 2-14）。它的体形虽显瘦削，但肩部较宽，大衣雕刻厚重，并有突起的尖状衣纹。相似的像例可见于青岛市博物馆收藏的北魏立佛石雕像，[28] 山东诸城县博物馆收藏的北魏晚期立佛石像，[29] 山东省博兴县东南寨高村原兴国寺遗址的立佛石像，[30] 北京故宫博物院藏、1953~1954 年河北省曲阳县修德寺遗址出土的正光元年（520）苌延等造倚坐佛石雕像，[31] 以及美国纽约大都会博物馆藏、1924 年河北省正定出土的正光五年（524）新市县（今河北省新乐县西南）□午猷造金铜弥勒像（图 2-15）。[32] 所以，F1909.77 可能出自河北或山东地区。

Fig. 2–14. Buddha
F1909.77
Stone
H×W×D: 26.3 × 17.7 × 10.2 cm (10 3/8 × 6 15/16 × 4 in)
Northern Wei dynasty (386~534), ca. 510~534
Gift of Charles Lang Freer
图 2–14：北魏白石立佛像

Fig. 2–15. Altarpiece Dedicated to Buddha Maitreya
H: 76.9 cm
Gilt bronze
Dated 524
Northern Wei Dynasty (386~534)
Rogers Fund, 1938, 38.158.1a~n
The Metropolitan Museum of Art, New York City
Photograph courtesy of the Metropolitan Museum of Art
图 2–15：北魏正光五年（524）□午猷造金铜弥勒像
1924 年河北省正定新市县（今河北省新乐市西南）出土
美国纽约大都会博物馆藏、版权所有

28. 时桂山：《青岛的四尊北魏造像》,《文物》1963 年第 1 期；孙善德《对"青岛的四尊北魏造像"一文的补充意见》,《文物》1964 年第 9 期。

29. 松原三郎：《中国佛教雕刻史论》, 图版编一《魏晋南北朝前期》, 图版 136b。

30. 中国美术全集编辑委员会：《中国美术全集·雕塑编 3·魏晋南北朝雕塑》, 图版 147。

31. 松原三郎：《中国佛教雕刻史论》, 图版编一《魏晋南北朝前期》, 图版 175a。

32. Christian Deydier, *Chinese Bronzes*［中国青铜器］(New York: Rizzoli International Publications, INC. 1980), 第 148、149。

33. 松原三郎：《中国佛教雕刻史论》, 图版编一《魏晋南北朝前期》, 图版 169c。

34. 松原三郎：《中国佛教雕刻史论》, 图版编一《魏晋南北朝前期》, 图版 142、143。

Fig. 2–16. Bodhisattva Avalokitesvara (Guanyin)
F1909.264
Bronze with gilding
H×W×D: 26×8.6×7.4 cm (10 1/4×3 3/8×2 15/16 in)
Northern Wei dynasty (386~534), dated 520
Gift of Charles Lang Freer
图 2–16：北魏神龟三年（520）韩集本贤造金铜观世音菩萨立像

　　F1909.264 为一尊金铜立菩萨像, 由佛弟子韩某造于北魏神龟三年（520）（图 2–16）。该菩萨像的足下有双层四足方座, 头后的冠披折作方棱状的八字形, 帔帛在腹前交叉。与之相似的像例可见于日本个人藏北魏孝昌四年（528）宗明造观世音立像,[33] 惜该像没有确切的造像地点。观察该像背光中火焰纹的雕刻手法, 与法国巴黎吉美博物馆藏的北魏熙平三年（518）蒲吾（今河北省平山县东南）灵辟寺比丘昙任、道密兄弟造的释迦与多宝金铜佛像背光的火焰纹样式与技法十分相似。[34] 在没有更多资料佐证的情况下, 笔者暂且推测这尊金铜菩萨像属于河北省的作品。

Fig. 2–17. The Buddha
Gautama Sakyamni and
attendant divinities
F1913.73
Stone
H×W×D: 81.5×73.3×16.1 cm
(32 1/16×28 7/8×6 5/16 in)
Northern Wei dynasty
(386~534), dated 534
Gift of Charles Lang Freer
图 2-17: 北魏永熙三年（534）
石雕佛三尊像

35. 参见山东青州出土的石
造像，见中国历史博物馆
等：《盛世重光：山东青州
龙兴寺出土佛教石刻造像
精品》，北京，1999 年；台北
故宫博物院：《雕塑别藏：
宗教篇特展图录》，台北，
1997 年。

36. Osvald Siren（喜龙仁），
*Chinese Sculptures from
the Fifth to the Fourteenth
Centuries* ［五至十四世
纪的中国雕塑］（London,
1925），图版 147B；松原三
郎：《中国佛教雕刻史论》，
图版编一《魏晋南北朝前
期》，图版 141、169a。

37. 龙门文物保管所等：《中
国石窟·龙门石窟》（一），图
版 134、135、194。

38. 参见温玉成：《龙门北朝
期小龛の类型と分期および
北朝期石窟の编年》，刊龙门
文物保管所等编《中国石
窟·龙门石窟》（一）。

39. 李文生：《滝池鸿庆石
窟》，插图 21，刊于龙门文
物保管所等编《中国石窟·龙
门石窟》（一）。

40. 龙门文物保管所等：《中
国石窟·龙门石窟》（一），图
版 49、50。

　　佛利尔收藏的另三件造像（F1917.411、
F1968.54、F1913.73）的内容基本相同，风格均
渐趋显胖（图 2-17、2-18、著录篇 Z028）。其中
F1913.73 具有北魏永熙三年（534）铭文题记，可
知三像的时代为北魏末年。这三区像的三尊主像
之间均以减地阴刻的手法刻出弟子、小坐佛像、
飞天、装饰纹样等，在二菩萨足下的莲台之下均
以背姿回首的力士托扛，笔者在全国造像之中还
没有发现相同之例。雕造立佛与二菩萨三尊像，
在北魏晚期的中国北方较为多见，特别是山东地
区近年的发现。[35] 上述佛利尔收藏的三区造像中
的佛像为典型的北魏晚期风格，但 F1917.411、
F1968.54 二菩萨像的冠披均向上折作方棱状再垂
下并呈八字形分开，是它们的典型特点之一，却
不见于山东地区。与之相似的像例有：日本香川
县个人藏北魏熙平三年（518）蒲吾县（今河北省

Fig. 2–18. Stele with
Buddha triad
F1968.54
Stone
H×W×D: 99.6×81.2×27.7
cm (39 3/16×31 15/16×10 7/8
in)
Northern Wei dynasty
(386~534), dated ca. 520s
Gift of Eugene and Agnes
E. Meyer
图 2–18: 北魏石雕佛三尊像

平山县东南）道人昙仁造金铜观世音像，河北省徐水县大西良村出土的正光三年（522）新（城）县（属今河北省）梁仲华夫妻造金铜观音像，[36] 龙门石窟北魏晚期的古阳洞主尊二胁侍菩萨像，皇甫公窟中的菩萨像，[37] 以及龙门石窟北魏晚期许多纪年小龛中的菩萨像等。[38] 河南省渑池县鸿庆寺石窟第 3 窟西壁中龛内的交脚菩萨像冠披也是这种形制，其向外水平伸出少许再下垂的做法，

与 F1917.411、F1968.54 二菩萨像的冠披完全相同。[39] F1913.73 的二菩萨冠披是先打一结再分作八字形垂下，相似之例则见于龙门北魏晚期的莲花洞二胁侍立菩萨，[40] 二者服饰相同，且均有双肩上耸的特点。由此笔者推测，佛利尔收藏的这三区石造像的菩萨像风格，曾流行于北魏晚期的首都洛阳一带，并多被河北一带所接受。因此这三区造像出自河南、河北一带的可能性较大。

Fig. 2-19. Buddhist stele
F1969.5
Sandstone
H×W: 70×34.2 cm (27 9/16×13 7/16 in)
Origin: from Shaanxi Province
Northern Wei dynasty (386~534), dated 521
Purchase
图 2-19：北魏正光二年（521）比丘刘法藏等造五十三佛像碑

陕西风格

　　F1969.5 为正光二年（521）比丘刘法藏等造一区五十三佛像碑（图 2-19）。该碑正面开一圆拱形龛，龛内造结跏趺坐佛与二胁侍立菩萨像，龛的两侧及上方布置小佛像龛。就中龛主尊的形制来看，密集的尖棱状衣纹很难找到相似的像例，但它的肉髻表面不刻发纹，而在肉髻之下的发际表面却刻有涡状发纹，这种做法可见于东京永青文库收藏的来自陕西省鄜县的永平（508~511）□年石佛三尊像之主尊。[41] F1969.5 主龛之主尊与二胁侍立菩萨均着交领式大衣，其样式可见于东京国立博物馆收藏的一尊具有密集衣纹的陕西风格的石造佛三尊像，不过后者的衣纹要更加细密。[42] 日本大原美术馆收藏的北魏神龟三年（520）魏徕造像碑，中部的布局、众小龛内小坐佛的形制均与 F1969.5 相似，这也是一尊陕西风格的佛教造像碑。[43] 再者，该像碑上的"荔非龙"的荔非之姓，是关中一带的古代姓氏，见于 1953 年由陕西华县征集入藏西安碑林博物馆的隋代荔非明达家族造像碑。[44] 所以，F1969.5 无疑应该属于陕西地区的地方风格。目前，这种北魏晚期造像的陕西地方风格集中体现在陕西耀县药王山博物馆收藏的一批造像碑之上，[45] 还可见于西安碑林博物馆藏的景明年间（500~503）刘保生造像（图 2-20）等。

41. 该像收录于大村西崖:《支那美术史雕塑篇》,附图620; Osvald Sirén, *Chinese Sculptures from the Fifth to the Fourteenth Centuries*, 图版 124; 松原三郎《中国佛教雕刻史论》,图版编一《魏晋南北朝前期》,图版 127。

42. 松原三郎:《中国佛教雕刻史论》,图版编一《魏晋南北朝前期》,图版 134b。

43. 松原三郎:《中国佛教雕刻史论》,图版编一《魏晋南北朝前期》,图版 183a。

44. 李域铮:《陕西古代石刻艺术》,西安:三秦出版社,1995 年,第 56、57 页。

45. 张砚著、王建新译:《中国陕西省耀县の碑林(一)》,《佛教艺术》205 号,1992 年。

Fig. 2–20. Buddhist stele
Sandstone
H×W×D: 150×53×24 cm
Northern Wei dynasty
(386~534), dated 500~503
Xi'an Beilin Museum
From Tokyo National
Museum, ed., The Glory of
the Court: Tang Dynasty
Empress Wu and Her
Times (Tokyo: NHK, 1998),
cat.3, pp.26.

图 2–20:北魏景明年间
(500~503)刘保生造像碑
砂岩
高 150、宽 53、厚 24 厘米
西安碑林博物馆藏
采自《宫廷の荣华:唐女帝
则天武后とその时代展》,
第 26 页。

二、北朝晚期（534~581）

公元 534 年，北魏灭亡，原北魏分裂为东魏（534~550）与西魏（535~556），东魏以邺城（今河北省临漳县）为都，西魏以长安（今陕西省西安市）为都。据北魏杨衒之《洛阳伽蓝记》序记载，永熙三年（534）十月，齐献武王高欢（496~547）拥立孝静帝（534~550 年在位）迁都邺城时，洛阳"诸寺僧尼，亦与时徙"。[46] 原洛阳一带的佛教事业主要被邺城所继承，但西魏的佛教也在原北魏长安的传统之下发展着。公元 550 年，高氏篡位，建立北齐（550~577），仍以邺城为都。公元 557 年，西魏也被宇文氏的北周（557~581）所取代。在公元 581 年隋朝（581~618）建立之前，这段时期为北朝晚期，在中国北方主要是高氏与宇文氏两大势力的对立，从洛阳到潼关一线已成为他们的决斗场。在佛教艺术界，东西两大区域在继承北魏传统样式的前提下，都和南朝有着密切的关系。同时，在横向大的时代风格之下，它们又各具自己的特色。佛利尔收藏的北朝晚期造像代表作有：F1913.27、F1923.14、F1914.4、F1912.98、F1911.412、F1909.289、F1909.293、F1911.411、F1915.60、F1919.81、F1914.36、F1952.28、F1955.16。笔者分析这段时期的地方风格，主要是区分这些造像的东、西方区域的归属问题。

1. 东魏（534~550）

东魏佛教造像基本承自北魏晚期发展的汉化样式与风格。但不少佛像在保持面部清秀特点的同时，身躯则比较丰满，发扬了创始于梁朝的画家张僧繇一派丰满人物画风的艺术风尚。对于东魏的高氏集团来讲，他们的主要敌人是关中的宇文氏。东魏统治集团也十分仰慕南朝的汉族文化。而且他们都承认，只有汉族人建立的南朝，才是他们思想观念、文化制度上的正统所在。所以，与南朝保持友好往来，专心以武力对付西面的宇文氏，就成了高氏集团的

基本国策。在东魏与南朝的交往中，佛教文化艺术是其中的一项重要内容。这种南朝新的佛教艺术素养与洛阳的北魏佛教艺术传统相结合，就产生了东魏佛教艺术。

佛利尔收藏有六件纪年明确的东魏造像。F1909.295 为天平二年（535）郭黄孙等造佛五尊石像（著录篇 Z034）。该像人物粗短，刻划简单，与龙门石窟的几处东魏小龛造像风格有相近之处。[47] F1909.288 为东魏兴和三年（541）九门（今河北省石家庄市藁城区西北）安乐王寺道遇邑义廿人等造白玉佛三尊像（图 2-21），为典型的东魏风格作品：它在继承北魏晚期风格的前提下，重点发展了东魏时期丰满与柔和的曲线美。F1909.288 的主尊立佛身体表面的双阴刻线衣纹的技法，还可见于美国 Isabella Stewart Gardner 美术馆藏东魏武定元年（543）骆子宽造释迦五尊石像。[48] F1911.409 为武定七年（549）上曲阳县霍文智造白玉观世音像，属于典型的河北曲阳修德寺一系的白石造像（图 2-22）。相似的汉白玉观世音菩萨造像可见于 1954 年曲阳修德寺遗址出土、北京故宫博物院藏的武定元年（543）杨迥洛造白石观世音像，兴和三年（541）京上村乐零秀造观世音白石像，武定二年苏丰洛造立菩萨像，武定五年赵宗贵造立菩萨像。[49] F1913.74 为东魏元象元年（538）比丘僧世造的白石无量寿佛立像，属于典型东魏风格的立佛像（图 2-23）。F1915.60 东魏兴和元年（539）李睿时造金铜立菩萨像（图 2-24）。[50] 其体形与服饰均为北魏晚期传统的样式，舟形背光的边缘原插立了一周飞天，共计十一身。在金铜佛像中，背光边缘插立一周飞天的做法，可见于美国大都会博物馆收藏、1924 年河北省正定县郊出土的金铜五尊佛立像，[51] 意大利收藏的北魏永安二年（529）石艾县人（今山西省平定县东南）韩德丑造金铜佛立像。[52]

46.《大正藏》第 51 册，第 999a 页。

47. 常青：《龙门石窟北朝晚期龛像浅析》，刊龙门石窟研究所《龙门石窟一千五百周年国际学术讨论会论文集》，北京：文物出版社，1996 年 5 月。

48. Osvald Siren, *Chinese Sculptures from the Fifth to the Fourteenth Centuries*, 图版 180；松原三郎：《中国佛教雕刻史论》，图版编一《魏晋南北朝前期》，图版 284、285。

49. 参见杨伯达：《曲阳修德寺出土纪年造像的艺术风格与特征》，《故宫博物院刊》总第 2 期，北京：文物出版社，1960 年；松原三郎：《中国佛教雕刻史论》，图版编一《魏晋南北朝前期》，图版 271、272、273。

50. Paul Jett and Janet G. Douglas, "Chinese Buddhist Bronzes in the Freer Gallery of Art: Physical Features and Elemental Composition［佛利尔美术馆的中国佛教铜像：外观与元素构成］," *Materials Research Society*, vol. 267 (1992). 该文定 F1915.60 为赝品。

51. 中国美术全集编辑委员会：《中国美术全集·雕塑编 3·魏晋南北朝雕塑》，图版 99。

52. Osvald Siren, *Chinese Sculptures from the Fifth to the Fourteenth Centuries*, 图版 156；松原三郎：《中国佛教雕刻史论》，图版编一《魏晋南北朝前期》，图版 173、205。

*Fig. 2–21. Stele with
Buddha triad (fragment)
F1909.288
Stone
H×W×D: 91.7×39.8×23.7
cm (36 1/8×15 11/16×9 5/16
in)
Origin: from Hebei
Province
Eastern Wei dynasty
(534~550), dated 541
Gift of Charles Lang Freer*
图2–21：东魏兴和三年（541）
九门安乐王寺道遇邑义廿人
等造白玉像

Fig. 2–22. Bodhisattva Avalokiteshvara (Guanyin)
F1911.409
Marble with ink and pigment
H×W×D: 29.5 × 15.2 × 12.3 cm (11 5/8 × 6 × 4 13/16 in)
Origin: from Quyang of Hebei Province
Eastern Wei dynasty (534~550), dated 549
Gift of Charles Lang Freer
图 2–22：东魏武定七年（549）霍文智造石雕观世音立像

Fig. 2–23. Standing Buddha
F1913.74
Marble
H×W×D: 65.4 × 35 × 19.5 cm (25 3/4 × 13 3/4 × 7 11/16 in)
Eastern Wei dynasty (534~550), dated 538
Gift of Charles Lang Freer
图 2–23：东魏元象元年（538）比丘僧世造白石无量寿佛立像

佛利尔美术馆还藏有几件无纪年的东魏造像。F1952.28 为金铜立佛像，基本样式仍是继承了北魏晚期的传统，但其头后项光的纹样为波状连续的莲花与荷叶（图2-25）。[53] 美国宾州大学考古与人类学博物馆收藏的东魏天平三年（536）定州中山上曲阳县（今河北省曲阳县）佛弟子乐龙等造的金铜弥勒佛立像的总体形象与 F1952.28 十分相似，[54] 不同者为：这尊天平三年

Fig. 2-25. Standing Buddha on a low four-legged platform
F1952.28
Bronze, gilt
H×W×D (overall): 35.2×14.5×11.1 cm (13 7/8×5 11/16×4 3/8 in)
Northern Wei dynasty (386~534)
Purchase
图2-25: 东魏金铜立佛像

佛像之肉髻表面刻有细密的发纹，项光处所刻为波状连续的忍冬与莲花图案。F1914.36 为石雕结跏趺坐佛像（图2-26）。它的身躯略显胖，但服装仍是北魏晚期流行的褒衣博带式大衣，头后的圆形项光表面刻着波状连续的莲花与荷叶纹样，与 F1952.28 相同。在主尊项光表面雕刻波状连续的莲花与荷叶纹样的石雕像例，可见于美国普林斯顿大学博物馆藏天平二年比丘僧玉等佛三尊石像，洛阳市博物馆藏1971年孟津县翟泉发现的东魏石造三尊立菩萨像，美国克里夫兰艺术博物馆收藏的天平四年河南尹王元甯造佛三尊石像，英国伦敦维多利亚和阿尔伯特博物馆（Victoria and Albert Museum）收藏的武定二年（544）石造三尊佛立像，美国宾州大学考古与人类学博物馆收藏的武定四年怀州栖贤寺比丘道某等造石雕释迦立像。[55] 还可见于河南省博物院藏1974年河南省淇县城关出土的田延和造像主佛，该像也应为东魏的作品。[56] 可见这种项光图案在东魏中是比较流行的。藏于意大利的北魏永安二年（529）石艾县（今山西省平定县东南）人韩德丑造的金铜弥勒立佛像的项光处刻有与 F1952.28、F1914.36 同样的纹样，[57] 似乎可以说明东魏地区使用这种头光纹样的传统。因此，F1952.28、F1914.36 当为东魏所造。F1955.16 为金铜立佛像（图2-27）。该佛的项光表面的纹样为波状忍冬纹，佛的头部略低，面含笑容，颧骨突出，尖下颌，腹部鼓起，身体略显丰满，右手施无畏印，左手施与愿印。日本藤井有邻馆收藏的北魏正光三年（522）高阳县（今山东省青州市）人魏氏造金铜立佛三尊像、[58] 东魏天平二年（535）高阳阳郡（今山东省青州市）张白奴等造的弥勒三尊石像，山东省青岛市博物馆收藏的北魏立佛像，山东省博兴县收藏的东魏初年立佛像，山东省博物馆藏武定二年（544）光州长广郡挺县（今山东省莱阳县南）佛弟子路文助等造佛三尊石像[59] 等，在面相、动作、体形等方面都与 F1955.16 十分相似，但仅 F1955.16 表现为螺纹发髻，而其他诸像的发际表面均为水波纹。然而，从大的方面考虑，F1955.16 仍可判定为山东地区的东魏造像。

53. Paul Jett and Janet G. Douglas, "Chinese Buddhist Bronzes in the Freer Gallery of Art: Physical Features and Elemental Composition." 该文定 F1952.28 为赝品。

54. 该像收录于大村西崖：《支那美术史雕塑篇》，第283；Osvald Siren, *Chinese Sculptures from the Fifth to the Fourteenth Centuries*, 图版158；松原三郎《中国佛教雕刻史论》，图版编一《魏晋南北朝前期》，图版236、237、238；台北故宫编辑委员会《海外遗珍·佛像》，图版32。

55. Osvald Siren, *Chinese Sculptures from the Fifth to the Fourteenth Centuries*, 图版200、128、184；大村西崖：《支那美术史雕塑篇》，附图568；松原三郎：《中国佛教雕刻史论》，图版编一《魏晋南北朝前期》，图版241、244、247、254、288。

56. 参见中国美术全集编辑委员会：《中国美术全集·雕塑编3·魏晋南北朝雕塑》，图版79。该书认为这尊造像造于北魏。

57. 松原三郎：《中国佛教雕刻史论》，图版编一《魏晋南北朝前期》，图版205。

58. 金申：《中国历代纪年佛像图典》，图版114。

59. 山东博物馆：《东魏武定二年路文助造像》，《文物》1961年第12期；松原三郎：《中国佛教雕刻史论》，图版编一《魏晋南北朝前期》，图版231、232、239、287。

Fig. 2–26. Seated Buddha Sakyamuni in high relief
F1914.36
Stone
H×W×D: 131.4×82×32.6 cm (51 3/4×32 5/16×12 13/16 in)
Eastern Wei dynasty (534~550)
Gift of Charles Lang Freer
图 2-26: 东魏坐佛石雕像

图 2-27: 东魏金铜立佛像

Fig. 2–27. Standing Buddha
F1955.16
Bronze with gilding
H×W×D (overall): 63.7×28.8×21.8 cm (25 1/16×11 5/16×8 9/16 in)
Northern Wei dynasty (386~534)
Purchase
图 2-27: 东魏金铜立佛像

2. 西魏（535~557）

占据着关中及其以西地区的宇文泰（507~556）与西魏的傀儡皇帝魏文帝（535~551年在位）都很崇尚佛教，倡议兴建了许多大寺院，以弘扬佛法。同时，西魏首都长安仍然继承着北魏的佛教传统。西魏的佛教艺术与东魏有许多相似性，都表现着相当的保守性，展示着北魏晚期以来清瘦型的造型艺术，佛与菩萨的服装也多保持着北魏晚期的汉化样式。与东魏相似，西魏也与南朝有着较多的往来，而把东方的高氏集团作为其主要对手。因此，在西魏也出现了一些丰面胖体的造像，说明了梁朝张僧繇的艺术风格已经对西魏长安的佛教艺术产生了影响。但与东魏比较，西魏更多地保留着北魏晚期的清秀风格造像艺术传统。

F1909.91为西魏大统十四年（548）蔡平造的四面佛龛像（图2-28、2-29）。其正面为结跏趺坐与二立菩萨像，左侧面为立菩萨像，右侧面为立佛像，背面为二佛并坐像。其中佛像均着通肩式大衣，均身材丰满、粗短，已与北周的造像风格接近。日本东京永青文库收藏的西魏石造四面佛龛像的内容布局与F1909.91相同，仅侧面的立佛明确地表现为定光佛授记，造像风格则过多地保存了北魏晚期的清秀型传统。山西省博物馆藏的出自猗氏县孙里的大统十四年立佛像，日本京都大学文学部收藏的大统十七年艾殷造的四面佛像，以及上海博物馆收藏的大统十六年歧法起造的二面佛像，也都与北周典型的丰满风格十分接近了。[60] 另外，F1909.91四面龛楣均刻作帐形，是北周佛龛较为流行的做法，如宁夏固原须弥山石窟北周开凿的第45、46窟，[61] 西安市文物管理委员会收藏的一批在北西安地区出土的北周白石造像龛等（图2-30）。[62] 所以，F1909.91的特点已开启了北周风格的先河。

F1914.4是佛利尔收藏的一件无纪年西魏风格造像，是一件小型白石四面佛龛像。其正面雕结跏趺坐佛与二立菩萨像，左侧面雕立佛像，右侧面雕立菩萨像，背面雕倚坐菩萨与二立菩萨像（图2-31）。F1914.4的诸造像均有丰满的形体，其中的两尊佛像均着双领下垂式大衣，结跏趺坐

Fig. 2–28. Stele with Buddha triad (obverse); Sakyamuni and Prabhutaratna (reverse)
F1909.91
Stone
H×W×D (overall): 14.3×9.6×5.8 cm (5 5/8×3 3/4×2 5/16 in)
Western Wei dynasty (535~556), dated 548
Gift of Charles Lang Freer
图2-28：西魏大统十四年（548）蔡平造白石四面佛龛

Fig. 2–29. Back of F1909.91
图2-29：西魏大统十四年（548）蔡平造白石四面佛龛背面

60. 滨田耕作：《西魏の四面像に就いて》，刊《史学研究会讲演集》第4册，1912年；松原三郎《中国佛教雕刻史论》，图版编一《魏晋南北朝前期》，图版294、308、309、312、313；中国美术全集编辑委员会：《中国美术全集·雕塑编3·魏晋南北朝雕塑》，图版119。
61. 宁夏回族自治区文物管理委员会等：《须弥山石窟》。
62. 松原三郎：《中国佛教雕刻史论》，图版编二《南北朝后期·隋》，图版357、358、359。

63. 松原三郎：《中国佛教雕刻史论》，图版编一《魏晋南北朝前期》，图版298b、299a；大村西崖：《支那美术史雕塑篇》，附图288。

64. 松原三郎：《中国佛教雕刻史论》，图版编一《魏晋南北朝前期》，图版310、311。

65. 松原三郎：《中国佛教雕刻史论》，图版编一《魏晋南北朝前期》，图版302、303。

佛像与立菩萨像的动作与形制都与日本个人藏的大统四年（538）比丘僧某造像碑中的佛与菩萨像相近。[63] 日本京都大学文学部收藏的大统十七年艾殷造的四面佛像的主体形象与F1914.4基本相同，仅一侧面的菩萨骑象有所不同，分别代表了释迦、定光、弥勒、普贤。从艾殷造像的铭文可知，倚坐菩萨像代表了未来的弥勒佛。日本个人收藏的大统十四年僧惠造玉石天宫四堪（龛）像主要也是结跏趺坐佛与倚坐菩萨像相组合，也应表现释迦与弥勒。[64] 从现存资料来看，释迦佛与倚坐弥勒菩萨像的组合在北周比较流行。而前述大统四年比丘僧某造像，与日本书道博物馆收藏的大统十三年（547）比丘安僧等造四面佛像碑，[65] 则主要是结跏趺坐佛与交脚菩萨的组合形式。交脚菩萨像代表了未来的弥勒佛，自北魏中期即已流行。到了北朝晚期，交脚菩萨像逐渐被倚坐的弥勒菩萨像所取代。所以，F1914.4为我们研究北周这种造像组合的渊源增添了资料。

Fig. 2–30. Buddhist stele
Marble
H×W×D: 36×27×7.5 cm
Northern Zhou dynasty (557~581)
Discovered in the north of Xi'an, Shaanxi Province, 1975
Xi'an Cultural Relics Protective Committee
图 2-30：北周白石佛龛造像碑
1975 年西安市北郊北草滩出土
西安市文物管理委员会藏
采自中国石窟雕塑全集编辑委员会《中国石窟雕塑全集5·陕西宁夏》图版 139。

Fig. 2–31. Triad of Maitreya Bodhisattva, back of the four–sided miniature stele
F1914.4
Marble with traces of red and black pigments
H×W×D: 14×12×5.9 cm (5 1/2×4 3/4×2 5/16 in)
Western Wei dynasty (535~556), dated ca. 550
Gift of Charles Lang Freer
图 2-31：西魏白石四面佛龛背面之弥勒三尊像龛

3. 北齐（550~577）

尽管高氏集团以南朝为正统所在，但他们却是鲜卑化了的汉人。于是，在高氏正式称帝之后，北魏传统的汉化风格造像就在新建立的北齐境内基本被一种新型造像风格所取代。北齐佛教艺术最典型的特色表现在人物造型上，再也看不到北魏晚期流行的那种秀骨清相的佛像，而代之以低平肉髻、面相方圆、宽肩鼓胸、身躯粗壮、大衣轻薄贴体、衣纹极其稀少的雕刻风格。佛像的服装也已不仅仅是褒衣博带大衣了，而大部分变成了敷搭双肩、使双领平行下垂的式样。内衣在腰间也不再束带。同时又出现了孝文帝改革服饰以前的传自印度的通肩式大衣和少数的袒裸右肩式大衣。有的供养人像抛弃了汉装，又穿上了胡服。有的菩萨像身体直立如筒状，表现出的身体力度含有明显的夸张成分，却不去注意身体各部分的比例与写实性。这种造型丰壮、敦实厚重的风格，在北齐以外可以在印度秣菟罗艺术以及南方梁朝的地域里找到类似的形象，如1954年成都万佛寺出土、四川省博物馆藏的中大通元年（529）梁武帝孙子造的释迦立像，以及1995年于成都出土、成都市考古研究所藏的一件梁大同十一年（545）释迦多宝与众菩萨力士立像等。[66] 因此，北齐的新型造像风格，应该是接受了这两方面的影响而形成的。

佛利尔美术馆收藏有多件具有北齐纪年铭文的造像。F1919.81是一尊金铜立菩萨像，为杨阳仁造于北齐太宁元年（561）（图2-32）。该菩萨像的头后没有做出冠披，服装与北魏神龟三年（520）造的F1909.264稍异，但其足下的双层四足方座，与身后背光中以减地阴刻的手法刻出的火焰纹，都与F1909.264十分相似，表现了对北魏传统的继承。F1909.289为北齐天保二年（551）比丘僧光等造的白石弥勒立佛像（图2-33）。其像丰满的体形，粗短的身材，以及北魏晚期传统的褒衣博带式大衣，大衣表面的双阴刻线衣纹等，都显示出了东魏特有佛像艺术风格与对北魏传统的继承。北京故宫博物院藏东魏兴和三年（541）曲阳县人李晦等造弥勒佛立像与F1909.289十分相似。[67] 因此，我们可以确定F1909.289即属于曲阳一系的保持较多东魏传统的白石造像。FSC-S-36为北齐皇建二年（561）佛弟子缓曹造四面石像（著录篇Z050）。其正面为结跏趺坐佛与二弟子二菩萨二力士等像，两侧面均为结跏趺坐佛与二供养人像，背面为倚坐菩萨与二结跏趺坐佛、维摩与文殊像。FSC-S-36表面的人物形象丰满健壮，风格粗犷有力，具有一定的地方特色。FSC-S-33为北齐武平四年（572）申屠□妃造的结跏趺坐佛与二辟支佛一铺三尊像（著录篇Z055）。其主尊坐于尖拱龛内，二龛龛柱分别被一龙缠绕，这种做法与北齐开凿的河北邯郸南响堂山石窟第1、2窟窟门做法相同。[68] FSC-S-33的三尊主像均饱含北齐造像风格，主佛的体态、大衣披覆方式以及下坐的方形束腰叠涩座形制等，均与龙门石窟莲花洞北齐天保八年（557）释迦龛、路洞武平三年（571）□雅龛相似。[69]

66. James C. Y. Watt, *China: Dawn of a Golden Age, 200-750 A.D.*［中国：黄金时代的黎明，公元200~750年］，New York: The Metropolitan Museum of Art, 2005, pp.218~219、226。

67. 松原三郎：《中国佛教雕刻史论》，图版编一《魏晋南北朝前期》，图版250。

68. 邯郸市峰峰矿区文管所：《南响堂石窟新发现窟檐遗迹及龛像》，《文物》1992年5期；水野清一、长广敏雄《响堂山石窟》，京都：东方文化学院京都研究所，昭和十二年（1937），图版3A、4BC、13AB；中国美术全集编辑委员会：《中国美术全集·雕塑编13·巩县天龙山响堂山安阳石窟雕刻》，北京：文物出版社，1989年，图版141、143。

69. 常青：《龙门石窟北朝晚期龛像浅析》，刊龙门石窟研究所：《龙门石窟一千五百周年国际学术讨论会论文集》，北京：文物出版社，1996年，第61、62页。

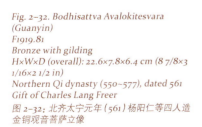

Fig. 2–32. Bodhisattva Avalokitesvara
(Guanyin)
F1919.81
Bronze with gilding
H×W×D (overall): 22.6×7.8×6.4 cm (8 7/8×3
1/16×2 1/2 in)
Northern Qi dynasty (550~577), dated 561
Gift of Charles Lang Freer
图 2-32: 北齐太宁元年（561）杨阳仁等四人造
金铜观音菩萨立像

Fig. 2–33. Buddhist tablet with standing
Buddha triad (two attendants missing)
F1909.289
Stone
H×W×D: 106.7 × 49.5 × 41.2 cm (42 × 19 1/2 ×
16 1/4 in)
Origin: probably from Quyang of Hebei
Province
Northern Qi (550~577), dated 551
Gift of Charles Lang Freer
图 2-33: 北齐天保二年（551）邑义道俗七十八
人等造白玉弥勒佛像

Fig. 2-35. Rubbing of the inscription on the back
of F1923.14
图 2-35: 北齐河清三年（564）比丘道政等造像碑背
面的铭文题记拓本

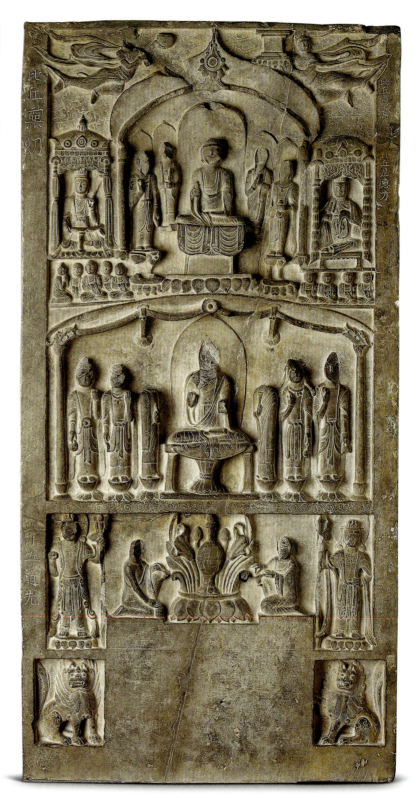

Fig. 2-34. Buddhist stele
F1923.14
Limestone
H×W×D (overall): 125.8×64.1×11.9 cm (49 1/2×25 1/4×4 11/16 in)
Northern Qi dynasty (550~577), dated 564
Purchase
图 2-34: 北齐河清三年（564）比丘道政等造像碑

　　F1923.14 为北齐河清三年（564）比丘道政
等造像碑（图 2-34、2-35）。碑之正面造像，背
面刻铭文题记。正面的造像可分为上、中、下三层：
上层造尖拱形龛，龛内雕刻结跏趺坐佛与二弟子、
二菩萨像，龛两侧分别雕文殊与维摩诘像，二龛
之下分别刻五身与四身比丘像；中层雕结跏趺坐
佛与二弟子、四菩萨像；下层雕香炉与二供养比
丘、二力士像，两下角各雕一蹲狮。从总体造像
风格来看，该碑具有一些北齐的典型风格，如佛
像头顶的素面低平肉髻丰硕的身躯，佛像与菩萨
像服装表面刻划的双阴线衣纹等等。中层四菩萨
像的组合也可见于北响堂山石窟刻经洞。[70] 但该
碑像也有许多可疑之处，如上层龛中的左胁侍菩
萨手执物比较特别，文殊菩萨以手扶几，龛之上

70. 中国美术全集编辑委员会：《中国美术全集·雕塑编13·巩县天龙山响堂山安阳石窟雕刻》，图版110、111、114。

71. 松原三郎：《中国佛教雕刻史论》，图版编一《魏晋南北朝前期》，图版275。

72. 参见温玉成：《龙门北朝期小龛の类型と分期および北朝期石窟の编年》插图62，刊于《中国石窟·龙门石窟》（一）。

73. 参见杨伯达：《曲阳修德寺出土纪年造像的艺术风格与特征》，《故宫博物院院刊》总第2期，北京：文物出版社，1960年，第43~52页。

角一飞天托塔；中层坐佛以偏衫环包左肩，下坐方床，床内又加刻束帛座；中层龛内四菩萨中有二菩萨提瓶，残破处完全相同，另二菩萨手提圆形物，比较罕见；中层外侧的右胁侍菩萨之帔帛交叉穿一花饰，等等。由于可资比较的材料不多，该像还需做进一步研究。

F1909.282 为河清二年（563）张晕造的双观世音石像（图 2-36）。该像属于曲阳一系的白石双观世音像，其造型与曲阳修德寺出土、北京故宫博物院收藏的东魏武定七年（549）马行兴造白石观世音像十分相似，[71] 而与北齐时期的观世音像有一些差别。双观世音造像题材，现存最早的可见于龙门石窟普泰洞北魏普泰元年（531）道慧法盛造观世音龛。[72] 而曲阳修德寺出土的双观世音雕像代表了该题材在北齐时期的流行。[73]

Fig. 2-36. Two standing bodhisattvas Avalokitesvara (Guanyin) F1909.282
Stone
H×W×D: 30.9 × 18.2 × 8.1 cm (12 3/16 × 7 3/16 × 3 3/16 in)
Origin: probably from Quyang of Hebei Province Northern Qi dynasty (550~577), dated 563
Gift of Charles Lang Freer
图 2-36：北齐河清二年（563）张晕造双观世音石雕像

F1913.27 为河清四年（565）曲阳县容城诸刘村邑人等造的白石镂空雕双思惟菩萨像（图2-37）。二菩萨像背后有双树构成背屏，是北齐白石雕像中流行的样式，题记后面刻的"正德拾壹年贰月二十柒日立"当为明正德十一年（1516）重新妆修并奉立该像的题记。双思惟菩萨像的题材，可见于北京故宫博物院藏1954年曲阳修德寺遗址出土的天统二年（566）高市庆造的双思

惟菩萨像，该像台座正面香炉、狮子与二力士，与 F1913.27 相同。[74] 相同的题材还可见于台北石愚山房收藏的天统五年（569）杜伯和等造双思惟菩萨石雕像，[75] 台湾财团法人震旦文教基金会藏的北齐双思惟菩萨像等。[76] 在主像后面树立镂空的双树做法，还可见于美国旧金山亚洲艺术博物馆收藏的天保二年（551）王□世造思惟菩萨像，日本东京国立博物馆藏的北齐半跏思惟菩萨五尊

74. 参见杨伯达：《曲阳修德寺出土纪年造像的艺术风格与特征》。

75. 台北历史博物馆：《佛雕之美：北朝佛教石雕艺术》，台北，1997年，图版38。

76. 台北故宫博物院：《雕塑别藏：宗教篇特展图录》，图版38。

77. 松原三郎：《中国佛教雕刻史论》，图版编二《南北朝后期·隋》，图版392、393a、411、423、424、425、479。

78. 松原三郎：《中国佛教雕刻史论》，图版编二《南北朝后期·隋》，图版471、472。

79. 松原三郎：《中国佛教雕刻史论》，图版编二《南北朝后期·隋》，图版354b。

80. 保全：《西安文管处所藏北朝白石造像和隋鎏金铜像》，《文物》1979年第3期，第83~85页；松原三郎：《中国佛教雕刻史论》，图版编二《南北朝后期·隋》，图版359、360、361、379、380、381、455；季崇建：《千年佛雕史》，台北：艺术图书公司，1997年，图版133。

81. 水野清一、长广敏雄：《响堂山石窟》，图版47；中国美术全集编辑委员会：《中国美术全集·雕塑编13·巩县天龙山响堂山安阳石窟雕刻》，图版110、112。

Fig. 2-37. Buddhist stele with dual images of pensive bodhisattva
F1913.27
Marble with traces of pigment
H×W×D: 95.1×60.6×35.4 cm (37 7/16×23 7/8×13 15/16 in)
Origin: Quyang of Hebei Province
Northern Qi dynasty (550~577), dated 565; rededicated 1516
Gift of Charles Lang Freer
图 2-37：北齐河清四年（565）曲阳县容城诸刘村邑人等造白玉双思惟菩萨像

Fig. 2–38. Standing bodhisattva with attendants
F1915.59
Stone
H×W×D: 67×55.5×22 cm (26 3/8×21 7/8×8 11/16 in)
Northern Qi dynasty (550~577)
Gift of Charles Lang Freer
图 2–38：北齐石雕菩萨七尊像

Fig. 2–39. Gautama's farewell to his white horse
Back of F1915.59
图 2–39：北齐石雕菩萨七尊像背面之白马吻足浮雕

像，日本根津美术馆藏的北齐石造佛五尊像，河北正定文物保管所藏 1978 年河北省藁城县北贾村出土的河清元年（562）建忠寺比丘尼造的双佛与双思惟菩萨像，河北省博物馆藏 1958 年河北省临漳县上柳村出土的北齐石造坐佛七尊像，山西省博物馆藏 1954 年太原市华塔出土的北齐石造菩萨五尊像等。[77] F1913.27 双思惟像上部有双佛并坐像，这种题材组合可见于河北正定藏的建忠寺比丘尼造像。在主像之上雕造二龙与飞天环拱亭阁式覆钵塔的做法，见于太原市华塔出土的菩萨五尊像。美国宾州大学博物馆藏的武平六年（575）造像碑，在正面的上下二龛各雕一尊半跏思惟菩萨像，且下舒的腿不一样，背面的下龛内雕二佛并坐像，同样包含了 F1913.27 中的题材。在该像碑正面上龛之上方雕有二龙托一亭阁式覆钵塔，下龛的主像两侧雕有两株菩提树，这些做法都与 F1913.27 相同。[78] 上述比较研究表明：佛利尔藏的这件白石造像表现着诸多北齐的造像特征。

佛利尔美术馆还收藏了一些无纪年铭文的北齐风格造像。F1913.24 为结跏趺坐佛与二胁侍菩萨像（著录篇 Z061）。前辈学者们多认为该像制作于北周，[79] 但笔者以为这铺造像兼有北齐与北周的造像风格。主佛的形象丰满圆润，大衣下摆略内收为半圆形。河南省博物馆藏 1957 年河南省襄县出土的天保十年（559）张□鬼造像碑上的坐佛像，日本个人藏北周前天水郡公曹权松等造的石塔上之座，1957 年河南省襄县出土、河南省博物馆藏天统四年（568）造像碑，以及西安市文物管理委员会藏的北周白石像龛中的坐佛像均有这种特点。[80] 而二菩萨像的下身长裙衣纹均呈垂直状，且身体丰硕如直筒状，与河北邯郸北响堂山石窟北齐刻经洞（南洞）中的立菩萨像风格完全相同，[81] 也可见于天保十年张□鬼造像碑上的菩萨像。所以，笔者以为该像似为北齐的作品，制作地点似在距北周较近的河南地区。

F1915.59 为石雕像，上部已残，主要造像组合为立菩萨与二弟子二辟支佛二菩萨，与 F1909.293（详见本书第四章）相同（图 2–38、2–39）。以佛作主尊，以弟子、辟支佛、菩萨作

Fig. 2-40. Buddhist tablet with Buddha flanked by monks and Bodhisattvas
F1912.98
Stone
H×W×D: 90 × 50.5 × 20.9 cm (35 7/16 × 19 7/8 × 8 1/4 in)
Northern Qi dynasty (550~577)
Gift of Charles Lang Freer
图 2-40: 北齐佛与二弟子二菩萨石雕像

胁侍的像例有：前述天保十年张□鬼造像碑，日本个人藏北齐石造坐佛七尊像，河北省博物馆藏 1958 年临漳县上柳村出土的石造坐佛七尊像。[82] 这都表明辟支佛像曾在北齐流行。再从造像风格来看，这铺造像均表现出典型的北齐风格，如主尊菩萨像的身躯如直筒状，身体表面很少刻划衣纹等等。石雕背面浮雕白马吻足故事情节，表现释迦离宫出家的场面，在北齐造

像中不多见。

F1912.98 为一铺典型北齐风格的坐佛五尊像（图 2-40）。主尊坐佛头顶的素面低平肉髻，发际自额中部分开，丰硕的身躯，以及大衣表面的双阴刻线衣纹等，都是北齐佛像流行的风格与做法。其他如身躯如直筒状的弟子与菩萨像，一铺主像上方以飞天环拱亭阁式覆钵，也是前述北齐造像中所流行的样式。

82. 松原三郎：《中国佛教雕刻史论》，图版编二《南北朝后期·隋》，图版 445a、424。

4. 北周（557~581）

北周的造像与北齐有一些共性，也有其特点。北周佛像头顶也有低平肉髻，这点与北齐佛像相同。但比较而言，北周佛像身躯较北齐的佛像更显肉感与圆润，面部胖圆，体形饱满，腹部略鼓，不显示人物的健壮与力度，这也使有的北周佛像身材显得粗矮。佛像的服装既有北齐佛像那样的通肩式与双领下垂式大衣，也有承自北魏晚期的汉化的褒衣博带式大衣。北周的许多菩萨像较北齐菩萨像更显身段，而不似有些北齐菩萨像那样呈直筒状的身躯。但这并不说明北周绝无北齐那种直如筒状身躯的菩萨像。

北周有别于北齐造像的样式与风格，是笔者鉴别佛利尔收藏的北周造像的主要标准。另外，鉴别北周造像还有赖于现存的有纪年的北周造像。在佛利尔美术馆收藏的中国造像中，F1909.94 为北周建德二年（573）郭思造的石像座（图 2-41）。该像座上有狮子与供养人的形象，

中部的仰覆莲花较为特别一些，这点还值得进一步探讨。F1909.78 为北周保定五年（565）秦国珌造石雕坐佛像，头部缺失，着通肩式大衣，身躯无写实感，如直筒状，是典型的北周佛像特点（图 2-42）。其他无纪年的北周造像要靠与现存各地有纪年的北周造像比较鉴别得出。

Fig. 2-41. Pedestal with lotus petals, lions, and donor, originally supporting a Buddha figure
Stone
H×W×D: 21.8 × 24.8 × 24.8 cm (8 9/16 × 9 3/4 × 9 3/4 in)
Northern Zhou dynasty (557–581)
Gift of Charles Lang Freer
F1909.94
图 2-41: 北周建德二年（573）河东郡主簿郭思造释迦石像座

Fig. 2-42. Buddha figure
F1909.78
Stone
H×W×D: 36.8 × 21.8 × 18.2 cm (14 1/2 × 8 9/16 × 7 3/16 in)
Northern Zhou dynasty (557–581)
Gift of Charles Lang Freer
图 2-42: 北周保定五年（565）秦国珌造石雕坐佛像

83. 金申:《中国历代纪年佛像图典》，图版 224。

84. 金申:《中国历代纪年佛像图典》，图版 227。

85. 参见宁夏回族自治区文物管理委员会等:《须弥山石窟》。

86. 参见李静杰:《石佛选粹》，北京:中国世界语出版社，1995 年。

87. 松原三郎:《中国佛教雕刻史论》，图版编二《南北朝后期·隋》，图版 342、343、346、347、348；金申:《中国历代纪年佛像图典》，图版 224。

88. 中国美术全集编辑委员会:《中国美术全集·雕塑编 3·魏晋南北朝雕塑》，图版 139、141。

F1913.69 为一尊石雕观世音立像（图 2-43）。该菩萨面相方圆，其冠披呈八字形分垂于头部两侧；平胸鼓腹，身体的正视如直筒状，总体造型与美国顾洛阜先生收藏的北齐武平五年（574）很相似，包括背部服饰的表现样式也基本相同。[83] 不同的是，武平五年像身体表面的装饰采用了较细腻的表现手法。另外，美国底特律艺术中心收藏的隋开皇元年（581）立菩萨像，在总体形制上也与 F1913.69 很接近，但其面部略长一些。[84] 与 F1913.69 风格相近的菩萨像，还可见于宁夏固原须弥山石窟第 45、46 窟之中（图 2-44），这是学术界公认的两所北周石窟。[85] 因此，F1913.69 应为北周的菩萨像。

Fig. 2-44. Buddhas and bodhisattvas
Northern Zhou dynasty (557~581)
Cave 46 of Xumishan Cave Temples
Guyuan of Ningxia
图 2-44: 宁夏固原须弥山石窟北周第 46 窟左壁佛与菩萨像
采自中国石窟雕塑全集编辑委员会:《中国石窟雕塑全集 5·陕西宁夏》，图版 179。

F1909.96 为一座白石雕造的小型亭阁式覆钵塔（图 2-45）。该塔塔身呈方棱柱体，四面开龛各造一身像，其中三面为结跏趺坐佛像，一面为交脚弥勒菩萨像。塔身上部有半球形的覆钵体，四角装饰着山花蕉叶，覆钵体上部的塔刹已残。塔身四面龛内的造像均呈现出了鲜明的北周造像风格，如佛像头顶低平的肉髻，面相方圆，身材

Fig. 2-43. Standing figure of bodhisattva Guanyin
F1913.69
Stone
H×W×D: 71.9 × 27.8 × 19.4 cm (28 5/16 × 10 15/16 × 7 5/8 in)
Northern Zhou dynasty (557~581)
Gift of Charles Lang Freer
图 2-43: 北周石雕观世音菩萨像

Fig. 2-45. Small stupa
F1909.96
Stone
H×W×D (overall): 28.9×13.4×14 cm (11 3/8×5 1/4×5 1/2 in)
Northern Zhou dynasty (557~581)
Gift of Charles Lang Freer
图 2-45：北周白石造像塔

丰满而粗短，等等。制作类似的小型或中型亭阁式覆钵塔曾经一度为北周所流行，在陕西耀县药王山博物馆内就收藏了几件北周石造亭阁式覆钵塔。[86] 另外，日本高野山灵宝馆收藏的一件北周二层四面造像塔，第二层主体造像的题材布局与 F1909.06 大体相同，也是在三面雕坐佛像，一面雕弥勒像。不同者为，灵宝馆的造像塔三佛中的一佛为半跏坐姿，未来的弥勒菩萨表现为倚坐之姿，其塔身上部也有覆钵体。日本浜松市美术馆藏的北周保定五年（565）造小型亭阁式覆钵塔，日本东京艺术大学藏的北周小型亭阁式覆钵塔，大阪市立美术馆藏的北周天和六年（571）

令狐美造的小型亭阁式覆钵塔，它们的形制都与 F1909.96 大体相同。[87] 令狐美造像塔四面龛内的造像题材为：二面为结跏趺坐佛，一面为释迦多宝并坐，一面为倚坐弥勒菩萨像，这种造像题材也与 F1909.96 大体相同。因此，F1909.96 为我们增添了北周亭阁式覆钵造像塔之例。在北周的造像中，流行用倚坐菩萨像来表现未来的弥勒佛，如山西省博物馆藏山西省安邑县出土的保定二年（562）陈海龙等造像碑，甘肃省博物馆藏 1972 年甘肃省张家川回族自治县木河乡出土的北周建德二年（573）造像碑，[88] 陕西耀县药王山摩崖造像中的大型北周倚坐菩萨像等。

F1909.85 为方形平面的楼阁式造像塔之一层（图 2–46）。正面雕结跏趺坐佛与二胁侍立菩萨像，左侧面雕思惟菩萨像，右侧面雕立菩萨像，背面雕倚坐菩萨与二胁侍弟子像。所有人物的形象均为粗短与丰满的身材，服装刻划简单，坐佛头顶肉髻低平，都是十分典型的北周造像风格。相似风格及组合的造像可见于甘肃省博物馆藏建德二年（573）王令猥造像碑，该碑正面主像为结跏趺坐佛，背面主像为倚坐菩萨，是北周境内流行的造像组合形式，与 F1909.85 的主要造像组合相同。[89] 相反，类似于 F1909.85 的组合形式及其人物造型很难在北齐造像中发现。但前辈学者们多认为该像属于北齐或隋代的作品，[90] 笔者在此特予以更正。

89. 吴怡如：《北周王令猥造像碑》，《文物》1988 年第 2 期；松原三郎：《中国佛教雕刻史论》，图版编二《南北朝后期·隋》，图版 362、363。

90. 松原三郎：《中国佛教雕刻史论》，图版编二《南北朝后期·隋》，图版 530、531。

Fig. 2–46. Small stupa (fragment)
F1909.85
Stone
H×W×D: 22 × 16.7 × 16.8 cm (8 11/16 × 6 9/16 × 6 5/8 in)
Northern Zhou dynasty (557~581)
Gift of Charles Lang Freer
图 2–46：北周石造像塔残段

三、隋唐时期 (581~907)

隋唐时期，是中国古代政治、经济、文化发展的最高峰，也是中国佛教集南北朝之大成的重要时期。隋朝结束了几百年的南北对立，使统一成为以后中国历史的主流。佛教也由此进入了辉煌的发展时期，融合了南北朝时期北方佛教重禅修实践、南方佛教重义理讨论的特点。在这个基础上的进一步发展，唐代形成了拥有自己的寺院经济、偏重于某个佛教经典或思想的一个个佛教宗派。开窟、建寺、造像、写经成为社会各阶层造功德的主要活动。唐代的中国，国力强盛，制度完备，经济基础坚实，是当时世界上的一流强国。唐人很善于总结与继承前人的成就，又善于吸收与消化外来文化中的丰富营养，从而创造出了五彩斑斓、璀璨夺目的崭新佛教文化。首都长安就是上演这种唐文化的国际性大舞台。在那里，包括佛教在内的各种宗教都得到了传播和发展，展现出了百花齐放的繁荣景象。印度与中亚僧人有很多来到长安施展自己的才能，而中国僧侣也相继去印度、中亚、日本交流学习，无疑给唐代佛教的发展注入了新鲜的血液。基于这种文化与历史背景，隋唐佛教艺术的成就，离不开南北朝时期的丰厚基础、新传入的印度佛教艺术样式的影响，以及中国艺术家的新创作。在初唐高宗与武则天时期（650~704），中国佛教及其艺术的发展达到了最高峰，广译经典、名僧辈出、艺术繁荣，是其重要标志。中国各地现存的唐代佛教艺术品在中国历代佛教艺术中的数量最为庞大，而绝大多数又造于7世纪下半叶。以龙门石窟为例，在已编号的2345所佛龛与洞窟之中有约十万躯造像，而三分之二的艺术品都造于唐高宗与武则天时期。佛利尔收藏的隋唐时期造像主要有F1916.365、F1913.57、F1909.79、FSC-S-29、F1944.46、F1945.30、F1914.21、F1912.91、F1911.499、F1911.124、F1911.123、F1923.15、F1911.34、F1916.235、F1916.237。下面，笔者分别分析一下佛利尔隋与唐代造像藏品的风格特点。

1. 隋代 (581~618)

在隋代以前，北周与北齐的造像都不太追求人物形体的身段优美，而是重在追求身躯的丰硕与丰满，而略显身段之美。隋朝统一南北之后，由于隋朝存在时间较短，无法统一全国境内的不同佛教艺术风格。于是，在广大的原属北齐与北周区域内，大部分佛教造像特征仍然表现为北齐与北周样式的延续而略有改进。这方面的特点，我们在陕西关中地区的石窟与造像碑、河南洛阳地区的龙门石窟与巩县大力山石窟、安阳灵泉寺石窟、河北邯郸响堂山石窟以及各地的收藏品等艺术群体中都能够清楚地看到，如日本东京艺术大学藏隋开皇十四年（594）石造四面像，上海博物馆藏开皇十九年王景和等造石坐佛像。[91]这种情况一直延续到唐太宗（626~649年在位）时期。这种与佛教思想的蓬勃发展形成反差强烈的艺术史上的保守现象，就为我们判断这段时期（隋与唐代初年）无纪年造像的制作时间带来了很大的困难。

但在隋朝建国之初，佛教艺术界就开始探索将人体美的造型（特别是女性形体之美）附于佛教艺术之中了。1974年西安市八里村出土、西安市文物管理委员会收藏的隋开皇四年（584）宁□将军武强县丞董钦造金铜弥陀五尊像（图2-47），主佛结跏趺坐于束腰莲花高座之上，着袒右式袈裟，体形胖瘦适度，有长颈、胸微鼓、细腰的特点，具有女性特有的窈窕优美体态；立菩萨与力士像也都表现为细腰宽胯的窈窕体形。[92]它们既不同于北齐与北周造像的追求丰满与近似于直筒状的形体，也不同于初唐时期佛教造像身段的明显表现。类似的造型还可见于河北赵县出土、美国波士顿美术

91. 松原三郎：《中国佛教雕刻史论》，图版编二《南北朝后期·隋》，图版546、550b。另见常青：《彬县大佛寺造像艺术》第三章《大佛寺石窟造像的时代风格》中所列的有关唐太宗时期的石窟与造像艺术样式，北京：现代出版社，1998年9月。

92. 中国美术全集编辑委员会：《中国美术全集·雕塑编4·隋唐雕塑》，北京：人民美术出版社，1988年，图版18；松原三郎：《中国佛教雕刻史论》，图版编二《南北朝后期·隋》，图版513~520。

Fig. 2-47. Altarpiece, with motif of Amitabha Buddha
H: 41cm
Gilt bronze
Dated 584
Sui Dynasty (581~618)
Excavated at Bali village of the southern suburb of Xi'an, 1974
Xi'an City Cultural Relics Protection and Archaeological Institute
图 2-47: 隋开皇四年（584）宁□将军武强县丞董钦造金铜弥陀五尊像
1974 年西安市八里村出土
西安市文管会收藏，王保平摄影

Fig. 2-40. Back of F1944.46
图 2-49: 隋代夹纻干漆坐佛像背面

93. 中国美术全集编辑委员会：《中国美术全集·雕塑编 4·隋唐雕塑》，图版 6；松原三郎：《中国佛教雕刻史论》，图版编二《南北朝后期·隋》，图版 568~570；Osvald Siren, *Chinese Sculpture from the Fifth to the Fourteenth Century*, 图版 319。

94. 中国美术全集编辑委员会：《中国美术全集·雕塑编 4·隋唐雕塑》，图版 5；松原三郎：《中国佛教雕刻史论》，图版编二《南北朝后期·隋》，图版 537b。

95. 庞文龙：《岐山县博物馆隋代石造像》，《文物》1991 年第 4 期，第 93~94 页。

96. 敦煌文物研究所：《中国石窟·敦煌莫高窟》（二），文物出版社，1984 年 10 月。

97. 该像是在年代问题上争议较多的作品。日本学者松原三郎在《中国佛教雕刻史论》一书中认为这尊造像制作于五代，见松原三郎：《中国佛教雕刻史论》，图版编三《唐·五代·宋·付道教像》，图版 810。1971 年，佛利尔美术馆编辑的《佛利尔美术馆》一书认为该像做于宋代，见 Freer Gallery of Art, *The Freer Gallery of Art*, Tokyo: Produced by Kodansha Ltd., 1971。中国美术全集编辑委员会《中国美术全集·塑编 5·五代宋雕塑》，北京：人民美术出版社，1988 年，图版 70 收录了该像，也主张做于宋代。在佛利尔美术馆策展人档案中，司美茵于 1991 年将该像的年代改为"隋代"。

98. 中国美术全集编辑委员会：《中国美术全集·雕塑编 4·隋唐雕塑》，图版 77。该书认为这尊造像造于唐代。松原三郎：《中国佛教雕刻史论》，图版编三《唐·五代·宋·付道教像》，图版 809。该书认为这尊像制作于五代。

馆收藏的隋开皇十三年（593）范氏造金铜阿弥陀佛坐像，[93] 曲阳修德寺遗址出土的开皇十一年（591）张茂仁造白玉弥陀像，[94] 陕西岐山五丈原出土的开皇十二年王贤良造释迦立像，[95] 以及敦煌莫高窟隋代开凿的第 427 窟立佛像。[96] 这种隋代的新风格应该是在隋朝的首都长安形成的，应该同南方佛教艺术品的大量流入与江南高僧们的集体北上密切相关。隋代的长安在完全继承了北周艺术之后，再充分地吸收了长江以南的文化素养，才可能创作出这种新型的艺术风格，然后再将它传播到全国其他地区，如河北与敦煌。从这个新时代开始，佛像穿戴的服饰就不能再反映出社会的习俗与风尚了，在前朝出现过的各种佛装以后仅仅作为佛像艺术的不同表现形式而被艺术家们采用。

佛利尔美术馆收藏的一件夹纻干漆坐佛像（F1944.46）就具有这种典型的隋朝时代风格，尤其与开皇四年董钦造金铜弥陀像极为相似（图 2-48、2-49）。该漆像头顶肉髻低平，头发表面有螺纹装饰的残迹。佛的面相长圆，嘴角内陷含有笑意，表情慈悲并带有喜悦。它的头身比例谐调，身材窈窕优美，但不注重体形健美的刻划，略有窄肩、细腰的女性身形特点。它身着偏袒右肩式大衣，衣质较为厚重，衣纹有很强的写实感；内有袒右式的僧祇支，衣质较轻薄。很明显，这尊造像表现出了隋代长安兴起的新时代的造像风格，它的年代应该定在隋代开皇年间（581~604）为宜。[97] 另外，在纽约大都会艺术博物馆也有一件类似的夹纻干漆坐佛像，应该制作于同一时期。[98]

*Fig. 2-48. Historical Buddha
(Gautama)
F1944.46
Hemp cloth, lacquer, wood,
metal wire, and glass with
traces of pigment and gilding
H×W×D: 99.5×72.5×56.7 cm
(39 3/16×28 9/16×22 5/16 in)
Sui dynasty (581~618)
Purchase*
图 2-48: 隋代夹纻干漆坐佛像

在佛利尔收藏的隋代纪年造像中，F1914.21 是开皇十七年（597）吴某造立佛三尊像，是相对精美的一铺金铜造像（图 2-50）。在该像座上的铭文题记中，有"下太妃"、"下皇女"的字样，如果与人有关，则应当与长安皇亲有关联。主尊立佛的身体丰满圆润，略显身段，但二菩萨的身姿则突出地刻划了纤细与窈窕的女性般身段，以及头两侧的长冠披下垂，都与开皇四年董钦造像中的菩萨像很相似。这两身菩萨像均有一条璎珞垂下并以一手执之，可见于日本个人藏开皇十九年（599）韩登儿造金铜立菩萨像。[99] 所以，F1914.21 可能来自长安地区，要么则是接受了隋代长安造像样式的影响。

99. 松原三郎：《中国佛教雕刻史论》，图版编二《南北朝后期·隋》，图版 588。

100. 松原三郎：《中国佛教雕刻史论》，图版编二《南北朝后期·隋》，图版 505b。

Fig. 2-50. Buddhist altarpiece, with a Buddha triad
F1914.21
Bronze with gilding
H×W (with stand): 32.1×14.1 cm (12 5/8×5 9/16 in)
Sui dynasty (581~618), dated 597
Gift of Charles Lang Freer
图 2-50：隋开皇十七年（597）吴氏等造金铜立佛与二菩萨像

F1945.30 为隋大业五年（609）张朋乐造金铜释迦多宝像（图 2-51）。二佛均着双领下垂式大衣，略显窈窕的身段。这种造型特点还可见于佛利尔收藏的隋开皇三年（583）比丘惠静造释迦石坐像（F1912.86）（著录篇 Z090），北京故宫博物院藏 1954 年曲阳修德寺遗址出土的一件隋代无纪年石坐佛像。[100] 由于各地区，包括远至敦煌莫高窟接受长安一带新风格的造像有一定的相似性，所以这两尊像的地点还不易判断。

Fig. 2-51. The Buddhas Prabhutaratna and Sakyamuni seated sided by side
F1945.30
Gilt bronze
H×W×D: 21.8×14.1×5.5 cm (8 9/16×5 9/16×2 3/16 in)
Sui dynasty (581~618), dated 609
Purchase
图 2-51: 隋大业五年（609）张朋乐造金铜释迦多宝像

F1977.17 为一菩萨头像，虽然无纪年铭文，但通过分析其风格样式，仍可看出它与隋代长安的密切关系（图 2-52）。该菩萨头戴莲花宝冠，冠的底部边缘是一条连续的竖向三颗联珠与长方形框内刻圆形莲花及四角各刻莲花一角的装饰纹带，冠的中部表面雕出三朵圆形莲花，花边缘为联珠纹，自花心分别垂下一段璎珞，由数缕联珠组成。自冠的两侧向下垂有冠披。冠下的发际表面不刻发纹。这种冠饰与西安碑林博物馆收藏的 1983 年于西安西郊出土的一件隋代青石菩萨头像宝冠样式极为相似（图 2-53），应是隋代长安一带的一种菩萨像宝冠样式。

　　佛利尔收藏的几件隋代纪年造像可以反映出隋代对北齐、北周造像风格的继承性。F1909.95 为开皇元年（581）王彦中造的四面石像，上有四注式屋檐，四面各开一龛，龛内均造结跏趺坐佛与二胁侍立菩萨像（图 2-54）。四尊主佛的身体均显窈窕，但胁侍菩萨像都是身体粗短如直筒状，表面仅刻出简单的衣纹，表现了北齐菩萨像的基本风格。日本京都国立

101. 松原三郎：《中国佛教雕刻史论》，图版编二《南北朝后期·隋》，图版 378。
102. 这些造像没有发表过，在此笔者利用自己现场收集的资料。
103. 季崇建：《千年佛雕史》，图版 185、186。

Fig. 2-52. Head of a
bodhisattva
F1977.17
Dark gray, fine-grained
limestone
H×W×D: 25×20.3×20.3 cm
(9 13/16×8×8 in)
Sui dynasty (581 – 618)
Purchase
图 2-52: 隋代石雕菩萨头像

Fig. 2-53. Head of
bodhisattva
Limestone; H: 37 cm
Sui dynasty (581 – 618)
Unearthed at the Air Force
Communications College,
in a western suburb of
Xi' an, 1983
图 2-53: 隋代青石菩萨头像
1983 年于西安西郊出土
西安碑林博物馆收藏

Fig. 2-54. Miniature shrine on square base
F1909.95
Stone
H×W×D (overall): 21.3×10×10.5 cm (8 3/8×3 15/16×4 1/8 in)
Sui dynasty (581-618), dated 581
Gift of Charles Lang Freer
图 2-54: 隋开皇元年（581）王彦中造四面石像龛

博物馆收藏的北齐天保七年（556）宋法明造天宫一区，即为有四注式屋檐的四面像，在四面龛内均造坐佛像一尊。[101] F1913.43 为开皇十六年（596）成罗造的金铜立菩萨一铺七尊像（图 2-55），主尊立菩萨的身躯如直筒状，头部两侧的冠披呈八字形分开，具有北齐菩萨像的遗风。F1909.263 为开皇七年（587）双菩萨金铜立像（著录篇 Z091）。二菩萨身躯丰硕，表面光滑，基本不刻衣纹，帔帛与裙带清晰可见，这种风格与龙门石窟宾阳中洞外大业十二年（616）蜀郡成都县人募人季子赟等造的观世音立像，以及同年洛州河南郡兴泰县梁佩仁在宾阳南洞造的释迦像二龛中的胁侍菩萨立像基本相同。[102] 上海博物馆藏的开皇十七年（597）刘广达造观世音菩萨金铜立像也属于这种风格。[103] 因此，佛利尔收藏的这三区金铜造像很可能造于河南以东的原北齐地区。

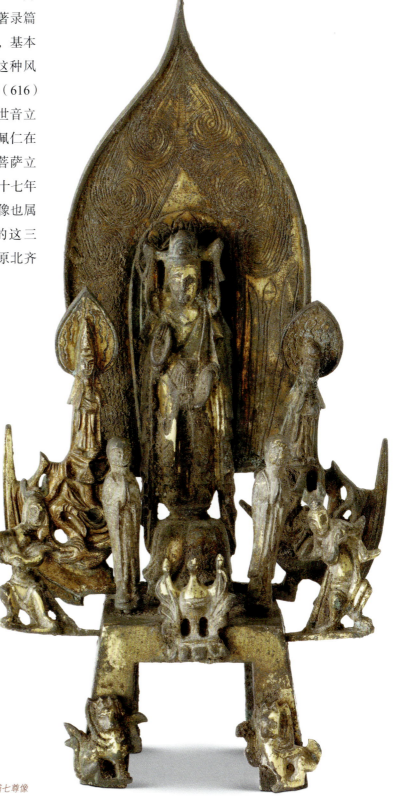

Fig. 2-55. Standing Bodhisattva with attendants
F1913.43
Bronze with gilding
H×W: 23×12.3 cm (9 1/16×4 13/16 in)
Sui dynasty (581~618), dated 596
Gift of Charles Lang Freer
图 2-55：隋开皇十六年（596）成罗造金铜立菩萨一铺七尊像

还有两件佛利尔收藏的石雕像也具有北齐的遗风。F1913.57 为一尊结跏趺坐菩萨像，头后有雕刻华丽的圆形头光（著录篇 Z062、第三章）。它的体形特点是身躯丰满但略显身段的窈窕。美国哈佛大学原福格艺术博物馆收藏了两件类似风格的隋代石雕像（现归入哈佛大学赛克勒艺术博物馆），一尊为观世音菩萨像，一尊为大至势菩萨像。[104] 这两尊像与 F1913.57 的稍异之处在于：它们没有 F1913.57 那种宽项圈，而代之以联珠项链；璎珞没有刻出穗状。F1916.235 为一尊石雕立菩萨像，在体形方面也是表现为丰满与略显身段之窈窕（图 2–56）。它的下身裙间衣纹多表现为竖直向下状，这点与前述河北邯郸北响堂山石窟刻经洞（南洞）中的北齐立菩萨像多有相似之处。所以，笔者认为 F1913.57、F1916.235 是在保持北齐造像风格的前提下，接受了部分隋代长安造像思想的影响而形成的。

104. 松原三郎：《中国佛教雕刻史论》，图版编二《南北朝后期·隋》，图版 536a、b。
105. 上海博物馆：《上海博物馆中国古代雕塑馆》，上海：上海古籍出版社，1996年，图版 42。
106. 松原三郎：《中国佛教雕刻史论》，图版编二《南北朝后期·隋》，图版 351；台北故宫编辑委员会：《海外遗珍·佛像》，图版 64。
107. 李城铮：《陕西古代石刻艺术》，第 59~61；松原三郎：《中国佛教雕刻史论》，图版编二《南北朝后期·隋》，图版 534，定该像时代为隋。
108. 张燕：《长武县发现两件纪年铜造像》，《文物》1986年第 3 期，第 96 页。
109. 松原三郎：《中国佛教雕刻史论》，图版编二《南北朝后期·隋》，图版 591。松原三郎认为：该像属于陕西派的造像，参见同书《本文编》第十五章。另见大村西崖：《支那美术史雕塑篇》，附图 681。

Fig. 2–56. Standing Bodhisattva
F1916.235
Limestone with traces of pigment and gilding
H×W×D: 81.6×33×13.5 cm (32 1/8×13×5 5/16 in)
Sui dynasty (581~618)
Gift of Charles Lang Freer
图 2–56：隋代石雕菩萨立像

FSC-S-52 为开皇十二年（592）高玉资造石观世音立像（图 2-57）。它的身躯粗短、丰满，略显身段，衣纹刻划疏简，身上挂着粗大的璎珞，保存了很多北周立菩萨像的遗风，与上海博物馆藏开皇十五年（595）石雕立菩萨像的风格大体相同。[105] 在日本个人收藏的北周天和七年（572）金铜观世音立像以及美国底特律艺术中心收藏的开皇元年（581）车长儒造观世音石像身上，我们可以看到一些相似的风格。[106] 西安市文物管理委员会、西安碑林博物馆收藏了几件在西安地区出土的白玉菩萨立像，如 1963 年陕西省蓝田县出土、西安碑林博物馆藏的立菩萨像，1983 年西安市北郊未央公社张家巷出土、西安碑林博物馆收藏的立菩萨像等，[107] 以及陕西耀县药王山摩崖造像中的倚坐菩萨像等，它们的风格与 FSC-S-52 十分相似。西安地区的这些菩萨像都没有纪年，时代可定在北周至隋之际。但西安西部的长武县昭仁寺文物保管所征集到的隋开皇六年（586）刘保绪造铜立观世音像，也是类似的北周遗风立菩萨像。[108] 另外，日本个人收藏的开皇十六年胡明造的观世音石雕立像，日本东京永青文库收藏的开皇廿年（600）贾子宽造石菩萨立像，也与 FSC-S-52 的基本风格相近。[109] 无疑，FSC-S-52 代表了隋代菩萨像对北周风格的继承性，虽然与开皇四年董钦造像的风格相差很大，但同样是来自关中地区，表现了人们对北周传统风格的偏爱。

Fig. 2-57. Bodhisattva Avalokitesvara (Guanyin)
FSC-S-52
Stone
H×W×D: 56.5×18×14 cm
Sui dynasty (581~618), dated 592
Acquired under the guidance of the Carl Whiting Bishop expedition
图 2-57：隋开皇十二年（592）高玉资造观世音石雕像

2. 唐代（618~907）

唐朝是中国封建社会的鼎盛时期，政治、经济、文化的发展都达到了空前的阶段。它不仅对后世产生了深远的影响，其文化还曾经波及了周边的国家和地区，影响到了那里的各种制度的确立。大唐帝国的首都长安城在近三百年的历史中聚集了当时世界上最先进的文化，创造了灿烂夺目的中古文明。唐朝的佛教在中国佛教发展史上处于最高峰，以寺院为主、以石窟为辅的唐代佛教艺术，写下了中国佛教文化中最为光辉的篇章。在这群星灿烂的艺术发展时期，位于首都长安城中的佛寺艺术（包括建筑、雕塑、绘画艺术）曾经起到了指导性的作用。总体来看，唐人创造的佛教人物形象已经能够充分揭示出人体健与美的姿态了。唐代的佛教艺术家们充分吸收了前代艺术的丰富营养与新传入的印度秣菟罗艺术样式，创造出了身体各部分比例匀称、胖瘦适度、胸肌发达、细腰矫健、身段优美、体魄健康的新佛祖形象。它们的面部包含了更多的思想内容，再加上服装衣纹的写实雕刻手法，使得一尊尊佛像显得更加亲切与震撼人心。日本藤井有邻馆收藏的唐太宗贞观十三年（639）五月二十五日中书舍人马周（601~648）造的结跏趺坐佛像，[110] 出自西安地区，它的身材健美写实。这其实是武周（690~705）时期始见流行的样式，但早在唐太宗之时就已经形成了。这尊佛像是目前已知的典型唐风造像的最早代表作。唐代艺术家们给菩萨像赋予了更多的温柔娟美的女性特点。典型的唐代菩萨像已经完全不是前代的菩萨那样只是笔直地站在佛的身旁，而是常常把头微微地向佛祖一方倾斜，丰腴的胯部也向佛祖扭动，使身体扭成了优美的 S 形。艺术家们还对菩萨像的丰满的胸部、纤细的腰部都做了细致的刻划，创造出了一尊尊高贵文雅、丰满苗条、健康美丽的形象。如果说北齐与北周的佛与菩萨像注重表现人体雄健的力度，隋代开始注意刻画人体的优美，而初唐艺术家们的贡献就是把前朝的这两种艺术的思想合而为一，集健与美于一身。这种艺术形象也反映了唐代的社会审美情趣：是一种健康向上的审美观，而不似南北朝时期文人士大夫们所欣赏的那种病态美。这也就是为什么唐代以后的艺术家们在评论唐代的佛教雕塑时，认为南北朝的"宋齐间（造像）皆唇厚鼻隆、目长颐丰，挺然丈夫之相。自唐来，笔工皆端严，柔弱似妓女之貌。故今人夸宫娃如菩萨也"。[111]

从唐代历史来看，洛阳的地位与长安并重乃至跃居全国政治与佛教中心的时间只是在武则天执政时期（683~705，特别是在武周朝），而在其他时期内长安的地位都是别的地区所无法比拟的。就全国现有的唐代佛教石窟造像艺术来看，唐高宗（649~683 年在位）与武则天（690~795 年在位）时期的作品占据了绝大多数，同时也是唐风佛教艺术风靡全国的重要阶段。在这段时期内，其他地区在接受长安造像样式影响的同时，想必也会考虑一些洛阳地区的造像风尚来加以利用。在过去，学者们在论述其他地区的唐代石窟造像时，都会自然地运用龙门石窟的资料来加以比定，如果遇到相似的内容，就会毫不犹豫地认为这个地区是受到了龙门石窟或者东都洛阳的影响，而很少有人提到长安一带造像艺术的地位。过去的实物现在不存在了，并不等于当时也一定属于空白地带。

总结唐代长安的造像样式对外地影响力的复杂性在于，东都洛阳以龙门石窟为代表的造像艺术也具有相当的重要性，在武则天时期它们也极有可能将自己的艺术特色推广到洛阳以外的其他地区。要阐述长安因素究竟在全国有多大的影响力，我们只能利用没有在东都洛阳流行的纯长安的因素，去与全国其他地区的材料进行比较。这样比较的结果，就可以清楚地看到长安的唐代造像样式大体都传播到了哪些地区，以及各地区的地方特色又是怎样的了。笔者在《彬县大佛寺造像艺术》[112] 一书中，曾重点论述过唐代长安的造像样式，以及这种样式对东都洛阳和其他地区佛教艺术的制作都产生过什么样的影响。在此，笔者拟利用该书中总结出的几个长安造像特征，来比较论述一下佛利尔的唐代造像藏品有哪些特点也是直接来自长安地区的。同时，也比较论述一些与东都洛阳一带有关的造像样式。

110. 松原三郎：《中国佛教雕刻史论》，图版编三《唐·五代·宋付道教造像》，图版 599；大村西崖：《支那佛教史雕塑篇》，附图 768；Osvald Siren, *Chinese Sculpture from the Fifth to the Fourteenth Century*, 图版 365。

111. 北宋释道诚：《释氏要览》卷二，《大正藏》第 54 册，第 288b 页。

112. 1998 年于北京现代出版社出版。

113. 关于唐长安光宅寺七宝台雕刻的总体情况，参见颜娟英：《武则天与唐长安七宝台石雕佛相》，《艺术学》，台北：艺术家出版社，1987 年 3 月。

114. 关于唐代十一面观世音造像与信仰，参见常青：《试论龙门初唐密教雕刻》，《考古学报》2001 年第，第 335~360 页。

115. 中国美术全集编辑委员会：《中国美术全集·雕塑编 4·隋唐雕塑》，图版 53，为 1959 年西安火车站出土的唐代立菩萨像。

Fig. 2–58. Eleven–headed
Bodhisattva Avalokiteshvara
(Guanyin)
F1909.98
Limestone
H×W×D: 108.8×31.7×15.3 cm (42
13/16×12 1/2×6 in)
Origin: Guangzhai Temple,
Qibaotai Pagoda, Xi'an, Shaanxi
Province
Tang dynasty (618~907), dated ca.
703
Gift of Charles Lang Freer
图 2–58: 唐长安城光宅寺七宝台
十一面观世音立像

Fig. 2–59. Fragment of Eleven–
headed Guanyin
F1914.55
Limestone
H×W×D: 77.8×31.5×18.8 cm (30
5/8×12 3/8×7 3/8 in)
Origin: Qibaotai Pagoda,
Guangzhai Temple, Xi'an, Shaanxi
Province
Tang dynasty (618~907), dated ca.
703
Gift of Charles Lang Freer
图 2–59: 唐代长安城光宅寺七宝台
石造十一面观音像龛

长安风格

　　佛利尔收藏的立菩萨像中可见到来自长安的风格。F1909.98、F1914.55 均来自西安宝庆寺，原为武则天所立光宅寺七宝台上的作品，[113] 是典型的唐代长安十一面观世音立像（图 2–58、2–59）。造立十一面观世音像与密教的崇拜有关。[114] 这两尊观世音像均为直立之姿，身躯丰满窈窕，突出地刻划了女性优美的身段。唐长安绝大多数的立菩萨像身体多表现为胯部向一侧扭动较大的优美的 S 形曲线，如西安碑林博物馆收藏的唐代立菩萨像，陕西彬县大佛寺石窟千佛洞中的唐代立菩萨像等。[115] 这种特点在佛利尔的藏品中也有较多的表现，如 F1911.150 金铜

Fig. 2–60. Standing
Bodhisattva
Avalokitesvara (Guanyin)
F1913.44
Bronze with gilding
H×W×D: 24.9×8.8×5.9 cm
(9 13/16×3 7/16×2 5/16 in)
Tang dynasty (618~907),
dated ca. 700~750
Gift of Charles Lang Freer
图 2–60：唐代金铜观世音
菩萨像

立菩萨像，F1915.37 金铜立菩萨像，F1916.250 金
铜立菩萨像，F1913.44 金铜观世音立像（图 2-60），
F1917.240 石雕菩萨立像（图 2-61），F1916.365 石
雕菩萨立像（图 2-62），F1911.123 金铜立菩萨像等。
其中，F1911.34 石雕立菩萨像（著录篇 Z127）虽
下身已残，从其头部向右侧偏斜，腰部向右侧扭
动的趋势，可知其原来的身姿也应为胯部扭动幅
度较大。

Fig. 2-61. Standing figure of Bodhisattva
F1917.240
Limestone, gilding, polychrome
H×W×D: 136.2×39×36.5 cm (53 5/8×15 3/8×14 3/8 in)
Tang dynasty (618~907), dated ca. 660~690
Gift of Charles Lang Freer
图 2-61：唐代菩萨石雕立像

Fig. 2-62. Standing figure of a bodhisattva
F1916.365
Limestone with traces of pigment and gesso
H×W×D: 101.7×40.9×26.7 cm (40 1/16×16 1/8×10 1/2 in)
Origin: probably Xi'an, Shaanxi Province
Tang dynasty (618~907), dated ca. 660~712
Gift of Charles Lang Freer
图 2-62：唐代石雕立菩萨像

Fig. 2–63. Seated Buddha
F1917.243
Marble with traces of
pigment
H×W×D: 51.5×35.6×32.5
cm (20 1/4×14×12 13/16 in)
Tang dynasty (618~907),
dated ca. 690~750
Gift of Charles Lang Freer
图 2-63: 唐代石雕坐佛像

116. 常盘大定、关野贞:《中国文化史迹》(八),京都:株式会社法藏馆,1976年,图版32、34。

117. 松原三郎:《中国佛教雕刻史论》,图版编三《唐·五代·宋付道教造像》,图版714、715、717;李域铮:《陕西古代石刻艺术》,第91页。

118. 常青:《彬县大佛寺造像艺术》,彩图103,第119页。

119. 常青:《龙门石窟地藏菩萨及其相关问题》,《中原文物》1993年4期,第27~34页。

结跏趺坐佛以大衣包裹双足并显出外形,以及在束腰宝座的束腰部雕出一周鼓出的球形装饰,都是长安一带武则天时期流行的佛像特点。F1917.243是一尊雕造精美的坐佛像(图2-63)。它的袒右式大衣紧贴着身体,衬出了佛像健美的体形与身段。它的大衣包裹双足显出了外形,与山西太原天龙山石窟初唐时期的第18、21窟结跏趺坐佛像十分相似,[116] 都是来自长安地区的造像样式。F1917.243的大衣下摆披覆于座前,并且衬托出了仰莲花的花瓣,也是长安地区的初唐佛像做法,可见于日本东京永青文库藏出自西安青龙寺的石雕结跏趺坐佛像,1949年入藏西安碑林博物馆的一尊石雕坐佛像等。[117] F1909.89为坐佛与二半跏趺坐菩萨像碑残段,三尊像均表现出了初唐的艺术风格,主佛身着通肩式大衣,大衣包裹着双足显出了外形。结跏趺坐佛与二半跏趺坐菩萨像的组合方式,见于长安地区的初唐造像,如彬县大佛寺石窟千佛洞武周时期雕造的第33龛(Q33),[118] 而在龙门石窟中则比较少见。F1911.124(图2-64)、F1916.15为金铜半跏趺坐菩萨像,这种姿势的菩萨像在唐代长安与龙门石窟唐代造像中都十分流行,铭文多题为地藏菩萨。[119]

Fig. 2-64. Bodhisattva
F1911.124
Bronze with gilding
H×W: 14.9×5.3 cm (5 7/8×2 1/16 in)
Origin: probably Shaanxi province, China
Tang dynasty (618~907), dated ca. 680~704
Gift of Charles Lang Freer
图2-64: 唐代金铜半跏坐菩萨像

Fig. 2-65. Seated Buddha (Shakyamuni) with two disciples
F1912.88
Stone
H×W×D: 38.5 × 48 × 20 cm (15 3/16 × 18 7/8 × 7 7/8 in)
Tang dynasty (618~907), dated ca. 690~712
Gift of Charles Lang Freer
图 2-65: 唐代坐佛三尊白石雕像

　　长安风格的佛像还可见于佛利尔收藏的三块建筑石构件之上。F1909.81、F1912.88 都是作为一块建筑石构件而雕造的佛与二弟子像（图2-65）。它们的正面折作钝角，在正面中部凿一尖拱形龛，龛内雕一尊结跏趺坐佛像。两身佛像的身体很丰满，大衣均包裹着双足并显出外形，宝座束腰处装饰着一周鼓出的球形物。F1911.423 为一尊石雕捧钵的结跏趺坐佛像（著录篇 Z135），没有做出大衣包裹双足并显出外形的样式，但其宝座的形制却与上述二像基本相同，佛的背后表面也折作钝角，属于同样的建筑构件。与这种构件样式相同的石雕坐佛像，在日本的个人收藏家中保存了两块，日本大阪市立美术馆收藏了一块，[120] 香港艺术馆也藏有一块。[121] 在

上述坐佛龛的左右两侧都以线刻的手法刻着二弟子或二菩萨像，因此，它们或为同一建筑物上的构件，或是同一种建筑物上的构件。这些佛像除 F1911.423 之外，都穿着双领下垂式的大衣，以右侧衣襟折入左侧衣襟之中，与长安初唐流行的服饰做法相同，我们在贞观十三年马周造像身上就可以看到。F1909.86 为一尊结跏趺坐佛像，其形制与 F1909.81、F1912.88 中的主佛基本相同，只是宝座的束腰处没有雕出鼓出的球形装饰，都是初唐时期的作品。

　　FSC-S-32 为唐显庆二年（657）赵峻造阿弥陀佛三尊像碑（图 2-66），在样式上则有着长安一带的传统。该造像碑在正面龛楣处雕有从三龙口中吐出的华绳。在龛楣表面刻华绳的做

120. 松原三郎：《中国佛教雕刻史论》，图版编三《唐·五代·宋付道教造像》，图版 677、678。
121. 金申：《佛教雕塑名品图录》，图版 122。

Fig. 2-66. Small memorial
stele with a Buddha triad
FSC-S-32
Stone
H×W×D: 32.3×21.2×6.6 cm
Tang dynasty (618~907),
dated 657
Acquired under the
guidance of the Carl
Whiting Bishop
expedition
图 2-66：唐显庆二年（657）
赵峻造阿弥陀佛像碑

Fig. 2-67. Lintel showing the Western Paradise of the Buddha Amitabha
F1913.137
Marble
H×W×D: 86.6×146.2×17 cm (34 1/8×57 9/16×6 11/16 in)
Origin: probably Xi'an, Shaanxi Province
Tang dynasty (618~907), dated ca. 700~750
Gift of Charles Lang Freer
图 2-67: 唐代门楣《阿弥陀经变》线刻画

法，是北魏晚期以来佛龛龛楣流行的装饰，也可见于日本个人藏唐麟德元年（664）翟伯成造七尊佛碑像、麟德二年坐佛五尊碑像，[122] 山西省博物馆藏来自山西荣县佛寺的武周久视元年（700）释迦五尊造像碑，[123] 日本个人藏唐咸亨三年（672）张玄机等造像碑，日本大阪市美术馆藏唐永淳元年（682）李怀秀等造像碑等。[124] 赵峻碑像正面龛楣表面的三条龙身绕作华盖状，上面刻有三颗摩尼宝珠，在华盖的左右两侧各刻一身飞天。在佛龛龛楣处的华盖两侧各刻一身飞天的做法多见于长安地区，如原西安宝庆寺收藏的唐长安城光宅寺七宝台造像。[125] 所以，FSC-S-32 带有长安风格是无疑的，其中也保留了一些北朝的遗风。

F1909.92 为石雕四面佛龛像（著录篇 Z117）。其正面雕结跏趺坐佛与二弟子立像，两侧面均雕倚坐菩萨像，背面雕立佛像。正、背两面的佛像均身躯丰满，不显身段，特别是背面的立

佛像，与陕西麟游慈善寺石窟第 2 窟唐高宗时期雕造的主尊立佛体形特点相似。[126] 另外，前文已述，北周及隋代的长安及其原北周故地，流行在四面像中雕造像倚坐菩萨像，而这种菩萨像入唐以后渐趋绝迹。因此，F1909.92 应来自长安一带。

F1913.137 为线雕经变图，刻在一半圆形石面上（图 2-67）。这幅经变图没有具体的佛经故事情节，只是表现以结跏趺坐佛为中心、以二结跏趺坐菩萨为主要胁侍，为众菩萨、弟子、天王说法的场面。在西安大慈恩寺大雁塔的门楣上也镶嵌了几幅唐永徽年间（650~655）刻成的线雕经变画与弥勒说法图，[127] 其技法与人物风格均与这幅线雕图像相似。另外，敦煌莫高窟在唐代长安城的影响下，制作出了众多的经变壁画，其中的人物造型与排列方式也大体与 F1913.137 相同。[128] 因此，笔者以为，F13.137 应为一塔门的门楣构件，其雕刻风格带有明显的唐代长安因素。

122. 松原三郎：《中国佛教雕刻史论》，图版编三《唐·五代·宋付道教造像》，图版 613、618c。
123. 中国美术全集编辑委员会：《中国美术全集·雕塑编 4·隋唐雕塑》，图版 44。
124. 松原三郎：《中国佛教雕刻史论》，图版编三《唐·五代·宋付道教造像》，图版 618ab、626a。
125. 松原三郎：《中国佛教雕刻史论》，图版编三《唐·五代·宋付道教造像》，图版 656b、657、658、659a、663b。
126. 常青：《陕西麟游慈善寺石窟的初步调查》，《考古》1992 年 10 期，第 909~914 页。
127. 中国美术全集编辑委员会：《中国美术全集·绘画编 19·石刻线画》，上海：上海人民美术出版社，1988 年，图版 34、35。
128. 敦煌的初唐经变画，参见敦煌文物研究所：《中国石窟·敦煌莫高窟》（三），北京：文物出版社，1987 年。

洛阳风格

以龙门石窟为代表的东都洛阳唐代立菩萨像多表现为胯部向一侧略微扭动，如初唐开凿的万佛洞、奉先寺、极南洞等窟中的立菩萨像。[129] 在佛利尔美术馆收藏的唐代立菩萨像中也不乏与唐代龙门菩萨像相似的像例。F1912.91 为金铜立菩萨像（著录篇 Z147），F1916.420 为石雕立菩萨像（著录篇 Z195），二像的胯部都是略微扭动。特别是 F1916.420 在手执柳枝、净瓶，以及身体表面装饰长璎珞、帔帛环绕腹下两周的做法方面，都与龙门石窟唐永隆元年（680）完工的万佛洞左胁侍立菩萨、武周时期完工的极南洞左胁侍立

菩萨像十分相似。[130] 所以，佛利尔美术馆收藏的这种胯部略微扭动的菩萨像，似与东洛阳的影响有关。

佛利尔收藏的一些佛像表现出了来自唐代洛阳地区的风格特点。F1909.79 为武周长安三年（703）袁五妃造阿弥陀佛三尊像龛（图 2-68）。龛内主佛着通肩式大衣，大衣包裹双足不显外形；二菩萨像仅为胯部略微扭动，与龙门石窟初唐的菩萨像姿态相似。F1909.80 为唐开元四年（716）姚海冲造的佛龛像（著录篇 Z110）。龛内正中的结跏趺坐佛像身着通肩式大衣，大

129. 参见龙门文物保管所等：《中国石窟·龙门石窟》（二），东京：平凡社，1988 年，图版 66、67、120、121、187、188。

130. 龙门石窟保管所等：《中国石窟·龙门石窟》（二），图版 67、188。

Fig. 2-68. Buddhist tablet with Amitabha triad
F1909.79
Stone
H×W×D (overall):
23×14.8×9.6 cm (9 1/16×5 13/16×3 3/4 in)
Tang dynasty (618~907), dated 703
Gift of Charles Lang Freer
图 2-68 武周长安三年（703）袁五妃造阿弥陀佛像一铺石像龛

衣包裹着双足显出外形，但其两侧的胁侍立菩萨
像的胯部扭动不大，与龙门唐代的菩萨像风格相
似，如清明寺洞窟门甬道侧壁的小龛造像等。[131]
F1912.76 为着双领下垂大衣的结跏趺坐佛像，
大衣包裹双足显露外形并不真切，这个特点与
龙门石窟唐代开凿的清明寺洞主佛、龙华寺洞
西壁的坐佛像相同，[132] 似乎反映了来自东都洛阳
的造像特点。

　　有两件造像碑则反映了洛阳以东地区的艺
术传统。佛利尔美术馆收藏的唐乾封二年（667）
王君会妻杨氏造阿弥陀佛像碑（FSC-S-50），在
一铺七尊像龛的上方雕二龙托一亭阁式小塔（图
2-69）。类似这种在主龛的上方雕造亭阁式小塔
的像例，可见于日本个人藏唐麟德元年（664）
翟伯成造七尊佛碑像、麟德二年坐佛五尊碑像，
日本浜松市美术馆藏唐上元三年（676）刘思□
造阿弥陀佛七尊像碑，日本东京艺术大学藏坐
佛五尊像碑，日本个人藏唐垂拱元年（685）张
二郎等造释迦多宝像碑等。[133] 在一铺主像的上方
以二龙与飞天托一亭阁式小塔，原是北齐造像中
流行的做法，如美国宾州大学博物馆藏的北齐武
平六年（575）造像碑，山东省惠民地区文物管
理所藏 1982 年无棣县于何庵出土的北齐天保九
年（558）阳显姜等造的的白玉立佛像等。[134] 特别
是上述上元三年刘思□像碑，与武平六造像碑
均为在天幕帐形龛上雕亭阁式小塔。这种做法不
流行于原北周造像。因此，该乾封二年王君会造
像碑应来自洛阳以东地区。F1980.30 为永隆二年
（681）卢公则造阿弥陀像碑（图 2-70），在碑
正面主龛龛楣处雕作覆钵形，其上再雕一亭阁式
小塔作为塔刹，构成一所覆钵塔式像龛。覆钵塔
式造像龛是北齐南、北响堂山石窟中流行的做法，
F1980.30 应是因袭了北齐故地的传统。

　　佛利尔收藏的部分造像虽可据其风格与样
式断为唐代，但其原地域的归属则不易判定。
F1916.325 为金铜阿难立像（著录篇 Z186），其
双手抚腹部胯部略微扭动的姿态，是武则天时期
长安流行的样式。但是，以龙门石窟为代表的东
都洛阳也在这一时期广泛地接受了这种样式。
F1911.499 为金铜七佛坐像（图 2-71）。其排列方

Fig. 2-69. Buddhist memorial stele, placed on a high cubic pedestal
FSC-S-50 (FSC-R-396, rubbing of FSC-S-50)
Stone
Tang dynasty (618~907), dated 667
Acquired under the guidance of the Carl Whiting Bishop expedition
图 2-69：唐乾封二年（667）王君会妻杨氏造阿弥陀佛像碑

131. 龙门石窟保管所等：
《中国石窟·龙门石窟》
（二），图版84。
132. 龙门石窟保管所等：
《中国石窟·龙门石窟》
（二），图版83、180。
133. 松原三郎：《中国佛教
雕刻史论》，图版编三《唐·
五代·宋付道教造像》，图
版613、618c。
134. 松原三郎：《中国佛教
雕刻史论》，图版编二《南
北朝后期·隋》，图版471、
383a。

Fig. 2-70. Buddhist stele (a) with an attached rubbing (b)
F1980.30
Gray stone; ink on paper
H×W×D (with tang): 62×27×10.5 cm (24 7/16×10 5/8×4 1/8 in)
Tang dynasty (618~907), dated 681
Acquired under the guidance of the Carl Whiting Bishop expedition
图 2-70：唐永隆二年（681）卢公则等造阿弥陀像碑

Fig. 2–71. Seven Buddhas
F1911.499
Gilt bronze
H×W: 9.4×11.6 cm (3 11/16×4 9/16 in)
Tang dynasty (618~907), dated ca. 660~704
Gift of Charles Lang Freer
图 2–71：唐代金铜七佛像

式是略呈圆弧形，均坐于一朵从下部正中升起的长梗仰莲之上，三佛在上，四佛交错在下。河南省西峡县文化馆藏 1955 年西峡县出土的金铜七佛坐像，与 F1911.499 在造型与排列方式方面均相同，只是七佛头光的上部伸出一尖。[135] 1985 年 10 月，在宁夏西吉发现的 10 号金铜七佛也是这种排列法。[136] F1918.51 也为金铜七佛像（著录篇 Z202），排列方式与上述二像相同，但在该像的上方刻有共同的云纹。

F1913.75 为唐龙纪元年（889）王建造二面石像，是比较珍贵的一件晚唐造像（图 2–72、2–73）。该像正面雕立佛与二胁侍立菩萨像，背面雕交脚菩萨像。正面立佛的服装保存了许多北魏晚期以来褒衣博带佛像的传统，但二胁侍立菩萨像所戴的冠很小，而冠两侧的冠披较大，身挂一条粗大的璎珞，垂至双膝部位。特别是二菩萨像的窄额宽腮的肥胖面相，与鼓起的腹部，形成了它们显著的体形特点。台湾静雅堂收藏的晚唐顺天元年（895）观世音石雕立像的体形也具有相同的特征，但没有粗大的璎珞。[137] 这种丰满造型应承自 8 世纪盛唐时期崇尚肥胖美的传统，也开启了唐代以后宋辽金元佛像的风格。目前，8 世纪中期以后的唐代佛教艺术在中原北方一带很少发现，仅在敦煌与四川地区保存较多。所以，F1913.75 是一件珍贵的晚唐造像，是我们研究唐以后佛教雕塑发展渊源的难得的参考资料。

135. 松原三郎：《中国佛教雕刻史论》，图版编三《唐·五代·宋付道教造像》，图版 641b、
136. 参见西吉县文物管理所李怀仁：《宁夏西吉发现的一批唐代鎏金铜造像》，《文物》1988 年第 9 期，第 74~79 页。
137. 台北故宫博物院：《雕塑别藏：宗教篇特展图录》，图版 80。

Fig. 2–72. Standing Buddha with bodhisattvas (on one side) and Seated
bodhisattva (on other side)
F1913.75
Stone with traces of pigment
H×W×D (overall): 36.9×21.9×7.2 cm (14 1/2×8 5/8×2 13/16 in)
Tang dynasty (618~907), dated 889, or ca. Sui dynasty (581~618)
Gift of Charles Lang Freer
图 2–72: 唐龙纪元年（889）王建造白石像龛（隋代？）

Fig. 2–73. Seated bodhisattva, back of F1913.75
图 2–73: 交脚菩萨像，F1913.75 唐龙纪元年（889）王建造白石像
龛（隋代？）背面

四、五代宋元明时期 (907~1644)

当学者们谈及五代（907~960）以后佛教及其艺术的特点时，大都会以"世俗化"一词来概括。这种"世俗化"的准确含义是什么？是消极或衰退，还是更加普及的代名词呢？宋元佛教艺术的世俗化表现又有哪些方面呢？这些都是值得我们进一步思考的有趣课题。关于这种世俗化的特点，已故中国著名考古学家徐苹芳先生（1930~2011）曾指出："宋元以后，由于中国社会阶层结构之变化，导致中国宗教上的世俗化。为了争取教徒，获得施舍资财，各种宗教都要迎合民众在精神上和心理上的需要，使宗教世俗化。世俗化的社会基础是信徒平民化，这一点是极其重要的。世俗化的结果是崇拜对象的多元化和宗教仪式上的社会通俗化。"[138] 徐先生的论断可以作为我们研究宋元时期佛教信仰与艺术特征的指导思想。

从现存大足北山、大同华严寺、子长钟山、剑川石钟山、敦煌莫高窟与安西榆林窟等地的宋元佛教艺术之水平与内容来看，10 世纪绝不是中国佛教艺术衰退的开始，而是佛教信仰与艺术表现的转型期。笔者以为，五代以后中国佛教与艺术的世俗化，并非仅限于佛教的深入民间，佛教造像在大众中普及。因为早在北朝时期，佛教就已经深入民间，刻经造像的思想也已广为大众所接受了。如果说 10 世纪以前中国佛教信仰是注重于贵族阶层的欣赏口味和发展传自域外的所谓经典的正统佛教思想，那么宋元时期佛教的"世俗化"应该是与这种前朝流行的思想与精神风貌相脱节，而去迎合平民大众的欣赏口味。前朝佛教界所摈弃的"伪"的思想，即中国僧俗创造的并非来自于印度的思想与信仰，在这个时期反而为大众喜闻乐见并有了突破性的发展。佛教艺术也重在表现平民及文人欣赏的审美情趣，使我们越来越看不到传自印度的风貌，相反却越来越多地表现出中国本土创造的佛教题材与审美形式。实际上，

宋元佛教及其艺术的世俗化来自两个方面：本身的世俗化与接受世俗及其他宗教的影响（或与其他宗教相融合）。宋元佛教及其艺术在转型上有几个重要表现，即在中国建立印度佛教神祇的居住地，将佛教历史故事与中国神话相结合，创作佛与菩萨的中国僧俗化身，崇拜中国祖师，制作多元化的观音形象，以及使佛教造像形制迎合大众欣赏口味。

唐代以后中国佛教艺术的另一项发展变化就是越来越多地接受了来自西藏的影响。西藏佛教及其艺术对中国内地的影响始自中唐时期吐蕃对敦煌一带的占领。其后，割据西北的西夏国开始全面接受藏传佛教及其艺术。在元朝，藏传佛教更是蒙古统治者推崇的对象。在明、清时期，藏传佛教艺术主要对上层统治者影响较大，但在中国西南与西北地区也有自然的传播。在这种历史与宗教背影之下，在中国内地不但产生了不少纯藏式造像，也出现了许多融和汉藏风格的造像。

与唐代及其以前相比，五代及其以后已经没有了统一性的开窟造像中心区域。各朝的首都虽在佛教艺术界仍具有重要地位，但地方性的佛教艺术特色明显，在甘肃、宁夏、陕西、山西、四川、大理、杭州等地出现了多个中心的发展局面。佛利尔美术馆收藏的唐以后制作的中国佛教造像中就不乏上述历史文化与艺术特点，主要有以下作品：F1912.92、F1912.93、F1912.94、F1913.28、F1924.2、F1917.242、F1911.413、F1974.6、F1946.10、FSC-B-490、F1913.26、F1945.4、F1913.144、F1913.115、F1992.39、F1911.433、F1913.77、F1913.78、F1913.79、F1913.80、F1913.81、F1913.82、F1913.83、F1913.84、F1917.331、F1917.251、F1917.252、F1917.253、F1913.22、F1916.366、F1916.217、F1912.74。笔者在此择其精品论述它们时代与地方风格。

138. 徐苹芳：《僧伽造像的发现和僧伽崇拜》，《文物》1996 年第 5 期，第 56 页。

1. 五代（907~960）

公元 907 年唐朝灭亡以后，中原地区相继建立了梁、唐、晋、汉、周五个短期王朝，共历时 53 年。与此同时，南方先后出现了九个小国，再加上建都太原的北汉，共是十国。因此，历史上把这段时期称为"五代十国"。目前发现的五代时期的佛教艺术并不多，而且分布不平均，在敦煌与四川一带的石窟中保存较多，在山西木构寺院之中与江浙一带的佛塔基址与摩崖石窟中也有一些发现。从总体情况看，五代时期的佛教造像虽在题材上有一些创新，但样式与风格基本承袭着唐代传统，表现着健美的形体与写实感较强的衣纹刻划。

在佛利尔收藏的中国佛教造像中，F1912.92、F1912.93、F1912.94 为一组结跏趺坐佛与二胁侍弟子铜造像，人物的形制带有一些唐代遗风（图 2-74、2-75、著录篇 Z215）。三像身下均做出了片状的仰莲花，最下层为六壸门状的台座，平面为花瓣状，其上还有三层叠涩。坐佛（F1912.92）身后是镂空的以花草与火焰纹装饰的头光与背光。这种工艺与陕西历史博物馆藏唐末五代时期的铜造佛坐像完全相同，而台座最下层相同的铜像之例，还可见于美国哈佛大学赛克勒艺术博物馆收藏的两尊铜造菩萨坐像，[139] 以及北京故宫博物院藏宋代铜造文殊与普贤菩萨像。[140] 纽约大都会艺术博物馆收藏了一件铜造坐菩萨像，其身后的头光与背光、身下的莲座、台座等都与佛利尔收藏的 F1912.92 之同类物十分相似，如出一人之手。[141] 大都会的这尊菩萨像着有束胸窄袖上衣，与杭州慈云岭资贤寺吴越国（893~978）时期的造于公元 942 年的摩崖龛内的菩萨像很相似，但后者的上衣并无窄袖，只有束胸。[142] 着既有束胸又有窄袖上衣的菩萨像可见于山西平遥镇国寺万佛殿内北汉（951~979）时期的公元 963 年制作的彩塑坐菩萨像。综上所述，佛利尔收藏的这三尊铜造像可能产自五代时期的陕西，或北方的西部地区。

139. 松原三郎：《中国佛教雕刻史论》，图版编三《唐·五代·宋付道教造像》，图版 789、788。

140. 中国美术全集编辑委员会：《中国美术全集·雕塑编 5·五代宋雕塑》，图版 153、154。

141. Denise Patry Leidy and Donna Strahan, *Wisdom Embodied: Chinese Buddhist and Daoist Sculpture in the Metropolitan Museum of Art*［体现慈悲：大都会艺术博物馆的中国佛道雕塑］，New York: The Metropolitan Museum of Art, 2010, 第 110~112 页。

142. 参见中国石窟雕塑全集编辑委员会：《中国石窟雕塑全集 10·南方八省》，重庆：重庆出版社，2000 年，图版 4。

Fig. 2-74. Seated Buddha
F1912.92
Bronze
H: 28.8 cm (11 5/16 in)
Origin: probably Shaanxi Province
Five Dynasties (907~960)
Gift of Charles Lang Freer
图 2-74: 五代铜坐佛像

Fig. 2-75. Buddhist monk disciple
F1912.93
Bronze
H: 19.2 cm (7 9/16 in)
Origin: probably Shaanxi Province
Five Dynasties (907~960)
Gift of Charles Lang Freer
图 2-75：五代铜左胁侍弟子像

2．北宋（960~1127）

公元 960 年，后周朝的军事统帅赵匡胤（927~976）夺了政权，建立了北宋王朝，定都汴梁（今河南开封）。在以后的十几年中，北宋削平了中原和江南的小国，建立了稳定的政权。在北宋，佛教各宗派出现了相互融合的现象，并以中国独创的禅宗一宗独大。这也使得佛教及其艺术的中国化进一步加深。与此同时，佛教与中国传统的儒学、道教也互相融合起来。宋朝在哲学思想上占统治地位的宋明理学，就是从理论上吸收了若干佛教的思想才建立起来的。在这种新的形势下，佛教艺术不论是造型特征还是题材内容都更加接近社会上的世俗生活。现存北宋时期的佛教艺术分布也不平均，主要位于甘肃敦煌莫高窟、四川石窟摩崖、陕北石窟以及杭州地区。

与五代相似，北宋的佛教造像也是承自唐代而有所创新。唐代菩萨造像的面相大部分为长圆丰满的卵形，如香港收藏家陈哲敬收藏的来自龙门石窟的初唐观音头像。[143] 与此同时，也有很多唐代菩萨像的面部表现为上宽下窄的倒梯形脸庞，如陈哲敬收藏的一尊唐代石雕观音菩萨立像。[144] 进入北宋以后，这两种面相特征分别被中国北方与南方所重点继承、发展。北方地区北宋的菩萨像在唐代长圆丰满的卵形脸庞基础上，将额部变窄，使面相更接近于卵形，颇具有贵妇人的富态风尚，如陕西省子长县北宋开凿的钟山石窟中的菩萨像，[145] 山西省长子县崇庆寺三大士殿的北宋元丰二年（1079）观音与普贤彩塑像，山西省长子县法兴寺的北宋政和元年（1111）的缘觉菩萨彩塑像等，[146] 还可见于甘肃天水麦积山石窟中的宋代菩萨像。[147] 佛利尔收藏的 F1913.28 为北宋元祐六年（1091）慕子白造观音石雕像（详见第四章）。该观音头部向左偏斜，为左腿下舒之姿，左足下踏一朵仰莲花，莲花之下是水波纹，水波中伸出一龙头。观音的右侧一猴背负一小猴，左侧放置净水瓶，瓶中插有柳枝，瓶下有一双手捧桃的披发裸体人物。观音身后两侧各立一柳树，身下右侧有一狮，左侧有雕一身女供养人立像。台座的左

143. 马元浩：《中国雕塑观音》，图版 9。

144. 马元浩：《中国雕塑观音》，图版 10。

145. 《中国石窟雕塑精华·西钟山石窟》，重庆出版社，1996 年。

146. 中国美术全集编辑委员会：《中国美术全集·雕塑编 5·五代宋雕塑》，北京：人民美术出版社，1988 年，图版 63、64、68。

147. 中国美术全集编辑委员会：《中国美术全集·雕塑编 8·麦积山石窟雕塑》，北京：人民美术出版社，1988 年，图版 192、197。

侧雕一立狮，右侧上部雕一头立猪。该观音面相长圆如卵状，身躯丰满，是典型的北宋北方的菩萨像风格。

F1924.2 为四身伎乐天的高浮雕立像（图2-76）。该像下有矮台，背依同一块石板，原来可能属于某佛塔的内部雕刻。其中的三身伎乐头部完好无损，我们可以看到它们面相长圆如卵状、额部较窄的特点。在甘肃天水麦积山的宋代石窟中，保存着同样风格的供养人塑像。因此，该像属于北宋时期中国北方的可能性很大。

Fig. 2-76. A Buddhist procession of three musicians and one dancer
F1924.2
Stone
H×W×D: 76.4×62×16.7 cm (30 1/16×24 7/16×6 9/16 in)
Northern Song dynasty (960~1127), dated ca. 10th~11th century
Purchase
图 2-76：宋代伎乐石雕构件

Fig. 2–77. Bodhisattva Avalokitesvara as the Water–Moon Guanyin
F1913.115
Bronze
H×W: 17.6×10.3 cm (6 15/16×4 1/16 in)
Song dynasty (960~1279)
Gift of Charles Lang Freer
图 2–77: 宋代铜造水月观音菩萨像

F1913.115 为小型的金铜自在观音像，以左腿下舒，右腿弯屈支撑于台座之上，以右臂担放于右腿膝上（图 2–77）。此像头上有高发髻，面相如卵状，身体如窈窕健美的女子。就该观音的坐姿而言，我们也能在宋代造像中找到相同的实物之例，如中国历史博物馆（今中国国家博物馆）藏 1956 年浙江金华万佛塔塔基出土的北宋嘉祐年间（1056~1063）造的金铜观音菩萨坐像。[148] 这种坐姿的更早渊源则来自南亚印度地区。

148. 中国美术全集编辑委员会：《中国美术全集·雕塑编 5·五代宋雕塑》，北京：人民美术出版社，1988 年，图版 60。

149. 中国美术全集编辑委员会：《中国美术全集·雕塑编 5·五代宋雕塑》，北京：人民美术出版社，1988年，图版 138、139、140、141。

3. 辽（916~1125）

契丹族是生活在辽河和滦河上游的少数民族，主要从事游牧和渔猎。公元 916 年，契丹贵族耶律阿保机（872~926）统一了各部，在临潢府（今内蒙古昭乌达盟巴林左旗）自立为皇帝，建立了政权。公元 947 年，契丹贵族把国号改为"辽"。直到公元 1125 年被女真人消灭为止，辽国共立国 200 多年时间，国土包括大漠南北和东北的广大地区，在幽州（今北京市）到云州（今大同市）一线与北宋接壤。由于深受唐文化的影响，辽国的统治者始终崇信佛教。现存中国的辽代佛教造像主要分布在内蒙古巴林左旗前、后昭庙石窟与赤峰洞山石窟，以及山西、天津、辽宁保存的一些辽代寺院之中。

辽代的菩萨像面相重点发展了唐与北宋菩萨像的卵形脸庞风格，如山西大同华严寺薄迦教藏殿中的辽重熙七年（1038）彩塑菩萨像。[149] F1917.242 为石雕结跏趺坐观音菩萨像（图 2-78）。该观音头戴莲花瓣状的高宝冠，冠两侧有长冠披垂下；上身穿衣，身挂较为复杂的联珠状璎珞；双手合十，坐于仰莲座之上。若与山西大同华严寺的辽塑菩萨像相比，我们可以发现它们之间的许多共同之处。

Fig. 2-78. Seated Bodhisattva Avalokitesvara on lotus pedestal resting upon crouching lions
F1917.242
Stone
H×W×D: 69.7 × 36.4 × 29.8 cm (27 7/16 × 14 5/16 × 11 3/4 in)
Liao dynasty (907~1125), dated ca. 11th century
Gift of Charles Lang Freer
图 2-78: 辽代观音菩萨石雕坐像

4. 南宋（1127~1279）

中国南方地区的北宋菩萨像雕塑以四川地区为代表，它们重点发展了唐代菩萨像上宽下窄的倒梯形面部特征，并且头戴高宝冠（或宽大的宝冠），使菩萨的形象更加接近于秀丽而又具有大家气度的少女，更为世俗民间所欣赏。如四川安岳毗卢洞的北宋水月观音雕像，安岳华严洞的北宋菩萨雕像等。[150] 公元 1127 年，金兵攻入北宋首都汴梁，俘虏了宋徽宗（1100~1126 年在位）与宋钦宗（1126~1127 年在位）以及亲王、后妃等，连同他们搜刮来的金银财富，全部运回了北方。同年，宋徽宗的第九个儿子赵构（即宋高宗，1127~1162 年在位）以临安（今杭州市）为首都建立了南宋政权。于是，原北宋的佛教与艺术在南宋得以继承、发展。在南宋，四川地区的石窟与摩崖造像中的菩萨像仍是以这种承自唐代的菩萨面相特征居于主导地位，如大足北山第 136 窟的文殊菩萨像、宝印菩萨像、普贤菩萨像、数珠手观音像，以及大足宝顶山第 29 窟丛圆觉菩萨像等。[151]

F1911.413 为石雕水月观音像（图 2-79）。它左腿盘坐，右腿支撑，以右臂担放于右膝之上。该观音头戴高宝冠，面相为上大下小的倒梯形，为宋代中国南方流行的菩萨像样式。但它的基本服饰承自唐代，为祖裸上身、身披帔帛与长璎珞并于腹前交叉穿环。它的头上刻出众仙人立于云中，两侧分层雕出动物。同时代形象相近似的像例有：上海博物馆收藏的一件木雕观音坐像，其动作与 F1911.413 相同，头戴宝冠，面相也表现为上大下小的倒梯形，具有宋代南方的菩萨像风格；[152] 美国旧金山亚洲艺术博物馆收藏的一件彩绘木雕观音菩萨像，瑞士瑞特保格博物馆收藏的一件彩绘木雕菩萨像，二者的动作与 F1911.413 相同，但面相则为长圆的卵形，头上束高发髻戴小冠，是流行于宋代北方的特点。[153] 北京故宫博物院收藏的一件金铜观音像也是相同的动作，但所戴的

高冠与面部特征则为辽国的风格。[154] 1949 年入藏西安碑林博物馆的一尊约为宋金时期的观音圆雕像，头部已佚，其动作及帔帛在双肩的披覆方式都与 F1911.413 相同，但该像身体表面没有长璎珞并穿环的做法。[155] 关于在观音像的两侧分层雕出动物的做法，前述北宋元祐六年慕子白造观音石像的两侧就已开始表现动物了。美国耶鲁大学艺术陈列室藏的一件相同坐姿的观音像，两侧也刻有动物，惜该像没有明确的题记。[156] 日本京都国立博物馆收藏了一件金天会九年（1131）张俊等造的观音菩萨像，其坐姿的方向与 F1911.413 相反，两侧也上下排列着动物。[157] 这些像例表明，F1911.413 菩萨像的动作与服饰披覆方式以及别的做法曾经流行于宋代的大江南北，但菩萨的面相却按不同的地域有所侧重。与 F1911.413 的总体形象最为接近的是四川大足宝顶大佛湾第 29 号圆觉道场中的众菩萨坐像，这些菩萨像的面相与 F1911.413 十分相似，并且其中即有相同的坐姿者，仅在宝冠的大小、身体表面的装饰上有所不同。[158] 类似 F1911.413 服饰、面相并有相同的坐姿的元代初年菩萨像，在浙江杭州飞来峰石窟中也有保存，但也表现为流行于南方的宽大的宝冠。[159] 比较而言，F1911.413 制作于南宋的可能性较大。

水月观音不见于印度佛典，它是中国文人与画家在佛家教义的基础上结合中国传统山水画创作的一种新型观音像。唐张彦远《历代名画记》卷三载长安胜光寺塔东南院有周昉画的"水月观自在菩萨"。但迄今所见最早的水月观音像保存在四川绵阳魏城圣水寺石窟第 7 窟中，造于唐中和五年（885）。[160] 宋代是水月观音画像与雕塑像的兴盛期，以现存莫高窟与榆林窟的同类题材壁画以及四川地区石雕水月观音像为代表。水月观音也是美术史学界讨论的一个热门话题，已有多种学术成果问世，[161] 笔者在此不再赘述。

150. 中国美术全集编辑委员会：《中国美术全集·雕塑编 12·四川石窟雕塑》，图版 127、128、156。

151. 中国美术全集编辑委员会：《中国美术全集·雕塑编 2·四川石窟雕塑》，图版 160、161、163、166、167、172、200；《中国石窟雕塑精华·四川观音·菩萨造像》，重庆出版社，1996 年。

152. 上海博物馆：《上海博物馆中国古代雕塑馆》，图版 67。

153. 台北故宫编辑委员会：《海外遗珍·佛像》，图版 132、161。

154. 季崇建：《千年佛雕史》，图版 261、267、269、282。

155. 李域铮：《陕西古代石刻艺术》，第 117 页。

156. 金申：《佛教雕塑名品图录》，图版 421。

157. 该像曾收录于松原三郎《中国佛教雕刻史论》，图版编三《唐·五代·宋付道教造像》，图版 841。

158. 重庆大足石刻艺术博物馆：《中国大足石刻》，香港万里书店·重庆出版社，1991 年，图版 183。

159. 高念华：《飞来峰造像》，北京：文物出版社，2002 年，图版 137。

160. 详细情况参见于春：《绵阳龛窟——四川绵阳古代造像调查研究报告集》，北京：文物出版社，2010 年。

161. 有关五代宋元时期水月观音像的研究，参见 Chun-fang Yu, Kuan-Yin:The Chinese Transformation of Avalokitesvara［观音：阿缚卢积低湿伐逻的中国转化］，New York: Columbia University Press, 2001 年；李玉珉：《中国观音的信仰与图像》，刊于台北故宫博物院编辑委员会：《观音特展》，台北故宫博物院，2000 年；马德：《散藏美国的五件敦煌绢画》，《敦煌研究》1999 年第 2 期，第 170~175 页；王惠民：《敦煌写本"水月观音经"研究》，《敦煌研究》1992 年第 3 期，第 93~97 页；王惠民：《敦煌水月观音像》，《敦煌研究》1987 年第 1 期，第 31~38 页；陈炳应：《图解本西夏文"观音经"译释》，《敦煌研究》1985 年第 3 期，第 49~58 页。

Fig. 2–79. Bodhisattva
Avalokitesvara as the Water–
Moon Guanyin
F1911.413
Stone
H×W×D: 98 × 59.6 × 35.8 cm (38
9/16 × 23 7/16 × 14 1/8 in)
Southern Song dynasty
(1127~1279), dated ca. 13th
century
Gift of Charles Lang Freer
图 2–79: 宋代水月观音石雕像

5．金（1115~1234）

女真族是生活在中国东北地区的少数民族之一，于公元 1115 年建立了金国政权。1125 年，他们消灭了雄踞北宋北部的辽国。1127 年，又攻灭北宋，占领了中原北方的大部分地区，以淮河为界与南宋对峙。女真人也信仰佛教，并深受辽国与北宋文化的影响。现存金代的佛教艺术主要保存在陕西北部的石窟与山西北部的一些寺院之中。从总体风格来看，深受辽国与北宋的影响。

金代的菩萨像主要继承了北宋的风格，如陕西富县石泓寺石窟中的金代菩萨雕像等。[162] 加拿大多伦多皇家安大略博物馆收藏的金明昌六年（1195）木雕妆彩菩萨立像，头戴高宝冠，面庞方大，上身袒裸，身躯丰满粗壮，身体表面装饰有复杂的冠披、帔帛、衣裙带，是现存金国单体菩萨像的代表作。[163] 方大的脸庞与丰满粗壮的身躯也是许多金代木雕佛像所共有的特点，如台北林瑞东收藏的金代木雕坐佛像。[164] F1974.6 为木雕菩萨立像（图 2-80），在形制与装饰方面均与上述明昌六年的立菩萨像相似，仅上身着有贴身的窄袖内衣有所不同，此为承自五代与辽国菩萨像的特点。

162. 参见《中国石窟雕塑精华·陕北石窟》，重庆：重庆出版社，1998 年。

163. 中国美术全集编辑委员会：《中国美术全集·雕塑编 5·五代宋雕塑》，图版 179；松原三郎：《中国佛教雕刻史论》，图版编三《唐·五代·宋付道教造像》，图版 845~847。该像身后的装藏盖板内有墨书题记曰："时明昌六年南步沈村口行者／请到平阳府洪洞县贯颜记／笔。"证明该像产自金国山西，平阳府即今山西临汾。

164. 台北历史博物馆：《佛雕之美：宋元木雕佛像精品展》，台北，1997 年，第 35~37 页。

Fig. 2–80. Standing bodhisattva
F1974.6
Paulownia wood with gesso and polychrome
H (overall): 172.7 cm (68 in)
Jin dynasty (1115~1234), dated ca. 12th~13th century
Purchase
图 2-80：金代木雕立菩萨像

6. 大理国（937~1253）

大约在唐朝初年，云南的大理地区随着社会经济的发展逐渐出现了六个较大的部落组织，称为"六诏"。其中的蒙舍诏位于其他五个部落的南面，所以又叫做"南诏"。后来，在唐朝的支持下，南诏兼并了其他五诏，统一了洱海地区，并于公元738年建立了南诏国（738~902）。公元937年，段氏集团在南诏的基础上建立了大理国，在二百多年后被蒙古军队所灭。南诏国与大理国世信佛教。由于其特殊的地理位置，南诏和大理国与内地的唐朝、五代、宋朝一直保持着密切的政治、经济和文化方面的联系。与此同时，南诏和大理国也与吐蕃（今西藏）与南亚地区（特别是印度）有着密切的联系。因此，这个地区的佛教就受到了来自中国内地、西藏、南亚的影响。在现存云南地区的佛教艺术的表现上也是如此，以剑川石钟山石窟为代表。

F1946.10、FSC-B-490为风格相同的金铜观音菩萨立像（图2-81、著录篇Z229）。二像在头顶的高发髻表面雕有小坐佛像，是为观音的重要特征。二像面相如瓜子形，宽额尖腮，身躯呈直立之姿，突出地刻划着人物窄肩、细腰、细臂、细腿等纤细的体形。若与1979年云南大理崇圣寺千寻塔塔顶发现的四件大理国金、木菩萨立像（图2-82）相比，我们会发现它们之间惊人的相似性，如出一人之手。[165] 佛利尔收藏的这两件立菩萨像无疑也是来自大理地区。1925年大理地震，千寻塔的塔刹由东南方向震落堕地。当年塔顶震落的文物早已大部分失散并流往海外，其中最重要的是一批观音铜像和塔模。当时的地震及文物流失情况，可参见《新纂云南通志》卷八八及方国瑜先生的回忆。[166] 关于流散海外的这批观音像，美国海兰茄频（Helen Chapin）撰《云南的观音像》一书，载于《亚洲研究季刊》第八卷第2号，1944年8月版。该书收录了大理国皇帝段政兴（1147~1171年在位）铸造的青铜观音像及铭文，为圣地亚哥美术馆收藏。类似风格的大理国金铜菩萨立像在美国旧金山亚洲艺术博物馆和日本新田氏各藏有两件，美国丹佛艺术博物馆（The Denver Art Museum）、英国大英博物馆各

Fig. 2-81. Bodhisattva Avalokitesvara (Achili Guanyin)
F1946.10
Arsenical copper with gilding
H×W: 49.4×11.4 cm (19 7/16×4 1/2 in)
Origin: Dali of Yunnan Province
Dali Kingdom (937~1253), dated ca. 12th century
Purchase
图2-81: 大理国鎏金铜阿嵯耶观音像

165. 云南省文物工作队：《大理崇圣寺三塔主塔的实测和清理》，《考古学报》1981年第2期，第245~267页；邹启宇：《云南佛教艺术》，昆明：云南教育出版社，1991年，图版104。
166. 方国瑜：《大理崇圣寺塔考说》，《思想战线》1978年6期，第51~57页。

藏有一件。[167]另外，在美国克里夫兰艺术博物馆、大都会艺术博物馆、芝加哥美术研究所、波士顿艺术博物馆、纽约与底特律的博物馆各保存了一件。[168]其实，这种风格的金铜立菩萨像曾经一度流行于大理国。1981年在维修云南下关市佛图塔（又名蛇骨塔）时清理出了一批文物，其中38号为高11.5厘米的鎏金立菩萨像，也是与F1946.10、FSC-B-490同一类风格的金铜立菩萨像。[169]

云南南诏与大理国的佛教主要是密教，来源于汉族地区、西藏与印度，这种多面性的佛教特点在千寻塔的出土物中均有反映。明万历（1573~1620）朝编纂的《云南通志》卷十三曰："赞陀崛多神僧，蒙氏保和十六年（840）自西域摩伽陀国来。"陈垣（1880~1971）在《明季滇黔佛教考》中说云南佛教"其始自西传入，多属密教。其继自东传入，遂广有诸宗"。可知，在南诏与大理时期，云南地区的佛教与印度有着密切的关系。现归日本京都有邻馆收藏、传为南诏舜化贞中兴二年（899）南诏主掌内书金券赞卫理昌忍爽王奉宗等所画的《南诏图卷》，上载有梵僧感化蒙舍诏首领细奴逻（617~674）的故事，并表现了梵僧所铸的立菩萨金像，即所谓的阿嵯耶观音像，其形制即与上述大理国的立菩萨像基本相同。[170]我们再与印度现存的立菩萨像比较，会发现类似大理国这种头戴高冠、身躯直立、突出表现人物形体美的立菩萨像，在印度阿玛拉瓦提（Amaravati）出土的公元8世纪石刻中即有发现，但其身材不够修长。类似大理国菩萨像的那隆起的高发髻在印度波罗（Pala）王朝公元11至12世纪菩萨造像中十分流行，但这些菩萨像多仅着短裙，不着长裙。[171]大英博物馆收藏的一件约制作于公元8至9世纪的斯里兰卡后期Anuradhapura时代的铜造立菩萨像，在总体造型上与大理国菩萨立像很相似，仅在隆起的发髻与上身项圈等装饰上有所不同，身材也不够修长。[172]泰国曼谷国家博物馆收藏的一件公元8至9世纪的铜造菩萨形立像，就与佛利尔收藏的这两件大理台北菩萨像非常相似了，仅在极个别的地方有所不同，如胸前饰有斜披络腋等。[173]

这种形制的铜造菩萨立像在泰国佛教艺术中多有发现。[174]与上述泰国铜造菩萨形立像相似的观音菩萨铜立像，还可见于其他南传佛教国家，如印度尼西亚首者雅加达（Jakarta）的国家博物馆（Museum Nasional）收藏的铜造菩萨立像（inv. No. 6042）、铜造四臂观音立像（inv. no.509）、铜造八臂观音立像（inv.no.6024）等，以及纽约大都会博物馆收藏的公元9世纪铜造菩萨立像（1985. 401）。[175]从上述比较情况看，佛利尔收藏的大理国铜造观音菩萨像，其样式似来自泰国的可能性较大。

167. 台北故宫编辑委员会：《海外遗珍·佛像续》，图版163~166。
168. Christian Deydier, Chinese Bronzes, 第191页，图版150。金中：《佛教雕塑名品图录》，图版360~366。Denise Patry Leidy and Donna Strahan, Wisdom Embodied: Chinese Buddhist and Daoist Sculpture in the Metropolitan Museum of Art, pp.136–138.
169. 见大理州文管所、下关市文化馆：《下关市佛图塔实测和清理报告》，《文物》1986年第7期，第50~55页。
170. 邹启宇：《云南佛教艺术》，图版241。
171. 京都台北博物馆等编《大英博物馆所藏イソドの佛像ヒソドウ｜の神々》，东京：朝日新闻社，1994年，图版10、36。
172. 京都台北博物馆等：《大英博物馆所藏イソドの佛像ヒソドウ｜の神々》，图版88。
173. Theodore Bowie, The Sculpture of Thailand [泰国雕塑], New York: The Asia Society, Inc. 1972, 图版12。
174. The Walters Art Gallery, The Sacred sculpture of Thailand [泰国宗教雕塑], London, 1997, 图版51。
175. National Gallery of Art, The Sculpture of Indonesia [印度尼西亚雕塑], Washington, D.C., 1990, 图版56、59、62。

7. 元代（1271~1368）

176. 参见高田修、山本智教：《佛教雕刻四·バ丨ヲ期》，下中弥三郎：《世界美术全集》第11卷，东京：平凡社，1950~1955年。

177. 关于飞来峰造像，参见高念华：《飞来峰造像》；关于宝成寺造像，参见宿白：《元代杭州的藏传密教及其有关遗迹》，《文物》1990年10期，第55~62页。

178. 中国美术全集编辑委员会：《中国美术全集·雕塑编6·元明清雕塑》，北京：人民美术出版社，1988年，图版27、28。

公元13世纪初，成吉思汗（1162~1227）统一了位于中国北方的蒙古族各部落，建立了蒙古汗国。之后，他相继出兵征服了中亚、西亚、欧洲东部、西夏国（1038~1227）和金国，形成了一个横跨欧亚大陆的蒙古大帝国。公元1271年，成吉思汗的孙子忽必烈（1260~1294年在位）把首都定在了燕京（后改称大都，今北京市），改国号为"元"。1253年，蒙古占领大理国。1279年，元朝消灭了南宋，统一了大江南北。

蒙古国的创始人成吉思汗曾经命令他的子孙们要给各种宗教以平等的待遇。在以后的大元帝国中，佛教和儒教、道教、回教、基督教、摩尼教等都能够和平共存，共同发展，还使得儒、佛、道三教合一的思想更加根深蒂固。但比较而言，元朝的开国皇帝忽必烈与他的后继者更加看重藏传喇嘛教。

在元代，由于蒙古人推行藏传喇嘛教，在中国大陆兴起了一种新型的造像风格——梵式造像。所谓"梵式造像"，即为藏传喇嘛教造像，源自印度波罗王朝的造像样式。[176]蒙古统治者尊西藏萨迦派第五代祖师八思巴（1235~1280）为国师，请至大都（今北京市）总领释教。当时的尼泊尔巧匠阿尼哥（1244~1306）由八思巴带到了大都，传播梵像。据《元代画塑记》载：大德九年（1305），司徒阿尼哥奉皇后懿旨，以铜铸造阿弥陀等五佛，又塑造千手千眼大慈悲菩萨及左右菩萨等八尊像。阿尼哥父子在大都创作并传授这种梵式造像达数十年之久，影响广远。元代的汉族梵像雕塑家刘元（1240~1324）也曾经跟随阿尼哥学习西天梵像。据明宋濂（1310~1381）撰《元史·列传九十方伎·工艺阿尼哥》记载：刘元创作的梵像遍布两都皇家庙宇，所制造像"神思妙合，天下称之"。这种梵式造像在元代深为皇室贵族所崇尚，对当时佛教艺术的发展起到了一定的推动作用。现存的元代梵式造像以杭州飞来峰石窟与宝成寺摩崖造像中的元代造像为代表作。[177]这种造像风格重在追求人物形体的矫健，突出地刻划人物的宽额、窄腮、宽肩、细腰的特点，颇似一健美男子的体形，如北京故宫博物院藏元大德九年（1305）铜造文殊菩萨坐像，与至元二年（1336）铜造释迦坐像等。[178]身光的形制多为"凸"字形，身下的宝装仰覆莲瓣更加趋于装饰性，而身体表面的璎珞等装饰品则趋向于细致。

F1913.26即为元代梵式结跏趺坐菩萨像（图2-83）。它宛如一健美的男子形体，上身袒裸、挂有短璎珞，下身着贴身长裙，右手执一长茎莲花伸至右肩上方。它头戴宝冠，冠披向两侧上部

Fig. 2-83. Seated figure of Bodhisattva with Sino-Tibetan style
F1913.26
Marble, traces of pigment
H×W×D: 55.8×38.7×19.8 cm (21 15/16×15 1/4×7 13/16 in)
Yuan dynasty (1279~1368)
Gift of Charles Lang Freer
图2-83：元代石雕菩萨坐像

Fig. 2–84. Nepalese–Chinese-style bodhisattva
F1945.4
Lacquer, cloth, traces of blue, gold, and green paint, and gold leaf
H×W×D: 58.5×43.3×29.5 cm (23 1/16×17 1/16×11 5/8 in)
Yuan dynasty (1279–1368), 13th century
Purchase
图 2–84: 元代夹纻干漆菩萨坐像

飞扬，两耳之下各饰一朵圆形花。其造型特征与浙江杭州飞来峰石窟第 52 号元代的大白伞盖佛母像、第 53 号元代金刚萨埵像基本相同，[179] 北京故宫博物院藏的大德九年铜文殊菩萨像的耳饰也是如此。可知，F1913.26 是一件十分典型的元代梵式造像。关于 F1913.26 的题材，飞来峰石窟第 86 号为一元代观音像龛，该观音头戴宝冠，冠前饰有小坐佛像，它虽身着汉民族传统的菩萨服装，但右手执一朵长茎莲花扬于身体右侧上方，与 F1913.26 完全相同。[180] 观音菩萨的宝冠中饰有小佛像，是判定该菩萨像题材的主要特点。西藏布达拉宫收藏了一尊清代金铜观音立像，其宝冠中部的装饰以及右手执一长茎莲花扬于身体右侧上方，这些均与 F13.26 相同。[181] 因此，F1913.26 宝冠中部虽不见小坐佛像，但据上述二像例，或可定名为观音。

F1945.4 为夹纻干漆坐菩萨像，也是典型的元代梵式造像（图 2-84）。它的体态矫健，双腿盘坐，上身向右侧略偏，头部向左侧扭动，头顶束高发髻，原应戴有宝冠与耳饰，双目下视，上身袒裸，下身仅着短裙，身体表面有着复杂的装饰。身体矫健、上身向一侧略偏的元代梵式菩萨造像，多见于杭州飞来峰的元代至元二十九年（1292）开凿的第 99 号龛中的救度佛母像、第 100 号龛中的元代救度佛母像、第 52 号龛中的元代大白伞盖佛母像、第 79 号龛中的元代摩利支天像、第 53 号龛元代金刚萨埵像等，这些像多是双目下视，且其装饰的短璎珞也与 F1945.4 大体相同。[182] 不同者为：上述飞来峰造像的下身均着贴身长裙，有的饰帔帛。若以面相比较，F1945.4 与飞来峰的大白伞盖佛母像十分相似，其题材也似为度母一类。

179. 高念华：《飞来峰造像》，图版 158、169。
180. 高念华：《飞来峰造像》，图版 150。
181. 中国美术全集编辑委员会：《中国美术全集·雕塑编 6·元明清雕塑》，图版 159。
182. 高念华主：《飞来峰造像》，图版 89、154、158、162、169。

183. 关于十六国时期中原北方地区的犍陀罗风格造像，参见陈清香：《从五朝到北魏时代的佛教造像》，刊于台北历史博物馆：《佛雕之美：北朝佛教石雕艺术》；台北故宫编辑委员会：《海外遗珍·佛像》，图版1~3。

184. 新疆地区出土的犍陀罗风格雕塑，参见Sir Aurel Stein（斯坦因），*Ancient Khotan: Detailed Report of Archaeological Exploration in Chinese Turkisitan*［古代和田：中国突厥斯坦考古探险报告］，Volumes 1-11, Oxford, Clarendon press, 1907; *Serindia: Detailed Report of Explorations in Central Asia and Westernmost China*［西域：中亚与西中国探险报告］，Volumes 1-5, Oxford, clarendon press, 1921; *Innermost Asia: Detailed Reported of Explorations in Central Asia, Kan-su, and Eastern Iran*［亚洲腹地：中亚、甘肃、东伊朗探险报告］，Volumes 1-4, Oxford, clarendon press, 1928.

185. 中国美术全集编辑委员会：《中国美术全集·雕塑编12·四川石窟雕塑》，北京：人民美术出版社，1988年，图版109、112。

186. 松原三郎：《中国佛教雕刻史论》，图版编三《唐·五代·宋付道教造像》，图版629b、659b。

187. 龙门文物保管所：《中国石窟·龙门石窟》（二），图版88。

8. 明代（1368~1644）

公元1368年，朱元璋（1328~1398）推翻了蒙古元朝，建立了明王朝。明朝以正统的儒家思想作为治国的根本，但对道教与佛教思想也都加以利用和提倡。明朝政府和佛教界对佛教艺术制作的基本原则是恢复被蒙古统治者中断了的汉民族的文化艺术传统。但事实上，元朝的中国佛教艺术显示汉民族的文化艺术传统并没有被完全中断。在明代佛教界，这个所谓的艺术上的汉族传统，指的是唐代与宋代的佛教艺术样式。因此，明朝的佛教艺术造型更多的是对唐宋风格加以继承或利用参考。但明朝艺术家们在佛教题材的选取上与对艺术品细部的处理上，显然较唐宋时期有所创新，而并非机械地照搬前朝样式。现存明朝的佛教艺术主要保存在木构佛寺里，以山西地区为主。还有一部分保存在山间石窟之中，但现存数量极其有限，如宁夏中宁县的石空寺石窟、山西平顺县宝岩寺石窟。为了保证西南边陲的安宁，朱元璋虽然仍像元朝那样封赏了许多藏族僧人，却不允许国内的汉族人信仰喇嘛教。但喇嘛教仍以自然的方式在明代内地传播着，特别是在四川、甘肃、蒙古、宁夏、陕西以及首都北京地区。于是，在这些地区至今仍可发现不少受到藏传佛教影响的艺术。

总体来看，明代的佛教造像样式与风格承自唐代与宋代，并有一定的创作。F1916.717为佛利尔收藏的唯一一件产自中国的犍陀罗风格的铁佛头像，具有典型的西域风格（图2-85）。该佛像发际表面刻有水波纹，双腮胖圆，双目圆睁，没有刻出胡须，与十六国时期（304~439）中原北方地区的犍陀罗式佛像风格不同，[183]也有别于巴基斯坦和新疆地区出土的犍陀罗式佛像风格。[184]该佛头顶的肉髻正面出露少许，最早可见四川内江翔龙山晚唐广明元年（880）倚坐弥勒佛像，大足北山石窟第52号晚唐干宁四年（897）阿弥陀佛坐像。[185]但此做法在晚唐时期并不流行，而是流行于入宋（960~1279）以后。佛利尔藏的这件铁佛头像肉髻下部的额上发际表面刻出对卷的发纹，见于日本东京国立博物馆藏唐永昌元年（689）冯雅立等造结跏趺坐佛像，日本文化厅

Fig. 2–85. Head of a Buddha
F1916.717
Iron
H×W×D: 16.7×11.3×10.6 cm (6 9/16×4 7/16×4 3/16 in)
Ming dynasty (1368~1644)
Gift of Charles Lang Freer
图2-85: 明代铁铸佛头像

Fig. 2–86. Head of Bodhisattva Avalokitesvara (Guanyin)
F1913.144
Stone with traces of pigment and gilding
H×W×D: 40×22×25.5 cm (15 3/4×8 11/16×10 1/16 in)
Ming dynasty (1368~1644)
Gift of Charles Lang Freer
图2-86: 明代石雕菩萨头像

藏的原唐长安光宅寺七宝台石刻造像，[186]以及龙门石窟咸亨四年（673）完工的惠简洞主佛等。[187]因此，F1916.717是结合了犍陀罗与唐代佛像

的艺术风格创作成的，也有少许宋代以后流行的因素。

北宋时期中国北方发展的卵形菩萨面相风格，被明代北方的佛教艺术界所继承，如山西省平遥县双林寺的自在观音彩塑像与千手观音彩塑像。[188] F1913.144 为石雕菩萨头像（图 2-86）。它戴有四片莲瓣形的宝冠，每片瓣内刻一身小坐佛像，其面部即具有上述卵形的特点，与双林寺的自在观音彩塑像、山西长治市观音堂明代十二缘觉中的部分像十分相似，它的双眉相连的做法则与山西省洪洞县广胜上寺的明代彩绘木雕文殊菩萨像相同。[189]

明代的佛教艺术界在继承唐、宋风格的基础上，重点发展了人物造型的写实性与世俗性，使它们更加接近于现实人的形象与比例，同时又能为广大信徒所接受。F1992.39 为明代铁铸菩萨头像（著录篇 Z264）。它的头上束有高发髻，髻前的宝冠为组合而成，现已佚，额前的头发刻作向上对卷的水涡状。它的面相方圆，如天真无邪的少女形象。这件作品在明代铁铸菩萨像中具有一定的代表性，现存的明代铁铸像实例较多，如赛克勒美术馆藏的由 John Gellatly 捐赠的铁铸菩萨头像（No.85.01.338）等。英国伦敦个人收藏的一对铁铸立菩萨像头部也具有上述特点，造于明弘治二年（1489），为我们了解这类造像的原型提供了珍贵的实物资料。

白衣观音是中国晚期佛教艺术界流行的一种造像题材，在密教经典中有记录。[190] 公元 10 世纪以降，中国佛教僧侣与艺术家们创造了白衣观音图像。虽然白衣观音的名称来自印度佛典，但其形象却完全是中国独创。[191] 白衣观音的重要特征即为头顶一块头巾，披覆双肩之上，身着宽大的汉式僧衣。白衣观音像的早期像例可见于杭州烟霞洞入口处，雕刻时期约在 10~11 世纪。[192] 宋代以后，白衣观音在中国佛教艺术界逐渐流行起来，直至现代，雕造不衰。F1911.433 即为一身白衣观音坐像，在人物面部的表情与服状衣纹的处理上均为极强的写实感，饱含着母性般的慈爱（著录篇 Z238）。佛利尔收藏的这件白衣观音像在服饰与发型等方面都与北京故宫博物院藏的一件明

代著名工匠石叟造的青铜白衣观音立像相同。[193] 另外，佛利尔的这件白衣观音像的坐姿又与水月观音相同，可见该像结合了此二类观音的图像特点，这也是明清时期中国佛教艺术界习见的。

唐代以后，中国佛教艺术界流行制作罗汉群像，特别是十六与十八罗汉群像。关于十六罗汉的描述可见于唐及唐以前的佛典，以玄奘于 654 年翻译的《大阿罗汉难提密多罗所说法住记》为代表。[194]《法住记》说：在佛入涅槃之前，曾嘱十六大阿罗汉住世保护佛法，等待未来佛弥勒降世。该经还介绍了十六罗汉的名字以及他们在佛涅槃后散居的地点，包括鹫峰山。[195]《法住记》的译出无疑激发了十六罗汉的信仰及其图像的制作。10 世纪时，十六罗汉在绘画与雕塑领域已是十分流行的题材。[196] 中国历史上最著名的罗汉画家是贯休和尚，即生活在这个时期。[197] 据宋代文人及官员曹勋（1098~1174）的记载，杭州禅宗名刹永明寺（即今之净慈寺）建于 954 年，当时曾在一佛塔内供奉有金铜十六罗汉像，[198] 展现了北宋杭州对该题材造像的制作。也是在 10 世纪，中国艺术家与佛教僧侣在十六罗汉的基础上增加了两位罗汉，成为十八罗汉组合。已知最早的十八罗汉像例是一组绘画。北宋文学家苏轼（1037~1101）自称曾得到过一组前蜀画家（907~925 年）张氏绘制的《十八罗汉像》，并为每一幅罗汉画题诗一首。[199] 杭州烟霞洞的雕刻于吴越国（907~978）时期的十五身罗汉像应是中国现存最早的一组不完整的十八罗汉像。[200] 十八罗汉在北宋时期越来越流行，造于北宋元丰二年（1079）的位于山西长子县崇庆寺三大士殿的彩塑十八罗汉像即为其中一佳例。[201]

明代仍继承着制作罗汉像的传统。山东长清县灵岩寺的明代彩塑罗汉群像即为其中的代表作。[202] 在中国佛教艺术整体趋于衰落的明代，罗汉像的塑做，展示着当时中国佛教界真正的艺术水平。F1913.77、F1913.78、F1913.79、F1913.80 为同一组铁铸罗汉像的四件半身像，原来的组合或为十六身，或为十八身，现均存胸以上部分（图 2-87、著录篇 Z243-245）。这四身罗汉像具有极强的写实性，都穿着交领式的僧衣，造型比例谐

188. 马元浩：《中国雕塑观音》，图版 52、53、56、59、63~65；中国美术全集编辑委员会：《中国美术全集·雕塑编 6·元明清雕塑》，图版 68、69。

189. 中国美术全集编辑委员会：《中国美术全集·雕塑编 6·元明清雕塑》，图版 83、90、91、92。

190. 例如，唐僧菩提流志（? ~727）译《不空羂索神变真言经》卷 23 就提到了白衣观音。参见《大正藏》第 20 册，第 355b 页。

191. 参见 Chun-fang Yu, Kuan-yin: The Chinese Transformation of Avalokitesvara，第 250~251 页。关于白衣观音的更多信息，参见同上页 247~62。

192. 中国石窟雕塑全集编辑委员会：《中国石窟雕塑全集 10·南方八省》，重庆出版社，2000 年，图版 27。

193. 中国美术全集编辑委员会：《中国美术全集·雕塑编 6·元明清雕塑》，图版 107。

194. 参见《大正藏》第 49 册，第 12~14 页。5 世纪时，北凉（397~439）僧人道泰翻译的《入大乘论》提到了佛的散居于山林间的十六大弟子，包括宾度罗与罗睺罗，均负有住世护法的使命。参见《大正藏》第 32 册，第 39b 页。《宣和画谱》卷一记有南梁（502~557）画家张僧繇绘的《十六罗汉像》，参见俞剑华点校《宣和画谱》，北京：人民美术出版社，1964 年，第 31 页。但我们无法确认北宋人见到的此画之真伪。如果张僧繇确曾画过该画，其题材应来自《入大乘论》。

195.《大正藏》第 49 册，第 13a 页。关于十六罗汉及其起源的研究，参见方闻（Wen Fong），The Lohans and a Bridge to Heaven［罗汉与通天之桥］，Freer Gallery Occasional Papers, no. 1, Washington DC: the Freer Gallery of Art, 1958; Richard K. Kent, "The Sixteen Luohans in the Baimiao Style: From Song to Early Qing"［白描画风十六罗汉：宋至清初］（Ph.D. dissertation, Princeton University, 1995）。

196. 参见周叔迦：《十六罗汉十八罗汉和五百罗汉》，载《周叔迦佛学论著集》，北京：中华书局，1991 年，第 706~708 页。

197. 参见黄休复编写于 1006年的《益州名画录》，北京：人民美术出版社，1964年，第55页。
198. 曹勋：《净慈创塑五百罗汉记》，收录在他的《松隐集》一书中。参见王云五：《四库全书珍本七集》第203册，台北，1977年，第1~4页。另见潜说友：《咸淳临安志》卷78，《中国方志丛书华南地方》第49号，台北：成文出版社有限公司，1970年，第751页。
199. 邓立勋：《苏东坡全集》第2册第3章，合肥：黄山书社，1997年，第73~76页。
200. 据南宋施谔：《淳祐临安志》记载，烟霞洞的十八罗汉像由吴越国王钱俶（947~978年在位）出资建造，见《南宋临安两志》，杭州：浙江人民出版社，1983年，第169页。烟霞洞内现存有十五身罗汉像。韩国学者崔圣银认为最初的数目应为十八，参见《杭州烟霞洞石窟十八罗汉像研究》，《美术史学研究》第190~191期，1991年，第161~192页。我同意这个观点。但在中国学术界，传统的观点则认为烟霞洞罗汉像原为十六尊，见于多种论著，如中国石窟雕塑全集编辑委员会：《中国石窟雕塑全集10·南方八省》，重庆：重庆出版社，2000年，图版15~24。
201. 中国美术全集编辑委员会：《中国美术全集·雕塑编5·五代宋雕塑》，北京：人民美术出版社，1988年，图版55~7。
202. 中国美术全集编辑委员会：《中国美术全集·雕塑编6·元明清雕塑》，图版113、114、115。
203. 中国美术全集编辑委员会：《中国美术全集·雕塑编6·元明清雕塑》，图版108。

Fig. 2–87. Head and bust of an Arhat (Luohan), fragment
F1913.77
Iron
H×W×D: 42.7×32.4×21.8 cm (16 13/16×12 3/4×8 9/16 in)
Ming dynasty (1368~1644)
Gift of Charles Lang Freer
图 2–87: 明代铁铸罗汉半身像

Fig. 2–88. Head of an Arhat (Luohan), fragment
F1913.81
Iron
H×W×D: 27.3×18.8×17.7 cm (10 3/4×7 3/8×6 15/16 in)
Ming dynasty (1368~1644)
Gift of Charles Lang Freer
图 2–88: 明代铁铸罗汉头像

调，人物的表情中充满着睿智，都具有东方人的形象特征。F1913.81、F1913.82、F1913.83、F1913.84 应为同一组铁铸罗汉像的四件头像，铸做较厚重（图2-88、著录篇 Z247-249）。除F1913.84 具有东方人形象特点的戴风帽的罗汉像外，其余三像均具有西域胡僧的形象特征，突出地刻划了胡僧高鼻、深目与隆起的前额，包含着人物内在的智慧。北京故宫博物院收藏的一尊据有"大明弘治丁巳年造太监姚举施"铭文的铁铸罗汉坐像，其头部也有相同的特征。[203] 弘治（1488~1505）为明孝宗朱祐樘（1487~1505年在位）的年号。弘治丁巳为弘治十年（1497）。这件坐像是明代铁铸罗汉像中的上乘之作。F1917.331 为一件罗汉石雕头像，也以写实性的手法雕成，表现出了人物喜悦和沉思的表情（著录篇 Z262）。F1917.251、F1917.252、F1917.253 应为同一组小型铁铸罗汉坐像，由于它们的体量太小，无法过多地刻划出细节特征，但人物的动态与稚气未脱的青年僧人的表情仍塑造得栩栩如生（图2-89、著录篇 Z260-261）。

　　与上述典型的明代风格造像不同，佛利尔还

Fig. 2–89. Seated Arhat (Lohan)
F1917.251
Iron
H×W: 10.1×9.5 cm (4×3 3/4 in)
Ming dynasty (1368~1644)
Gift of Charles Lang Freer
图 2–89: 明代铁铸罗汉像

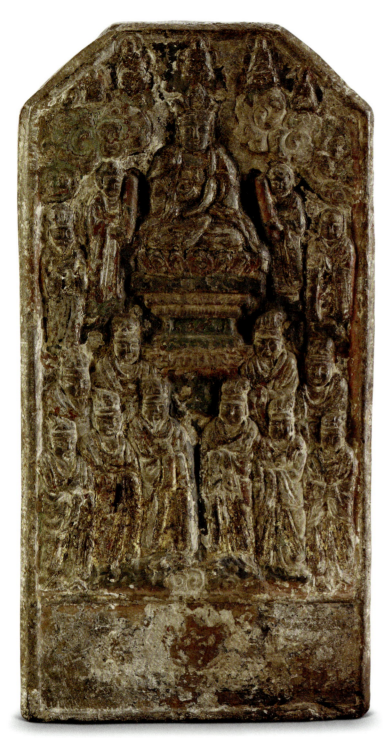

收藏了几件明代民间风格的造像。F1911.428 为弘治十三年（1500）韩璟景造坐佛石雕像，实为一尊头戴五佛冠的菩萨像（著录篇 Z234）。其身后背光上部刻有鸟首人身的佛的八部护法之一迦楼罗，两侧各雕一身飞天。与明代大寺院中供奉的造像有所不同，它的体态笨拙，表现了浓厚的民间色彩。在人物的形象与细部的刻划上，均饱含着民间的匠气，在宝冠与服饰的刻划方面均不规范，也没有写实感。从其坐姿与背景来看，F1913.22 为水月观音像（著录篇 Z241）。但这尊像没有丝毫北宋以来水月观音雕塑的秀丽姿容，而是以稚拙的手法将观音表现为正在山中苦修的形象。F1916.366 为地藏十王浮雕像碑（图 2-90）。上方刻出头戴五佛冠的地藏菩萨结跏趺坐，下方两侧各侍立五身头戴高冠、身穿广袖长袍的地狱阎王。这种地藏十王的排列方法与明代的一些专为做水陆道场法会用的水陆画与雕刻相似。[204] 但碑上每个人物的面部均表情呆板，细部刻划粗拙，同样出于民间匠人的手笔。

明清时期的汉族地区在制作佛教造像方面虽仍然以汉民族的传统样式为主流，但在藏传佛教的影响下，也出现了大量的汉藏样式合璧的造像形式。换句话说，就是在保持汉民族传统造像风格的基础上，在造像的细部装饰方面采用一些藏传的样式。这种风格突出地体现在了佛像身上，即在保持明清汉民族传统佛像面相与服装样式的前提下，将佛像头顶的发髻与肉髻处理成藏式佛像的特点。于是，明清时期汉地藏式佛像的头上发髻与肉髻的表面有小而密集的螺形纹，肉髻上部有一两颗宝珠。这种佛像的面相呈上大下小的梯形，额部较宽，双腮部较窄，但仍不失其丰满的面部特征。现存明代与清代（1644~1911）初年汉地制作的藏式佛像之例有美国大都会博物馆收藏的明永乐九年（1411）木雕结跏趺坐佛像，[205] 大英博物馆藏明永乐年间（1403~1424）制作的金铜坐佛像、美国波士顿美术馆收藏的明宣德年间（1426~1435）制作的金铜坐佛像，以及国外私人收藏的清康熙元年（1662）金铜坐佛像等。[206] 佛利尔收藏的两件藏式造像也具有这种特点。F1916.217 为一

204. 如山西平顺宝岩寺石窟明代开凿的第5窟中的水陆画浮雕，参见中国石窟雕塑全集编辑委员会：《中国石窟雕塑全集6·北方六省》，重庆出版社，2001年，图版106~108、112、114、115。

205. 台北故宫编辑委员会：《海外遗珍·佛像续》，图版170。

206. 参见王家鹏：《藏传佛教全铜佛像图典》，北京：文物出版社，1996年，图版320、334、343。

佛头像（著录篇 Z252），在发际表面遍布着螺形纹，肉髻之上有两颗宝珠。但它在面相上却不似藏式佛像那样表现为突出的上大下小的倒梯形，而是面相丰满，具有明代佛像的一般风格。可以看出，该像是在藏传佛像的影响下在汉地制作成的。F1912.74 为一石雕幢头，其上的坐佛像也具有类似的特点，表现为藏汉合璧的艺术样式（详见本书第四章）。F1916.159 为一珍贵的象牙雕坐佛像（图 2-91），它的头顶有螺纹发、宽额、身材健壮、宽肩，着袒右式大衣，有衣襟披覆右肩，衣纹具有写实感，表现了更多的藏传佛像风格。

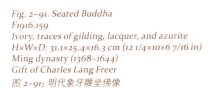

Fig. 2-91. Seated Buddha
F1916.159
Ivory, traces of gilding, lacquer, and azurite
H×W×D: 31.1×25.4×16.3 cm (12 1/4×10×6 7/16 in)
Ming dynasty (1368~1644)
Gift of Charles Lang Freer
图 2-91: 明代象牙雕坐佛像

结　语

综合上述分析我们可以看出，佛利尔美术馆的中国佛教艺术藏品具有时代的连续性与地域的广博性。它们既突出地反映了北魏晚期与唐代初年这两个佛教艺术高峰期的基本艺术风格，也能使我们概观自北魏中期至明代的各时代的造像样式与风格，也表现出了在同一时代不同区域的地方艺术特色。有很多造像不失为特殊时代创造的精品。因此，从整体性而言，它们不愧为世界文博学界中的一批珍贵实物，是我们研究中国佛教艺术史的重要资料。

第三章
佛利尔藏中国石窟造像的辨别与归位

石窟寺，即开凿在河畔山崖间的宗教寺院，是集建筑、雕塑、绘画于一体的艺术形式。石窟寺起源于印度。自从佛教于东汉末年传入中国之后，石窟寺也在中国兴起，大江南北相继出现了不可胜数的石窟寺与摩崖造像地点，成为中国佛教艺术的主要组成部分。中国石窟寺的制作是就地取材、因地制宜。在甘肃与新疆地区，洞窟内一般采用泥塑和壁画的形式来表现佛教题材。而在中原北方及南方地区，窟内外多采用雕刻手法制作崇拜偶像。另外，石窟寺在不同的时代与不同的地区发展也是不平衡的，这样就形成了不同的时代艺术风格和不同地区的地方特色。

自 19 世纪晚期以来，西方发达国家在文化领域里掀起了一股去遥远的东方探险的热潮，中国的石窟寺就是他们探险的主要对象之一。于是，许多石窟寺内的造像与绘画艺术品就在这种研究与探险的名义之下被切割或凿下，远往海外。到了 20 世纪初期，西方探险队员们的所谓壮举引起了外国古董商与收藏家们的极大兴趣。于是，

对中国石窟寺的人为破坏就变成了一种肮脏的纯金钱交易，并在更多的时候由外国商人来雇佣中国商人进行。于是，许多石窟寺雕塑被古董商们刻意凿下，进入中国古商市场，再流往海外。佛利尔的中国佛教造像藏品中，有相当一部分造像是凿自石窟寺或摩崖造像，主要来自河南巩县大力山、洛阳龙门、河北邯郸响堂山等三处石窟寺地点。一百年前的古董买卖行为使中国的许多佛教艺术宝库变得支离破碎。如今，如果我们能够找出这些流失海外的造像在石窟或摩崖造像地点中的原始位置，不仅对研究这些造像大为有益，而且对研究它们所属的洞窟或摩崖的整体布局也增添了新资料。

笔者曾从事中国石窟寺考古研究多年，亲身考察过中国大部分重要石窟寺地点，对流散石窟造像犹有兴趣。在本章中，笔者将讨论佛利尔美术馆收藏的来自大力山石窟、龙门石窟、响堂山石窟等地中国石窟或摩崖的石造像，尽量还原一些造像的原始位置。

一、巩县大力山石窟中的两件造像

大力山石窟位于河南省巩县（今巩义市），西距北魏晚期的首都洛阳城约 44 公里。这个石窟地点包括五所中等规模的开凿于 6 世纪初期的北魏晚期洞窟，一个唐代雕刻的千佛壁，以及 328 所北魏晚期至唐代雕成的小造像龛（图 3-1）。在 5 所洞窟之中，第 1、2、3、4 窟为中心柱窟型，第 5 窟为在正、左、右三壁各开一龛的讲堂式洞窟。仅第 2 窟没有按时完工。第 1、3、4 窟内中部均有一略为方形平面的通顶方柱，在方柱四面均雕有造像龛。此外，在窟内四壁也雕有造像龛，可供信徒们环绕方柱礼拜、观佛之用。这种中心柱窟的传统可以追溯至 5 世纪中期开凿的山西大同云冈石窟、5 世纪早期开凿的甘肃武威天梯山石窟、张掖金塔寺石窟。自公元 1 世纪东汉时期中国洛阳建成第一所佛寺——白马寺起，在佛寺的中心建一座木构佛塔，一直是中国佛寺布局的主流，直至 7 世纪初期。而这种以佛塔为中心的建寺思想则来自印度。在山崖间开凿中心柱窟，就是为了对在佛寺中绕塔礼拜修行仪式的继承。不幸的是，大力山石窟寺的许多造像在 1949 年以前遭到了人为地盗凿与破坏。在有的壁面或造像龛内留有切割整齐的盗凿痕迹，明显是为了配合古董市场的需求所为。佛利尔美术馆就收藏了两件来自大力山石窟的石造像。

Fig. 3-1. Cave nos. 3, 4, and 5 of Gongxian Cave Temples
Gongyi of Henan Province
Northern Wei dynasty (386~534), dated ca. 500~534
图 3-1: 巩县石窟第三、四、五窟外景　北魏
采自中国石窟雕塑全集编辑委员会《中国石窟雕塑全集 6 · 北方六省》，图版 13。

图 3-2 所示的提瓶立菩萨像（F1952.15）头戴宝冠、有帔帛在腹前交叉，加之造型清秀、身躯显瘦，是典型的北魏晚期汉化风格的菩萨像。佛利尔美术馆在 1952 年从位于纽约的芦芹斋（1880~1957）古董商行购买了该像，同时还购买了来自河北邯郸响堂山石窟的两件高浮雕神兽。在进入芦芹斋的公司之前，该像为欧洲一位收藏家所有。1959 年，J. A. Pope 认为可能是 6 世纪早期的北魏作品，可能来自巩县石窟寺。1962 年，当著名的瑞典中国艺术史学家喜龙仁访问佛利尔美术馆时，他认为该像与哈佛大学艺术博物馆收藏的一件石雕菩萨像相似，而另一件相关的造像则在巴黎。[1] 他还认为，尽管有现代的修复痕迹，哈佛与巴黎的石雕像较佛利尔的这件更多地保留了原始的“古风”。虽然如此，他仍认为佛利尔的这件造像是真品，与巩县石窟寺中的造像风格相似。1991 年，何恩之认为此像风格与巩县石窟寺的第 1 窟造像相似，但仍有少许不同之处，时代约为公元 525 年左右的北魏时期。但是，很少有学者接受她的观点。多数学者认为佛利尔的这件菩萨像有可能是 20 世纪的复制品，而且是在哈佛的那件造像流出中国前的一件复制品。但这些学者的怀疑是没有根据的，至少拿不出确凿的证据。

　　该像身后的石板背面粗糙，当凿自石窟或摩崖。其石灰岩的质地又与洛阳龙门石窟与巩县大力山石窟一带的石质相同。大力山石窟第 1、3、4 窟为中心柱窟，三窟中的造像虽均雕于北魏晚期，但具体风格却略有不同。图 3-2 中的立菩萨像风格与第 1 窟内的立菩萨像一致。从它的身体左侧保留的一些垂帐雕刻来看，该像应该是一龛内的左胁侍菩萨像，即它的身体左半部应向着龛外。由于它的宝冠表面过于朴素，没有什么装饰纹样，而被一些学者作为赝品的证据。其实，这种表面朴素的宝冠恰恰是第 1 窟侧壁龛内诸菩萨像的宝冠风格，而不同于窟内中心柱四壁龛内的立菩萨像。在侧壁诸龛中，只有北壁西起第 1 龛的左胁侍菩萨与第 3 龛的二菩萨像被盗凿一空。所以，F1952.15 的原来位置应属于此二龛之一。2001 年，美国杜克大学艺术史系教授阿部贤次访

Fig. 3-2. Standing bodhisattva
F1952.15
Sandstone with traces of pigment
H×W×D (overall): 104.1×47.4×27.2 cm (41×18 11/16×10 11/16 in)
Origin: Northern wall of Cave 1 at Gongxian Cave Temples, Gongyi of Henan Province
Northern Wei dynasty (386–534), dated ca. 523
Purchase
图 3-2：河南巩县大力山石窟第 1 窟北壁西起第 1 龛左胁侍菩萨立像　北魏

1. 关于巴黎的那件造像，参见 Osvald Sirén（喜龙仁），*Chinese Sculptures from the Fifth to the Fourteenth Centuries*［五至十四世纪的中国雕塑］, London, 1925, 图版 105ab、106。

问了大力山石窟，发现佛利尔的这件立菩萨像之尺寸与细节正与上述北壁西起第 1 龛的左胁侍菩萨像被凿后的位置相符合（图 3–3）。与之相对应的位于同一龛内的右胁侍菩萨像仍保留在原来位置。但这件造像在佛利尔展出时，观众可直接面对其正面。而在该像被盗凿之前，与它的搭档一起，观众更多看到的是它的侧面。这尊菩萨像身体左侧保留的部分垂帐雕刻则正与第 1 龛的龛楣与龛外两侧的垂帐装饰相吻合。因此，该像的原始位置即可确定无疑。

引发学者们对该像疑虑的还有它的现存状态。这尊菩萨像在被盗凿与迁移的过程中受到了损坏，使其项光与台座已不完整。在像的右侧表面还保留着水的侵蚀痕迹，这是因为巩县第 1 窟中的水侵蚀首先波及了这所造像龛的外部，并没有延伸到龛内深处。许多学者怀疑该像的真实性，是因为像的左侧表面过于干净，没有保留任何原有的色彩。这也许是被盗凿以后的收藏者清理的结果。比较菩萨像的两条下伸的帔帛，会发现右侧的圆润而自然，而左侧的三角则过于僵硬与尖锐，很可能是后期修理的结果。另外，整洁圆润的面部（特别是嘴与尖尖的鼻子）也可能经过了修理。佛利尔美术馆的文物保护部门对该像现存的色彩做了科学检测，发现在像的右侧现存的棕色之下有层色彩痕迹，有绿、蓝、红色等，都可与第 1 窟内现存的色彩残迹相对应。

Fig. 3–3. Imagery niche with a seated Buddha triad Northern wall of Cave 1, Gongxian Cave Temples Gongyi, Henan Province Northern Wei dynasty (386~534), dated ca. 523 Photography by Stanley Abe, 2001

图 3–3: 河南巩县大力山石窟第 1 窟北壁西起第 1 龛　北魏　2001 年阿部贤次摄影

Fig. 3–4. Buddhist procession
F1913.72
Sandstone
H×W×D: 41.2×45.1×14.3 cm (16 1/4×17 3/4×5 5/8 in)
Origin: Southern Wall of Cave 1, Gongxian Grottoes, Gongyi of Henan Province
Northern Wei dynasty (386~534), early 6th century
Gift of Charles Lang Freer
图 3-4: 河南巩县大力山石窟第 1 窟南壁西侧供养人浮雕像　北魏

在 1913 年，佛利尔从纽约的山中商会购买了一块略呈方形的石灰岩石板，上有四身女供养人像，均面向左侧，应为一行进行列的一部分（F1913.72）（图 3-4）。当时，佛利尔认为这是一块唐代的雕刻。在 1916 年之前，哈佛大学福格艺术博物馆的东方艺术策展人华尔纳（Langdon Warner，1881~1955）纠正了这个断代，将其定为公元 6 世纪。但是，华尔纳把它的来源归属于龙门石窟。1922 年，C. W. Bishop 认为是 6 世纪早期的北魏作品。1924 年，佛利尔美术馆馆长 John E. Lodge（1876~1942）重新将它的出处定为巩县石窟。1971 年，H. C. Lovell 认为可能来自巩县第 3 窟窟门右侧上方的供养人群像。1975 年，罗谭确定这块造像为巩县石窟之物，时代为约公元 520 年的北魏。为首的女供养人体量较大，头顶束有二发髻，身着交领式上衣，双袖宽大，下身着长裙。她的身旁有三个侍者，手执伞盖与团扇，以象征这位女子的贵族身份。这四身女供养人浮雕像应凿自一个规模更大的供养人礼佛行列。在巩县大力山石窟第 1 窟前壁（南壁）西侧雕有三层男女供养人礼佛行列（图 3-5），下层西侧的供养人像行列已于 20 世纪初被盗凿，并延

及中层的西侧。现该处被凿空的部分已被修补。因此，这块四身女供养人像就凿自该窟前壁下层西侧。

Fig. 3–5. Buddhist procession
H×W: 220×180 cm
Southern wall of Cave 1, Gongxian Cave Temples
Gongyi, Henan Province
Northern Wei dynasty (386~534), early 6th century
图 3-5: 河南巩县大力山石窟第 1 窟前壁（南壁）西侧男女供养人礼佛行列　北魏
采自中国石窟雕塑全集编辑委员会《中国石窟雕塑全集 6·北方六省》，图版 8。

佛利尔美术馆的文物保护部门对该供养人雕板作了清理，发现了表面数层色彩痕迹，包括绿、红等，与估测的造像年代相符合。但是，有的学者仍怀疑该雕板的次要部分，如几位女侍手握长杆的方式，与现存同一窟内的同类造像略有不同。因此，这些学者担心这块浮雕会不会是20世纪初的一件复制品。如果这个推断是真的，那么原来位于前壁下层西侧的供养人像仍是下落不明。但笔者与佛利尔的现任策展人则认为这块浮雕是真品，那些微不足道的不自然风格说明了众多的参与开凿巩县石窟的工匠们的技艺之不同。

二、来自龙门石窟的雕像

2. 龙门石窟研究所：《龙门石窟窟龛编号图册》，北京：文物出版社，1994年。
3. 郭玉堂：《洛阳古物记》（手抄本）记载：后周时期，传赵匡胤在洛阳夹马营诞生时，"天红三日，今日火烧街。当时人曰龙门石佛成精，去打石佛，残去多数。"到了元朝后期，龙门已是千孔百疮，伤痕累累。据萨天锡《洛阳龙门记》载："诸石像旧有石碎及为人所击，或粹首，或捐躯，其鼻耳、其手足或缺焉，或半缺全缺，金碧装饰悉剥落，鲜有完者"。
4. 王振国：《龙门石窟破坏残迹调查》，刊于龙门石窟研究所编《龙门流散雕像集》，上海人民美术出版社，1993年8月，第113页。
5. 东山健吾：《流散于欧美日本的龙门石窟雕像》，刊于龙门文物保管所：《中国石窟·龙门石窟》（二），东京：平凡社；北京：文物出版社，1988年，第246~253页。
6. 龙门石窟研究所：《龙门流散雕像集》，上海：上海人民美术出版社，1993年。
7. Chang Qing, "Search and Research: The Prove-nance of Longmen Images in the Freer Collection"［探寻与研究：佛利尔收藏的龙门造像归位］，*Orientations* 34 (May 2003): 16~25.

龙门石窟位于河南省洛阳市以南约8公里的伊河两岸，是中国的三大石窟寺之一（图1-30、1-31）。它开凿于北魏孝文帝造都洛阳之初的太和十七年（493）前后，后经历代的雕凿，现存出露岩体表面的窟龛总数为2345所，约50座石雕佛塔，造像总数约为10万，其中包含约2870则铭文题记。[2]据历史文献记载，对于龙门石窟的破坏大约开始于五代。[3]自20世纪初起至1949年间，龙门石窟遭到了严重的人为盗凿，致使绝大多数造像头部损坏或丢失。据龙门石窟研究所的统计，被毁坏的重点窟龛达96所，主像262尊，其他各类造像1206尊，凿毁龛楣8处，维摩诘与文殊菩萨对坐说法图各10幅，本生故事2幅，佛传故事1幅，供养人礼佛图16幅，碑刻题记15块，香炉2个，佛塔2座，兽头13铺，金翅鸟1躯，不明雕刻6处。[4]这些被有意盗凿的龙门造像主要流散于美国、日本、欧洲。

但并非所有上述被盗凿的龙门雕刻都已发表并公布于世。1988年，日本学者东山健吾曾经报告了保存在海外的20件龙门雕刻，但没有涉及佛利尔的藏品。[5]1993年，龙门石窟研究所发表了58件由海外机构收藏的龙门雕刻，包括东山健吾发表的那20件。[6]在欧洲，收藏龙门石窟雕刻的机构主要有法国巴黎吉美博物馆（Musee Guimet）、瑞士苏黎世莱特博格博物馆（Rietberg Museum）、英国伦敦维多利亚和阿尔伯特博物馆（Victoria and Albert Museum）。在日本的龙门雕刻主要由冈山县仓敷市大原美术馆、大阪市立美术馆、东京国立博物馆收藏。在美国，收藏龙门雕刻的博物馆主要有旧金山的亚洲艺术博物馆、洛杉矶县立博物馆、纽约大都会艺术博物馆、波士顿艺术博物馆、堪萨斯城纳尔逊艺术博物馆（Nelson–Atkins Museum of Art）等。另外，位于加拿大多伦多市的皇家安大略博物馆（Royal Ontario Museum）以及中国的上海博物馆也收藏了一些龙门雕刻。还有许多龙门雕刻被私人收藏家收藏，如原在纽约居住的香港收藏家陈哲敬等。所以，上述两种出版物显然并非海外收藏的龙门雕刻的完整报道。在一些大拍卖行的拍品中，人们时常能见到从龙门出来的雕刻。还有，就是在美国华盛顿佛利尔美术馆收藏的龙门造像，在2003年以前也没有对外公布过，[7]而这将为学术界对龙门的研究增添一批新材料。

首先，我们需要建立一个鉴定龙门造像的标准，包括鉴定龙门造像真伪的程序。目前，许多龙门石窟的真品造像同别的中国佛教艺术品同时展出于大小博物馆中，却没有它们确切的出处，即出自哪一所洞窟或区域。但鉴定来自龙门的造像仍是最重要的一步，这将为我们进一步指明它们的确切出处打下基础。在此，笔者拟以问题的形式来探讨一种确定龙门造像的方法：龙门造像是否具有特殊的不同于其他地点佛教造像的标准造型？龙门造像是否拥有别的地点所不见的特殊题材？下面笔者将对佛利尔美术馆收藏的十三件造像做些研究，并对个别造像尽量还原其原来在石窟中的位置。对龙门特有的艺术风格的掌握是鉴定龙门流散造像的前提。熟知龙门一些主要洞窟造像的情况无疑有助于流散造像归位的研究。在这个部分，笔者将留意这些流散造像的图像特征与风格，以从北魏到唐代的时代顺序来还原佛利尔收藏的一些龙门造像的原来位置、辨认一些来自龙门的造像，以及讨论一些疑似龙门的造像。

1. 还原几件龙门造像的原始位置

图3–6所示的一件大型的菩萨头像（F1913.71）是佛利尔在1913年从设在纽约的日本山中商会购得的。该菩萨所戴宝冠的正面有一尊浮雕小佛像，佛像旁饰以忍冬纹，佛像上方有莲花与

Fig. 3–6. Bodhisattva Maitreya (Future Buddha)
F1913.71
Limestone with traces of pigment
H×W×D (overall): 47.6×19.3×23.3 cm (18 3/4×7 5/8×9 3/16 in)
Origin: Niche no. S140 on the Southern Wall of Guyang Cave at
Longmen Grottoes, Luoyang, Henan Province
Northern Wei dynasty (386~534), dated ca. 500~510
Gift of Charles Lang Freer
图3–6：河南洛阳龙门石窟古阳洞 S140 龛内弥勒菩萨头像　北魏

珠宝装饰。该菩萨头像的体量较大，属于典型的北魏晚期流行的清秀与典雅的造型风格。自该头像进入佛利尔的收藏之后，许多艺术史专家在工作或访问佛利尔美术馆期间对该像做了鉴定与评述，他们的看法保留在该馆的策展人档案之中。1916年，华尔纳认为该头像雕刻于六朝（317~589）时期，可能凿自某个山岩。1922年，时任佛利尔美术馆副馆长的 Carl Whiting Bishop 同意这种观点。1924年，J. E. Lodge 认为是6世纪的风格。1962年，瑞典学者喜龙仁在访问佛利尔美术馆时认为该头像表现了晚唐风格，但也似乎包含了唐与明代的风格，制造时间可能更晚。1975年，罗谭定此头像年代为北魏。但是，没有哪位学者将该像与龙门相联系。

在龙门石窟之中，北魏晚期的菩萨头像都表现为面部细长，有的在宝冠上部有特殊的装饰，正如图3–6的头像所表现的。著名的中国古董商卢芹斋曾购得一件菩萨头像，在头顶的宝冠中部的小佛像两侧也饰有忍冬纹。[8] 当笔者把该像照片转给龙门石窟研究所的学者们时，他们认为该像应来自龙门。[9] 现藏于日本东京国立博物馆的凿自公元505~523年开凿的龙门石窟莲花洞的大型菩萨头像的宝冠上也有同样的装饰物。[10] 另外，日本大阪市立美术馆也收藏了一件来自龙门莲花洞的大型菩萨头像，其宝冠上部也有类似的三朵小莲花装饰。[11] 所不同的是，其宝冠前部正中是摩尼宝珠装饰，两侧的忍冬叶风格粗犷，上部装饰着三朵圆形莲花。所有上述造像均雕于北魏晚期，而且是典型的龙门风格。

虽然龙门北魏晚期开凿的洞窟中的菩萨头像多被盗凿或损坏，但20世纪初在现场拍摄的照片还是为我们找到这件头像的确切位置提供了证据。古阳洞是龙门石窟现存开凿最早的洞窟，约开凿于太和十七年（493）北魏迁都洛阳之前的数年间（图3–7）。古阳洞的正壁雕有结跏趺坐佛与二立胁侍菩萨像，南北两侧壁与窟顶分层开凿了尺寸大小不等的造像龛，题材以交脚弥勒菩萨为主，大部分龛的雕凿时间在太和十七年以后至北魏灭亡的公元534年以前。在佛利尔收藏的这件菩萨头像被盗凿之前，法国汉学家沙畹

8. C. T. Loo（芦芹斋）编, *An Exhibition of Chinese Stone Sculpture*［中国石雕展］, New York: C. L. Loo & Co., 1940, 图版 VIII, 目录 15。
9. 龙门石窟研究所：《龙门流散雕像集》，图版 16。
10. 龙门石窟研究所：《龙门流散雕像集》，第 24、34 页。
11. Osvald Siren, *Chinese Sculpture from the Fifth to the Fourteenth Century.* Vol. 1, New York, 1970, 图版 84。
12. édouard Chavannes, *Msiion Archeologique La Chine Septentrionale*, Paris, 1909, 图版 389、393。

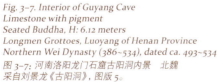

Fig. 3-7. Interior of Guyang Cave
Limestone with pigment
Seated Buddha, H: 6.12 meters
Longmen Grottoes, Luoyang of Henan Province
Northern Wei Dynasty (386~534), dated ca. 493~534
图3-7：河南洛阳龙门石窟古阳洞内景　北魏
采自刘景龙《古阳洞》，图版5。

（édouard émmannuel Chavannes，1865~1918）
访问了龙门石窟，拍摄了大量的珍贵历史照片，
为我们还原流散海外的龙门雕像提供了第一手参
考资料。在他于1909年出版的《北中国考古图
谱》一书中，笔者找到了佛利尔收藏的这件菩萨
头像的原来位置——一所位于古阳洞南壁的造像
龛，主尊像是交脚坐姿的菩萨像（图3-8）。[12]该
龛位于古阳洞南壁下起第二层，为西起第二龛（图
3-9）。在刘景龙编著的《古阳洞》一书中，该龛
被编为S140（即南壁第140龛），上方有尖拱形

Fig. 3-8. Buddhist imagery niches
Limestone
Southern Wall of Guyang Cave
Longmen Grottoes, Luoyang of Henan Province
Northern Wei Dynasty (386~534), dated ca. 493~534
Photography in 1907
图3-8：河南洛阳龙门石窟古阳洞南壁部分龛像
1907年摄影
采自édouard Chavannes, Msiion Archeologique La Chine
Septentrionale, 图版 No. 393.

Fig. 3-9. Niche no. S140, with Maitreya assembly
Limestone
Southern Wall of Guyang Cave
Longmen Grottoes, Luoyang of Henan Province
Northern Wei Dynasty (386~534), dated ca. 500~510
Photography in 1907
图3-9：河南洛阳龙门石窟古阳洞南壁S140龛　北魏
1907年édouard Chavannes摄影
采自关野贞、常盘大定：《支那文化史迹》，图版II-64。

与盝顶帐形龛楣，高222、宽140、深60厘米（图3-10，刘景龙，图版196、276）。龛内正壁设坛，高40、深44厘米，坛上雕一铺五尊像。主尊通高139厘米，为交脚坐姿的菩萨像，两侧各有一身弟子与菩萨胁侍。基坛表面刻有二狮子与二力士像。现龛内的主尊菩萨头部、左侧狮子与力士、右侧力士均被盗凿。[13] 佛利尔收藏的这件头像即属于该交脚菩萨。

Fig. 3-10. Niche no. S140, with Maitreya assembly
Limestone
Southern Wall of Guyang Cave
Longmen Grottoes, Luoyang of Henan
Northern Wei Dynasty (386~534), dated ca. 500~510
Photography in 2000s
图3-10：河南洛阳龙门石窟古阳洞南壁S140龛　北魏
采自刘景龙《古阳洞》，图版276。

在古阳洞，北魏晚期的佛教信徒出资雕刻了为数众多的交脚菩萨像。但凡有铭文题记者均表明其题材为仍居于兜率天中的弥勒菩萨像，如位于古阳洞北壁上方的景明三年（502）比丘惠感为亡父母敬造弥勒像龛。[14] 因此，佛利尔的这件菩萨头像应为弥勒菩萨像之头部。[15] 虽然该像宝冠正面刻有一尊小坐佛像，为观音菩萨的最主要的特征，但也为古阳洞的弥勒菩萨所拥有。

维摩与文殊对坐说法图是北朝时期佛教艺术界流行的一种题材，来自《维摩诘所说经》。

经中所说的维摩诘是释迦时期一位有大智慧的居士，他熟知佛法，却又拥有丰厚的家产与众多的娇妻美妾。与维摩辩论的文殊菩萨在佛的诸多弟子中号称智慧第一。该经自高僧鸠摩罗什（343~413）译出后，不仅深受社会各阶层的喜爱，也引起了文人士大夫的浓厚兴趣。于是，维摩与文殊对坐辩论佛法的图像就在佛教艺术界流行起来了。甘肃永靖炳灵寺石窟第169窟中的制作于公元420年左右的两幅壁画就是迄今发现的中国最早的该题材作品。[16] 在公元5世纪以前，这个题材成为山西大同云冈石窟中的一种重要题材（图4-15）。[17] 云冈地接北魏首都平城（今大同市），是北魏皇室经营的最早的石窟群，对同为5世纪开凿的甘肃敦煌莫高窟、天水麦积山石窟、辽宁义县万佛堂石窟都产生了深远的影响。在5世纪末自北魏迁都洛阳之后，位于今洛阳之南的龙门石窟发展起来了，而维摩与文殊对坐说法图也在龙门石窟造像中得到了更大的发展。在6世纪初期，伴随着以洛阳风格为代表的北魏中央开窟与造像样式向北方各地的波及，龙门的维摩与文殊图像也影响到了其他地区。

迄今发现的规模最大的维摩与文殊对坐说法图来自龙门石窟6世纪初期由北魏皇室出资开凿的宾阳中洞（图3-11）。公元500年，宣武帝即位。不久，他就命令大长秋卿白整仿照平城的武州山石窟（即云冈石窟），在龙门的伊阙山上为他的父母孝文帝和文昭皇太后各造一所石窟，以为他们造功德。大约在公元508~512年，宦官刘腾又建议宣武帝为自己也造一所石窟，这样就形成了一组三窟。在公元523年6月以前，这项规模巨大的石窟工程已用去了802366个工日。其事迹记载在《魏书·释老志》之中。宣武帝兴建的三窟就是位于龙门西山北端的宾阳三洞，三窟的内部空间基本相等，但真正按期完成的只有宾阳中洞（图3-12）。其他两窟在隋唐之际补凿完成。宾阳中洞是一所大型的佛殿窟，窟室内部的平面呈马蹄形，依正壁雕有通高近10米的大坐佛像，旁边侍立二弟子与二菩萨像。在左右侧壁上分别雕有一尊高大的立佛像和两身胁侍菩萨像。宾阳中洞东壁的窟门两侧布置了精美绝伦的浮雕艺

13. 刘景龙：《古阳洞：龙门石窟第1443窟》附册，北京：科学出版社，2001年，第45页。
14. 刘景龙：《古阳洞》，图版82。
15. 由于当时没有确定出该头像的具体位置，笔者在2003年发表的文章中曾误将该像断为观音。参见 Chang Qing, "Search and Research: The Provenance of Longmen Images in the Freer Collection," *Orientations* 34 (May 2003): 16~17.
16. 甘肃省文物工作队等：《中国石窟·永靖炳灵寺》，北京：文物出版社，1989年，图版37、41。
17. 如云冈石窟第6窟中的维摩与文殊造像，参见云冈石窟文物保管所：《中国石窟·云冈石窟》（一），北京：文物出版社，1991年，图版111。

Fig. 3–11. Interior of the Central Cave of Binyang
Limestone
Main seated Buddha, H: 955 cm
Longmen Grottoes, Luoyang of Henan Province
Northern Wei Dynasty (386~534), dated 505~523
图 3–11：河南洛阳龙门石窟宾阳中洞内景
采自刘景龙《宾阳洞》，图版 18。

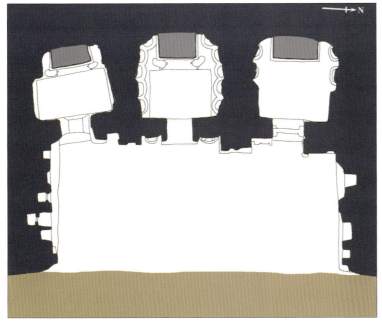

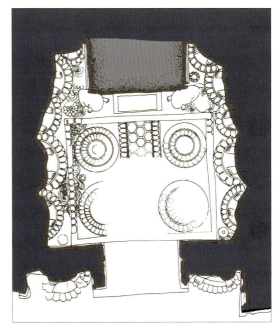

Fig. 3–12. Drawing, Layout of the Three Binyang Caves and the Central Cave
Longmen Grottoes, Luoyang of Henan Province
Drawing by the author, Chen Yuexin, Zhao Qinglan, and Yu Yongbing in 1985
图 3–12：河南洛阳龙门石窟宾阳三洞、宾阳中洞平面图
陈悦新、赵青兰、俞永炳、常青绘制于 1985 年

术品（图3-13）：第一层是根据《维摩诘所说经》雕刻的维摩诘居士和文殊菩萨的对坐问法图；第二层是两幅巨大的佛本生故事浮雕，分别表现萨埵那太子舍身饲虎和须达拏太子布施济众的情节；第三层以写实的手法刻划出了真实的帝后礼拜场面。北侧刻的是孝文帝礼佛图，南侧刻的是文昭皇后礼佛图，他们在大批随从的簇拥下缓缓行进着。第四层是一排神王浮雕像。不幸的是，在20世纪30年代，位于宾阳中洞前壁两侧的这几幅浮雕像被人为破坏与盗凿。帝后礼佛图现藏美国纽约大都会艺术博物馆与堪萨斯城纳尔逊艺术博物馆。前壁北侧上方的文殊菩萨头部被毁坏（或被盗凿），而位于前壁

南侧上方的维摩诘像的全身则被盗凿。在法国汉学家沙畹于1909年出版的《北中国考古图谱》与日本学者常盘大定与关野贞于1941年出版的《支那佛教史迹》中，我们可以看到这对大型浮雕的原来面貌（图3-14）。

所幸的是，宾阳中洞的这幅大型维摩诘浮雕像（F2001.7）在沉寂了近七十年之后终于重新面世。2001年，该像作为美国收藏家Myron与Pauline Faulk遗赠物捐给了佛利尔美术馆，从此陈列在了这个公共参观场所。2002年，司美茵记录了此像的来源——宾阳洞，并提到此像是在20世纪30年代离开中国的，到达美国时是众多的碎块，然后拼接而成的。这尊维摩诘像呈蹲坐之

Fig. 3-13. Drawing of the Front (eastern) Wall of the Central Cave of Binyang
Longmen Grottoes, Luoyang of Henan Province
Drawing in 1930s

图3-13: 河南洛阳龙门石窟宾阳中洞前壁（东壁）实测图
1930年代绘制
采自水野清一、长广敏雄：《龙门石窟の研究》，图版18、19。

Fig. 3-14. Buddhist relief carved images, with Vimalakirti figure on the upper section
Southern section of the front wall (eastern wall)
The Central Cave of Binyang at Longmen Grottoes
Luoyang, Henan Province
Northern Wei Dynasty (386~534), dated 505~523
Photography by édouard Chavannes in 1907
图 3-14: 河南洛阳龙门石窟宾阳中洞前壁 (东壁) 南侧浮雕像
1907 年 édouard Chavannes 摄影
采自关野贞、常盘大定：《支那文化史迹》, 图版 II-13 (1)。

姿，头戴一帽，身着典型的中国文人士大夫的褒衣博带式大衣，右手执一扇，是典型的居士形象（图3-15）。它面带笑容，姿态安逸，很好地表现了这位居士潇洒自如的神态。司美茵在策展人档案中记录道："维摩诘斜倚的姿势反映了当时（与文殊菩萨）辨论的场景，据经典所述他是坐在病榻之上。它的失去的左臂（原支撑在靠垫之上）仍然保留在龙门石窟。"她还提到在被盗凿之后，该像身体表面的许多细部石块丢失了，它的收藏者在重新组装之时"用别的化学材料来代替。尽管它的现存状态损毁严重，这尊像仍然令人惊叹，并提供了为佛教徒的崇拜而开凿的龙门石窟之富丽堂皇的证据"。由于该像的尺寸之大，它的原始位置很容易被确定——正好符合龙门宾阳中洞前壁南侧上方的被盗凿后留下的残迹空间。但笔者希望该像在中国佛教艺术史中的重要地位能引起学者们的重视。

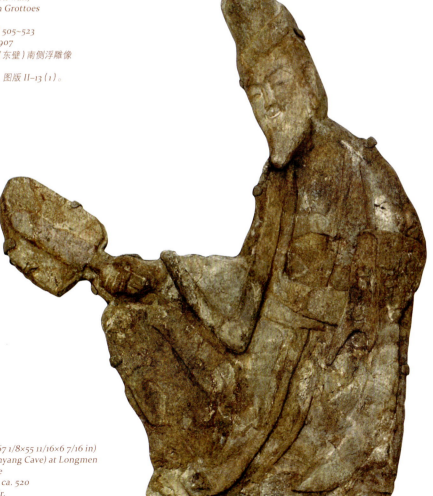

Fig. 3-15. Figure of Vimalakirti
F2001.7
Limestone
H×W×D (overall): 170.5×141.4×16.4 cm (67 1/8×55 11/16×6 7/16 in)
Origin: east wall of Cave 140 (Middle Binyang Cave) at Longmen
Cave Temples, Luoyang, Henan Province
Northern Wei dynasty (386~534), dated ca. 520
Bequest of Mr. and Mrs. Myron S. Falk, Jr.
图 3-15: 河南洛阳龙门石窟宾阳中洞前壁维摩诘浮雕像　北魏

18. 参见龙门文物保管所：《中国石窟·龙门石窟》（二），北京：文物出版社，1992 年，图版 40、56、89、197。

一些龙门石窟唐代雕刻的菩萨像以略微扭动的胯部以及项圈与长璎珞装饰为特征。[18] 比较而言，长安、敦煌与其他地区制作的许多唐代菩萨像则更大幅度地扭动着胯部。图 3-16 所示的立姿观音雕像（F1916.364）就很符合龙门石窟唐代菩萨像的特点，详情参见著录篇 Z192。该立菩萨像的尺寸（210 厘米，含足下底座）略高于正常男子的身高，于 1916 年购自纽约的 Dikran G. Kelekian。喜龙仁推测该像很可能凿自类似于龙门石窟那样的一所大型洞窟中一组群像。在唐代，以左手下伸提净水瓶的立菩萨像往往站立在主尊佛像的左侧，其题材应为观音。另外，该像头顶宝冠前部雕有一尊小坐佛像，是观音菩萨的另一特征。在龙门唐代大窟中，身高达 2 米的菩萨像极为少见，但在西山崖间保存了许多唐代的摩崖单体造像龛，其中不乏身高在 2 米左右的佛与菩萨像，可基本视为等身像龛，而且有的龛内造像已被盗凿一空。2000 年，时任龙门石窟研究所所长的刘景龙先生帮助我寻找这尊菩萨像的出处。经过数月的观察与比较，他认为该像应凿自现编为 554 号的一所单身像龛，位于开凿于唐永隆元年（680）的万佛洞下方（图 3-17）。554号为一竖长的圆拱龛，龛顶已残毁，或为唐代开凿其上方的一所小窟所致，或为后代塌方所致，该龛现高 215、宽 120、深 88 厘米。554 号龛内壁现明显有一身立菩萨像被凿空后留下的残迹（图 3-18）。龛内底部仍保存着一个覆莲座，宽45、进深 43 厘米，莲座中间凹下部分已被填土充满（图 3-19）。佛利尔藏的这尊立菩萨像则以双足立于一小石板上，并不见足下的莲台。2001年 7 月，杜克大学艺术史系教授阿部贤次访问了龙门，受笔者之托调查了 554 号龛。他发现该立菩萨像足下的小石板小于 554 号底部原莲台中部凹下的残迹，这就有凿自该龛的可能性。尽管该像足下小石板下部没有一个长而尖的石部件准确地与 554 号底部残迹相符合，但收藏者为了有利于该像在博物馆内展出，把小石板下部的多余部分截去以使造像能够平稳地安放则是有可能的。2015 年 6 月，笔者电请龙门石窟研究所的贺志军先生前往现场再次作了查对。贺先生不仅为本书

Fig. 3-16. Bodhisattva Avalokitesvara (Guanyin)
F1916.364
Limestone with traces of pigment
H×W×D (overall): 210.4×51.4×45 cm (82 13/16×20 1/4×17 11/16 in)
Origin: Longmen Grottos, Luoyang, Henan Province
Tang dynasty (618~907), dated ca. 650~690
Gift of Charles Lang Freer
图 3-16：河南洛阳龙门石窟高浮雕观音菩萨立像　唐代

Fig. 3-17. Niche no. 554 and its surrounding caves and niches
Longmen Grottoes, Luoyang, Henan Province
Photography by He Zhijun of Longmen Grottoes Research Institute, 2015
图 3-17：河南洛阳龙门石窟第 554 号龛所在位置
2015 年 6 月龙门石窟研究所贺志军摄影

Fig. 3-18. Niche no. 554 of Longmen Grottoes
Luoyang, Henan Province
Tang dynasty (618~907), dated ca. 650~690
Photography by He Zhijun of Longmen Grottoes Research Institute, 2015
图 3-18：河南洛阳龙门石窟第 554 号龛
2015 年 6 月龙门石窟研究所贺志军摄影

Fig. 3-19. The lotus pedestal of Niche no. 554 of Longmen Grottoes
Luoyang, Henan Province
Tang dynasty (618~907), dated ca. 650~690
Photography by He Zhijun of Longmen Grottoes Research Institute, 2015
图 3-19：河南洛阳龙门石窟第 554 号龛原立菩萨像之覆莲座
2015 年 6 月龙门石窟研究所贺志军摄影

提供了现场的三张照片，还核对了该造像与 554 龛内壁凿痕的尺寸。他认为该龛正壁菩萨像被盗的上部凿痕多已不清楚，虽难以辨认分界线，但像之整体凿痕的大体高度应在 190 厘米以上。考虑到龙门石窟内的高浮雕像的头部一般要比像体连着壁面的部分要高一些，加之佛利尔的菩萨像之 210 厘米的总高度包括了脚底之石板，从二者

的整体尺寸比较来看，佛利尔的这尊菩萨像大体可与 554 龛内凿痕相对应。另外，佛利尔的立菩萨像之肩宽是 48 厘米，与 554 龛立像留下的凿痕的肩宽基本吻合。只是龛内菩萨像之凿痕的小腿处宽约 45 厘米，与佛利尔藏的立菩萨像小腿处宽约 35 厘米不相符合。这点也在情理之中，因为盗凿者在从崖体壁面凿下造像时，崖体表面

留下的凿痕只会比像的实际尺寸宽大或与之基本相等，而不可能比之更加窄小。因此，第 554 龛应该是这尊观音菩萨像的原始位置。现存该龛下部的莲花座残迹，正是国家在龙门石窟设置的水准标高点 120.5。

许多龙门造像表现出了不同于其他地区的特殊性，可以帮助我们找到一些龙门流散造像的原始位置。龙门，地近洛阳这个北魏晚期的首都与唐代的东都，在洞窟形制与造像样式上都直接表现出来自洛阳这个国际大都会的佛教艺术风格与样式，包含着相当的全国同时代的共性。但龙门也有相当的艺术特性，在佛利尔收藏的一些造像身上就有体现。龙门东山的擂鼓台南洞是开凿于唐武周时期（690~704）的一所佛殿窟，平面近方形，四壁大体与地面垂直，高 6 米、宽 7.88、进深 7.9 米（图 3-20）。窟内地面中部凿有一方坛，在窟内四壁雕满了头戴宝冠、身披装饰物、

Fig. 3-21. Interior of the Southern Cave of Leigutai
Limestone
The cave: H×W×D: 6×7.88×7.9 m
Longmen Grottoes, Luoyang, Henan Province
Tang dynasty (618-907), dated ca. 690-705
图 3-21: 河南洛阳龙门石窟东山擂鼓台南洞内景 唐武周时期（690~705）
采自龙门文物保管所《中国石窟·龙门石窟》（二），图版 259。

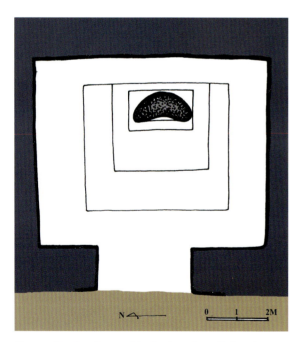

Fig. 3-20. Drawing, Layout of the Southern Cave of Leigutai
Longmen Grottoes, Luoyang, Henan Province
By the author, 1989
图 3-20: 河南洛阳龙门石窟东山擂鼓台南洞平面实测图
作者自绘于 1989 年

类似于菩萨的小型结跏趺坐佛像，以表现千佛题材，这在全国唐代佛教艺术中是独一无二的（图 3-21）。公元 7~8 世纪，有些佛教艺术家雕造出了一种头戴宝冠、身饰项圈等物的坐佛像，可发现于西安、洛阳与四川等地区。这种宝冠佛像一

般结跏趺坐，以右手施降魔印，以左手于腹前施禅定印。这种佛像一般会为一龛或一窟的主尊。但雕满了龙门擂鼓台南洞的宝冠佛像却很特别，它们不仅有一般宝冠佛都有的项圈，还有流行于菩萨像的璎珞。它们的手印也是多种多样：有的施无畏印，有的施降魔印，有的施禅定印（图 3-22）。[19] 不幸的是，在 1949 年以前，许多原位于擂鼓台南洞四壁的宝冠小坐佛像被破坏或盗凿，去向不明。台湾台北的良盛堂收藏了一件保存完整、精美的菩萨装小坐佛像，从其尺寸与图像样式来看，无疑应来自擂鼓台南洞。[20] 图 3-23 所示的造像残件（F1911.548）仅示部分胸部、右臂、右腿、左肩与胸前的项圈与璎珞，还可看出该造像的上身祖裸以及右手所施的无畏印。特别应注意的是，在该像的左肩处可看出原像着有半臂，这种装束的造像仅见于龙门擂鼓台南洞（图 3-22）。C. W. Bishop 于 1923 年访问佛利尔美术馆时，认为该像正如卖者所宣称的那样极有可能

19. 参见常青:《龙门石窟初唐密教雕刻试论》,《考古学报》2001 年第 3 期,第 338 页。

20. 台北故宫博物院:《雕塑别藏·宗教篇特展图录》图版 70, 台北, 1997 年。

21. 龙门文物保管所:《中国石窟·龙门石窟》（二）, 图版 260。

22. 古正美:《龙门擂鼓台三洞的开凿性质与定年》, 刊于《龙门石窟一千五百周年国际学术讨论会论文集》, 文物出版社, 1996 年, 第 166~182 页。

23. 吕建福:《中国密教史》, 中国社会科学出版社, 1995 年。

24. 罗炤:《试论龙门石窟擂鼓台的宝冠·佩饰·降魔印佛像》, 刊于《徐苹芳先生纪念文集》, 上海: 上海古籍出版社, 2012 年, 第 466~501 页。

Fig. 3–22. Drawing, selected small seated Buddha figures
The Southern Cave of Leigutai
Longmen Grottoes, Luoyang, Henan Province
By the author, 1990
图 3-22: 河南洛阳龙门石窟东山擂鼓台南洞三小坐佛实测图
作者自绘于 1990 年

来自龙门, 因为与龙门造像的风格一致。其实,
该残像在尺寸与样式方面都与良盛堂收藏的菩萨
装小坐佛相似, 都可在现存擂鼓台南洞中找到相
似的例子。[21] 因此, 这两例造像的来源都应该是
龙门擂鼓台南洞。

　　寻找擂鼓台南洞的小型宝冠佛像, 对于探讨
宝冠佛像的定名与题材很有意义。20 世纪末以来,
关于宝冠佛像的定名问题是学术界研究的一个争
论热点。根据佛典记载, 有多种佛都具有这种装
束, 这就给当前的佛教艺术研究者带来了定名的
多种解释。其一, 1996 年, 新加坡大学中文系教
授古正美根据唐义净在神龙元年 (705) 译的《香
王菩萨陀罗尼咒经》, 认为这种佛像代表了香王
菩萨, 属于转轮王的形象。[22] 其二, 1995 年, 青
海社会科学院研究员吕建福根据初唐阿地瞿多译
的《陀罗尼集经》, 认为这种佛是佛顶髻的化身
佛——佛顶佛。[23] 中国社会科学院宗教研究所研
究员罗炤于 2012 年撰文支持这种观点。[24] 其三,

Fig. 3–23. Portion of torso of a seated crowned Buddha figure
(fragment)
F1911.548
Stone
H×W×D (overall): 17.5×19×8.3 cm
Origin: from the Southern Cave of Leigutai at Longmen Grottos,
Luoyang of Henan Province
Tang dynasty (618~907), dated ca. 690~705
Gift of Charles Lang Freer
图 3-23: 河南洛阳龙门石窟擂鼓台南洞残坐佛像
唐武周时期 (690~705)

1986 年，日本早稻田大学大学院文学学术院教授肥田路美首次提出这种唐代宝冠佛像是释迦牟尼菩提伽耶金刚座真容像，即菩提瑞像。[25] 1991 年，罗世平根据四川广元千佛崖菩提瑞像窟北壁碑文《大唐利州刺史毕公柏堂寺菩提瑞像颂并序》，以及四川蒲江飞仙阁石窟第 9、60 龛中的武则天造瑞像题记，认为宝冠佛都属于当时传自西域的"菩提瑞像"。[26] 美国新泽西州 Rutgers 大学艺术史系教授何恩之（Angela F. Howard）也持这种观点，认为这种宝冠佛像属释迦成道像。[27] 这种观点在 2000 年以后得到了更多学者的支持。[28] 其四，也就是考古学界传统的观点，即认为宝冠佛属于密教主尊——大日如来。诸多考古学者，如温玉成（1988）[29]、宿白（1989）[30]、罗世平（1990）[31]、邢军（1990）[32]、丁明夷（1990）[33]、李文生（1991）[34]、张乃翥（1995）[35]、常青（1997）[36] 都持这种意见。不同的学科所采取的研究方法之侧重点不同，是这种分歧的一个原因。目前已知的宝冠佛像，除四川石窟中的几尊之外，都没有明确的题记。四川唐代宝冠佛像与长安、洛阳的宝冠佛像在性质上是否完全相同，还有待进一步讨论。例如，龙门石窟擂鼓台南洞雕满壁面的宝冠佛像，呈千佛状分布。这些小佛像有三种手印、装束也有几种，都不同于四川与长安地区发现的宝冠佛像。擂鼓台北洞的宝冠佛像又居于三佛题材之主尊，也与四川唐代的宝冠佛像所处的位置有所不同。因此，对擂鼓台南洞宝冠佛的研究将有助于我们对这种题材的探讨。

2. 其他来自龙门的雕像

如果能发现更多的宝冠佛像，特别是有纪年题记的例子，无疑将推进这项研究。图 3-24 所示即为又一宝冠佛像龛（F1912.97）。这件雕刻作品购自山中商会，它的上部呈圆拱形，很可能

25. [日]肥田路美著、李静杰译：《唐代菩提伽耶金刚座真容像的流布》，《敦煌研究》2006 年第 4 期，第 32~41 页。原文发表于《论丛佛教美术史》，东京：吉川弘文馆，1986 年，第 157~186 页。

26. 罗世平：《广元千佛崖菩提瑞像考》，台北《故宫学术季刊》1991 年第 9 卷第 2 期，第 117~135 页；《巴中石窟三题》，《文物》1996 年第 3 期，第 58~64、95 页；《四川唐代佛教造像与长安样式》，《文物》2000 年第 4 期，第 46~57 页。

27. 见（美）何恩之《四川蒲江佛教雕刻——盛唐时中国西南与印度直接联系的反映》，李崧译：《敦煌研究》1998 年第 4 期，第 47~55 页。

Fig. 3-24. Imagery niche with a crowned Buddha triad
F1912.97
Limestone with traces of pigment
H×W×D (overall): 59.1×52.5×17 cm (23 1/4×20 11/16×6 11/16 in)
Origin: Likely from the Longmen Grottoes, Luoyang, Henan Province
Tang dynasty (618~907), dated ca. 690~704
Gift of Charles Lang Freer

图 3-24：河南洛阳龙门石窟宝冠坐佛一铺三尊像龛 唐代

28. 雷玉华：《试论四川的"菩提瑞像"》，《四川文物》2004年第1期；雷玉华、王剑平：《再论四川的菩提瑞像》，《故宫博物院院刊》2005年第6期。李玉珉：《试论唐代降魔成道式装饰佛》，《故宫学术季刊》第23卷，2006年第3期，第39~90页。李玉珉：《四川菩提瑞像龛的研究》，刊于重庆大足石刻艺术博物馆：《2005年重庆大足石刻国际学术研讨会论文集》，北京：文物出版社，2007年，第555~557页。李崇峰：《菩提像初探》，刊于《石窟寺研究》第三辑，北京：文物出版社，2012年，第190~211页。

29. 温玉成：《龙门石窟造像的新发现》，《文物》1988年第4期，第21~26页。

30. 宿白：《敦煌莫高窟密教遗迹札记（上）》，《文物》1989年第9期，第46页。

31. 罗世平：《千佛崖利州毕公及造像年代考》，《文物》1990年第6期，第34~36页。

32. 邢军：《广元千佛崖初唐密教造像析》，《文物》1990年第6期，第37~40页。

33. 丁明夷：《川北石窟札记——从广元到巴中》，《文物》1990年第6期，第41~53页。

34. 李文生：《龙门唐代密宗造像》，《文物》1991年第1期，第61~64页。

35. 张乃翥：《龙门石窟擂鼓台三窟考察报告》，《洛阳大学学报》1995年第9期。

36. 常青：《初唐宝冠佛像的定名问题——与吕建福先生〈中国密教史〉商榷》，《佛学研究》1997年第6期，第91~97页。

37. 参见常青：《彬县大佛寺造像艺术》，北京：现代出版社，1998年，第256页。

38. 贺世哲：《关于北朝石窟千佛图像诸问题》（一）、（二），《敦煌研究》1989年第3、4期。

39. 参见龙门石窟研究所：《龙门石窟雕刻萃编——佛》，北京：文物出版社，1995年，图版98、115、144。

凿自一所圆拱形佛龛。中尊为一身头戴宝冠的结跏趺坐佛像，以右手施降魔印，以左手施禅定印。它身着袒右式大衣，饰有项圈、臂钏。主尊左右各有一身胁侍立菩萨像。三像身下均有一仰莲，莲下还有长梗相连，是许多龙门唐代造像所共有的样式。在基台的表面刻有香炉与二蹲狮、二跪姿供养人像，也是龙门唐代小龛造像中流行的。该雕刻背面粗糙，为明显从崖间凿下之痕迹。它的石灰岩质地也与龙门一带的石质相同。如前所述，在龙门、长安、四川等地都发现有唐代宝冠佛像，说明起码在这三地该题材曾经流行过。但宝冠佛像在这三地表现的风格各不相同，特别是宝冠的样式。原在西安宝庆寺保存的唐代宝冠佛像的宝冠从比例上明显小于龙门的同类造像之宝冠。[37] 相比之下，四川地区的这类佛像的宝冠大而高。图3-24中佛像头戴的宝冠为圆顶，与龙门擂鼓台南洞壁面的一些小型佛像之宝冠形制相

似，如上述台北良盛堂收藏的那件宝冠佛像。因此，这件雕刻应凿自龙门的一所小龛，但具体地区还不清楚。

千佛是北朝石窟艺术中的一种流行题材，在隋唐时期仍有制作。[38] 在龙门，约三分之二的窟龛开凿于唐代，而其中的不少窟龛就有千佛雕刻，各小佛像均为坐姿。绝大多数龙门唐代千佛像都有丰满的身躯，并以四种方式排列：（1）每身小佛像均置于一小龛之中，而各小龛上下左右排列齐整；（2）各小佛像上下左右齐整地排列在水平横格之中；（3）上下左右排列齐整但没有小龛或水平横格；（4）各小佛像均下坐一仰莲台，横向排列齐整，但竖向不对齐，以菱格状排列。[39] 图3-25所示即为一块千佛像雕刻残块（F1911.421），各小坐佛像呈棋盘状上下左右齐整地排列着。该千佛残块购自河南开封，华尔纳与Bishop都认为应来自龙门石窟。类似的千佛雕刻可以在龙门公

Fig. 3-25. Wall fragment with motif of Thousands Buddhas
F1911.421
Limestone with traces of pigment
H×W×D (overall): 36×33.6×10 cm (14 3/16×13 1/4×3 15/16 in)
Origin: Longmen Grottoes, Luoyang, Henan Province
Tang dynasty (618~907), dated ca. 680~704
Gift of Charles Lang Freer

图3-25: 河南洛阳龙门石窟千佛浮雕像　唐代

元 8 世纪开凿的窟龛中找到，如奉先寺大卢舍那像龛主尊宝座上补刻的千佛像。[40] 另外，唐武周之后，在龙门西山南部开凿了许多 1 米多见方的小型石窟，其中不乏类似的千佛浮雕像。不幸的是，一些这样的千佛浮雕在 20 世纪初期被盗凿，并在壁面留下了整齐的切割痕迹。佛利尔购得的这件千佛残块应来自其中的一所洞窟。

在龙门西山南部的这些武周以后开凿的 1 米多见方的小窟中一般依正、左、右三壁雕造佛与弟子、菩萨、天王、力士等像，而有些窟内的部分造像也被盗凿。图 3–26 中的浮雕立菩萨像（F1974.4）右臂下伸体侧，左臂弯屈向上，原应为一小窟内的右胁侍菩萨半身残像。该菩萨像的胯部扭动，是典型的唐高宗至武周期菩萨像的风格。1974 年，时任佛利尔美术馆中国艺术策展人的罗谭在馆内档案中记录到：该像与来自龙门石窟的造像相似。但他没有判定更为具体的区域。从这尊菩萨像的风格与尺寸来看，正与龙门西山南部众多的初唐开凿的小窟中的菩萨像相似。因此，它应该来自这个区域。

不仅小窟如此，许多龙门大窟中的主要造像也丢失了头部，特别是西山南部唐武周以后开凿的一些大窟。这些大窟的平面一般为马蹄形，在正壁（即西壁）雕一身坐佛像，在南北两侧壁以高浮雕的形式造基本等身高的立姿二弟子、二菩萨、二天王、二力士像。这些像因其身份与职责的不同，具有不同的造型、手姿与腿姿。图 3–27 所示为一阿难头像（F1913.134），图 3–28 所示为一天王头像（F1914.20），从其尺寸来看，应分别来自两身立姿的基本等身高的弟子阿难像与天王像。阿难是释迦的大弟子之一，因其常随释迦左右闻法，被称为"多闻第一"。在佛教艺术中，阿难常被描绘成一青年僧人形象。2003 年，笔者将图 3–27 所示的阿难像断为龙门石窟的唐代作品。[41] 2010 年，美国芝加哥大学东亚艺术中心副主任蒋仁和（Katherine R. Tsiang）认为，该弟子头像可能凿自河北邯郸北响堂山石窟南洞北龛。[42] 如果该阿难头像果真属于北响堂山石窟，那么它的雕凿年代就应该是北齐，而不是唐代。因此，该像的断代就成了判定其原来归属的关键。

Fig. 3–26. Standing bodhisattva
F1974.4
Limestone with traces of pigment
H×W×D (overall): 49.3×35.5×9 cm (19 7/16×14×3 9/16 in)
Origin: Longmen Grottos, Luoyang, Henan Province
Tang dynasty (618~907), dated ca. 690~712
Gift of Eugene and Agnes E. Meyer
图 3–26：河南洛阳龙门石窟高浮雕菩萨像　唐代

图 3–27 中的这件头像具有丰满的面庞、高高隆起的额部、和悦的表情，是典型的初唐阿难头像。而北齐雕造的阿难像一般具有长圆的面相，额部较唐代弟子像低矮，表情严肃，一般没有和悦的表情，如著名美国收藏家赛克勒赠给纽约哥伦比亚大学的一件可能来自北响堂山石窟中洞的一件

40. 参见龙门文物保管所：《中国石窟·龙门石窟》（二），图版118。

41. Chang Qing, "Se-arch and Research: The Provenance of Longmen Images in the Freer Coll-ection," *Orientations* 34 (May 2003): 19.

42. Katherine R. Tsiang, ed., *Echoes of the Past: The Buddhist Cave Temples of Xiangtangshan*［昔日的回音：响堂山佛教石窟］, Chicago and Washington DC: Smart Museum of Art, Arthur M. Sackler Gallery, 2010, cat. no. 17，第197页。

43. Katherine R. Tsiang, ed., *Echoes of the Past: The Buddhist Cave Temples of Xiangtangshan*, 第188~189页。

44. 参见龙门文物保管所：《中国石窟·龙门石窟》（二），图版55、64、89、124。

45. Freer Gallery of Art, comp., *The Freer Gallery of Art*［佛利尔美术馆］, vol. 1: China, Tokyo, 1971，第178页。

46. 参见龙门文物保管所：《中国石窟·龙门石窟》（二），图版2、128。

阿难头像。[43] 因此，佛利尔的这件阿难头像无疑是初唐的作品，应来自龙门的某所大窟。这也是诸多前辈学者在佛利尔美术馆观察该阿难像时都将其定为唐代的原因，如出售者纽约山中商会、罗谭（于1975年）均持这个年代观点。此外，因其相似于雕刻在龙门唐高宗时期开凿的双窟北洞、万佛洞、惠简洞、奉先寺大卢舍那像龛等的阿难像，[44] 喜龙仁与何恩之都认为该阿难头像应来自龙门。此二人的意见在他们分别于1962年与1991年访问佛利尔美术馆时被记录在了策展人档案之中。

同样应来自龙门石窟某大窟的唐代天王头像（图3-28）也被学者们多次提及（见于佛利尔美术馆的策展人档案）。该天王头像曾经为英国伦敦收藏家 A. W. Bahr 所有。如这件头像所表现的，唐代的天王像一般表现为唐朝将军形象，身披铠甲，造型英武；但面部表情呈忿怒状，凝眉瞪目。该头像的背部明显地显示了从山体崖面凿下的痕迹。华尔纳认为这件头像应造于六朝晚期至初唐之间，其风格可指向龙门的一些洞窟雕像。但他判定的该像年代模糊不清，因为龙门的六朝至初唐的造像呈现着多姿多彩的风格，并非所有这段时期的天王像都能符合该头像的风格。喜龙仁则认为："该头像的背部显示这个卫士像原可能附属于某个洞窟前的壁面。这种类型及其精湛的技艺都使我们倾向于将其断为不晚于公元8世纪之初。"喜龙仁还认为，该天王头像的灰色石灰岩石料可见于龙门以及龙门周边地区。另外，1971年佛利尔美术馆出版的书中也认为："类似于在河南省龙门地区的佛教圣殿中发现的坚硬的灰色石灰岩提供了该头像的可能来源。"[45] 如果我们比较该头像与龙门唐代的天王像，他们之间的相似性是显而易见的。例如，公元655~661年完工的龙门潜溪寺洞与奉先寺大卢舍那像龛中的天王像都具有类似的面相与表情特征。[46] 另外，佛利尔的这尊天王像的头部造型与颈部的姿态都表明这身天王像的身躯应是扭动着的，这也是龙门西山中部与南部区域洞窟以及龙门东山洞窟之中天王像的典型特征。而这些区域的龙门唐代洞窟大都开凿于唐高宗至武周年间，其中许多天王像的头部在1949

Fig. 3-27. Head of the disciple Ananda
F1913.134
Limestone with traces of pigment
H×W×D: 32.1×23.2×18.8 cm (12 5/8×9 1/8×7 3/8 in)
Tang dynasty (618~907), dated ca. 680~712
Origin: Longmen Cave Temples, Luoyang of Henan Province
Gift of Charles Lang Freer
图3-27: 河南洛阳龙门石窟高浮雕阿难头像　唐代

Fig. 3-28. Head of a Buddhist guardian king
F1914.20
Limestone with traces of pigment
H×W×D (overall): 38.8×19.8×14.8 cm (15 1/4×7 13/16×5 13/16 in)
Origin: Longmen Grottoes, Luoyang, Henan Province
Tang dynasty (618~907), dated ca. 660~704
Gift of Charles Lang Freer
图3-28: 河南洛阳龙门石窟高浮雕天王头像　唐代

年以前被盗凿，应该包括佛利尔收藏的这件天王头像。

与佛利尔美术馆相邻的赛克勒美术馆收藏了一件高浮雕佛头像（S1997.26），也应来自龙门的一所大窟（图3-29）。该像于1997年获赠于赛克勒基金会。该佛头顶有大小适中的馒头形肉髻，在肉髻与发髻的表面刻有螺形发纹，并以阴线刻出细节。佛的面颊丰满，双腮胖圆，两道长眉弯曲上扬，双眼半睁下视，嘴角上扬微带笑意，具有初唐时期典型的佛头像风格。类似的佛头像可见于龙门西山极南洞的主佛像与东山擂鼓台中洞的主佛像。[47] 其造像风格也与龙门的这两例佛像相似，雕刻时代应在唐武周

年间。因此，它的原来位置可能在龙门西山中部或南部的某大窟之中。

除了大窟与小窟之外，在龙门的西山与东山崖间还分布着为数众多的唐代小龛，也是一些不法商人盗取的目标。图3-30所示的残像便是凿自龙门的一所小龛（F1911.547）。该残件展示一身施禅定印的结跏趺坐佛像与其身体右侧的立姿胁侍弟子与菩萨像。这块残件应来自一所平面为

Fig. 3-30. Fragment of a Buddhist imagery niche
F1911.547
Stone
H×W×D (overall): 15×22.5×14.7 cm
Origin: from the Longmen Grottos, Luoyang of Henan Province
Tang dynasty (618~907), dated ca. 690~704
Gift of Charles Lang Freer
图3-30: 河南洛阳龙门石窟残龛　唐代

Fig. 3-29. Head of a Buddha
S1997.26
Limestone
H×W×D: 76.2 cm (30 in)
Origin: Longmen caves, Luoyang of Henan Province
Tang dynasty (618~907), dated ca. 700
Gift of The Arthur M. Sackler Foundation
Freer/Sackler Galleries, Washington D.C.
图3-29: 华盛顿赛克勒美术馆藏龙门石窟高浮雕佛头像　唐代

马蹄形的小龛，而原来的造像应包括坐佛与二弟子、二菩萨像，五像下部均有仰莲承托着，各莲花以梗相连。Bishop在记录这件残龛时称它"极有可能出自龙门"。但是，根据他的记录，他也认为"将其归属定为六朝可以仅仅是一种猜测"。事实上，龛中的右弟子表现的应是阿难。而以双手抚腹部并扭动胯部的右弟子像则是龙门石窟唐武则天执政时期（684~705）与唐中宗（705~710年在位）、睿宗（710~712年在位）时期雕刻的右弟子像的典型姿态。类似的右弟子像可见于位于龙门西山的奉南洞、八作司洞与极南洞。[48] 虽然这种初唐小龛的布局与造像形制在龙门山间极为普遍而使这件小龛残件的原始位置难以寻找，但把它确定在龙门是我们寻找目标的第一步。

47. 参见［日］关野贞、常盘大定：《支那文化史迹》，东京：法藏馆，1939年，图版II~71（1）、II~74（1）。
48. 参见龙门文物保管所《中国石窟·龙门石窟》（二），图版140、166、188。

Fig. 3-31. Head of a Buddha
FSC-S-30
Limetone
H×W×D (overall): 11.8×7×5.8 cm (4 5/8×2 3/4×2 5/16 in)
Origin: Probably Longmen Grottos, Henan Province
Tang dynasty (618~907), dated ca. 650~700
Acquired under the guidance of the Carl Whiting Bishop expedition
图 3-31: 河南洛阳龙门石窟高浮雕佛头像　唐代

Fig. 3-32. Head of a Bodhisattva
FSC-S-31
Limestone
H×W×D (overall): 10.5×5.8×3.3 cm (4 1/8×2 5/16×1 5/16 in)
Origin: Probably Longmen Grottos, Henan Province
Tang dynasty (618~907), dated ca. 670~712
Acquired under the guidance of the Carl Whiting Bishop expedition
图 3-32: 河南洛阳龙门石窟高浮雕菩萨头像　唐代

如图 3-31 与 3-32 所示的小型佛（FSC-S-30）与菩萨（FSC-S-31）头像也被从龙门的灰色石灰岩小龛中盗凿。两件像均由 Bishop 于 1923 年购自洛阳。当喜龙仁于 1962 年见到这件小佛头像时，他认为该像可能来自河南省的某一个地点。但是，当他观察到那件小型菩萨头像时，认为其石材与小佛头像相同，均为在龙门地区常见的灰色石灰岩。从总体的雕刻风格来看，二头像均表现出了典型的初唐风格：佛像丰满的面颊、半睁的双眼、弯曲的长眉；菩萨像椭圆形的面相与头顶高高束起的发髻。因此，二像原应属于龙门唐代某小龛，但不一定来自同一所小龛。

3. 疑似龙门石窟的雕像

19 世纪末至 20 世纪初，当西方博物馆与收藏家们购买中国古代艺术品时，许多赝品也伴随着真品一同进入了西方收藏。因此，西方学者们在鉴定藏品时都十分谨慎，以致许多古代艺术品由于具有一些不被人们熟知的艺术特点而被定为赝品。当我在访问美国的博物馆与私人收藏时，既为数量众多的赝品所吃惊，也不敢苟同于许多学者的意见把一些文物定为赝品。事实上，把一件被定为赝品的文物重新定为真品，要远比把一件文物定为赝品困难得多。因为要使人们相信某件已被贴上赝品标签的文物是真品，就需要提供更多的证据。反之，把一件文物说成是赝品，只需一句话，或是一个"证据"，就足以使人们对之望而却步。其结果是许多有价值的真品就这样被学者们与收藏家忽视了。但是，笔者希望通过努力来重新鉴定一些被贴上了赝品标签的艺术品，以期还原它们原有的身份与艺术价值，或是希望人们重新思考一些问题。

图 3-33 所示的一件弥勒菩萨头像（F1978.13）就是这样一件备受争议的艺术品。这件头像不是佛利尔本人购买的，而是在 1978 年以 David K. E. Bruce 的名义遗赠给佛利尔美术馆的。Bruce 又是在 20 世纪 30 年代从法国巴黎的一位古董商手里购买的。据佛利尔美术馆的记录，这是件观音头像，来自龙门。但学者们却有不同的看法。许多学者都认为该头像很类似于雕刻在龙门最早的洞

Fig. 3-33. Head of bodhisattva Maitreya
F1978.13
Stone
H×W×D (overall): 29.1×14.8×17.5 cm (11 7/16×5 13/16×6 7/8 in)
Early 6th century in Northern Wei dynasty (386~534), or Early 20th century
Origin: Luoyang area in Henan Province
Gift of The Honorable David K.E. Bruce
图 3-33：北魏弥勒菩萨高浮雕头像

窟——古阳洞中的弥勒菩萨像。然而，他们提出的问题是：它是真品，还是仿品？ 2001 年，当我访问几个美国的博物馆时，见到了一些类似于古阳洞交脚弥勒菩萨那样的头像与全身像，但是，它们中的许多件被视为赝品。当我问及一些学者其中的原因时，得到的回答总是：雕法过于简单与粗糙。由于相当多的类似造像保存在美国的博物馆之中，学者们的怀疑态度不失为一种谨慎小心的做法。1978 年，时任佛利尔美术馆馆长的罗谭认为该头像可能来自龙门的北魏洞窟。1996 年，时任佛利尔美术馆中国艺术策展人的司美茵认为此头像的雕刻不自然，似为一件仿品。她还征求了何恩之的意见，后者更是认为是一件现代赝品。

因此，司美茵建议把此头像年代定为 20 世纪早期，或公元 500 年左右的北魏时期。2002 年，在龙门石窟研究所工作了十二年的学者王振国先生写信给我，相信这件头像是真品，凿自龙门古阳洞。王还说：在古阳洞，约有 267 尊高浮雕的交脚弥勒菩萨像失去了它们的头部或部分支体或全部身体。这些雕像中的绝大多数具有清秀与简单的风格特点。所以，谁的意见正确呢？这些被人怀疑的造像到底是赝品还是来自龙门的真品呢？

将这件头像与古阳洞中发现的北魏晚期雕成的交脚弥勒菩萨头像作一对比，可发现二者间既有相似性，也有不同之处。雕法简练并含笑的清秀面相，是古阳洞这类菩萨像的典型特征之一。这也是为什么一些学者将其定为来自古阳洞的真品或仿品。但是，这件菩萨头像的宝冠却有一些不寻常之处：在小坐佛像的两侧各刻有一束上下翻卷的忍冬叶。从这件头像的尺寸分析，它的原始位置应为一所较大的造像龛。但在古阳洞内发现的较大的造像龛中的交脚弥勒像的宝冠表面都没有这样的忍冬纹装饰。与较大体量的造像不同，古阳洞内许多较小的交脚弥勒像都戴比较方正的高冠，也无这种装饰。[49] 但古董商卢芹斋曾收藏了一件据说是来自龙门的菩萨头像，其宝冠表面的坐佛两侧也有相同的忍冬叶装饰。[50] 那么，佛利尔美术馆的这件头像会不会是赝品呢？有没有这种可能：它确实是来自古阳洞的带有一些独特风格的真品，或是来自龙门别的时代略晚的北魏洞窟？要回答这些问题，最为可信的做法就是尽可能多的收集失散了的古阳洞交脚弥勒菩萨像。如果我们能记录、比较详细的尺寸数据与图像资料，来复原古阳洞所有此类造像，就能展示此类造像在古阳洞的原始风格。这样一来，就容易分析出这件造像的风格是否曾经为龙门古阳洞所拥有，从而就能判断出它是否为赝品了。

49. 龙门石窟研究所：《龙门流散雕像集》，图版 16~20、26、27；台北故宫博物院：《雕塑别藏·宗教篇特展图录》，图版 6、7。

50. C. T. Loo（芦芹斋）编, *An Exhibition of Chinese Stone Sculpture*, 图版 VIII, 目录 15。

三、响堂山石窟中的造像

51. 碑文由金代（1115~1234）著名学者官员胡砺（1107~1167）撰写于1159年，该碑现存于常乐寺遗址中。
52.《大正藏》第50册，第669c页。

位于河北省邯郸市峰峰矿区的响堂山石窟包括三个围绕着鼓山的石窟地点：北响堂、南响堂、小响堂。鼓山，因其外形似一鼓而得名。在东魏与北齐时期，这里可能是皇室从首都邺

城前往陪都晋阳的第一站。在三处石窟之中，北响堂最大最早，位于鼓山西麓，面对山脚下的北齐常乐寺（图3-34）。北响堂有三所大窟、六所小窟、十五所小禅窟，以及一些独立的小造像龛。三大窟指北洞、中洞、南洞，是北齐石窟艺术的代表作。据一通12世纪的石碑记载，北齐的第一位皇帝——文宣帝高洋（550~559年在位）经常行走在邺城与晋阳之间，并途经鼓山山麓，于是在山脚下修建了行宫。一天，他看见有百名僧人在山间修行，于是就出资开凿了石窟寺，并在山脚处修建了常乐寺。[51] 这就是关于北响堂石窟始凿的历史记录。唐僧道宣的《续高僧传》卷二十六可支持这个开凿年代："仁寿下敕，令置塔于慈州之石窟寺。寺即齐文宣之所立也。大窟像背文宣陵藏，中诸雕刻，骇动人鬼。"[52] 南响堂石窟位于鼓山西南麓的滏阳河左岸，距北响堂石窟约15公里。南响堂有石窟八所，其中第1~7窟开凿于北齐，上下两层分布在山崖间（图3-35）。据第2窟前的隋代铭文题记记载，南响堂石窟在6世纪时称为"滏山石窟"。公元565年，灵华寺僧慧义设计并开始凿建这处石窟寺，在北齐丞相高阿那弘的赞助下得以完成。南响堂在规模上小于北响堂，在开凿时代上也晚于北响堂。小响堂又叫水浴寺，位于鼓山东麓，包括三所北齐洞窟、一所北宋（960~1279）窟，以及一些造像龛。小响堂第1窟是这个地点最主要的洞窟，为一中心柱窟，类似于北响堂的中洞。在20世纪初，北、南响堂山石窟遭到了中外古董商们主持下的疯狂盗凿，使许多窟内珍贵的造像流往海外，为欧洲、日本、美国、加拿大等国的博物馆或个人收藏家所有。经过多位学者的努力，这些流失海外的造像中的一部分已被确认出了其在窟内的原始位置。佛利尔美术馆就是保存响堂山石窟流散造像的一个重要单位。

Fig. 3-34. Northern Xiangtangshan Cave Temples
Limestone
Handan, Hebei Province
Northern Qi dynasty (550~577)
图3-34：河北邯郸北响堂山石窟远景

Fig. 3–35. Southern Xiangtangshan Cave Temples
Limestone
Handan, Hebei Province
Northern Qi dynasty (550~577)
图 3-35: 河北邯郸南响堂山石窟外观

从 20 世纪 30 年代开始，即响堂山造像被盗凿流失不久，有的学者就已开始注意这些失散了的造像对研究响堂山石窟整体的重要性。如日本学者水野清一、长广敏雄著的《响堂山石窟》一书就收录了不少在 30 年代即已流散至海外的响堂山石窟造像，其中就有佛利尔美术馆收藏的一些造像（如 F1921.1、F1921.2、F1953.86、F1953.87 等）。2004 年，张林堂、孙迪全面总结了响堂山石窟的原状与被盗凿精况，并对现存海外的响堂山石窟造像与疑似响堂山的造像做了归位或推测，还对相关造像题材进行了考证。[53] 2010 年，芝加哥大学东亚艺术中心副主任蒋仁和对南、北响堂山石窟流散造像作了系统的研究，并运用数码扫描技术对这两处石窟的部分主要洞窟作了复原。在此基础上，蒋仁和策划了"昔日的回音：响堂山佛教石窟"展，于 2012 年在芝加哥大学的斯玛特艺术博物馆（Smart Museum of Art）与华盛顿赛克勒美术馆举办。这项研究与展

览收集了大量的流散在欧、美、日本的响堂山造像，并对它们的原始出处做了确定或推测，是迄今最为全面的一次响堂山石窟流散造像的复原研究工作。[54]

一些学者认为，佛利尔收藏的一尊结跏趺坐圆雕菩萨像（F1913.57）极有可能与响堂山石窟有关（图 3-36）。其椭圆形面部以及不显身段的筒状身躯都具有北齐的特点。无独有偶，在美国圣地亚哥艺术博物馆也收藏有一件类似的圆雕坐菩萨像，但其项光已残。[55] 1913 年，佛利尔从巴黎的 R. Meyer-Riefstahl 处购得此像，而当时的持有者认为是唐代作品。1922 年，C. W. Bishop 认为他同意华尔纳的观点：该像造于六朝晚期或初唐。在 1924 年，J. E. Lodge 则认为它造于 16 世纪的明代。到了 1929 年，Lodge 又改变了他的观点，认为该像可能是元代的作品。1925 年，喜龙仁认为，佛利尔与圣地亚哥的菩萨像都可能是以原来安置在北响堂石窟北洞侧壁龛内的造像

53. 张林堂、孙迪:《响堂山石窟——流失海外石刻造像研究》，北京：外文出版社，2004 年。

54. Katherine R. Tsiang, ed., *Echoes of the Past: The Buddhist Cave Temples of Xiangtangshan*.

55. Katherine R. Tsiang, ed., *Echoes of the Past: The Buddhist Cave Temples of Xiangtangshan*, pp.174~175.

仿制的，具有明显的北齐风格。[56]1962 年，喜龙仁在佛利尔美术馆的策展人档案中留下了自己的意见：该像与英国伦敦维多利亚和阿尔伯特博物馆（Victoria and Albert Museum）收藏的一件北齐风格的坐佛像可能与南响堂石窟有所联系，但却有可能造于 11~12 世纪的辽、金时代，表现出六朝时期遗风。到了 1974 年，罗谭将其年代重新定为隋代。2004 年，张林堂、孙迪著书认为佛利尔的这件坐菩萨像以及英国伦敦维多利亚和阿尔伯特博物馆收藏的那件北齐风格的坐佛像都与北响堂石窟造像风格有诸多相似之处，如造像头后的圆形项光表面都刻有波状忍冬纹带，与北洞中心柱龛内主尊大佛项光上的装饰纹结构基本一致，菩萨宝冠的造型等都与响堂山所见的菩萨有相似之处，但他们认为"在响堂山石窟中未能发现容纳这两尊大型造像的确切位置"。[57]2010 年，蒋仁和著书认为：上述两件坐菩萨像以及英国伦敦维多利亚和阿尔伯特博物馆的坐佛像都很可能来自北响堂石窟北洞四壁的空龛内。[58]

北响堂石窟的北洞俗称大佛洞，是所有响堂山石窟群中规模最大的一所洞窟（图 3-37）。它

的窟室内部大约 12 米见方，窟顶高约 11.6 米，中间立着边长近 6 米的巨大的中心塔柱，柱之前面和左右两侧开龛造像，而在塔柱的后面凿出过洞，以供僧侣们绕行礼拜。在窟室的四壁共开凿有 16 所覆钵塔状的大龛，龛两侧的立柱由跪状的神兽承托着（图 3-38、3-39）。在中心柱的壁面上方也开凿有 16 所小龛，龛内各有一尊立佛像。可惜的是，上述这些龛内的造像在 1912 年多被盗凿，现在龛内的共 28 尊圆雕像是在 1925 年补做并安置的。[59]原来的造像现在何处，一直是学者们关心并探索的问题。

寻找流散的原北洞四壁龛内的造像，首先需要解决的关键问题是确定原来四壁 16 所龛内供奉的是圆雕像还是高浮雕像。现存这十六龛的内壁均有明显的凿痕，且形成了一个尖拱背光形，而在这些尖拱背光形壁面之外则打磨光滑，且仍然保留着与龛外同样的朱砂色彩，当为 20 世纪以前的佛教徒们重装北洞的色彩遗迹。这个遗存说明原来供奉在龛内的造像都有一个尖拱形大背光。至于原来的造像是圆雕还是高浮雕，则均有可能。（1）如果原来的造像均为高浮雕，则盗凿

56. Osvald Siren, *Chinese Sculptures from the Fifth to the Fourteenth Centuries*, p.77.

57. 张林堂、孙迪：《响堂山石窟——流失海外石刻造像研究》，第 12 页。

58. Katherine R. Tsiang, ed., *Echoes of the Past: The Buddhist Cave Temples of Xiangtangshan*, p.32、170、171.

59. 响堂山石窟造像在 1912 年被严重盗凿，其事件的当事人即袁世凯之子袁克文与当地官吏李聘三等，见《武安县志》卷一"大事记"。1925 年补做新像之事，见北洞外民国 14 年（1925）立的《补修常乐寺北堂石佛序碑》。

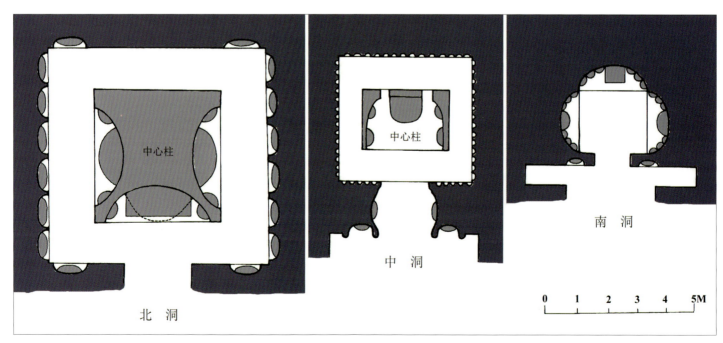

中心柱

中心柱

南洞

北洞   中洞

0　1　2　3　4　5M

*Fig. 3-37. Drawing, layout of the Northern, Middle, and Southern caves
Northern Xiangtangshan Cave Temples
Handan, Hebei Province*
图 3-37: 河北邯郸北响堂山石窟北洞、中洞、南洞平面图
作者根据水野清一、长广敏雄《响堂山石窟》中的插图改绘

Fig. 3-38. Interior of the Northern Cave
In the northern side of the cave
Northern Xiangtangshan Cave Temples
Handan, Hebei Province
Northern Qi dynasty (550~577)
图 3-38: 河北邯郸北响堂山石窟北洞内景　北齐

Fig. 3-39. Drawing on one of the Relief Stupas
Northern Cave, Northern Xiangtangshan Cave Temples
Handan, Hebei Province
Drawing by Liu Dongguang, 1990s
图 3-39: 河北邯郸北响堂山石窟北洞覆钵塔形大龛之一实测图
20 世纪 90 年代刘东光绘制

者谨慎小心地凿下了包括背光在内的造像，而留下了凿痕在龛内壁。(2) 如果原来龛内的造像均为圆雕像，佛教徒们在开凿诸龛时故意保留了尖拱形背光部分而没有将其打磨光滑，因为被安置的造像将挡住这处不太光鲜的部分。然而，从常理上讲，如果真的在龛内供奉圆雕像，故意在龛内壁保留一个尖拱形背光的部分，也是花费精力的，远不如将龛内壁整体打磨来得容易，更易被佛教徒们的虔心所接受。因此，笔者以为，原四壁十六龛内的造像为高浮雕的可能性更大。我们

Fig. 3-40. Back of F1913.57
(*seated bodhisattva*)
图 3-40：北齐或隋代圆石
雕菩萨坐像背面

60.《大正藏》第 9 册，第 22a~25c 页。

61. 赵永平、陈银凤：《东魏大通智胜汉白玉佛》，《文物春秋》1995 年第 1 期，第 87 页。

62. Katherine R. Tsiang, ed., *Echoes of the Past: The Buddhist Cave Temples of Xiangtangshan*, p.32.

63. 张林堂、孙迪：《响堂山石窟——流失海外石刻造像研究》，第 75~94 页。

64. 张林堂、孙迪：《响堂山石窟——流失海外石刻造像研究》，第 75、93~94 页。

再来看看图 3–36 所示的佛利尔收藏的这尊坐菩萨像：它没有背光，只有圆形项光，与四壁十六龛内的凿痕明显不符合。另外，这尊菩萨像是圆雕像，也与笔者的上述推测结果不符（图 3–40）。因此，佛利尔的这尊菩萨像当不来自响堂山石窟，而很可能是响堂山一带的某所北齐寺院的遗物。

此外，蒋仁和认为，北洞中心柱上方 16 龛立佛与四壁 16 龛造像题材应来自《妙法莲华经》卷七提到的大通智胜佛的十六王子像。大通智胜即出现于过去三千尘点劫以前演说《法华经》之佛名。依《法华经》卷三化城喻品所载，过去无量无边不可思议阿僧祇劫有一佛，名为大通智胜如来，此佛未出家前有十六王子。于父王成道后，十六王子亦出家为沙弥，听闻大通智胜佛宣讲《妙法莲华经》而信受奉行，后亦各升法座广说此经，一一皆度化六百万亿那由他恒河沙等众生，故皆得阿耨多罗三藐三菩提，于十方国土现身说法。诸王子中之第十六沙弥，即为释迦如来前身之一。[60] 蒋仁和的推论很有道理。大通智胜佛的十六王子最后都成佛了，而位于北洞中心柱上方的十六身立佛像很可能就是表现这种佛果的。但是，如果如蒋所言，四壁十六龛内造像包括了前述的一尊坐佛像与两尊坐菩萨像，那么，原先到底有多少尊坐佛、多少尊坐菩萨像呢？如果只有一尊坐佛，其余都是坐菩萨像，这四壁十六龛造像应表现十六王子在成佛前的菩萨果位，而那尊佛像代表释迦的前世也有可能。但是，这尊坐佛像的尺寸却矮于两尊坐菩萨像，则不合常理。另外，迄今发现的十六王子造像都表现为菩萨像，如于公元 543 年雕成的东魏汉白玉大通智胜像就在佛座以十六身坐菩萨像来表现十六王子像。[61] 如果北洞中心柱上方的十六身立佛像果与十六王子题材有关，那么该题材也可以表现十六身佛像。但我们还没有发现十六王子题材既包括佛也包括菩萨像的。所以，把维多利亚和阿尔伯特博物馆收藏的坐佛像与佛利尔收藏的坐菩萨像一并归入北洞四壁十六龛就有问题了。即使原北洞十六龛内均为坐菩萨像，而佛利尔收藏的这尊像也不应是其中之一，因为它没有背光，只有项光，与现存各龛内壁的背光凿痕不符。

蒋仁和还认为，北洞表现的十六王子题材对于北齐皇室有特殊的重要性与敬意。他说，据《北齐书》所载，北齐政权的创建者高欢有十五位儿子，而其中的四位都先后成为实际的统治者。但这十五位儿子的数字与十六王子之数显然不符，而高欢本人因其身份明显高于其儿子们而不可能与他们同时并列于象征性的十六所佛龛内。为了弥补这个推想的缺陷，蒋仁和又提出了进一步推测：高欢也许并很有可能还有一位不为人知的早夭的儿子，这样就能以此题材来表现北齐皇室的开明统治与权威了。[62] 然而，高欢是否有第十六位早夭的儿子，历史上没有记载。如果真有，相信史书是会记载的，因为早夭的皇子被史书所记载的比比皆是。因此，以一个无法被证实的并带有明显不可能性的推断去证明另一个推断，其可信性就可想而知了。

北洞窟室四壁的 16 所大龛两侧的立柱与中心柱龛侧立柱均由跪状的神兽承托着，共计 26 身。如今，这些神兽多被盗凿或损毁。这种神兽的基本造型特征为面似狮、角似牛角、四肢与躯干似人、双臂生翼、爪似鹰。此类神兽在公元 6 世纪的美术作品中发现最多，一般雕刻在墓志、石棺之上与佛教石窟之中，也绘于墓室壁画以及石窟壁画之中。张林堂与孙迪对此类神兽有一系统的统计与研究，并认为它们具有辟邪镇墓的功能。[63] 但将图像与文字相结合的第一手资料仅见于美国波士顿美术馆藏出土于洛阳的北魏正光三年（522）冯邕妻元氏墓志线刻画中，是比对此类神兽题材的唯一实物（图 3–41）。在该墓志盖与志座四周有线刻神兽一十八种，分别有铭文指其名称为：攫天、唅螭、拓仰、拓远、挟石、发走、攫天、唶石、挠撮、掣电、懂憘、寿福、乌获、礔电、攫撮、迥光、拥远、长舌等。张、孙与一些学者认为北洞的这些神兽与元氏墓志上的礔电最为接近，故它们都应表现礔电。不仅如此，他们还认为在 6 世纪制作的其他墓志、石棺、石窟中的这类神兽都表现礔电，也包括元氏墓志。[64] 但笔者认为，元氏墓志上刻的这 18 身神兽形象实际上大同小异，仅在面部略有不同。既然元氏墓志上明显地刻出了 18 种神兽的名字，这

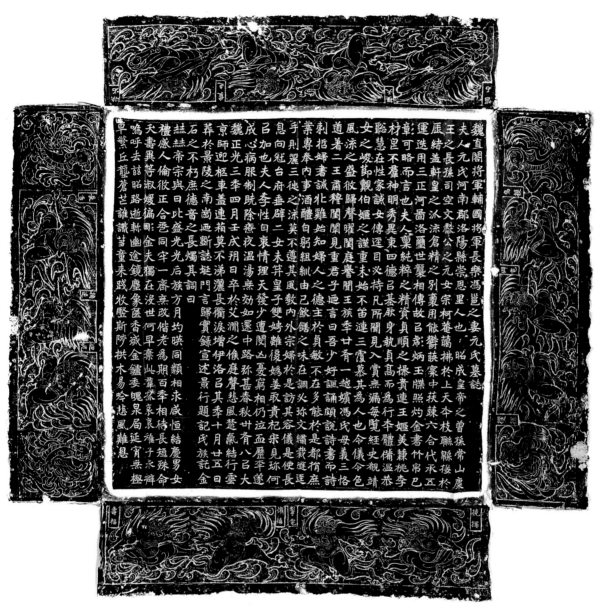

Fig. 3-41. Rubbing on the stone carved epigraph of Yuan Shi
Northern Wei dynasty (386~534), dated 522
The stone epigraph is in the collection of Fine Arts of Museum, Boston
图 3-41: 北魏正光三年（522）冯邕妻元氏墓志拓本
墓志现藏于波士顿艺术博物馆

些神兽的身份就应该有 18 种，而礔电仅为其中之一。那么，在北响堂石窟北洞出现的 26 身神兽像的身份也应该是多种的，而不应仅表现礔电一种。既然此类神兽在墓中有镇墓避邪的功能，那么在石窟中就会有保护佛法的作用。类似的神兽也出现在了北魏晚期的河南巩县大力山第 1、3、4 窟，甘肃敦煌莫高窟西魏开凿的第 285 窟之中，以及 2004 年在西安东郊灞桥区湾子村出土的一尊北周立佛像的台座之上，[65] 也具有同样的宗教功能。佛利尔美术馆收藏有五件来自北响堂石窟中的神兽。据蒋仁和的研究，其中的四件应凿自北洞：F1953.86 与 F1953.87 应来窟内四壁的角落部位的塔形龛柱之下，而 F1977.8 与 F1977.9 应凿自窟内四壁的某两个塔形龛柱之下（图 3-42、3-43、3-44、3-45）[66]。美国克里夫兰艺术博物馆、纳尔逊艺术博物馆、加拿大皇家安大略博物馆也

65. Annette L. Juliano, *Buddhist Sculpture from China: Selections from the Xi'an Beilin Museum, Fifth through Ninth Centuries* [中国佛教雕塑：西安碑林博物馆选品，5 至 9 世纪]，New York: China Institute Gallery, 2007, p.28、31.

66. Katherine R. Tsiang, ed., *Echoes of the Past: The Buddhist Cave Temples of Xiangtangshan*, pp.178~185.

各保存了一件来自北洞的神兽。但佛利尔美术馆的这四件神兽雕像都不是由佛利尔本人从中国购买的：F1953.86 与 F1953.87 是由佛利尔美术馆于 1953 年购买的，而 F1977.8 与 F1977.9 则是由同属于史密森博物学院的美国国家自然史博物馆于 1977 年转交给佛利尔美术馆的。

Fig. 3–42. Kneeling winged monster
F1953.86
Limestone relief
H×W×D: 80.5×55.7×30.5 cm (31 11/16×21 15/16×12 in)
Origin: Northern Xiangtangshan, North Cave, Hebei Province
Northern Qi dynasty (550~577)
Purchase
图 3–42: 河北邯郸北响堂山石窟北洞（大佛洞）石雕神兽　北齐

Fig. 3–43. Kneeling winged monster
F1953.87
Limestone
H×W×D: 84.4×53.4×28 cm (33 1/4×21×11 in)
Origin: northern Xiangtangshan, North Cave, Hebei Province
Northern Qi dynasty (550~577)
Purchase
图 3–43: 河北邯郸北响堂山石窟北洞（大佛洞）石雕神兽　北齐

Fig. 3–44. Kneeling winged monster
F1977.8
Limestone
H×W×D (overall): 79×57.5×31.6 cm (31 1/8×22 5/8×12 7/16 in)
Origin: northern Xiangtangshan, North Cave, Hebei Province
Northern Qi dynasty (550~577)
Transfer from the National Museum of Natural History, Smithsonian Institution
图 3–44: 河北邯郸北响堂山石窟北洞（大佛洞）石雕神兽　北齐

Fig. 3–45. Kneeling winged monster
F1977.9
Limestone relief
H×W×D (overall): 79×53.3×30.5 cm (31 1/8×21×12 in)
Origin: Northern Xiangtangshan, North Cave, Hebei Province
Northern Qi dynasty (550~577)
Transfer from the National Museum of Natural History, Smithsonian Institution
图 3–45: 河北邯郸北响堂山石窟北洞（大佛洞）石雕神兽　北齐

图 3-42

图 3-43

图 3-44

图 3-45

佛利尔美术馆还有一件神兽，凿自北响堂石窟中洞。中洞俗称释迦洞，也是一所布局与装饰同北洞相近的中心柱窟，只是在规模上小于北洞（图3-37）。在中心柱的正壁开有一所大龛，内雕结跏趺坐佛与二弟子、二菩萨立像。在中心柱的二前角下部原雕有二蹲跪之姿的神兽。1916年，佛利尔购得一件神兽雕刻（F1916.345，图3-46）。蒋仁和认为该神兽应属于北响堂中洞中心柱右前角处。[67]

北响堂石窟的南洞俗称刻经洞，因为在这所洞窟的内外壁面上保存着许多石刻佛经，还有一块北齐武平三年（572）刻成的北齐晋昌郡开国公唐邕的写经碑。窟内平面略呈方形，在东（正）、北、南三壁上各开了一所大龛，龛内各雕坐佛与六身胁侍立像（图3-37、3-47）。图3-48所示的佛头像（F1913.67）头顶有螺形发纹，面相长圆，双腮较胖，眉间有白毫，是典型的北齐响堂山佛像风格。但长期以来，前辈学者们认

Fig. 3-46. Kneeling winged monster
F1916.345
Limestone freestanding sculpture
H×W×D: 88.4×47.3×28.5 cm (34 13/16×18 5/8×11 1/4 in)
Origin: Northern Xiangtangshan, Middle Cave, Hebei Province
Northern Qi dynasty (550~577)
Gift of Charles Lang Freer
图3-46: 河北邯郸北响堂山石窟中洞（释迦洞）石雕神兽　北齐

Fig. 3-47. Interior of the Southern Cave
Northern Xiangtangshan Cave Temples
Handan, Hebei Province
Northern Qi dynasty (550~577)
图3-47: 河北邯郸北响堂山石窟南洞内景　北齐

判断北龛主尊的头部是否为原来的，或是佛利尔收藏的这件佛头属于北响堂的其他造像龛。蒋还认为：瑞士苏黎世的莱特博格博物馆收藏的体量相近的一件高浮雕佛头像应凿自南洞的南龛。[68]如果蒋的这个判断属实，则佛利尔收藏的这件佛头应属南洞主龛的主尊。

佛利尔美术馆还收藏有五件来自南响堂石窟的雕像。南响堂石窟群的第1、2窟是中心塔柱窟，它们的基本构造同北响堂的北洞、中洞有很多相似之处。其他五所洞窟都位于第1、2窟的上层，都是佛殿式窟的形制（图3–35、3–49）。在第2窟门外两侧的龛内，被隋代磨平后刻成了《滏山石窟之碑》，上面记载着在北齐后主高纬天统元年（565）由灵化寺的和尚慧义辟山草创了南响堂，后来由当朝宰相高阿那肱出资兴建了这处石窟寺院。到了北齐末年，不信佛教的北周武帝宇文邕的军队打到了这里，砸毁了不少石窟里的佛

Fig. 3–48. Head of a Buddha
F1913.67
Limestone with traces of pigment and gilding
H×W×D (overall): 63.4×41.4×27.4 cm (24 15/16×16 5/16×10 13/16 in)
Origin: northern Xiangtangshan, South Cave, Handan of Hebei Province
Northern Qi dynasty (550~577)
Gift of Charles Lang Freer
图3–48：河北邯郸北响堂山石窟南洞（刻经洞）石雕佛头像　北齐

67. Katherine R. Tsiang, ed., Echoes of the Past: The Buddhist Cave Temples of Xiangtangshan, pp.190~191.
68. Katherine R. Tsiang, ed., Echoes of the Past: The Buddhist Cave Temples of Xiangtangshan, pp.194~195.

为该像造于六朝至唐代，与响堂山无关。例如，该像自纽约山中商会售出时，即认为是唐代作品。1916年，华尔纳根据该佛头背部的痕迹，认为它应该凿自某处崖壁，其风格与龙门石窟六朝晚期的坐佛很相似。1922年，C. W. Bishop认为该像约雕于6世纪或7世纪。1924年，J. E. Lodge也认为它不会晚于唐代。1962年，喜龙仁认为这件大佛头像可能造于隋代。1975年，罗谭赞成喜龙仁的观点。据其尺寸与风格，蒋仁和于2010年认为该头像极有可能凿自南洞北龛主佛。实际上，南洞的三大龛中，正壁（东壁）主龛与南龛主尊的头部已失，而北龛主佛的头部仍在。这就需要

Fig. 3–49. Cave nos. 4~6 of Southern Xiangtangshan Cave Temples
Handan, Hebei Province
Northern Qi dynasty (550~577)
图3–49：河北邯郸南响堂山石窟第4~6窟外观　北齐

像。[69]到了 20 世纪初期，由古董商们发起的盗凿活动更使这处北齐佛教艺术宝库残缺不全，流散在海外的响堂山雕像中有很多应凿自南响堂。图 3-50 所示为佛利尔美术馆收藏的一尊体量较大的高浮雕捧莲蕾菩萨立像（F1968.45），其雕刻风格与响堂山石窟中的北齐菩萨像很相似。1925 年，喜龙仁指出该像与费城宾州大学考古与人类学博物馆收藏的二立菩萨像与一立辟支佛像有着密切的关系，并认为它们都来自南响堂石窟寺，造于隋代。[70]1970 年，罗谭认为这尊立菩萨像造于北齐的可能性更大，而喜龙仁的凿自南响堂的观点还需要更多的证据来证实。1991 年，何恩之同意将该像定为北齐的观点。通过比较北、南响堂山石窟造像风格的不同，她认为该像应与南响堂石窟有关，但究竟来自南响堂的哪一窟则不易确定。2004 年，张林堂、孙迪也认为该像来自南响堂石窟。2010 年，通过与南响堂第 2 窟菩萨像服饰的比较，蒋仁和认为此像可能来自该窟，但没有提供更多的证据与具体在窟内的位置。[71]如果能做更为细致的工作，我们不难查对出它的确切位置，因为这样的大型立菩萨像在南响堂石窟群中毕竟不多。图 3-51 所示为一北齐风格的高浮雕佛头像（F1913.135），佛利尔于 1913 年购自纽约山中商会，当时定为唐代作品。其后，华尔纳于 1916 年、Bishop 于 1922 年、J. E. Lodge 于 1924 年也均认为是唐代作品。喜龙仁于 1962 年认为它表现了隋代风格，应凿自某一处岩体。罗谭于 1975 年赞同隋代观点之说。1991 年，何恩之认为

69. 参见邯郸市峰峰矿区文管所、北京大学考古实习队：《南响堂石窟新发现窟檐遗迹及龛像》，《文物》1992 年第 5 期，第 1~15 页。
70. Osvald Siren, *Chinese Sculptures from the Fifth to the Fourteenth Centuries*, Vol.1, pp.128~129.
71. 张林堂、孙迪：《响堂山石窟——流失海外石刻造像研究》，第 204 页；Katherine R. Tsiang, ed., *Echoes of the Past: The Buddhist Cave Temples of Xiangtangshan*, pp.208~209.
72. Katherine R. Tsiang, ed., *Echoes of the Past: The Buddhist Cave Temples of Xiangtangshan*, pp.220~221, 224~225.

Fig. 3-50. Standing Bodhisattva
F1968.45
Limestone with traces of pigment
H×W×D (overall): 172.5×51.8×42.9 cm (67 15/16×20 3/8×16 7/8 in)
Origin: southern Xiangtangshan, Cave 2, Handan of Hebei Province
Northern Qi dynasty (550~577)
Gift of Eugene and Agnes E. Meyer
图 3-50：河北邯郸南响堂山石窟第 2 窟高浮雕菩萨立像　北齐

Fig. 3–51. Head of a Buddha
F1913.135
Limestone with traces of pigment, from freestanding sculpture
H×W×D: 42.7×32.2×25.3 cm (16 13/16×12 11/16×9 15/16 in)
Origin: Southern Xiangtangshan, possibly Caves 4~6, Handan of
Hebei Province
Northern Qi dynasty (550~577)
Gift of Charles Lang Freer
图 3–51: 河北邯郸南响堂山石窟高浮雕佛头像　北齐

Fig. 3–52. Head of the Bodhisattva Mahasthamaprapta (Dashizhi)
F1916.346
Limestone with traces of pigment
H×W×D: 36×24.5×24 cm (14 3/16×9 5/8×9 7/16 in)
Origin: southern Xiangtangshan, Caves 4~6, Handan of Hebei
Province
Northern Qi dynasty (550~577)
Gift of Charles Lang Freer
图 3–52: 河北邯郸南响堂山石窟大势至菩萨高浮雕头像　北齐

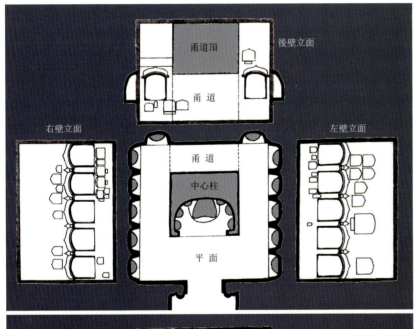

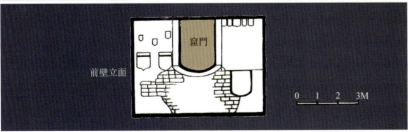

Fig. 3–53. Drawing, layout and elevations of Cave no. 2
Southern Xiangtangshan Cave Temples
Handan, Hebei Province
图 3–53: 河北邯郸南响堂山石窟第 2 窟平面与立面图
作者根据水野清一、长广敏雄《响堂山石窟》中的插图改绘

其风格与北响堂石窟应有关联，是一件北齐的杰作，有着印度笈多风格的影响。图 3–52 所示为一高浮雕大势至菩萨头像（F1916.346），购自纽约 Dikran G. Kelekian。该头像起初也是被定为唐代作品。到了 1947 年，喜龙仁将该像时代定为北齐晚期，凿自响堂山石窟。1962 年，喜龙仁根据其雕刻风格，进一步将其定为南响堂石窟寺的作品，还将其题材确定为大势至菩萨。2010 年，蒋仁和认为此二头像都可能来自南响堂第 4~6 窟，但具体地点仍不清楚。[72]

佛利尔收藏的两件来自南响堂第 2 窟的浮雕群像，是研究北齐佛教艺术难得的精品。南响堂第 1、2 窟是一对中心柱窟，规模相当，结构相似（图 3–53）。进入此二窟，窟内最重要的空间当为中心柱正龛面对的区域。在第 1 窟中心柱的正壁龛内雕有该窟的主尊佛像，而在龛外表面的帐形装饰上方壁面则有三块浮雕群像。位于中部的是一尊坐佛说法图，佛旁围有一组坐菩萨像。位于左侧的是一尊思惟菩萨像，其右有一马躬身于思惟菩萨前，并一群跪姿人物，应表现悉达多太子逾城出家后辞别白马与随从的情景。位于右侧的浮雕人物可分为两层：几尊坐佛像位于上层，几尊坐菩萨像位于下层。右侧的这些佛、菩萨像似乎表现释迦与过去诸佛。因此，这三幅浮雕似表现佛传、释迦说法，以及释迦对过去诸佛的继承性。在空间与这三幅浮雕相对的是位于窟内门楣上方的壁面，表现出阿弥陀佛与西方净土的场面。在这个浮雕之中，阿弥陀佛位于画面中部，两侧胁侍以众多的菩萨像；阿弥陀佛上方有大型伞盖、菩提树、飞天与化身佛像。在佛与众菩萨的前方则刻有莲花池与池中的莲花、水鸟与化生童子像。[73] 据《阿弥陀经》与其他关于阿弥陀崇拜的经典所记，若有人积累了足够的功德，此人便可在西方净土的莲花池中化生。因此，这个浮雕正是根据经典雕成的西方净土的场面，体现了佛教信徒对自己死后去向的关心，以及对西方极乐世界的向往。上述两种题材浮雕也出现在了南响堂第 2 窟的同样位置，惜早已被盗凿并于 1921 年进入了佛利尔美术馆。图 3-54 所示的《佛会图》（F1921.1）凿自南响堂第 2 窟中心柱正面（西面）上部。与第 1 窟同样位置的浮雕相似，

该浮雕也可分为左、中、右三部分。其中部也为坐佛说法与众胁侍环绕。左侧雕有上下两层坐菩萨像，其中上层偏右的一身正在向其左侧的几身菩萨讲说着什么，应为左侧群像的主体。这里似乎表现释迦在出家之前的某个情景。右侧的群像也分上、下两层：下层为数身坐菩萨，上层为一身坐佛与数身胁侍，而该佛正在向其左侧一菩萨说法。因此，这个《佛会图》应以表现释迦的说法与历史为主。图 3-55 所示的阿弥陀佛《西方净土变相图》（F1921.2）凿自南响堂第 2 窟前壁门洞上方。在该浮雕的中心部位为阿弥陀佛端坐说法，两侧有众菩萨及随从听法。阿弥陀佛的上方有大型伞盖、诸坐佛、飞天以及不鼓自鸣的乐器。整体浮雕的左右两端各刻有一座楼阁，以象征西方极乐世界的天宫。在画面的下方有三处莲花池，池中有莲花化生童子。南响堂第 1、2 窟在建筑结构与造像题材方面的相似性，表明了它们在宗教功能上的相

73. Katherine R. Tsiang, ed., *Echoes of the Past: The Buddhist Cave Temples of Xiangtangshan*, Fig. 22, p42.

Fig. 3-55. Western Paradise of the Buddha Amitabha
F1921.2
Limestone with traces of pigment
H×W: 159.3×334.5 cm (62 11/16×131 11/16 in)
Origin: southern Xiangtangshan, Cave 2, Hebei Province
Northern Qi dynasty (550~577)
Purchase
图 3-55：河北邯郸南响堂山石窟第 2 窟前壁门洞上方《西方净土变相图》浮雕　北齐

似性，即都是集阿弥陀佛的信仰与往生西方净土的实践于一体的艺术实体。

　　无独有偶，在甘肃天水麦积山石窟第 127 窟中保存有西魏时期制作的表现同一题材的壁画，这也是迄今发现的最早经变题材作品。包括阿弥陀西方净土变在内的经变画雕刻或壁画是进入公元 7 世纪以后的唐代十分流行的佛教艺术题材。但是，由于现有资料的缺乏，我们还不清楚这种题材的艺术究竟始于何时。迄今发现的公元 6 世纪经变题材作品极为有限，绝不是当时的主流题材。但经变画在 6 世纪的麦积山与响堂山的发现无疑为我们探索这种题材的起源提供了极为珍贵的实物资料。

Fig. 3-54. Gathering of Buddhas and Bodhisattvas
F1921.1
Limestone with traces of pigment
H×W: 120.8×340 cm (47 9/16×133 7/8 in)
Origin: southern Xiangtangshan, Cave 2, Hebei Province
Northern Qi dynasty (550~577)
Purchase
图 3-54：河北邯郸南响堂山石窟第 2 窟中心柱正面
上方《佛会图》浮雕　北齐

四、地点不明的石窟与摩崖造像作品

图 3-56 所示的立菩萨像残件（F1978.32）在20世纪40年代为卢芹斋的古董行所拥有。[74] 之后，该像归 Baron Eduard von der Heydt（1882~1964）所有。1978 年，由史密森博物学院下属的国家自然史博物馆转给了佛利尔美术馆。它是从一处摩崖或石窟内凿下，由碎块拼接而成的。这是一尊典型的具有北魏晚期风格的浮雕菩萨立像。它的身体左侧有垂帐的部分雕刻，表明它来自一所垂帐装饰的造像龛，原应为立于造像龛内主尊左侧的胁侍菩萨。该菩萨像的宝冠样式与面部的表情都会使人们联想到巩县大力山石窟中的同时代菩萨像。1978 年，罗谭于是认为该菩萨像具有巩县石窟寺造像的特征。在 1979 年出版的一本佛利尔美术馆所藏艺术品图录中，该像被定为来自大力山石窟。[75] 1991 年，何恩之也赞同该像来自巩县石窟之说，并将原来定的公元 6 世纪之时代改为公元 525 年左右的北魏晚期。直到 2000 年之前，无人再有该像出处的新论点。

2000 年，笔者对该像作了详细的观察，发现它与巩县大力山石窟的造像并非完全相似。首先，该像比大力山石窟第 1 窟内的立菩萨像都要矮近 30 厘米。其次，该像身体表面有许多彩绘的残迹。从它的尺寸大小来看，该像如果原位于大力山石窟之中，则应属于小型龛造像。但问题是，大力山石窟中的小型像龛外缘均没有垂帐装饰，也没有保存如此多的彩绘残迹。但该像属于与大力山北魏晚期石窟同类风格的中原系统造像应是无疑

的，因此它应来自于首都洛阳周边某处北魏晚期的小型石窟寺或摩崖造像。过去，学者们要么将该像定为巩县石窟造像，要么定为赝品。那么，从多重角度来考虑造像的尺寸、材质、多种地方风格，才会使我们接近这尊造像的原始出处。

74. C. T. Loo, ed., *An Exhibition of Chinese Stone Sculpture*, cat. no. 8, plate V.

75. Julia Murray, *A Decade of Discovery*［十年间的发现］, Washington, DC, 1979, p.19.

Fig. 3-56. Fragment of standing bodhisattva
F1978.32
Sandstone with traces of polychrome
H×W: 65.5×26.7 cm (25 13/16×10 1/2 in)
Origin: Henan province, China
Northern Wei dynasty (386~534), dated ca. 500~535
Transfer from the National Museum of Natural History,
Smithsonian Institution
图 3-56: 北魏晚期浮雕菩萨立像

Fig. 3-57. Head of a bodhisattva
FSC-S-40
Stone
H×W×D (overall): 62.5×37×25 cm
Northern Qi dynasty (550~577) or Sui dynasty (581~618)
Acquired under the guidance of the Carl Whiting Bishop expedition
图 3-57: 北齐或隋代石雕菩萨头像

Fig. 3-58. Head of a Bodhisattva
F1913.133
Stone
H×W×D (overall): 65.3×29.7×25.6 cm (25 11/16×11 11/16×10 1/16 in)
Tang dynasty (618~907), dated ca. 660~700
Gift of Charles Lang Freer
图 3-58: 唐代高浮雕菩萨头像

　　佛利尔美术馆还收藏有四件地点不明确的石窟或摩崖雕像。图 3-57 所示为一大型高浮雕菩萨头像（FSC-S-40），其宝冠表现了繁复的珠宝装饰，加之长圆的面相，推测该像应造于北齐或隋代。其石灰岩的质地又可把该像引向中原一带的石窟寺或摩崖造像。图 3-58 所示为一大型菩萨高浮雕像之头部（F1913.133），观其风格，应雕于初唐时期的 7 世纪下半叶。从其石灰岩质地来看，也应来自中原地区的石窟或摩崖造像。图 3-59 所示是一尊依坚硬的岩石刻成的浮雕坐菩萨像（F1909.290）。该菩萨头戴宝冠，双手施禅定印，身着双领下垂式大衣，胸部袒裸较多。这种风格在宋代以后中国南方的菩萨造像中十分流行，如浙江杭州飞来峰元至元十九年（1282）华严三圣龛的主尊、至元二十七年（1290）普贤菩

Fig. 3-59. Seated bodhisattva
F1909.290
Limestone with pigment
H×W×D (overall): 30.9×18.5×6.7 cm (12 3/16×7 5/16×2 5/8 in)
Song Dynasty (960~1279)
Gift of Charles Lang Freer
图 3-59: 宋代坐菩萨浮雕像

萨像等，而此二飞来峰元代雕像实为延续宋代风格而成。这种宋代风格佛像还被明代艺术家所继承，如瑞士莱特博格博物馆与美国丹佛艺术博物馆（Denver Art Museum）藏的明代铜菩萨坐像等。因此，佛利尔的这件坐菩萨像很可能来自南方的某处宋代摩崖造像或石窟。然而，前辈学者却将此像的年代定得过早。当佛利尔于1909年从北京 Ta Ge Chung 处购得此像时，出售者并没有对其断代。1916年，华尔纳将其断为六朝时期的作品。1922年，C. W. Bishop 同意六朝之说，但认为或许会晚一些。1924年，J. E. Lodge 认为此像刻法粗劣，但可能不是现代赝品。1975年，罗谭将其年代定为北齐，并沿用至今。图3-60所示为一高浮雕佛头像（F1911.432），1911年，佛利尔在中国购得此像，出售者不知何许人。1916年，L. Warner 认为此像造于唐代，是来自龙门石窟的释迦头像。1922年，C. W. Bishop 认为此像具有唐代风格，但如果它真的来自龙门石窟，其雕刻时代应晚一些。1924年，J. E. Lodge 认为该像雕造质量不好，但可能是唐代以后的真品。1962年，O Siren 对该头像作了些许描述，但没有论及年代。1975年，罗谭修改了此像年代：从唐以后，到隋代。笔者同意隋代之说，因为此头像上有低而平的肉髻，与发际无分界线，呈一整体的隆起，表面扁

Fig. 3-60. Head of Buddha (Sakyamuni)
F1911.432
Stone
H×W×D: 21 × 14 × 13.5 cm (8 1/4 × 5 1/2 × 5 5/16 in)
Sui dynasty (581~618)
Gift of Charles Lang Freer
图 3-60：隋代高浮雕佛头像

刻螺壳装饰，很像山东青州发现的北齐至隋代佛像。龙门石窟少有隋代雕像，且无这种螺髻装饰。因此，该头像也许凿自山东一带的某个石窟或摩崖造像。

第四章
几件在中国美术史上有特殊意义的佛教雕塑

中国佛教艺术源自南亚与中亚，但却不是照搬或机械复制南亚与中亚之物，而是在西来艺术的影响下的再创作。同时，中国佛教徒与艺术家们博采外来佛教艺术样本并非局限一时与一地，而是在一千多年的历史长河中源源不断地从南亚与中亚等地取经与传入造像，再在中国文化、习俗、艺术与审美传统的基础上创造出丰富多彩的艺术样式。所谓丰富多彩，不仅是指不同时代艺术表现形式之不同，还指同一时代不同地域的表现形式的不同。另外，各个时代的信徒们会对佛教义理理解与修行的侧重点不同，从而影响了佛教艺术题材与图像风格之不同。因此，研究中国佛教艺术图像、风格、题材的发展，就成了当今佛教艺术史领域的一项重要研究课题。而那些在不同时代与地域的佛教艺术重要发展阶段起关键作用的艺术作品，就成了研究领域里不可或缺的重要实物资料，在研究中国美术史上有着特殊的意义。同样，这些重要的艺术作品也会成为收藏界的宠儿。

中国现存的石窟摩崖与单体造像和日本与西方各国的造像收藏中，不乏这种能在中国美术史研究中具有关键作用的作品。例如，甘肃永靖炳灵寺石窟的第 169 窟保存着制作于公元 420 年左右的一组泥塑像与壁画，是现存中国纪年最早的石窟艺术作品。这些作品表现了阿弥陀佛、释迦与多宝佛、观世音菩萨、大势至菩萨、维摩诘与文殊菩萨等等，都是迄今发现最早的一系列重要的佛教艺术图像与题材。如果哪位学者想要研究其中的某个题材与图像在中国佛教史上的发展，

炳灵寺 169 窟是无论如何也避不开的重要资料。再例如，美国旧金山亚洲艺术博物馆收藏的制作于十六国时期（304~439）的后赵建武四年（338）金铜坐佛像，是迄今发现的纪年最早的中国佛教造像。只要研究中国佛像的发展史，谁又会遗漏这件造像呢？再例如，着褒衣博带装的秀骨清像风格的佛像是中国佛教徒与艺术家创作的纯汉式佛像，曾经风靡于 6 世纪上半叶。而迄今发现的此类佛像的最早之例见于四川省茂县出土、四川省博物馆藏的南齐（479~502）永明元年（483）造像碑。因此，这块造像碑就对研究这种汉风佛像艺术的形成具有至关重要的意义。

佛利尔美术馆收藏的中国佛教造像中不乏这种对研究中国美术史有特殊意义的作品。例如，隋代的卢舍那法界像（F1923.15），在本书第五章有重点论述。原西安宝庆寺藏的两件来自唐代女皇武则天（624~705）倡建的光宅寺七宝台菩萨像（F1909.98、F1914.55），因前辈学者已有详论，故不在本书中再讨论。凿自河北邯郸南响堂山石窟第 2 窟的《阿弥陀经变》浮雕（F1921.2）是研究中国经变图像发展史的重要资料，在本书第三章讨论。佛利尔收藏的有些中国佛教造像还可对研究中国佛教美术史的部分内容将起到十分有力的补充作用。本章重点论述九件分别来自南北朝（420~589）、宋代（960~1279）、明代（1368~1644）的造像，阐述它们在研究中国佛教美术史上的重要性。本文旨在起到抛砖引玉的作用，以期引起学者对这些造像的必要的重视。

一、刘宋元嘉二十八年（451）
刘国之造金铜弥勒佛像与南朝戴逵的制像思想

佛利尔收藏的刘宋（420~479）元嘉二十八年（451）刘国之造金铜弥勒佛像（F1911.121）是一件十分闻名与珍贵的作品（图 4-1、4-2、4-3）。1911 年，佛利尔在上海 Ta Ge Shang 处购得此像，售者记录其年代为刘宋。佛利尔认为是一件十分有趣的作品。但是，1917 年，精通东

亚语言的德裔人类学家与历史地理学家 Berthold Laufer（1874~1934）博士认为铭文所言其像为弥勒是错误的，因为此像风格属于旃檀像风格。他还认为题记中的年号也不存在于中国历史之中，所以此像可能是明代的赝品。Laufer 的意见显然有问题，因为此像不为旃檀像风格。1923 年，

图 4-1: 刘宋元嘉二十八年（451）刘国之造金铜弥勒佛像

Fig. 4–2. Back of F1911.121
图 4-2: 刘宋元嘉二十八年（451）刘国之造金铜弥勒佛像背面

K. Z. Tung 翻译了铭文。1923 年，J. E. Lodge 确定了该像为刘宋时期作品，纪年为公元 451 年。1974年，H. C. Lovell 抄录并再次翻译了铭文。1991 年，何恩之认为此像对研究南北朝时期的南方早期佛教艺术有重大意义。由于它是一件罕见的南朝早期佛像，对研究南朝佛教艺术的形成与发展具有十分重要的意义，故曾被多种著作发表与引用。

该像高 29.3、宽 13.2、厚 7.4 厘米，正面雕结跏趺坐佛像，坐于束腰形四足方座之上，四足宽大厚实，在束腰方座的上沿表面阴刻有绳纹。坐佛的头部显大，约为身体的三分之二高度。头顶有高肉髻，表面阴刻有发纹。额上的头发表面阴刻有旋涡状发纹。面相长圆，宽额圆腮，略如卵形。五官较大，集中于脸的中部，眉细长，双目大而平视；鼻梁较尖，嘴较小，小颏较尖，表情肃穆。双耳长大，颈部素面。双肩略为下削，双手于腹前施禅定印，右手在前，手心向腹部。胸部平坦，不露双足。身着通肩式大衣，衣纹较为密集，胸前的衣纹呈左右对称、开口向上的弧线。圆领处与胸前的衣纹刻作阶梯式，而双臂与双腿间的衣纹则刻作突起的圆棱状。

该佛头后有圆形头光，仅一匝，刻一周莲瓣。身后有舟形的火焰大背光，上部呈尖状。在背光的表面刻有三身小佛像，均为结跏趺坐，不露双足，双手施禅定印，一身位于头光之上，并压头光少许；两身分别位于主佛的左右两侧，约与肩、臂部平齐。这三身小佛像的造型大致与主佛相同，头顶均有高肉髻，表面刻有发纹；在头身比例上头部明显较大，双肩下削，胸腹平坦。衣纹为阴刻线，腿间的衣纹为同心圆的上弧线，主佛身体右侧一身小佛胸前的衣纹也为同心圆的上弧线，但其他两身小佛像胸前的衣纹刻作平行的斜线。此外，主佛背光上的图案可分为内、外两匝：内匝为双钩形的云纹，有内、外两层，内层双钩向外，而外层的双钩向内，双钩均由平行的阴刻线刻成；外匝为阴刻线的火焰纹。

该像背光的背面刻有铭文曰："元嘉廿八年岁在辛卯□□刘国之 / □□齐郡为父母造弥勒像 / 一区弥□□世德成佛道。"由此可知，该像为弥勒佛。铭文提到的齐郡在今山东青州一带，

当时属南朝的刘宋。在四足方座的背面左侧刻有铭文曰："刘国之众"。该像表面大部分尚存有当年的鎏金。

这尊佛像的最显著特征就是面相清秀、身躯消瘦，以及程式化的衣纹，一改传自中亚犍陀罗造像写实健壮的艺术形式，也与传自印度秣菟罗造像的身躯健壮与程式化衣纹有所不同。它应该是中国的艺术家在印度佛教艺术的影响下的再创作，与中国北方佛教艺术的南传与南朝艺术风格的发展密不可分。建康（今江苏南京），是包括南朝在内的六朝故都。在南北朝时期，南朝是北方五胡眼中的汉文化的正统所在，而建康则是南朝政治、经济、文化发展的中心，也是佛教及其

Fig. 4-3. Rubbing of the back of F1911.121
图 4-3：刘宋元嘉二十八年（451）刘国之造金铜弥勒佛像背面拓本

1. 梁僧祐（445~518）：《出
三藏记集》卷十五，《大正
藏》第55册，第109b~110c
页；梁慧蛟《高僧传》卷
六，《大正藏》第50册，第
357c~361b页。
2. 张宝玺：《建弘题记及其
有关问题的考释》，《敦煌
研究》1992年第1期，第
11~20、118~119页。
3. 松原三郎：《中国佛教雕
刻史论》，图版23。甘肃省
文物工作队：《中国石窟·永
靖炳灵寺》，北京：文物出
版社，1989年，图版21。中
国石窟雕塑全集编辑委员
会：《中国石窟雕塑全集·2·
甘肃》，重庆：重庆出版社，
2000，图版187。
4. 宿白：《南朝龛像遗迹初
探》，刊于宿白《中国石窟寺
研究》，北京：文物出版社，
1996年，第176~199页。

艺术的发展中心。同时，建康也是最早的汉化佛教艺术创作与发展的基地。

在4~5世纪十六国时期，位于北方的长安佛教曾对南方有过深刻的影响。公元379年，前秦（351~394）占领位于今湖北省的襄阳。前秦皇帝苻坚（338~385）即邀请著名的高僧道安（312~385）前往其首都长安传播佛法。道安的弟子慧远（334~416）等人则南迁到了位于今江西庐山的东林寺。道安公元385年死后，慧远邀请贵霜僧人僧伽提婆离开长安前往庐山翻译经典。当时，著名的高僧鸠摩罗什（334~413）正在长安主持译经，慧远的诸多弟子前往长安向这位来自龟兹的高僧学习佛法。[1]与此同时，来自印度的僧人佛陀跋陀罗（359~429）则在建康的道场寺翻译佛经。在公元416~420年，他译出了十一部重要经典，包括著名的六十卷《大方广佛华严经》，曾对甘肃永靖炳灵寺石窟第169窟西秦（385~400，409~431）佛教艺术的制作产生过影响。[2]鸠摩罗什死后，他的许多弟子离开长安前往建康，还有一些鸠摩罗什弟子迁移到了南方其他地区。因此，鸠摩罗什传播的大乘佛法便到了南方，鸠摩罗什的弟子们则在南方建立了新的研习大乘法的基地。自此之后，南方的佛教偏重于义学研讨，而北方佛教则以禅修为重。

在鸠摩罗什一系的佛学南传的同时，必将伴随着北方佛教艺术的向南传播。迄今发现的南朝最早的纪年单体佛像是日本东京永青文库收藏的刘宋元嘉十四年（437）韩谦造的金铜结跏趺坐佛像（图4-4）。该像表现了一些与北方佛像相似的特征。该佛双手施禅定印，身着通肩式大衣，胸前的衣纹呈左右对称、开口向上的弧线，宽大的衣袖覆盖着双膝。这些特征与现存中国最早的纪年佛像——后赵建武四年（383）造的金铜坐佛像相似（图1-20）。韩谦造的佛像的水涡状发纹与一些北魏太平真君（440~451）纪年佛像之发纹相似，而它的椭圆形面相又与炳灵寺第169窟中的西秦泥塑佛像相似，也与张掖金塔寺石窟的北凉泥塑佛像相似。[3]很明显，制作这尊佛像的艺术家定是受到了北方佛像风格的一定影响，其风格来源极有可能与长安有一定的关系。

但是，韩谦造佛像还包含着一些北方佛像所不见的因素。与上述几件北方佛像相比，韩谦造佛像则显得清瘦，并不具备北方佛像表现的那种健壮有力的体魄，这或许反映了南方人的审美观。背光上的同心圆装饰也不见于现存北方的十六国佛像。佛利尔收藏的刘国之造弥勒像在坐姿、手印、服饰等方面都与韩谦造佛像相似。与韩谦造佛像相比，刘国之造弥勒像拥有更为清秀与消瘦的面相与身躯，展示了一种典型的来自南方的佛像风格。另外，刘国之造弥勒像的弥勒题材也在当时的方北流行。在北方大乘佛教向南传播之时，南方艺术家们在东晋（317~420）与刘宋之时制作了许多弥勒佛像。南方佛教徒对弥勒的崇拜离不开北方对弥勒经典的翻译。[4]

Fig. 4-4. Seated Buddha
H: 29.2 cm
Gilt bronze
Liu Song Dynasty (420~479), dated 437
The Eisei Bunko Museum, Tokyo, Japan
图4-4：日本东京永青文库藏刘宋元嘉十四年（437）韩谦造金铜坐佛像

总之，刘国之造弥勒像表现了南方艺术家在北方佛教信仰与艺术的影响下的新创作。其实，早在东晋时期，南方的艺术家们就开始探索适合于汉族审美观的新的佛像风格因素了。据唐张彦远《历代名画记》卷五记载，东晋著名雕塑家戴逵（326~396）是文献记载的最早尝试创立汉风佛像艺术审美观念的中国艺术家。戴逵"善铸佛像及雕刻。曾造无量寿木像，高丈六，并菩萨。逵以古制朴拙，至于开敬，不足动心。乃潜坐帷中，密听众论。所听褒贬，辄加详研，积思三年，刻像乃成"。[5] 尽管戴逵的作品并没有保存至今，我们无从知晓他的佛像的真正面目，但仍可以断定：戴逵是在努力创造出一种新型的具有中国人审美观的佛像，能够使中国人对传自印度的神灵有一种吸引力的佛像。在他的眼里，"古制朴拙"应该是针对保留印度与中亚风格而言，即中亚犍陀罗与印度秣菟罗艺术风格，这种来自外域的造像艺术，只会让汉人感到敬畏，而无法让他们感受到美感，也无法让汉人有文化认同感，人们也就不会邀发出内心的宗教热情。经过戴逵改造后的佛像就不同了，他创作的佛像凝聚了各阶层人士对佛像在汉人眼里应有的宗教魅力的看法。换句话说，他的新型佛像正好迎合了汉人的审美观，具有感化世人信佛的魅力。在六朝时期南方，玄学思想是社会主流，世族士大夫们的生活风尚是社会各阶层的楷模。因此，世家贵族就成了佛教艺术家们要以佛教艺术去感化的主要群体：能使士大夫们动容的佛像，也必能打动其他阶层的人们。另外，世家贵族也是佛教信仰活动的主要

支持者。我们由此可以想象：戴逵的新型佛像也必能使世族士大夫们认可。另外，戴逵创作的新佛像也得到了中国僧侣们的认可。唐代高僧道宣（596~667）曾议论道：

> 自泥洹以来，久逾千祀。西方像制，流式中夏。虽依经镕铸，各务仿佛；名士奇匠，竞心展力。而精分密数，未有殊绝。晋世有谯国戴逵字安道者，风清概远，肥遁旧吴；宅性居理，游心释教。且机思通赡，巧拟造化。思所以影响法相，咫尺应身，乃作无量寿，挟侍菩萨。研思致妙，精锐定制。潜于帷中，密听众论。所闻褒贬，辄加详改。校准度于毫芒，审光色于浓淡。其和墨、点彩、刻形、镂法，虽周人尽策之微，宋客象楮之妙，不能逾也。委心积虑，三年方成。振代迄今，所未曾有。凡在瞻仰，有若至真。俄而，迎像入山阴之灵宝寺。道俗观者，皆发菩提心。[6]

与此同时，戴逵的佛像仍被人们称之为佛像，是因为他并没有彻底改变佛经中规定的佛像的基本图像特征，但却依据汉人的审美观对风格作了改变。因此，他的佛像受到了同时代人们的欣赏，与同时代的著名画家顾恺之（344~405）绘制的《维摩诘像》、狮子国（今斯里兰卡）的玉像并称为"瓦官寺三绝"。[7] 戴逵的佛像虽早已不存在了，但前述韩谦造像与刘国之造像所包含的南方特点，正是我们推想戴逵制像思想的珍贵实物资料。比较而言，刘国之造像也许更加具有戴逵的制像审美观，因为它更加接近南朝人士对清秀、消瘦之美的欣赏。

5. 唐张彦远：《历代名画记》卷五，北京：人民美术出版社，1963年，第123~124页。
6. 唐僧道世：《法苑珠林》卷十三，《大正藏》第53册，第406ab页。
7. 唐李延寿：《南史》卷七八，北京：中华书局，1975年，第1964~1965页。

二、北魏太和元年 (477)
高氏兄弟造铜释迦坐像与南朝风格的北传

　　F1911.134 是一尊罕见的具有北魏孝文帝（471~499 年在位）太和元年纪年的金铜释迦像（图 4-5、4-6）。该佛像高 30.2、宽 13.9、厚 11.5 厘米，头部显大，微向右偏，头顶有较大的肉髻，上部略平整，肉髻与发际的表面均为素面。该佛的面相长圆如卵形，略显清秀，五官大小适中，表面的细节略有磨损，眉部原有突棱，双目平视，嘴较小，嘴角内陷，略含笑意。它的双耳宽大，颈部素面无三道纹；身体胖瘦适中，双肩下削，平胸，但不显矫健的形态。它结跏趺坐不显双足，双手施禅定印，掌心向内，右手在前。它身着通肩式大衣，仅在两袖及双腿内侧刻有少许衣纹。背部有上下二榫，用以插立背光，但背光已佚。该佛下坐梯形平面的束腰座，上下各有

Fig. 4-5. Buddha
F1911.134
Bronze
H×W×D: 30.2×13.9×11.5 cm
(11 7/8×5 1/2×4 1/2 in)
Northern Wei dynasty
(386~534), dated 477
Gift of Charles Lang Freer
图 4-5: 北魏太和元年 (477)
高氏兄弟造铜释迦坐像

Fig. 4-6. Back of F1911.134
图 4-6: 北魏太和元年 (477)
高氏兄弟造铜释迦坐像背面

三层叠涩，最下有宽大的四足，每面的二足间雕作圆拱形。现佛座的束腰处存有红色残迹。四足座之右侧前部刻铭文曰："太和元年四月八日鄃。"四足座之右侧后部刻铭曰："生生世世值？佛闻法"。四足座之背部刻铭曰："敬造释加像一区/令弟之/高头/景思？/进兄弟二人一心供/养。"

因为该像购自日本，长期以来被认为是日本的赝品造像。1911年，佛利尔从日本东京购得此像，出售者被记录为 Y. Ito。出售者的档案称此像制作于中国的"魏"朝。之后，佛利尔请 Berthold Laufer 翻译了该像的铭文题记。Laufer 认为该像的纪年为唐文宗（826~840年在位）太和元年（827），但他认为此像可能是明代（1368~1644）或日本的作品。1918年，佛利尔在记录此像时，也认为是日本作品。1965年，H. P. Stern 与罗谭再次坚定地认为此像是一件来自日本的赝品。但上述前辈学者并没有提供他们的确切理由，因此得出日本制造的赝品结论显然是有待商榷的。笔者以为，前辈学者之所以认为该像为日本制作的赝品，主要是因为他们无法将其与任何一种时代风格进行对应，特别是北魏造像风格。

其实，这尊太和元年金铜佛像可为我们探讨南朝佛教艺术对北朝的影响之始提供一些线索。从其体形与面相特征来看，该像与5世纪中期的北魏佛像多不相同。但是，如果我们将之与前述日本东京永青文库收藏的刘宋元嘉十四年韩谦造金铜佛像（图4-4）相比较，就会发现它们之间有诸多相似之处，如二者的坐姿、手印、服饰、面相等方面。不同者为：F1911.134头顶发际表面光滑，没有刻出发纹；大衣表面也光滑，没有梯阶式的衣纹；四足方座的正面内凹没有刻出卷云纹。就是从尺寸的大小来看，两像也十分接近。因此，这无疑是一件接受南朝（420~589）影响的作品。这就为我们带来了一个新问题：北魏的

佛教艺术从何时开始接受南朝影响的。前文谈到了十六国时期北方佛教艺术对南方的影响，以及南方新型造像艺术的形成。历史表明，到了6世纪下半叶，在南方创造的新型造像艺术又反向对北方产生了更为强烈的影响，并且波及了北方各地。从文献记载来看，南朝对北魏佛教艺术的影响源自孝文帝的汉化改革。据《魏书·高祖纪下》记载：太和十年（486），"（孝文）帝始服衮冕……始制五等公服。甲子，帝初以法服御辇，祀于西郊"。北魏鲜卑族以南朝制度为榜样，从此开始了包括服饰等各方面的汉化改革。一般的学术观点也认为，北魏在艺术风格方面大规模向南朝学习，也大约始于太和十年。在山西大同云冈石窟第二期太和十年以后的石窟中，流行于南朝的褒衣博带装佛像大量出现了。另外，在中国北方的其他佛教石窟寺中，如河南洛阳龙门石窟、甘肃敦煌莫高窟等地，带有明显南朝造像风格的褒衣博带装、秀骨清像的佛像作品均可定在太和十年以后。目前，我们发现的南朝秀骨清像、褒衣博带装佛像的实物，以四川茂汶县出土的齐永明元年（483）西凉曹比丘释玄嵩造像碑为最早，它的正面为弥勒佛坐像，背面为无量寿佛立像。[8]我们还无法确定这种南朝汉民族式的佛像艺术最早形成于何时，在形成之前北魏是否已开始向南朝的佛教艺术界学习了。

那么在太和十年以前，北魏的艺术界是否已有向南朝学习了呢？对于这个问题，在以前，我们没有发现艺术实例可以加以说明。而佛利尔收藏的这尊太和元年金铜坐佛像或许能帮助我们带来部分答案。而其所拥有的太和元年的铭文题记，就可以把以往我们认定的太和十年为影响起始之年的看法提前十年之多。从铭文题记的内容来看，出资铸造该像的是汉人。而这又将涉及早在孝文帝汉化改革之前北魏汉人就已向南朝制度学习的新的有趣课题。

8. 袁曙光《四川茂汶南齐永明造像碑及有关问题》，《文物》1992年第2期，第67~71页。

三、西魏张秩欢造像碑的题材

F1909.294 为一小型造像碑（图 4-7）。它的正面呈梯形，通高 32.8、上宽 8.5、下宽 15 厘米；上厚 4.5、下厚 8 厘米。碑的正面开一尖拱形龛，龛楣表面浮雕忍冬纹，龛内雕结跏趺坐佛与二胁侍菩萨立像。从碑的背面题材来看，该佛应为释迦。这尊主佛头顶有高肉髻，面相方圆，细部已残，双肩高耸，身躯显瘦；右手施无畏印，左手施与愿印，右足出露在前；平胸，腹部鼓起；着双领下垂式大衣，内有袒右式的僧祇支，在胸前束带，大衣下摆披覆于方座前表面三层，两端略呈八字形分开；大衣的衣质薄厚适中，衣纹略呈阶梯式；头后有舟形素面身光。二胁侍菩萨的身体呈直立之姿，均将身体侧向主佛，头戴三颗摩尼宝珠装饰成的宝冠；方面消瘦，五官宽大，身体也为修长消瘦，平胸，腹部鼓起；双手抚腹部，足下踏覆莲台；上身袒裸，下身着裙，饰有宽大的帔帛，自双肩处分垂于体侧；衣纹刻划简单。现龛楣上部两侧各刻三个闻法比丘的头部，头后均有圆头光。在龛外的两侧各刻上下二身立菩萨像，均将身体侧向主佛，动作与服饰均同于龛内的二立菩萨，只是表现手法更为简化。

在正面上部开一长方形龛，龛楣表面刻一排覆莲瓣，龛外两侧与下龛相同，也是各刻二身立菩萨像。龛内刻二身立佛像，可能系表现释迦与多宝佛，均将身体向外半侧着，双手相拱于胸前，不露双手。头顶均有素面高肉髻，方面，五官宽大，身躯显瘦，双肩略耸；平胸，腹部略鼓，身着双领下垂式大衣，衣质较显厚重，衣纹略呈阶梯式。二立佛的身后各有一素面舟形背光。

在碑的左右两侧面，均上下排列五个小龛，并向上渐小（图 4-8、4-9）。龛内均刻二身结跏趺坐佛像，造型风格与正面佛像相似，均将身体半侧向外，双手相拱于腹前，不露手，也无大衣下摆垂下。右侧坐佛均着双领下垂式大衣，左侧坐佛均着通肩式大衣，衣纹为简单的阴刻线，衣质显厚。二佛身后均刻素面舟形背光。

碑的背面下部刻一尖拱形龛，龛外两侧各升起一株菩提树，向上的片片如银杏叶状的叶子装饰着龛楣部分。龛内雕交脚弥勒菩萨与二胁侍立菩萨像，三菩萨的服饰均与正面龛的立菩萨相同。主尊的头部略向右偏，面相长圆，五官已不清，双肩微耸，平胸，鼓腹，右手贴放于胸前右侧，左手下抚腹部左侧，长裙的下摆呈八字形分开，足踏圆形覆莲花，刻出莲心部分；身后有素面舟形背光。二菩萨在造型与服饰方面均与正面下龛二菩萨相似。二菩萨的足下分别刻出一身正面向的蹲狮，胸前刻有鬃毛。

背面（图 4-10）上部开有一长方形龛，龛楣与龛边多残，内刻释迦太子乘象入胎的故事情节：左侧刻一妇女赤足站立，身体微向右侧，头部略向右偏，右手伸于象上菩萨的身后，左手抚腹部。该妇女头顶束有发髻，面相方圆，五官较大，虽面的左半部已残，但仍可见原来喜悦的表情；它的头部显大，体形显瘦，平胸鼓腹，上身袒裸，下身着长裙，帔帛自双肩处分垂经双肘部于体侧；衣纹刻作阶梯式；头后有素面头光，多残损。右侧刻一头向左侧身立着的大象，象背铺毯，背上驮一蹲跪之姿的菩萨像，菩萨双手前伸，为右腿下跪、左腿技撑，身体向左侧偏斜。该菩萨头部已残，身体有胖瘦程度及所着服饰均与左侧妇女相同，头后也有素面头光，已残。

该碑的左侧下部刻有铭文曰："……/ 张秩欢 / 一心供养"。碑的右侧下部刻有铭文曰："母王一心供 / 养息女马 / 女息须大 / □供养。"

前辈学者对该像碑的制造年代与造像题材说法不一。1909 年，佛利尔从法国巴黎购得此碑，出售者被记录为 "Worch and Cie."。1916 年，华尔纳将此碑的年代判为六朝时期。他将该碑上部所刻的象与象上的菩萨断为释迦降伏醉像的佛传故事情节。1922 年，时任佛利尔美术馆副馆长的

Fig. 4–7. Buddhist Stele (front)
F1909.294
Stone
H×W×D: 32.8 × 15 × 8 cm
(12 15/16 × 5 7/8 × 3 1/8 in)
Western Wei dynasty
(535~556)
Gift of Charles Lang Freer
图 4-7: 西魏张秩欢造像碑
正面

9. 松原三郎：《中国佛教雕刻史论》，《本文编》277 页，图版可见图版编一《魏晋南北朝前期》，图版253。

10. 大村西崖：《支那美术史雕塑篇》，附图593、294；Osvald Siren（喜龙仁），*Chinese Sculptures from the Fifth to the Fourteenth Centuries*［五至十四世纪的中国雕塑］（London,1925），图版173A；松原三郎：《中国佛教雕刻史论》，图版编一《魏晋南北朝前期》，图版295、302、303、312a；中国美术全集编辑委员会：《中国美术全集·雕塑编3·魏晋南北朝雕塑》，北京：人民美术出版社，1988年，图版119。

11. 中国美术全集编辑委员会：《中国美术全集·雕塑编3·魏晋南北朝雕塑》，图版72。

Fig. 4–8. Left side of F1909.294
图 4–8: 西魏张秩欢造像碑左侧面

Fig. 4–9. Right side of F1909.294
图 4–9: 西魏张秩欢造像碑右侧面

Fig. 4–10. Back of F1909.294
图 4–10: 西魏张秩欢造像碑背面

Carl Whiting Bishop 认为该碑无疑是六朝早期的真品，很有可能产自北魏。1924 年，时任佛利尔美术馆馆长的 John E. Lodge 建议将该碑的年代定为 6 世纪。1962 年，喜龙仁同意华尔纳的观点，仍将碑背上部有象的题材定为释迦降伏醉象的故事。关于雕刻年代，他倾向于北魏，并认为造像风格与龙门古阳洞的类似，但雕刻水平较为低下。他还分析该碑石质，认为与西安一带所出的石质相似。1967 年，时任佛利尔美术馆中国艺术策展人的罗谭认为碑背象背上的菩萨是普贤菩萨。1975 年，罗谭修改了该碑的年代，将其定为北魏作品。

那么，该造像碑造于何年代何地呢？松原三郎在其《中国佛教雕刻史论》中认为该像为东魏（534~550）的作品，背面上段为悉达多太子与白马别离的场面。[9]松原三郎对背面上段佛

传情节的判断显然是错误的，因为菩萨身下象的形象清晰可见，应是乘象入胎的情节。另外，关于该像的来源，笔者以为该像表面所有人物形象均显瘦削，服装衣纹的刻划比较细密，且都具有垂直向下的趋势，这些特点与东魏造像风格完全不同，而与西魏（535~557）的某些造像则有相似之处，如日本畠山记念馆藏、传西安草堂寺旧藏的西魏石造三尊佛像，日本书道博物馆藏大统十三年（547）比丘安僧等造四面佛像碑，上海博物馆藏大统十六年歧法起造二面石佛像。[10]F1909.294 正面下龛主佛的大衣下摆呈八字形向两侧分开，与西安碑林博物馆藏 1950 年陕西省华县瓜坡支家村出土的北魏延昌元年（512）朱双炽造像碑正龛主佛的大衣做法基本一致，[11]而后者或许代表了这种风格正是北魏西北地区的传统。西安碑林博物馆收藏的北

魏晚期朱黑奴造像碑，碑身上小下大，碑体龛内的结跏趺坐佛像大衣下摆也是分开呈八字形，[12]这些特点都和F1909.294相同。从造像风格来看，F1909.294似乎正界于北魏晚期流行于陕西地区的中原风格与地方风格之间。因此，从大的方面考虑，笔者将其制作地点定在西魏。

该造像碑的题材重在表现佛教的源远流长，但更侧重于释迦传记。该碑正面上部的释迦与多宝佛、正面下部的释迦牟尼、背面下部的弥勒菩萨像表现了过去、现在、未来佛，是北朝时期流行的造像题材。侧面小龛中的佛像则象征着贤劫千佛，也流行于中原北方的北朝石窟之中，如云冈石窟、龙门石窟、巩县大力山石窟、敦煌莫高窟等地的北朝石窟寺。但该碑的最特别之处是背面上龛雕着菩萨乘象入胎的情节——

摩耶夫人左手抚腹部立于左侧，其右侧为一身坐于象背的菩萨，即表现了释迦的前世乘象投胎，也表现了释迦之母怀孕的情节。从目前发现的情况看，表现乘象入胎情节的艺术作品，在印度早期的佛教艺术作品中多表现为摩耶夫人卧于床上，其上方为一头大象入胎的情景。但在中国，这个情节大部分表现为一菩萨乘象，而该菩萨即为天国兜率宫的一位善慧菩萨，是释迦的前世，如云冈石窟第9窟前室北壁明窗雕刻即反映这一佛传情节。[13]但是，1909.294既表现菩萨乘象，又表现摩耶夫人怀孕的图像，从目前的发现来看尚属特例。因此该像为研究北朝佛传题材的表现手法，特别是中国佛教艺术家在印度图像基础上的再创作提供了珍贵的实物资料。

12. 李域铮：《陕西古代石刻艺术》，西安：三秦出版社，1995年，第42页。
13. 云冈石窟文物保管所《中国石窟·云冈石窟》（二）北京：文物出版社，1994年，图版5。

四、西魏恭帝二年（555）晋定欢造立佛像与北周风格的形成之始

F1913.17为一尊立佛像（图4-11），通高41.9厘米，下有方形台座，高6.9厘米、宽14厘米、厚12.2厘米。该佛在头身比例上头部显大，略下低，头顶的肉髻大而低，在肉髻与发髻的表面阴刻有流畅的水波纹。面相方圆丰满，双耳较宽，眉目细长，双目下视，鼻尖已残，嘴角内陷含笑意。粗颈素面，双肩微耸，身躯丰满，腹部前挺，胸部略平。它的右手施无畏印，五指均残，左手掌心向下，小指与无名指卷起，其余三指下伸。双足略呈八字形分立于一圆形矮台之上。身着双领下垂式大衣，衣质较薄，内有袒右式的僧祇支，衣纹呈阶梯式，疏密有秩。现立佛颈后有一榫，长6.3、宽2.7厘米、厚3.5厘米，向端部渐小，为插立身光之处。在立佛足下台座的正面，以减地阴刻的手法刻出了香炉与两侧的蹲狮。香炉为博山炉，下饰一周覆莲瓣，两边饰忍冬叶。蹲狮

均将身体略向外部偏斜，头部相对，二前肢下撑，张口，有鬃毛，长尾上卷。在身体后面均立有一支长茎仰莲花。

台座右侧面刻题记曰："二年岁次 / 乙亥三月壬 / 午朔廿九日寅 / 戊佛弟子 / 晋定欢□ / 已削身造"。台座后面续刻题记曰："像一区为 / 一切众生 / 一时成佛 / □景祥"。

前辈学者对该像的制作年代观点众说纷纭，主要针对题记中的"二年"对应于何年。1913年，佛利尔从日本名古屋购得此像，出售者被记录为"Kiroku Adachi"。当时，出售者的源文件只记录该像来自中国，但没有记其年代。1916年，华尔纳认为此像为唐代作品，他看到了"二年"题记，但不知其对应于何年。1922年，C. W. Bishop同意该像唐代之说，并认为题记中的年号被破坏的观点不成立。他以为该题记本身就没有刻出年号。

Fig. 4–11. Standing Buddha
F1913.17
Stone
H×W×D: 41.9 × 14 × 12.2 cm (16 1/2 × 5 1/2 × 4 13/16 in)
Western Wei dynasty (535–556), dated 555
Gift of Charles Lang Freer
图 4–11: 西魏恭帝二年（555）晋定欢造石雕立佛像

他的观点是，在唐代，能与"二年"与"乙亥"相结合的只有唐高宗（649~683年在位）上元二年（675）年。1924年，J. E. Lodge认为该像带有六朝风格，并具有一两个不寻常的特征。这也许是一种晚期制作的带有古风的造像，但造像质量低劣。笔者以为这种对应法很主观。如果此像果真造于上元二年，Bishop应该解释为何此像的题记不刻年号，因为这是很反常的现象。1962年，喜龙仁同意Bishop的观点，将题记中的年代对应为唐代的公元675年。但他认为年代虽晚些，但造像风格却带有北周或隋代的特征。他认为此像造于西安一带，而西安一带发现的唐代造像往往带有隋或更早的风格，比起河北、河南一带的唐代造像风格显得保守。1975年，罗谭认为把此像定为唐代的公元675年明显太晚了，并认为此像的风格可确定为公元6世纪的第三个四分之一时期，即6世纪下半叶的早期。因此，他觉得该像应为北周作品。但他并没有解释该像题记中的"二年"到底是何意。

该佛像最为显著的风格特点是身着双领下垂式大衣，身躯丰满，微显细腰与宽胯，是一尊饱含着北周（557~581）风格的佛像。其形体特征与上海博物馆藏北周大象二年（580）周纪仁造释迦立像，山西省博物馆藏、出自稷山县大郝村的北周天和四年（569）石雕立佛像十分相似，仅其头顶发际表面为阴刻水波纹与身披双领下垂式大衣有所不同。1953年由陕西渭南移藏西安碑林博物馆的北周武成二年（560）立佛像，高达250厘米，是北周早期佛像作品的代表，其总体造型也与F1913.17十分相似。2004年，在西安东郊的灞桥区湾子村发现出土了五尊大型北周立佛像，高178~216厘米，大体可视为等身佛像，现均藏于西安碑林博物馆（图4-12）。其中一尊立佛具有北周大象二年的铭文。[14] 佛利尔的立佛像与这五尊北周佛像在手印、服饰、身态、底座等方面相比较均有相似之处，只是前者雕造相对简略。因此，佛利尔收藏的这尊立佛像属于北周的风格是没有疑问的。

其方形台座上的铭文曰："二年岁次乙亥，佛弟子晋定欢造。"没有年号。在北周及其前后，"乙亥"年为公元555年，是西魏恭帝拓跋廓（554~557在位）在位的第二年。拓跋廓原名元廓，是西魏文帝元宝炬（535~551年在位）的第四子。他于554年即位，去年号称元年，并且复姓拓跋。557年，他被迫禅位于宇文觉，西魏灭亡。之后，恭帝被封为宋公，次年被杀。因此，拓跋廓在位年间没有使用年号，佛利尔的这尊立佛像座上的铭文是完整的，时代应在西魏拓跋廓二年。

从总体情况看，西魏与北周的造像风格区别很大。但北周风格的造像是如何形成的，它们又接受了哪方面的影响？从文献记载来看，与北齐相似，北周新型造像风格的形成同样来自南朝的影响，时间当在西魏末年。公元553年，南朝梁（502~557）发生内乱，西魏的实际统治者宇文泰（507~556）乘机派军攻取四川全境。554年，宇文泰又派军攻破江陵，俘获了梁元帝萧绎（552~555年在位）。从此，长安与南方的交通畅通无阻，江南的僧人、学者们也开始大批地从江陵或四川来到关中长安。在这些北迁长安并接受西魏官职的著名学者中就是来自江陵的王褒（约513~576）与来自四川的庾信（513~581），庾信曾在甘肃天水麦积山石窟书写了一则题记。[15] 这些高僧、学者们无疑会把更多的梁朝新式佛教艺术引进关中，从而使张僧繇的艺术范式在长安一带产生更加广泛和深远的影响。因此，在公元556年北周建立后，来自江南的新型佛教艺术便开始在关中以及北周的其他地区全方位地广为传播。上海博物馆藏的梁朝释慧影和尚于546年造的佛像，穿的就是低开领的通肩式大衣。[16] 成都万佛寺遗址出土的一件梁朝中大通元年（529）刻成的立佛像，也是身着通肩式大衣，丰满的身躯已略微显出了一些优美的体形。[17] 这些都是南朝早于北周流行这种新型造像的例证。很明显，在西魏末年，典型北周风格的丰满型造像已开始在西魏出现了。F1913.17若没有纪年，我们一定会认为这是一件北周的造像。因此，佛利尔收藏的这件立佛像无疑为我们探索北周造像风格的形成提供了珍贵的实物资料。

14. 赵力光、裴建平《西安市东郊出土北周佛立像》，《文物》2005年第9期，第76~90页。

15. 参见唐僧道宣《续高僧传》卷七、十六、二三、二五，《大正藏》第50册，第481b、558a、631b、657c页。

16. 中国美术全集编辑委员会《中国美术全集·雕塑编3·魏晋南北朝雕塑》，图版57。

17. James C. Y. Watt, *China: Dawn of a Golden Age, 200~750 A.D.* [中国：黄金时代的黎明，公元200~750年]，New York: The Metropolitan Museum of Art, 2005, 第218~219页。

五、特殊的北齐背屏式维摩诘与文殊造像

F1911.410 为小型背屏式造像（图 4-13）。它通高 53.6 厘米，下有长方形台，高 10.5、宽 26.4、厚约 6.7 厘米，台上以高浮雕的手法雕维摩诘居士与文殊菩萨对坐说法像，身后有厚 3.1 厘米的舟形大背光。下部的台座与背光表面相连呈一大舟形，最宽处在台座的上沿，台座下宽 24.3 厘米。像下有榫，长 5.5、宽 10、厚 5 厘米许。

台座上雕出正面相的维摩诘与文殊并坐像，头身比例较为适中，均为结跏趺坐，不显双足，腿前有矮几。维摩诘坐于左侧，高 15 厘米，头部略向左偏，头戴较高的毡帽，方面宽腮，眉眼角均下垂，双目下视作沉思状。宽颈素面，身体显瘦，宽肩，胸腹平坦，右手执一扇于胸部右侧，以左手下抚几的中部。身着褒衣博带装，大衣双领下垂，有偏衫包右大臂，着有内裙，在胸前束带垂下。衣质较薄，衣纹为疏简的阴刻线，双腿间的部分衣纹刻作双阴线。二宽袖搭于几前。

文殊菩萨坐于右侧，高 14.7 厘米，头戴宝冠，中部残损少许，表面饰有三颗摩尼宝珠，有冠帔垂于头后两侧。额上发际阴刻有竖向的发纹，面相方圆，较显丰满，下颏较尖，眉眼细长，双目微下视，嘴角内陷，表情慈悲。素面粗颈，宽圆肩，在肩头饰有圆饼形装饰，向下垂有二带。还有长发披于肩上。胸腹平坦，但体形仍有丰满的感觉。以左手握一如意勾于胸前，以右手放于几上。上身袒裸，下身着裙，项下饰有项圈，有手镯，帔帛包裹双肩及大臂，在腹前交叉穿一环，再上绕至肘部垂下，搭于几前。衣质较薄，衣纹刻作疏简的阴刻线。

在文殊右侧几上立一弟子，高 6.2 厘米，头显大，身躯丰满，双手合十，着交领式大衣。身体基本为正向，但头部扭向左侧。在维摩几上左右两侧各有一身弟子，头都显大，身躯丰满，均着交领式大衣，双手相拱于胸前，不露手。其中右侧弟子高 6.7 厘米，头部扭向左侧；左侧弟子高 7.8 厘米，头部扭向左侧。

在文殊右侧与维摩左侧，各浮雕有一身胁侍菩萨立像。均头戴由三颗摩尼宝珠装饰而成的宝冠，面相长圆丰满，身材窈窕，有扭动的优美体态，五官较为宽大，项下有项圈，身着衣质较为轻薄的双领下垂式大衣，有广袖垂下，仅刻出外侧一足。其中文殊右侧菩萨高 11.5 厘米，头部扭向左侧，上身略向后仰，双手相握于胸前；维摩左侧的菩萨高 11.2 厘米，头部略向右偏，腹部微挺起。二菩萨头后均有素面圆形头光，其中内侧一半隐于帐后。

在这一铺七尊像的上方浮雕一歇山式屋顶，有卷起的鸱吻与瓦垄，屋顶外两侧分别刻出向上的忍冬叶。屋檐下有三立柱，维摩、文殊与三弟子均位于三立柱之间，中部柱上有普柏枋，枋上相间地刻出四个人字形拱与三个一斗三升式斗拱，枋下刻有帷帐，以带束起。维摩与文殊头后均有圆形头光，仅在边沿刻一周联珠纹。二头光均多半隐于帷帐之后。在二头光的内侧上角，各刻出一朵四瓣花。在二菩萨的头上方雕出长茎莲花与忍冬叶。在屋顶的上方刻有三瓣花与二身飞天，二飞天均为侧身像，腹部在下，双腿飘向上方，其中内侧一腿弯曲，双臂弯曲，双手向着中部作供奉状，所饰帔帛均在身体上方绕作一个圆环，并集中飘向舟形背光的尖部。二飞天的头部均显大，其中右侧飞天为菩萨形，头戴花冠，饰有项圈，上身袒裸，下身着裙，双手上捧一忍冬叶；左侧飞天为弟子形，光头，袒裸左臂，在右大臂处有衣服，身披大衣，表面不刻衣纹。

在台座正面下部浮雕一排山形，其上开一倒梯形浅龛，高 6.8 厘米，上宽 23.8 厘米，下宽 23 厘米。在龛外上、左、右三面，紧贴台座的边缘刻出联珠纹。龛内正中雕博山式香炉，炉下有一周覆莲瓣，炉两侧各立一支长茎三瓣仰莲花。香炉两侧各雕三身供养比丘像，身体均侧向中部香炉，体量向两侧渐小，均双手于胸前合十，外侧一腿为跪姿。身着双领下垂式

Fig. 4-13. Buddhist stele depicting debate between Vimalakirti and Manjusri
F1911.410
Dolomitic limestone with traces of pigment
H×W×D (a): 53.6×26.4×6.7 cm (21 1/8×10 3/8×2 5/8 in)
Northern Qi dynasty (550~577)
Gift of Charles Lang Freer
图 4-13：北齐背屏式维摩诘文殊并坐石雕像

大衣，表面刻有疏简的阴刻衣纹。比丘之间均有一支长茎三瓣仰莲花。

在背光的两侧面刻有相同的疲状连续的阴刻缠枝忍冬纹。在背光的背面，以阴刻的手法刻出佛与二弟子像等（图 4-14）。主佛结跏趺坐于方形束腰叠涩座之上，座下有一周覆莲瓣。该佛坐高 14 厘米，头顶有低平的素面肉髻，面部胖圆，眉眼细长，双目平视，颈部仅刻两道。圆肩胖体，双手施说法印，右足出露，足心向上。身着双领下垂式大衣，内有袒右式的僧祇支，并有偏衫包

Fig. 4-14. Back of F1911.410
图 4-14: 北齐背屏式维摩诘
文殊并坐石雕像背面

裹右臂，大衣下摆垂覆座前三层，衣纹流畅，疏密有致。头后有圆形头光，仅在外沿刻出一道光环。身后有舟形大背光，内匝无雕饰，中匝刻有一道光环，外匝刻有一周火焰纹。

　　主佛身体两侧各刻一身弟子像。右弟子为少年形，应为阿难，高 18.8 厘米，眉目细长，双目平视，表情严肃。左弟子为老者形，应为迦叶，高 18.2 厘米，为闭目聆听的神态。二弟子的头部均显大，身体侧向主佛，双手拱放于胸前，不露手，各执一支长茎仰莲花，且均有圆形素面头光。

六、一块北齐造像碑中的尼乾子与鹿头梵志像

F1909.293 为一背屏式石造像，主像为主尊立菩萨并胁侍二弟子、二辟支佛、二菩萨像（图 4~16）。现象之背光尖部已残，下部有榫，长 4.2、宽 10.5、厚 5 厘米，因此原像下应有台座。这铺造像通高 71、宽 35.1、厚 28.1 厘米，背屏上厚 1.9、下厚 3.1 厘米，尖部略向前卷起，像的下部厚 7 厘米许。

主尊立菩萨像高 28.2 厘米，站立在由二力士承托着的圆形双层仰莲之上。该菩萨头戴由三颗摩尼宝珠装饰的宝冠，冠披分垂于头后两侧，在头身比例上头部显大，发间阴刻有竖向发纹。面相方圆丰满，眉眼细长，长眉刻作突棱状，双目略下视。颈部较短，双肩较圆，有半圆形物饰于双肩肩头，其下分别垂有长短两条丝带。身躯直立，微显宽胯，胸部平坦，腹部鼓起，右手于胸前右侧施无畏印，手指残损，左手于腰部左侧施于愿印，双足平行分立。它的上身袒裸，下身着裙，身体表面的服饰均刻得较轻薄。它装饰有宽大的项圈，手腕处有手镯，帔帛覆盖二大臂，有长璎珞置于帔帛之上，并与帔帛一起于腹前交叉穿环，腰部束有裙带垂下，在裙带的两侧还向下垂有饰物。衣纹刻作简洁的阶梯式，裙间衣纹均作垂直向下状。现该菩萨面部与上身袒裸处有贴金残迹，帔帛间有石绿色与朱砂色残迹，长裙下摆处有青色残迹，莲台表面也有石绿色的残迹。菩萨头后有圆形头光，内匝为一周双层莲瓣，莲瓣上有石绿色残迹，底上有赭色残迹；中匝刻波状连续的忍冬纹，表面有石绿色残迹；外匝为有间隔的两圈联珠纹，表面有赭色残迹。菩萨足下承托莲座的二力士均呈游戏坐姿，双手向上作托举状，面部上仰，头顶没有发髻，上身袒裸，下身着齐膝短裙，饰有帔帛。右力士帔帛在腰前环绕一周，左力士的帔帛自双肩处直接分垂于体侧。在二力士之间前部雕出一座山形，呈三角状，山间开有一圆拱形龛，龛内雕有一身头戴风帽的禅定僧人像。

主尊立菩萨的莲台后部分别向两侧升出一大二小圆形仰莲花，花上承托一菩萨与一弟子、一辟支佛像。二胁侍立菩萨身高 18.7 厘米，头上均戴由三颗摩尼宝珠组成的宝冠，珠间立有长茎莲蕾。左胁侍菩萨的头饰与主尊相同，右胁侍菩萨仅在头部右侧垂有冠披，头发刻作螺状。二菩萨均面相方圆清秀，眉眼细长，嘴角内陷，微含笑意。颈部粗短，在头身比例上头部显大，双肩较窄，平胸、鼓腹、宽胯，身体略微向主尊扭动，重心放在内侧腿上，而外侧一腿膝部微屈，使身材较显窈窕。它们的上身袒裸，下身着裙，饰有项圈、臂钏、手镯，项圈为三条联珠组成，有联珠状璎珞自左肩处搭向胯部右侧。下身长裙衣质轻薄，衣纹为阴刻线，在双膝部刻作竖向椭圆形，且上下的衣纹作同心圆的弧形。帔帛自左肩处搭于右小腿处，再上绕至右臂肘部垂下，帔帛表面不刻衣纹，仅在两边处各刻一条阴线。二菩萨的手姿有所不同：右菩萨左手于胸前执一朵莲蕾，右臂弯屈，右手下提桃形物；左菩萨双用相握于胸前，似合十状。二菩萨头后均有椭圆形头光，边缘饰有联珠纹。

二弟子像均呈直立之姿，身体略偏向主尊，头身比例谐调，身体均显丰满。其中右弟子高 15.5 厘米，为老者形，应为迦叶，双手相拱于胸前，不露手；左弟子高 15.6 厘米，为少年形，应为阿难，双手于胸前合十。二弟子均着通肩式大衣。

二辟支佛像也将身体侧向主尊，头顶发髻呈尖形，表面有竖向阴刻发纹。均面相方圆丰满，在头身比例上头部显小，使身材更显修长。身躯略显丰满，腹部前挺。二像均着双领下垂式大衣。右侧辟支佛高 16.3 厘米，双手相握于胸前。左侧辟支佛高 16.8 厘米，双手相拱于腹上部，不露手。

在右侧弟子与辟支佛的后部上方刻有一株菩提树，树叶呈银杏叶状。在左侧弟子与辟支佛的后部上方，刻有一株柳树。二弟子与二辟支佛身

Fig. 4–16. Standing
bodhisattvas with monks,
Pratyekabuddhas, lions,
and apasaras
F1909.293
Stone with pigment
H×W×D (assembled):
71×35.1×28.1 cm (27
15/16×13 13/16×11 1/16 in)
H×W×D (a–figure):
55.6×26.8×8.6 cm (21
7/8×10 9/16×3 3/8 in)
Northern Qi dynasty
(550~577)
Gift of Charles Lang Freer
图 4-16: 北齐立菩萨一铺七
尊石雕像

27. 松原三郎：《中国佛教雕刻史论》，图版编二《南北朝后期·隋》，图版 376。

28. 参见中国美术全集编辑委员会：《中国美术全集·雕塑编 13·巩县天龙山响堂山安阳石窟雕刻》，北京：文物出版社，1989 年，图版 118、133、135。

29. 参见刘志远、刘廷璧：《成都万佛寺石刻艺术》，北京：中国古典艺术出版社，1958 年。

30. 松原三郎：《中国佛教雕刻史论》，图版编二《南北朝后期·隋》，图版 377。

下分别刻有尼乾子与鹿头梵志，均头顶束发髻，上身袒裸，饰有帔帛，下身着齐膝短裙。其中，右侧的鹿头梵志为侧身下蹲之姿，双手捧一骷髅头奉向主尊。左侧的尼乾子为正向蹲姿，左手叉腰，头部上仰，右手捧一鸟奉向主尊。

主尊下台两侧各雕有一蹲狮，身体侧向外，长尾上卷，其中左侧狮子长舌吐出。二狮身下均有山形台座。

主尊头光上部两侧各浮雕一身莲花化生人物，上身从覆莲中生出，身体为正面相，外侧一臂弯屈，内侧一臂上伸，共同上托一座亭阁式覆钵塔。化生人物的上身袒裸，其中右侧一身头部已残，而左侧一身头顶有发，项下似有项圈。塔身中部开一尖拱形龛，龛内雕一身着通肩式大衣、施禅定印的结跏趺坐佛像。塔身上有覆钵与山花蕉叶，塔刹部分已残。主尊身光的左右两侧各浮雕三身飞天，身体均侧向中部，且中部飞天的内侧还有两身小结跏趺坐佛像，头后均有圆形头光，可惜右内侧与左外侧小坐佛已残。六身飞天均为身形清秀，上身较直，腹部前挺，双腿弯屈伸向身后，上身袒裸，下身着长裙，帔帛飘向身体上方，身下刻有流云与圆形小莲花。左侧中、下二身飞天头顶束有三朵发髻，其余飞天顶不束发髻。其中右侧上身飞天头部已残，中身双手持一物，下身弹拨阮咸；左侧上身飞天双手于胸前捧钵，中身似在吹奏乐器，下身吹竽。

造像背屏两侧阴刻有波状连续忍冬纹边饰。

在这铺造像背屏的背面，以阴刻的手法刻出一佛二弟子像。主佛结跏趺坐于圆形束腰叠涩座之上，座下刻有一圈覆莲瓣。该佛头顶有低平的椭圆形肉髻，面相丰满，头部显大，身体胖瘦适中，双手施禅定印，掌心向上。它身着低开领的通肩式大衣，内有袒右式的僧祇支。佛的头后有圆形素面头光，身后有舟形火焰背光，外匝刻有火焰纹。二弟子的身体均侧向主佛，头部显大，身体胖瘦适中。右弟子为少年形的阿难，左弟子为老年形的迦叶，均腹部略前挺，着双领下垂式大衣，内有袒右式僧祇支，双手拱放于胸前，不露手，向上持一朵长茎莲花。

主佛身后刻有一株菩提树，树叶呈银杏叶状；身下座前刻一香炉，炉下饰有一周覆莲瓣，香炉两侧各刻一片忍冬叶。香炉前部两侧各刻一蹲狮，身体均侧向中部，长尾自双下肢中部上卷，外侧前肢抬起，内侧前肢下撑，头部上仰，张口吐舌。

前辈学者们对该像年代的判定有一个发展过程。1909 年，佛利尔从法国巴黎购得此像，当时记录出售者为 "Worch and Cie."。出售者的源文件记录该像是古代中国作品。1916 年，华尔纳定此像年代为六朝时期。1922 年，C. W. Bishop 同意华尔纳的观点。1924 年，J. E. Lodge 认为此像质量低劣，可能是明代的作品。1947 年，喜龙仁不同意 Lodge 的观点，认为此像应早于明代。1951 年，J. A. Pope 认为没有任何根据将此像定为明代作品。尽管此像的雕刻技法低劣，但很像是公元 6 世纪的作品。1962 年，喜龙仁再次记录了该像，称其为"弥勒像碑"，针对其主尊立菩萨而言。他将此像年代定为北周。1967 年，Emmy Bunker 注意到了执鸟与骷髅头的小人物形象，但没有考证其题材为何。1975 年，罗谭正式将此像年代从六朝改为北周。

总体来看，F1909.293 具有北齐的造像风格与特征。主尊菩萨像的身躯丰硕如直筒状，下身裙间的衣纹均为竖直向下，与日本东京国立博物馆收藏的天保三年（552）魏蛮造立菩萨像十分相似。[27] 二胁侍菩萨像的外侧一腿微屈，则与北响堂山石窟北齐大佛洞（北洞）中心柱上的菩萨像、释迦洞（中洞）窟门外右胁侍菩萨像身姿相同。[28] 而这种立姿又可见于四川成都万佛寺遗址出土的梁朝大同三年（太清二年，548）观世音造像一龛中的菩萨像。[29] 所以，这种身姿应是接受了南朝影响的结果。日本个人藏的北齐石造立菩萨七尊像在总体组合与 F1909.293 相同，二者的造像风格也十分接近，特别是二胁侍立菩萨的右腿均呈微屈的姿态。[30] 佛利尔的这件背屏式七尊主像上方浮雕飞天环拱亭阁式佛塔的做法，在第二章中已述，也是北齐造像流行的样式之一。在雕刻技法与人物风格方面，F1909.293 都堪称为一尊精美的北齐造像作品。

该像的二弟子与二辟支佛身下分别刻有尼乾子与鹿头梵志像，也可见于一些北朝造像。云冈石窟5世纪下半叶开凿的第12窟前室北壁雕有结跏趺坐释迦像，该佛两侧即有持鸟的尼乾子与持骷髅头的鹿头梵志像，属于时代较早的这类题材造像（图4~17）。纳尔逊艺术博物馆收藏有一件6世纪上半叶刻成的北魏造像碑，主要表现释迦与二立菩萨像，在三像外侧

Fig. 4–17. The Buddha's Assembly
Limestone
Ca. 2nd half of the 5th century
Northern Wei Dynasty (386~534)
Cave 12 of Yungang Grottoes, Datong, Shanxi Province
图4-17：云冈石窟北魏第12窟前室北壁释迦与尼乾子、鹿头梵志
5世纪下半叶
采自水野清一、长广敏雄《云冈石窟：西暦五世纪における中国北部佛教窟院の考古学的调查报告》卷IX，图版40。

刻有尼乾子与鹿头梵志。[31] 美国克里夫兰艺术馆收藏了两件以左手持骷髅头的金铜鹿头梵志立像，均身材瘦削，表现为北魏晚期的清秀型风格。[32] 纳尔逊还藏有一件约刻于西魏时期的造像碑，碑上也刻有释迦牟尼佛及其胁侍，并尼乾子、鹿头梵志分别于右侧与左侧。[33] 台北静雅堂收藏的东魏兴和三年（541）张晖綦造坐佛七尊石雕像中，主尊的右侧雕有一身双手捧一

骷髅头的鹿头梵志，左侧雕有一身右手捧一鸟的尼乾子。[34] 旧金山亚洲艺术博物馆也收藏了一件以左手持骷髅头的金铜鹿头梵志立像，时代约属于公元6世纪中晚期。[35] 因此，F1909.293雕此二仙人的做法是承继了东魏与北魏的传统。这种题材还可见于敦煌莫高窟北魏、西魏、北周、隋、初唐时期的壁画之中。[36] 同类题材还可见于佛利尔收藏的北周交脚菩萨一铺七尊像（F1911.412）之中（详见本书第五章）。但比较而言，在北齐与北周的石造像中，这种题材毕竟不多见。因此，这件作品与同为佛利尔收藏的F1911.412有力地补充说明了此类雕刻题材在北朝晚期的发展情况。

尼乾子与鹿头梵志本为古印度的苦行者，也本非佛教信徒。执雀外道与持骷髅外道的形象在北朝至初唐佛教造像中常成对出现，学者们一般将执雀外道称之为婆薮仙。但敦煌研究院的王惠民先生认为：执雀外道的故事与婆薮仙的图像不符，但与尼乾子的故事相通。尼乾子不仅是佛的反对者，还经常攻击佛与其他佛教信徒。据唐僧玄奘（602~664）译《阿毗达摩俱舍论》卷三十说："离系子问雀死生，佛知彼心，不为定记。"[37] 玄奘弟子普光《俱舍论记》卷三十详记云："外道离系子以手执雀问佛死生。佛知彼心不为定，若答言死，彼便放活。若答言生，彼便舍杀。故佛不答。"[38] 更早的记录可见于南朝僧真谛（499~569）译《阿毗达摩俱舍释论》卷二二："是故不可定为四答，譬如不记尼干弟子握中之雀。"[39] 离系子即尼乾子，是六师外道中的裸形外道。尼乾子也是印度耆那教的开山祖师。学术界将持骷髅外道定为鹿头梵志则无异意。关于鹿头梵志，《增一阿含经》卷二十载：鹿头梵志有能以骷髅判定男女、死亡原因、治疗方法、死后往生之处的本领。但是，当释迦示以罗汉骷髅时，鹿头梵志不能判定罗汉往生何处。于是，佛向他解释佛教能断轮回，梵志即得出家学道，修得阿罗汉果。[40] 在北朝雕刻尼乾子与鹿头梵志的图像，正如王惠民先生所言："充分展示佛陀的智慧和佛教对其他思想的超越。"[41]

31. 松原三郎：《中国佛教雕刻史论》，图版编一《魏晋南北朝前期》，图版184b。
32. 参见金申：《佛教雕塑名品图录》，北京：北京工艺美术出版社，1995年，图版605、606。该书将这两件骷髅仙像称作"持骷髅的婆罗门"。
33. 松原三郎：《中国佛教雕刻史论》，图版编一《魏晋南北朝前期》，图版315b。
34. 台北历史博物馆：《佛雕之美：北朝佛教石雕艺术》台北，1997年，图版17。
35. Christian Deydier, *Chinese Bronzes*［中国青铜器］（New York: Rizzoli International Publications, INC. 1980），第137。
36. 王惠民：《婆薮仙与鹿头梵志》，《敦煌研究》2002年第2期，第64~70页。
37. 《大正藏》第29册，第156b页。
38. 《大正藏》第41册，第446a页。
39. 《大正藏》第29册，第307c页。
40. 《大正藏》第2册，第651a~652a页。
41. 王惠民：《执雀外道非婆薮仙辨》，《敦煌研究》2010年第1期，第7~13页。

七、北齐思惟菩萨像与净土图像

F1911.411 为一尊带有北齐风格的半跏思惟菩萨像，通高 33、宽 17.5、厚 15.4 厘米（图 4-18）。该思惟菩萨左腿下舒，右腿担放于左腿之上，右臂弯屈支腮作思惟状，以左手下扶左足腕处，左

Fig. 4-18. Pensive bodhisattva (front)
F1911.411
Marble
H×W×D: 33×17.5×15.4 cm (13×6 7/8×6 1/16 in)
Northern Qi dynasty (550–577), dated ca. 575
Gift of Charles Lang Freer
图 4-18: 北齐思惟菩萨石雕像正面

足足心向内。在头身比例上头部略显大，头上戴有三颗摩尼宝珠装饰的宝冠，正中一颗宝珠下有莲花承托，宝珠外刻有两圈联珠纹，三颗宝珠之间各饰一朵莲花。有冠披垂于头部两侧。菩萨面相方圆丰满，头部下低并略向右偏，眉眼细长，闭目沉思，嘴角内陷含有笑意。发际素面。身躯丰满略如直筒状，胸部略鼓，腹部平坦，略显细腰。上身袒裸，下身着长裙，上身饰有项圈、臂钏、手镯。下身裙间的衣纹刻法略呈阶梯式，腿间长裙的下摆垂作两层。帔帛自肩后绕至肘部分垂于身体两侧，帔帛的端部垂至下部台座上面的后两角处。菩萨下坐束腰座，座下有圆形宝装重瓣覆莲装饰，座上部饰一周仰莲瓣；中部束腰处自上部翻出丝织物如垂幔状垂下，在束腰处的下层一周刻出波状连续的忍冬纹装饰。左足下踏一朵圆形宝装覆莲花。菩萨头后刻有圆形头光，内匝为一周双层宝装覆莲瓣，外匝为一周波状连续的忍冬叶边饰，上部正中刻一摩尼宝珠，宝珠下部有覆莲装饰。

菩萨的身后镂空雕出两株菩提树，现树冠上部及左侧多已残损，树叶为银杏叶状，向着上部及两侧张开，原应呈一大的扇形。

思惟菩萨像下的台座平面呈长方形，台座的上面四角处各雕出一朵圆形重瓣宝装覆莲花，花心处凿一小卯孔，原应插有物件。台座的下部有一矮台，其上的四角各立一根圆柱，柱身上小下大呈梭状，柱头部位各雕一颗摩尼宝珠，珠下有覆莲装饰。座前部表面以阴刻的三层水波纹为地，其上两侧各浮雕一身化生童子，双手捧一摩尼宝珠奉向菩萨。化生童子仅露出胸以上部分，其下有一周覆莲瓣，帔帛在童子的头外绕一圆环，经臂下飘向身后。二童子的身下还各刻有三朵三角形的小花，均自底部升出。在二童子之间，自下部升出两片向上的荷叶，叶内各承托一座圆顶的经幢。在经幢之间上方，有两朵莲花，其下各有三片覆莲瓣。在二经幢的外侧上方各有一支莲蕾。

在台座的左侧面，也是以阴刻的三层水波纹为地，表面浮雕有三身化生童子（图4-19）。在左侧中上部雕一身化生童子，仅出露胸以上部分，身下有一周覆莲瓣。该童子身体侧向中部，双手向上托着思惟菩萨左侧的帔帛端部，头顶有发，刻出了粗简的五官。童子身下升出一朵三角形的小花，它的身体右侧有一片荷叶，荷叶的右上方是一朵小莲花，下有三片覆莲瓣。在荷叶的下方，即下层水波纹的表面，自水中露出一童子的胸以上部分，它的身体也是侧向中部，面部向着中上方仰起，刻有粗简的五官，双手相并伸向中部上方作供奉状。在该童子的右侧有两只水鸟，向着右侧游动，其中右侧一只作回首状。水鸟的右侧自下部升起一朵三角形小花。在该面的中部雕有一鱼头，向着右侧张口，其右侧刻有一龟形物。该面的右侧自中层水波纹之下升起一片荷叶，叶内包着一朵莲花，其上还刻有一朵莲花伸出了台座之上，其下有两片覆莲瓣。在该莲花与荷叶的左侧，自上层水波纹之下伸出一化生童子，身体侧向右，但头扭向左侧，头顶有发，刻出了粗简的五官，双手上托一朵莲花。该童子仅刻出胸以上部分。

台座的右侧面也以三层阴刻的水波纹为地，表面浮雕出四身化生童子（图4-20）。右侧一身，自一朵升自底部的覆莲花内生出，露出腹以上部分，身体侧向中部，上身袒裸，下身似着短裤，面部上仰，双手向上托着思惟菩萨右侧帔帛的端部。该童子的右侧刻有一片荷叶，开向右侧。中部有二童子，其一的身体向着右侧匍匐于地，仅着短裤；其二的身体侧向左，以左腿下跪，右腿下蹲，上身前俯，双手前伸抚摸前一身童子之背。在这两身童子的正上方升起一片荷叶，开口向上，左上方也升起一片荷叶，也是开口向上。左侧一身童子身体侧向中部，面部上仰，双手向上托着一朵莲花，左腿为跪姿，右腿为蹲姿，身下有一朵覆莲花。该童子的身体左侧有一片荷叶，开口向着中部，在它的身体右侧自中层水波之内升起一朵长茎莲蕾。

台座的背面浮雕出简单的山形，两侧各开一圆拱形龛，龛内表面磨损严重，原似各刻一身结

Fig. 4-19. Left of F1911.411
图 4-19：北齐思惟菩萨石雕像左侧面

跏趺坐的人物形象（图4-21）。这里应表现僧人在山中修行的情景。

现思惟菩萨的下身裙摆间存有绿色，双腿表面存有深红色，下座之覆莲瓣表面存有朱砂色，头光表面存有深红色。

前辈学者对该像的年代与题材有多种说法。1911年，佛利尔从北京购得此像，出售者被记录为"Ta Ge Shang"。出售者记录此像年代为"魏"。1916年，华尔纳定此像年代为六朝时期，确切纪年为公元485年。他还将此像题材定为"弥勒"。笔者以为，华尔纳很明显是在用朝鲜半岛发现的早期思惟菩萨像题材在判定这尊来自中国的造像，因为韩国发现的早期思惟菩萨像都

Fig. 4-21. Back of F1911.411
图 4-21: 北齐思惟菩萨石雕像背面

Fig. 4-20. Right of F1911.411
图 4-20: 北齐思惟菩萨石雕像右侧面

是弥勒。1922 年，C. W. Bishop 认为此像年代或可在公元 6 世纪下半叶，或者更晚。1924 年，J. E. Lodge 以为它应是宋代的作品，尽管它可与 6 世纪作品风格有一些关联。1947 年，喜龙仁认

为此像可能是公元 6 世纪中期的作品。1962 年，喜龙仁再次记录了该像，将它的题材定为"观音在海边"，因为在像座表现有水波纹浮雕。他认为像座表面展示的是在水中作战的人物，有海中猛兽与花等。喜龙仁还将此像与 50 年代在河北曲阳发掘出土的东魏白石造像相联系。1975 年，罗谭正式将此像年代改为北齐。1983 年，佛利尔美术馆的展品说明将此像题材判为释迦或弥勒，并与河北曲阳出土的北齐白石造像相联系。1991 年，斯美茵记录了来美术馆访问的新泽西州 Rutgers 大学艺术史系教授何恩之（Angela F. Howard）对此像的观点。何也将此像与河北定

县一带发现的北齐制造的汉白玉雕像相联系。对于该像的题材，她也认为是居于兜率天宫中等待下生成佛的弥勒菩萨。他还认为，这种思惟菩萨像在北魏时期已有，但在北齐时期更加流行。她还借用了现纽约大都会艺术博物馆中国艺术策展人 Denise P. Leidy 的研究成果，认为北魏时期的思惟菩萨像也表现释迦未出家时作为王子的形象。[42] 何恩之认为，像座表面的水波浮雕与嬉戏童子表现着阿弥陀佛净土的信仰，以及人们对往生这种超自然水池的期盼。但关于思惟像与像座往生池浮雕之间的联系，她认为也许是弥勒的信仰者借用了阿弥陀佛净土题材，因为在北齐之时弥勒信仰正在衰落，而西方净土信仰正在兴起。从此，该像被确定为北齐时期的弥勒菩萨像，沿用至今。

佛利尔收藏的这尊半跏思惟菩萨像，是北朝时期流行的一种造像题材。类似的图像可见于上海博物馆藏天保四年（553）比丘道常造的太子像，北京故宫博物院藏 1954 年曲阳修德寺遗址出土的天保七年韩子思造白玉思惟像，日本大阪市立美术馆藏天保四年半跏思惟像等，[43] 这些像都与 F1911.411 在总体时代风格上相同。另外，北齐还流行以半跏思惟菩萨像为主尊的一铺造像形式，如北京故宫博物院藏 1954 年曲阳修德寺遗址出土的天保八年曲阳县人张延造的白玉思惟像等。[44] 佛利尔收藏的 F1913.27 为北齐河清四年（565）曲阳县容城诸刘村邑人等造的白石镂空雕双思惟菩萨像（详见本书第二章），它们的身后也立有双树，树叶也似银杏叶状。这些比较可将佛利尔的这尊像之时代定在北齐。北齐的这种菩萨像应直接源自东魏与北魏，相同题材的造像可见于北京故宫博物院藏 1954 年河北省曲阳修德寺遗址出土的东魏兴和二年（540）邹广寿造白石思惟菩萨像。[45] F1911.411 身后立有菩提树，树叶似银杏叶状，早期的可见于龙门石窟北魏晚期开凿的皇甫公窟，[46] 而前述张延造的白玉思惟菩萨像身后立有双树，其树叶的形制即似银杏叶状。在龙门石窟北魏晚期（6 世纪初期）开凿的莲花洞北壁第 6 龛龛内两侧，以对称的形式浮雕出了两身在树下思惟的菩萨坐像，身后树之叶也呈银

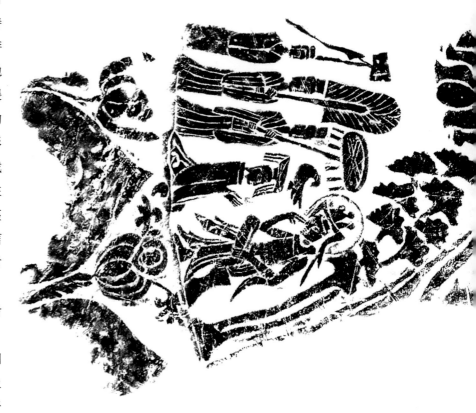

杏叶状（图 4-22）。在思惟菩萨之前有王者跪拜，应是表现释迦太子出家之前于树下思惟、其父跪拜等场景。所以，佛利尔收藏的这尊北齐半跏思惟菩萨像，代表了释迦太子出家之前在树下思惟的情节。

这尊思惟菩萨虽是常见的题材，但其方座表面浮雕的莲花化生则为其他北齐半跏思惟像所不见。童子于莲花中化生，在莲花池中嬉戏，表现的是西方净土世界中的莲花化生场景，与阿弥陀佛及其西方极乐世界的信仰有关。根据佛典所言，阿弥陀佛（也叫无量寿佛）是西方极乐世界的教主。宣扬这种佛教清净国土诸多幸福快乐光明的主要经典，是后秦鸠摩罗什译的《阿弥陀经》与曹魏（220~265）康僧铠译的《无量寿经》。刘宋畺良耶舍（383~442）译的《观无量寿经》还详细描述了众生如何进入阿弥陀净土的"九品往生"内容。但多数往生方法有相似性：在西方极乐国土有八池水，一一池水七宝所成，一一水中有六十亿七宝莲华。若有人虔心修佛，命终之时，坐莲华上，莲华即合，往生于西方极乐世界之宝

42. Denise P. Leidy, "The Ssu-wei Figure in Sixth Century AD Chinese Buddhist Sculpture"［六世纪中国佛教雕塑中的思惟像］，*Archives of Asian Art* 43 (1990): 21~37.

43. 松原三郎：《中国佛教雕刻史论》，图版编二《南北朝后期·隋》，图版 389、390；大村西崖：《支那美术史雕塑篇》，第 317 页。

44. 松原三郎：《中国佛教雕刻史论》，图版编二《南北朝后期·隋》，图版 392b。

45. 松原三郎：《中国佛教雕刻史论》，图版编一《魏晋南北朝前期》，图版 266。

46. 龙门文物保管所等《中国石窟·龙门石窟》（一），平凡社·文物出版社，1991 年，图版 193。

47. 畺良耶舍译：《佛说观无量寿佛经》，《大正藏》第 12 册，第 341a~346b 页。

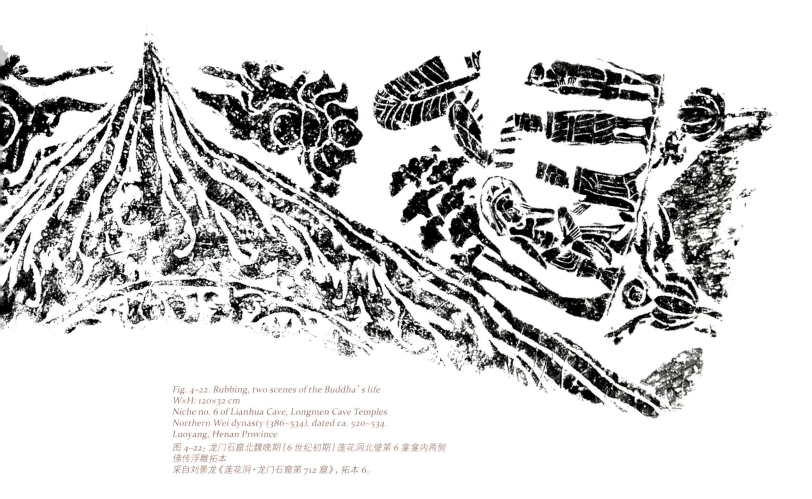

Fig. 4-22. Rubbing, two scenes of the Buddha's life
W×H: 120×32 cm
Niche no. 6 of Lianhua Cave, Longmen Cave Temples
Northern Wei dynasty (386~534), dated ca. 520~534.
Luoyang, Henan Province
图 4-22：龙门石窟北魏晚期（6 世纪初期）莲花洞北壁第 6 龛龛内两侧佛传浮雕拓本
采自刘景龙《莲花洞·龙门石窟第 712 窟》，拓本 6。

池中，经于七日，莲华乃敷。[47] 这种往生西方极乐净土的描述与佛利尔所藏的这尊思惟菩萨底座浮雕内容基本相符，但该像座表现的只是西方净土的局部内容。

与南响堂山石窟的经变浮雕中的相同内容的表现手法相近，此像也可以作为往生西方净土题材在北齐流行的形象说明。位于中国北方东部地区的现存最早的西方净土变题材艺术品出自河北邯郸南响堂山石窟第 1、2 窟。如笔者在本书第三章中所述，在第 1、2 窟前壁窟门上方都有一幅《西方净土变相图》浮雕，仅在局部的表现上略有不同。这是两幅现存中国最早的经变浮雕。在这两幅画面中，主要表现的是极乐世界的欢乐场面，以主佛居中，二大菩萨居两侧，众菩萨环绕，上有飞天，下有七宝莲池与化生童子的构图形式，被唐代及其以后的经变壁画与浮雕的主要场面的构图形式所继承，且无大的变化。以敦煌莫高窟为例，那里的经变壁画数量居全中国之首，在每幅大型的经变画之中表现佛所在的极乐国土时基本为这种构图方式，仅在表现某部经中的具体故事情节与这些情节的排列时有所不同。敦煌没有发现这种布局的唐以前的经变画。类似响堂山石窟这种布局形式的经变画，目前发现最早的是甘肃天水麦积山石窟中的西魏时期的经变画，其中有《西方净土变》与《维摩诘经变》，在表现佛所在的极乐国土时所采用的构图形式就与南响堂石窟中的这两幅经变浮雕相似。麦积山的这几幅经变画已经是相当成熟的作品了，这表明经变画在中国起源的时间还要早一些。这几幅北朝晚期的经变浮雕与绘画为我们研究经变画的起源提供了极为珍贵的资料。而佛利尔收藏的思惟菩萨像座上的莲花池中的化生童子浮雕则直接表现着西方净土中的七宝莲池的场景，是人们对往生西方净土信仰的最直接的反映。因此，这件造像作品对研究西方净土经变图像的起源是一项有力的补充资料。另外，将思惟菩萨与莲花化生相结合，更能体现佛教修行的意义，因为释迦在出家前的思惟与修行，在佛教看来，不正是为了解决人们往生西方净土的问题吗！

Fig. 4–23. Bodhisattva
Avalokitesvara as the
Water–Moon Guanyin
F1913.28
Marble
H×W×D: 74.3×49.9×27.4 cm
(29 1/4×19 5/8×10 13/16 in)
Northern Song dynasty
(960~1127), dated 1091
Gift of Charles Lang Freer
图 4-23: 北宋元祐六年（1091）
慕子白造观音石雕像正面

Fig. 4–24. Back of F1913.28
图 4-24: 北宋元祐六年（1091）
慕子白造观音石雕像背面

八、一件难得的北宋纪年水月观音石雕像

　　F1913.28 是北宋元祐六年（1091）慕子白造观音石雕像，通高 74.3、宽 49.9、厚 27.4 厘米（图 4-23）。观音高 49.5 厘米，为左腿下舒、右腿盘坐之姿，下坐方形台座，以左手支撑台座。左臂为镂空雕出，右手扶右小腿，中、食、无名指卷起。右足出露，五指向下。观音的头部略向后仰

并向左侧偏，上身也向左侧倾斜。头戴有云纹装饰的宝冠，冠披在耳后垂于双肩之上。面相长圆丰满如卵状，眉目细长，双目下视，眉间有白毫。颈部刻作二道，双肩宽窄适中。身躯丰满，有富态之感，没有健美之形体。上身袒裸，刻出双乳，下身着长裙，腰间系带垂下。帔帛覆盖了双臂上

部，在腹部交叉，右手持一侧端部。项下挂有三层项链，双腕处有手镯。长裙的下摆披覆于台座之上沿。在右腿下部，向下刻出覆草。

观音身后的树与山台都向中部靠拢，很像一个舟形的大背屏，厚 2 厘米左右，上部残缺。屏的背面刻出树与山石的大致轮廓，中部竖向阴刻楷书"大宋国"三个字，字四五厘米见方（图 4-24）。观音的身后两侧各浮雕一柳树，左侧柳树一侧为镂空刻出，树旁一矮台上置一净水瓶，

高 9 厘米，内插柳枝。右侧柳树下浮雕一老猴背负一小猴，高 13.5 厘米，侧向观音站立，二猴头部均抬起，仰视观音，头上雕出云纹。老猴尾翘起，小猴尾下垂，老猴以右手上捧一钵状物。二猴的上方升起卷云纹。在观音台座左侧浮雕有一裸体人物，长发披于身后，为正面立姿，左手持一桃捧向观音，头部仰视着观音，高 15.5 厘米。

观音像下雕一山形基座，左右长 49 厘米，高 24 厘米，前后宽 23 厘米。该台座实际是象征

着观音所在的山。台座的正面下部雕作梯形的自然山石台，台上升出一朵大莲花，花内又有三朵小莲花，上沿与观音台座的下沿相接。从大莲花的下部又向左侧伸出一支长茎仰莲花，观音以左足踏之。梯形台的右侧上部浮雕一立狮，通高 12 厘米，身体侧向观音，头部仰起；左侧上部浮雕一身立姿的女供养人，高 18.5 厘米，双足没于水中，双手于怀中捧一角状物。梯形台的前面以突面阴刻的手法刻出翻腾的海水，水中伸出一龙首，口吐一摩尼宝珠，奉向观音。

山形台座右侧面的上部浮雕一猪，四肢撑地，头向前，长 8.2、高 5 厘米，身下有一石台（图 4-25）。台座左侧面浮雕一狮，也是四肢支撑地面，长 13、高 13 厘米，尾上卷，头向前，口衔一朵莲蕾向上仰起（图 4-26）。

在台座背面下方高 29 厘米的幅面内刻有铭文题记，为楷书，字 1.5 厘米见方，曰：

> 菩萨以般若为宗慈悲为本智 / 周万物普及生灵拯八难之危救三涂之厄 / 故普门品内示现 / □多端赈济无穷此者山境玲 / 珑响应崆峒上有巉崖之势下 / 睹渊源之沼于是在此缘人过 / 往莫奇每诣林泉感有斯叹寔 / 兹胜槃堪居妙像今有本村（空一字）/ 慕君字子白宿植善根长乐玄 / 门创心发意乃集余人共造良 / 缘观音一尊安置廊龛之内永 / 为供养长当恭敬成千载不朽 / 之功为万代长福之因维大宋 / 元祐六年岁次辛未月临仲秋 / 朔唯戊子日建（空一字）山阳村维那 / 刘政（空一字）袁贵（空一字）慕容青龙泉布 / 衣王道撰并书（空一字）中山杨世景镌 /（空五字）慕容全（空一字）田仲

台座右侧面下部刻铭文题记曰：

> 山阳村助缘人 / 邵贵 张玉 田化 / 张肃边倩 张宣 / 葛玉 霍均 李辛 / 李倩 刘江李容諟 / 刘旻 李德 刘希 / 张玘 慕成 周𪩘

1913 年，佛利尔从纽约山中商会购得此像。1916 年，华尔纳识读了该像的铭文题记，确定此像年代为公元 1091 年，题材为观音。1922 年，C. W. Bishop 认为没有任何理由去怀疑该像的北宋铭文题记。1924 年，J. E. Lodge 觉得此像的雕刻水平

48. 唐张彦远:《历代名画记》卷十,北京:人民美术出版社,1963年,第201页。

49. 参见《大正藏》图像部第6卷。

50. 参见 Chun-fang Yu, *Kuan-yin: The Chinese Tran-sformation of Avalokitesvara*〔观音:阿缚卢枳低湿伐逻的中国转化〕, New York: Columbia University Press, 2001, p.235. 观音水月观音的更多信息,参见同书第233~247页。

51. 原北京大学考古系教授阎文儒(1912~1994)首次提出这种观点,参见其著作《中国石窟艺术总论》,天津:天津古籍出版社,1987年,第278页。

52.《大正藏》第10册,第366c页。

53.《大正藏》第10册,第332abc页。

较低,尽管铭文题记看起来像是真的,但造像的确切年代也许不会那么早。1962年,喜龙仁将此像题材定为"坐在河岸上的观音"。1971年,罗谭将该像的铭文题记全部译为英语。

佛利尔美术馆藏的这件观音雕像,虽没有直接点明为"水月观音",但从观音的动作及其身后的树林、动物情况看,与水月观音题材所表现的人物姿态与客观场景基本一致。水月观音的基本特征有以下几点:游戏坐姿或舒腿坐姿,下坐自然石台,身旁安置有净水瓶,背后有山石树木或外加动物;观音以一足下踏一朵莲花,观音身前有水池。水月观音之意,就是观水中月的观音。水月观音不见于印度佛典,是中国佛教徒与艺术家创造的一种观音形象。根据唐代学者张彦远的《历代名画记》卷十记载,唐代画家周昉(740~800)创作绘制了水月观音像。[48] 但是,迄今所见最早的水月观音像保存在四川绵阳魏城圣水寺石窟第7窟中,造于唐中和五年(885)。在10世纪下半叶,吴越国(907~978)国王钱俶(948~978年在位)赞助了一幅十二面观音立像,画中的题记说明着观音菩萨的二十四化现。题记中所讲的第十三化现是"十三观水月现"。[49] 入宋以后,水月观音像开始流行起来了。艺术家们用各种各样的材料制作着水月观音像。现存四川安岳毗卢洞石窟第19龛的水月观音便是该题材在宋代的代表作(图4-27)。与佛利尔收藏的水月观音像相似,安岳的这尊水月观音像也是舒腿坐姿。事实上,这种坐姿传自印度,我们可以在许多印度的印度教神像与佛教造像上找到。但这种坐姿被中国艺术家用来表现了中国人独创的观音形象,并被元、明、清时期的艺术家所继承。现存水月观音的绘画作品以敦煌莫高窟与安西榆林窟的宋与西夏(1038~1227)时期的壁画作品为主。在佛教寺院里,水月观音塑像一般被安置在大雄宝殿所供奉的一组主要造像后面的大背屏之背面,并在背屏上绘制山水树木或外加动物。佛教信徒们之所以创作水月观音像,也许是为了用观水中之月的观音来象征佛教对现实世界各种现象的"空"与"幻"的理解,劝说人们放弃对物质的执着,以虔诚之心修习佛教。[50]

水月观音所在的山水与身后的树石象征着观音菩萨的居住地——普陀洛迦山(又译作补怛洛迦山,Mount Potalaka)。[51] 于阗(今新疆和田)僧人实叉难陀(Siksananda, 652~710)在唐代翻译的《大方广佛华严经》卷六八记载,当善财童子(Sudhana)来到普陀洛迦山访问观音时,"见其西面岩谷之中,泉流萦映,树林蓊郁,香草柔软,右旋布地。观自在菩萨于金刚宝石上结跏趺坐"。[52] 另据同经卷六二记载,善财童子出生于福城。在他出生之时,有无数财宝聚于室内。在他的过去世,他虔心供养佛,不做坏事,积有不少功德。他既善良又有钱财,因此被人称为"善财"。[53] 经中还记载善财童子参访了五十三位人物,包括观音、文殊与普贤等大菩萨。因此,《华严经》对普陀洛迦山景色的描述,很可能是

Fig. 4-27. Water-Moon Guanyin Bodhisattva
Stone with pigments
H: 280 cm
Northern Song Dynasty (960~1127)
Niche no. 19 at Bilu Cave grottoes
Anyue, Sichuan Province

图4-27: 四川安岳毗卢洞石窟第19龛北宋水月观音雕像
采自刘长久《安岳石窟艺术》,成都:四川人民出版社,1997年,图版146。

艺术家们创造水月观音像背景的佛典依据。同时，把观音置于山水树竹石之间的构图，或许与 10 世纪以后文人对山水画的欣赏相关联，表现了中国人的审美情趣。

水月观音像虽在中国 10 世纪以后的佛教艺术界极为流行，但现存该题材造像多无明确的纪年，特别是一些早期的作品。佛利尔收藏的这尊宋代纪年水月观音石雕像就显得极为珍贵，为我们研究水月观音像在早期的发展提供了极佳的实物资料。

九、罕见的明代石雕曼荼罗经幢头

1912 年，佛利尔从纽约山中商会购得一件雕刻（F1912.72），售者记录它的年代为唐（图 4-28）。1916 年，华尔纳认为是六朝至初唐的作品，称它是"金字塔形浮雕"。1922 年，C. W. Bishop 认为可能属唐代作品，很有可能是一件塔的模型。1924 年，J. E. Lodge 认为是唐以后的雕工较差的作品，并可能晚至元或明代。1962 年，喜龙仁认为它表现的是佛教圣山——须弥山，是在印度艺术的影响下造于六朝末期，可能出自民间工匠之手。它的石材在西安地区常见。1975 年，罗谭将其年代从唐以后改为"不确定"。至今，佛利尔美术馆将其命名为"底座"。

笔者以为，F1912.74 是一件石雕尊胜陀罗尼经幢的头部。它通高 46 厘米，底部直径为 39 厘米，底部无卯。下雕束腰宝装仰覆莲台，高 11 厘米，台上雕三层佛与菩萨像，整体呈圆锥形。

下层一周雕八菩萨与四天王像，背靠着高 13.31 厘米的圆台，台的上沿突刻出一条宽带，宽 2.8 厘米，表面刻出仰莲瓣。在这个圈圆形矮台的四面，各浮雕出二身并坐着的结跏趺坐菩萨像，坐高 12.7 厘米许，均头戴五佛冠，表面不刻佛像，面相胖圆，五官宽大，表情呆板，头部显大，身躯矮胖，鼓胸收腹，不显双足，着双领下垂式大衣，露出胸部较多，衣纹为极疏简的阴刻线与阶梯式衣纹。每面的二身坐菩萨之间，各雕一身头大、身材矮胖的天王像，四天王也戴五佛冠，形制与八身坐菩萨所戴之冠相同，面相胖圆，五官宽大，双目略向下视，鼓胸，腰胯俱粗，双足呈

八字形分立；着圆领宽袖上衣，下身穿齐膝战袍，中下端呈一尖状。现四面已不易确定正面所在，为描述方便，自定一面为正面，以述菩萨与天王像之不同处：正面二菩萨，左菩萨双手施禅定印，右菩萨双手拱放于胸前似合十状，它们右侧的天王以右手握一物于胸前，左臂弯屈，小臂向下。右侧面的左菩萨左手于胸前执一棍状物，右手仰掌置于腹前；右菩萨双手施禅定印，它们右侧的天王左臂下伸于体侧，左臂弯屈上举。后面的菩萨双手于腹前捧一物，右菩萨双手于胸前相握如合十状，它们右侧的天王右臂下伸于体侧，左手上托一五级塔，应表现北方多闻天王（即毗沙门天王）。左侧面的左菩萨双手施禅定印，右菩萨以右手抚胸，左手仰掌置于腹前，它们右侧的天王像身体表面残损较多，双手似于胸前抱一物。

中层雕一周八身结跏趺坐佛像，均不显双足，高 11.5 厘米左右，头部显大，在头上肉髻与发髻的表面遍刻较大的螺纹，肉髻顶部饰有一珠。八佛面相胖圆，五官较宽大，表情呆板，双耳似扇形，无颈，圆肩，胖体，胸部鼓起，着质地较厚的大衣，为双领下垂式与偏袒右肩式两种，均有偏衫包右肩部，衣纹为排列密集的突起圆棱状，没有写实感。八佛在衣服与手印上有所不同，以下层的方向为序：正面中部一佛着双领下垂式大衣，双手于腹前捧一钵。正面右侧一佛，着袒右式大衣，右手下抚右腿施降魔印，左手仰掌置于腹前。正面左侧一佛着双领下垂式大衣，手印同正面右侧一佛。右侧面一佛着袒右肩式大衣，双手相握

Fig. 4–28. Top section of a dharani sutra pillar
F1912.74
Stone
H×Diam: 46 × 39 cm (18 1/8 × 15 3/8 in)
Ming dynasty (1368~1644)
Gift of Charles Lang Freer
图 4–28：明代石经幢头

于胸前。左侧面一佛身体表面已风化不清，手印同正面右侧佛。背部正中一佛，着双领下垂式大衣，以左手抚胸，右手仰掌置于腹前。背部左侧一佛头部已残，着袒右肩式大衣，双手施禅定印。背部右侧一佛服饰已风化不清，双手施禅定印。在中层八佛的头后似刻有莲瓣，以表现上层四佛之下的莲台。

上层四佛的形制同中层八佛，高12.5厘米许，背部相对。正、右二佛以右手下抚右腿，施降魔印，以左手仰掌置于腹前，着袒右肩式大衣。左、后二佛均以双手施禅定印，着双领下垂式大衣。

上层四佛的头部之间现存一圆形卯孔，直径为1.8厘米，深0.8厘米，原应插有一身坐佛。如此，这个幢头的三层造像便排列成一个立体的曼荼罗图。

这件陀罗尼经幢及其曼荼罗题材均来自佛教密教的信仰。密教包括杂密与纯密。杂密经典自东汉（25~220）以来已在中国传译。公元7世纪时，印度密教兴起，有关杂密系的经典被更多地介绍到中国。而纯正密教的传入，则是唐玄宗（712~756年在位）开元（713~741）初年印度僧人善无畏（637~735）、金刚智（669~741）、不空（705~774）等人来华的功绩。他们不仅系统地翻译了纯密经典，并以此在中国形成了重要的佛教宗派——密宗。所谓"密教"，是相对于"显教"而言。顾名思义，"显"之意为显明、显现出来。凡是可以用语言来表达的佛法称为"显法"或"显教"。而"密"则表示"如来的秘密境界"，系离于言语思惟，超越言筌，亦即超过了凡夫言语、思维所能达到的范畴之外，无法为凡夫所了知，所以才称为"密"。换句话说，如来"密法"或"密教"不但难以用言语来表示，甚至以凡夫的思维亦无法想象得到，那样的境界便称之为"密法"或"如来秘密境界"。为了度化众生，这种秘密境界则示现在他清净的身、语、意三业之上，构成了如来的"三密"，并以此加持众生，令他们能快速除障、离染、断惑、证真、开悟成佛。所以，密教修学的主要内容即是身、语、意"三密法门"，用以求得如来的"三密加持"，得以速成佛道。[54]

建立尊胜陀罗尼经幢就与密教的修习有关。

树立石雕经幢与尊胜陀罗尼经典的传译与信仰相关联。陀罗尼（dhāraṇī）是佛教用语，源自古印度语，汉文意译为"真言"、"总持"、"持明"、"咒语"、"密语"等，是一种音声语言，在密教经典中主要以梵文字母及句子构成。有关陀罗尼的宗教功能与威力主要反映在《佛顶尊胜陀罗尼经》之中，该经主要内容是佛为善住天子宣说攘灾延寿之法，并显示尊胜陀罗尼之灵验。从唐时的679年至北宋时期的988年，被翻译成中文的有关尊胜陀罗尼的经典有八种之多。公元679年，北印度僧人佛陀波利首次将该经译为中文，而他的译本也成为宣扬尊胜陀罗尼之威力的最权威的译本。[55] 根据此经，可见尊胜陀罗尼的宗教功能如下：

> 天帝，此佛顶尊胜陀罗尼，若有人闻一经于耳，先世所造一切地狱恶业悉皆消灭，当得清净之身，随所生处忆持不忘，从一佛刹至一佛刹，从一天界至一天界，遍历三十三天，所生之处忆持不忘。天帝，若人命欲将终，须臾忆念此陀罗尼，还得增寿，得身口意净，身无苦痛，随其福利，随处安隐，一切如来之所观视，一切天神恒常侍卫，为人所敬，恶障消灭，一切菩萨同心覆护。天帝，若人能须臾读诵此陀罗尼者，此人所有一切地狱、畜生、阎罗王界、饿鬼之苦，破坏消灭，无有遗余，诸佛刹土及诸天宫一切菩萨所住之门，无有障碍随意趣入。……佛告帝释言：此咒名"净除一切恶道佛顶尊胜陀罗尼"，能除一切罪业等障，能破一切秽恶道苦。天帝，此大陀罗尼，八十八殑伽沙俱胝百千诸佛同共宣说，随喜受持，大日如来智印印之，为破一切众生秽恶道苦故，为一切地狱、畜生、阎罗王界众生得解脱故，临急苦难堕生死海中众生得解脱故，短命薄福无救护众生乐造杂染恶业众生得饶益故。又此陀罗尼于赡部洲住持力故，能令地狱恶道众生、种种流转生死薄福众生、不信善恶业失正道众生等，得解脱义故。……天帝，若人须臾得闻此陀罗尼，千劫已来积造恶业重障，应受种种流转生死，地狱、饿鬼、畜

54. 关于中国密教的更多信息，参见吕建福：《中国密教史》，北京：中国社会科学出版社，1995年。

55. 参见阎文儒：《石幢》，《文物》1959年第8期，第47~48页。

56.《大正藏》第19册，第305b、351a页。

57.《大正藏》第19册，第351b页。

58. 常青：《试论龙门初唐密教雕刻》，《考古学报》2001年第3期，第335~360页。

59. 参见李松等：《中国古代雕塑》，北京：中国外文出版社，纽黑文 / 纽约：美国耶鲁大学出版社，2003，第350~355页。李晓帆、梁钰珠、高静静：《昆明大理国地藏寺经幢调查简报》，《艺术史研究》第16辑，2014年，第1~67页。

生、阎罗王界、阿修罗身，夜叉罗刹鬼神布
单那羯咤布单那阿波娑摩啰，蚊虻龟狗蟒蛇
一切诸鸟，及诸猛兽一切蠢动含灵，乃至蚁
子之身更不重受，即得转生诸佛如来一生补
处菩萨同会处生，或得大姓婆罗门家生，或
得大刹利种家生，或得豪贵最胜家生。天帝，
此人得如上贵处生者，皆由闻此陀罗尼故，
转所生处皆得清净。[56]

此外，经中还阐述了造立尊胜陀罗尼经幢的
好处：

> 天帝，若有苾刍、苾刍尼、优婆塞、优
> 婆夷、族姓男、族姓女，于幢等上或见或与
> 相近，其影映身，或风吹陀罗尼上幢等上尘
> 落在身上，天帝，彼诸众生所有罪业，应堕
> 恶道地狱、畜生、阎罗王界、饿鬼界、阿修
> 罗身恶道之苦，皆悉不受，亦不为罪垢染污。
> 天帝，此等众生，为一切诸佛之所授记，皆
> 得不退转于阿耨多罗三藐三菩提。大帝，何
> 况更以多诸供具华鬘涂香末香幢幡盖等衣服
> 璎珞，作诸庄严，于四衢道造窣堵波，安置
> 陀罗尼，合掌恭敬旋绕行道归依礼拜，天帝，
> 彼人能如是供养者，名摩诃萨埵，真是佛子
> 持法栋梁。[57]

由于尊胜陀罗尼有如此宗教魔力与功能，自
此经译出之后，便开始在中国风行，也兴起了造
立石质尊胜陀罗尼经幢以在幢身上刻一段陀罗尼
经咒的习俗，并将其安置在道路旁、寺院等公共
场所，以利益众生。在中国许多博物馆里收藏有
唐代以来的石质经幢，便是这种宗教习俗的实物
证明。其中著名的经幢有保存在浙江杭州的高大
的造于吴越国时期的经幢。

佛利尔收藏的这件经幢头部雕刻的曼荼罗体
现了密教信仰的宇宙观。曼荼罗（Mandala），
原意为圆形，意译为"坛"、"坛场"、"坛城"等。
原是印度教中为修行所需要而建立的一个小土
台，后来也用绘图方式制作。这个传统被佛教密
教吸收后，形成许多不同形式的雕塑或图绘曼荼
罗。密教认为，它是修持能量的中心，象征着密
教信仰的宇宙观，或以此显现密教所见之宇宙的
真实。密教的曼荼罗有两部：以《大日经》为据

的胎藏界曼荼罗，以《金刚顶经》为据的金刚界
曼荼罗。象征着宇宙的曼荼罗形如一座平面方形
的城市，城的四面有墙壁，每面墙的中间部位开
有大门以通向外部的世界。在四面墙围绕着的城
内中心坐着密教的最高神祇大日如来，处于宇宙
之主的位置，他的周围环绕着数圈密教众神，诸
尊在曼荼罗中的位置有一定的规则。因为曼荼罗
充满着天神、诸佛与诸菩萨，所以曼荼罗也被称
为"聚集"或"轮圆具足"。曼荼罗还可依据其表
现法分为如下四种。大曼荼罗：表现坛场及密教
众神的具体形象。三昧耶曼荼罗：描绘象征密教
众神的器杖和手印。法曼荼罗（也称种子曼荼
罗）：用象征诸尊种子真言的梵文字母来表现众
神祇在曼荼罗中的存在。羯磨曼荼罗：描绘密教
众神祇威仪事业。

陀罗尼经幢虽然在唐代及其以后盛行于中
国，但在经幢头部雕造曼陀罗却不多见。在洛阳
龙门石窟东山擂鼓台院树有若干征集的唐代石经
幢，其中一座残高 124 厘米，幢身为八棱柱体，
上刻《大唐中岳东闲居寺故大德珪和尚纪德幢》
文，由弟子洛阳大敬爱寺沙门智严立庙叙文，开
元十三年（725）建，时在开元三大士来华建立
密宗不久。该幢头高 21.5 厘米，载面为圆形，向
上渐尖。背依幢头与幢身八面相对各刻一结跏趺
坐佛或立菩萨像，身侧均有题记，依顺序为："天
鼓音佛"、"观自在菩萨"、"阿閦毗佛"、"普贤
菩萨"、"宝生佛"、"文殊师利菩萨"、"阿弥
陀佛"、"弥勒菩萨"。这座幢头上的四佛四菩萨
像的配置，实际上是一密教简单的曼荼罗雕刻。
但将此经幢头的造像内容与密教经典比较，都不
尽相同。笔者认为，该幢头所雕可能系杂糅了胎
藏、金刚两界佛、菩萨名的初期曼荼罗形式。[58]此
经幢还说明了唐代开创了在经幢上雕刻曼荼罗图
像的传统。位于云南昆明的大理国（937~1094，
1096~1253）石经幢高约 6.3 米，也表现着一种目
前仍不太清楚的密教曼荼罗图像（图 4-29）。[59]该
经幢由三部分组成：基座、六层幢身、幢头。幢
头处是一摩尼宝珠雕刻，珠下托以莲座。自下而
上，幢身的最下层是该幢的主体部分，表面刻有
汉文发愿文题记与由印度梵文字母组成的部分陀

罗尼经文。同时，在该层表面还雕有四天王像。第二层雕有四组佛教人物，每组以一身坐佛为中，还有四身体量较大的力士像。第三层表面也雕有四组佛教人物，但以一身坐菩萨像为中心（其中一身为多面多臂的密教菩萨像），还有四身体量较大的跪姿菩萨像。第四层的造像组合与二、三层相似，也是表现四组佛教人物，并以一身坐佛像为中心，另有四身体量较大的坐菩萨像。四层之上都有大理国传统的屋檐装饰。第五、六层也各有几组佛教人物雕像。这六层造像很可能表现一种曼荼罗。而最下层的四天王像题材也可见于佛利尔收藏的明代经幢头的下层雕像之中。

　　佛利尔所藏经幢头上层四佛应代表了密教尊崇的五方佛中的四方佛。南天竺师子国僧人不空译《摄无碍大悲心大陀罗尼经计一法中出无量义南方满愿补陀海会五部诸尊等弘誓力方位及威仪形色执持三摩耶幖帜曼荼罗仪轨》载密教的五母部室主毗卢遮那如来、金刚部主阿閦如来、宝部主宝性如来、莲花部主无量寿如来、羯磨部主不空成就如来。[60] 不空译《观自在菩萨说普贤陀罗尼经》中述四方佛为"东方阿閦如来，南方宝幢如来，西方无量寿如来，北方天鼓音如来"。[61] 五方佛也是密教胎藏、金刚两界曼荼罗中崇拜的主要偶像。按中印度僧人善无畏、唐僧一行（683~727）译《大日经》卷五《入秘密曼荼罗位品第十三》述胎藏界曼荼罗中的主要崇拜对象为中尊大日如来（即毗卢遮那），东方宝幢如来，南方开敷华王如来，北方鼓音如来，西方无量寿如来。[62] 据日本京都高山寺藏本《秘藏记》载：金刚界曼荼罗以大日如来居中，以东方阿閦、南方宝生、西方无量寿、北方不空成就佛围绕。因此，佛利尔的这件幢头上层四佛坐像应是密教五佛中的四方佛像，但因该幢头没有题记，且上述密教经典中的四佛名称略有出入，故该幢头四佛的原始名称不得而知。那么，该幢头顶部缺失的佛，就应是中尊大日如来了。

　　佛利尔所藏的这件明代幢头中层八佛与下层八菩萨也都能从密教经典所描述的一些曼荼罗中找到依据。北印度迦湿弥罗国僧人天息灾

Fig. 4–29. Dharani Sutra Pillar
Stone
H: 6.3 meters
Dali kingdom (937~1254)
At Dizang monastery
Kunming city, Yunnan Province
图 4-29：云南昆明大理国（937~1253）石经幢
采自邹启宇主编《云南佛教艺术》，图版 143。

（？~1000）译《大方广菩萨藏文殊师利根本仪轨经》卷七说："复于释迦牟尼佛左边圣妙吉祥上，画妙高山宫殿楼阁，以无数妙宝庄严优钵罗花遍满其上。于彼山中复画八佛世尊。第一宝顶如来，顶有琉璃宝、红莲华宝、帝青宝、大青宝、石藏宝等，如是大宝普放光明犹如日出。彼佛身着黄衣，偏袒右肩结跏趺坐，具三十二相八十种好，一切庄严作说法相。第二开花王如来，身真金色放大宝光，散适意花、龙花、嚩俱罗等花，结跏趺坐观察圣妙吉祥菩萨。第三婆陵捺啰王如来，身如金莲华色作说法相。

60.《大正藏》第 20 册，第 129c~130a 页。
61.《大正藏》第 20 册，第 21a 页。
62.《大正藏》第 18 册，第 36c 页。
63.《大正藏》第 20 册，第 861b 页。
64.《大正藏》第 20 册，第 861ab 页。
65.《大正藏》第 20 册，第 675bc 页。
66.《大正藏》第 19 册，第 602bc 页。
67.《大正藏》第 19 册，第 482c 页。

第四妙眼如来。第五橘钵啰娑憾如来。第六遍照如来。第七药师琉璃王如来。第八断一切苦王如来。如是八佛普皆金色，目视释迦如来，手作无畏之相又于如来上空中。"[63] 同经中还记有两组八大菩萨，一组为作童子相的八大菩萨，而另一组则与正规的菩萨造型相似：

> 彼佛右边复有八大菩萨，具种种庄严。第一慈氏菩萨，最近佛坐，作梵行相，头戴宝冠，身真金色，体着红衣，复挂红仙衣，身相端严具三种标帜，左手持瓶杖，于肩上挂黑鹿皮；右手执数珠，顶礼如来，瞻仰世尊，心如在定。第二莲华圣普贤菩萨，身作紫绿色，具一切庄严相，左手执如意摩尼宝，右手持吉祥果作施愿相。第三圣观自在菩萨，身如中秋月色具一切庄严，顶戴宝冠，白衣络腋，顶中复戴化无量寿佛端严而坐，左手执莲华，右手作施愿相，遍身光明，如心作观想。第四圣金刚手菩萨，身作金色一切庄严，左手执金刚杵，右手作施愿相执果，身挂璎珞，头戴宝冠，冠有光明，真珠络腋，体着白衣复，挂白仙衣，偏袒右肩，如观自在。第五莲华大圣意菩萨。第六善意菩萨。第七遍照藏菩萨。第八灭罪菩萨，如是彼诸菩萨各各手执经果，身挂仙衣，诸相具足一切庄严。[64]

八大菩萨与四大天王在密教经典中提及较多，出现在多种曼荼罗中，但各经所记的名称略有出入。不空译《八大菩萨曼荼罗经》中的八大菩萨为观自在菩萨、慈氏菩萨、虚空藏菩萨、普贤菩萨、金刚手菩萨、曼殊室利菩萨、除盖障菩萨、地藏菩萨。且八大菩萨都戴冠，有的为五佛冠。[65] 不空译《法华曼荼罗威仪形色法经》不仅提到了该曼荼罗中的八大菩萨，还提到了四大天王：

> 释迦多宝两足圣尊，半跏半坐，而各同坐，八叶花上八大菩萨，一切世间最尊特身，超身语意，至于心地违得殊胜□逮意之里。于八叶从东北隅为首右旋布列，安置八大菩萨。初弥勒菩萨，次文殊师利菩萨，药王菩萨，妙音菩萨，常精进菩萨，无尽意菩萨，观世音菩萨，普贤菩萨。……次于第三重院，东门置持国天王，南门置毗楼勒叉天王，西门置毗楼博叉天王，北门置大梵天王。[66]

另外，在早期翻译的杂密经典中也有八大菩萨与四大天王，如后秦鸠摩罗什译《孔雀王咒经》中提到了 "南方定光佛，北方七宝堂，西方无量寿，东方药师琉璃光。上有八菩萨，下有四天王"。该经还提到了四天王的名称为：提头赖咤天王、毗楼勒叉天王、毗楼博叉天王、毗沙门天王。[67] 由此可知，不空所译经典中的大梵天王实际上具有北方毗沙门天王的职责，同为守护方北之神。这种北方天王可对应于佛利尔所藏明代幢头下层的托塔天王。

综上所述，佛利尔收藏的明代经幢头上的曼荼罗图像中的四方佛、八佛、八大菩萨、四大天王像都可以在密教经典中找到依据，但却无法从一部经典中找到所有这些造像组合的依据。因此，笔者很难确定这个幢头究竟是依据何部经典雕刻成的。在此，笔者更偏重于将该幢头的造像理解为综合了多部密教经典记述的曼荼罗图像而成的。与上述龙门收藏的唐代经幢相比，F1912.74 表现的曼荼罗显得较为复杂。上面的八菩萨形象也无法与前述密教经典中的八菩萨造型一一对应，它们的雕造应该不是完全依据唐代或宋代经典中描述的八菩萨形象，而是依据了明代社会流行的菩萨像风格。这就为我们提供了一个将经典与时代风格有机结合的范例。而更为重要的是，佛利尔的这件幢头为我们研究曼荼罗图像在石幢上的表现与发展提供了珍贵的实物资料。

Chapter Five:
A Case Study on the Dharma Realm Images of the Rocana Figures from the Freer Gallery of Art

第五章
佛利尔美术馆藏卢舍那法界佛像研究

1. 刘宋天竺三藏求那跋陀罗（394~468）译《杂阿含经》卷十二云："云何缘生法？谓无明、行。若佛出世，若未出世，此法常住，法住法界，彼如来自所觉知，成等正觉，为人演说，开示显发，谓缘无明有行，乃至缘生有老死。若佛出世，若未出世，此法常住，法住法界，彼如来自觉知，成等正觉，为人演说，开示显发，谓缘生故，有老、病、死、忧、悲、恼、苦，此等诸法，法住、法空、法如、法尔，法不离如，法不异如，审谛真实、不颠倒。如是随顺缘起，是名缘生法。谓无明、行、识、名色、六入处、触、受、爱、取、有、生、老、病、死、忧、悲、恼、苦，是名缘生法。"见《大正藏》第 2 册，第 84b 页。唐僧玄奘译《阿毗达摩法蕴足论》卷六云："苾刍当知，生缘老死。若佛出世，若不出世，如是缘起，法住法界。一切如来，自然通达，等觉宣说，施设建立，分别开示，令其彼了：谓生缘老死，如是乃至。无明缘行，应知亦尔。此中所有法性、法定，法理、法趣，是真是实，是谛是如，非妄非虚，非倒非异，是名缘起。"见《大正藏》第 26 册，第 480c 页。

2. 唐清凉山大华严寺沙门澄观（737~838）撰《大方广佛华严经疏》卷三十六云："标法界之名，当法受称。等何法界，此通四义。一等理法界故。经云：如法界一性如法界自性清净，善根回向亦复如是，其文非一。二等事法界。经云：欲见等法界无量诸佛，调伏等法界无量众生，或愿起等法界无量行，或愿成等法界无量德，或愿得等法界无量果，皆即理之事也。三等理事无碍法界。经

所谓卢舍那法界佛像，是指在图绘或雕塑的卢舍那佛像袈裟上表现须弥山、佛菩萨、六道众生、菩萨行等图像的一种特殊的卢舍那佛像，也就是一种在卢舍那佛像身上以图绘或浮雕的形式表现其法界的佛像。法界（Dharmadhatu）是一种佛教术语，其中的"法"与"界"因经典和教派的不同而具有不同的含义。在小乘佛教中，法界意指缘起与缘生法的真实样貌。缘起法意即一切有为法都是因各种因缘和合而成，任何事物都因为各种条件的相互依存而处在变化中，这是佛陀对世间现象的成住坏灭之原因、条件所证悟的法则。缘生又叫缘已生，意即由缘而生，与缘起有关。[1] 在大乘佛教中，法界指诸法真实本质的界限或功能差别，又名"法性"、"实相"等。法界包含了这样的意思：释迦证知了法界实相的缘故，生出了般若的智能，自利利他，福慧圆满俱足，最终成就佛道。《大方广佛华严经》把法界分为四种，即为事法界、理法界、理事无碍法界、事事无碍法界。这四种法界，代表了对世界的不同层次的认识：第一种是凡夫的认识，后三种属于佛智。华严宗认为，只有事事无碍法界，才是佛智的最高境界。[2] 这里的"法"指一切诸法，也就是世间万物。"界"是"分界"之意，因为万物各有体性，分界不同，可称为"诸法的界限"，也就是现象界。所以，法界就是表现真如之理性、诸法之实相的，意即超越言表的横亘万事万物之中的绝对实相界。[3] 由于《华严经》进一步发展了法界的概念，

使之成为大乘佛教重要理论概念之一，是故佛教徒与艺术家乐于将佛教的法界之概念图像化，并以雕刻或绘画的形式表现在《华严经》的教主卢舍那佛身体之上。于是就有了卢舍那法界佛像。

自 20 世纪初期，卢舍那法界佛像越来越多地被发现，主要制作于北齐（550~577）、北周（557~581）、隋（581~618）、唐（618~907）、辽（916~1125），而以北齐、北周、隋代的卢舍那法界图像最为系统。多数学者认为它表现的是《华严经》教主卢舍那佛的法界人中像或法界像。但对此像的不同观点仍然存在：有的认为是宇宙主释迦佛，有的虽认为是释迦，但佛袈裟上的图像却表现弥勒净土。前辈学者的这些研究所存在的共同问题是：没有查到确实相关的佛典依据来支持自己的观点。到了 20 世纪末期，现任清华大学艺术学院教授李静杰先生从《大方广佛华严经》中逐条查到了现存许多卢舍那法界佛像身上图像的经典依据，是迄今最令人信服的关于这种造像题材的研究。经过对这些图像的考证，他认为这些图像主要是基于《华严经》思想的表现并组织起来的，同时融合了其他佛教经典思想，是适用于当时禅观修行的"莲花藏世界海观"图像。这种反映《华严经》法界观的卢舍那法界佛像，严密地展示了十地修行过程，其产生和流行与北朝地论学发展息息相关。[4]

对卢舍那佛的崇拜来自于《华严经》及其译

梵为汉。《华严经》在中国汉族地区的翻译主要有三大版本。东晋（317~420）末中印度人佛驮跋陀罗（359~429）译60卷《大方广佛华严经》（见《大正藏》第9册，简称《六十华严》）；唐武则天（690~705年在位）时期，于阗国三藏实叉难陀（652~710）奉制于东都洛阳大遍空寺译80卷《大方广佛华严经》（见《大正藏》第10册，简称《八十华严》）；唐贞元十四年（798）罽宾国三藏般若奉诏译出40卷《大方广佛华严经》（见《大正藏》第10册，简称《四十华严》）。这些《华严经》的译出，为制作各种卢舍那佛像提供了经典依据，包括现存卢舍那法界佛像。《六十华严》卷四"卢舍那佛品"就法界观作了形象描述："法界不可坏，莲花世界海，离垢广庄严，安住于虚空。……譬如诸树木，花叶或生落，如是诸佛刹，成败亦复然。如依种种树，有种种果生，如是种种刹，有种种众生。种子差别故，果实生不同，行业若干故，佛刹种种异。譬如意宝珠，随意现众色，除诸妄想故，悉见清净刹。譬如空中云，龙王力能现，如是佛愿力，一切佛刹起。犹如工幻师，能现种种众，如是众生业，佛刹不思议。如是彩画像，知是画师造，如是见佛刹，心画师所成。"[5]

卢舍那法界像的图像正是这种思想的体现。

佛利尔美术馆收藏的两件卢舍那法界佛像（F1911.412、F1923.15）便是学术界研究此类造像不可多得的珍贵作品。1999~2001年，笔者在佛利尔美术馆对这两件造像做了客观而详细的记录。1999、2000、2006年，李静杰分别在中国、日本与台湾发表了论文《卢舍那法界图像研究》与《北齐至隋代三尊卢舍那法界佛像的图像解释》，系统地分析了卢舍那法界像的研究历史与这些研究存在的问题，然后用《华严经》详细地考证了来自河南高寒寺的北齐卢舍那法界佛像与佛利尔美术馆收藏的这两件卢舍那法界佛像。[6]本章将以笔者当年的记录对此二造像作一客观描述，以期向读者全面展现这两件造像的客观形象与内容。笔者还将对二造像的年代作些考证，并依据佛利尔美术馆策展人档案列出前辈学者对二造像的一些观点。对于二造像袈裟表面所刻图像的考证以及上段中对卢舍那法界佛像的总体经典依据，都是直接来自上述李静杰先生的文章。本章的第三部分"十地修行与莲华藏世界海观"直接引自李静杰《北齐至隋代三尊卢舍那法界佛像的图像解释》一文。

云：愿一切众生，作修行无相道法师，以诸妙相而自庄严，则相无相无碍，皆其类也。四等事事无碍法界故。经云：一佛刹中现一切佛刹等，然其四事全等四种法界，融而无二故。此能等即是所等，非有二物，而可依之故。"见《大正藏》第35册，第730a页。

3. 北宋僧人日称（? ~1078）译《父子合集经》卷二十佛云："'大王，何谓佛法？一切诸法皆是佛法。'时净饭王闻说已，白言：'世尊，若一切法皆佛法者，一切众生皆应是佛。'佛言：'大王，众生不住颠倒见者即是佛也。大王，所言佛者，或名真如，或名实际，或名法界。'"见《大正藏》第11册，第976a页。

4. 参见李静杰：《卢舍那法界图像研究》，《佛教文化》增刊，1999年11月。

5.《大正藏》第9册，第415ab页。

6. 李静杰：《北齐～隋的卢舍那法界佛像的图像解释》，《佛教艺术》第251号，东京，每日新闻社，2000年，第13~47页；李静杰：《北齐至隋代三尊卢舍那法界佛像的图像解释》，《艺术学》第22期，台北，觉风佛教艺术文化基金会，2006年，第81~128页。

一、北周交脚菩萨一铺七尊像

F1911.412 为背屏式一铺七尊石雕像，在正面雕有主尊交脚菩萨与二弟子、二辟支佛[7]、二菩萨像，以身后的舟形大背光相统一（图5-1）。背光的背面以线刻的形式表现卢舍那法界佛像。该造像通高 102.4、中部最宽处 47.2、下部宽 43.3 厘米、底部厚 12.8 厘米。石像的下部有榫，长 8.5、宽 19、厚 7.7 厘米。

正面雕刻

正面主尊交脚菩萨像高 42.5 厘米。头戴莲花宝冠，冠披垂于双肩之上，发际有阴线刻发纹，长发分数缕披于双肩之上。面相长圆丰满，五官大小适中，双目下视，颈部刻出二道。头身比例谐调，但表现出了丰满的身躯，胸腹部均较鼓起。二小腿交叉，右腿在前，均以脚背向前，分别踏一朵圆形覆莲花。右手施无畏印，左手施与愿印。双肩处有圆饼形装饰，并向下垂有丝带。上身袒裸，下身着长裙，饰有项圈、臂钏、手镯，其项圈的上部为连穗状装饰品，胸前还有斜披络腋；裙间的衣纹为双阴刻线；帔帛自双肩处分垂于体侧。头后有圆形头光，分为三匝：内匝为圆形重瓣莲花；中匝为波状连续的忍冬纹，上部居中处为置于莲花中的摩尼宝珠；外匝为联珠纹带。从迄今发现的北朝时期制作的交脚菩萨像情况看，凡有铭文题记标明身份者均为弥勒，以龙门石窟古阳洞内北魏晚期雕刻的一大批交脚菩萨像为代表。所以，这尊呈交脚坐姿的主像表现的应是居于兜率天宫中等待在未来世界下生人间成佛的弥勒菩萨。

在交脚菩萨的方座左右两侧，分别向两侧伸出长茎仰莲，莲上承托弟子与辟支佛立像，其中右弟子高 18.2 厘米，为少年形，表现的应是阿难；左弟子高 17.5 厘米，为老者形，表现的应是迦叶。二弟子头身比例和谐，均呈正面立姿，身躯略显丰满，着双领下垂式大衣，双手交拱于腹前，衣纹为双阴刻线。

Fig. 5-1. Stele with Bodhisattva Maitreya (Mile) assembly (front)
F1911.412
Marble with traces of pigment
H×W×D: 102.4×47.2×12.8 cm (40 5/16×18 9/16×5 1/16 in)
Origin: Probably Shaanxi Province
Northern Zhou dynasty (557~581)
Gift of Charles Lang Freer
图 5-1: 北周交脚菩萨一铺七尊石雕像正面

7. 有学者将此类像称为"螺髻梵王"，参见金理那文、林南寿译《六世纪中国七尊仏にみえる螺髻像について》，《佛教艺术》219号，1995年。

二辟支佛像高22厘米左右，也为正面立姿，头身比例谐调，头顶有螺形髻，身披袒右式大衣。右辟支佛右手伸掌置于胸前，左手拉衣襟于腹前；左辟支佛双手相握如合十状于胸前。

二胁侍立菩萨均为正面立姿，头身比例和谐，但身躯略丰满，有细腰、宽胯的女性体态特征。其中右菩萨高30.9厘米，左菩萨高31.8厘米。二菩萨头部的表现手法与主尊大致相同。胸部平坦，腹部略鼓。均上身袒裸，下身着长裙，饰有项圈、臂钏、手镯。内侧一手于胸前执一莲蕾，外侧一臂略弯屈，以手下提一物。其中，右菩萨提净瓶，帔帛于腹前交叉穿环；左菩萨提桃形物，项圈上部为联珠纹，帔帛自双肩处分垂于身体两侧，有裙腰。二菩萨衣纹刻划疏简。双足平行分立于圆形覆莲之上。二菩萨头后均有素面圆形头光，并在颈部两侧各刻出一朵圆形小莲花。

主尊头光上沿开一圆拱形小龛，高5、宽4.5厘米，边饰联珠纹，象征着多宝塔。龛内浮雕二结跏趺坐佛像，着袒右裸式大衣，施禅定印，并坐于同一个束腰方座上，以表现释迦、多宝二佛。塔上站一童子，高6.3厘米，头顶有肉髻，仅着短裤，双臂下垂，足踏一朵圆形覆莲花，头后有圆形素面头光。童子的身体周围浮雕有九条龙，将其环拱于中，且仅有最下二龙刻出龙的侧面全身，此为九龙浴太子题材。在多宝塔的两侧上部各雕一鸟，尖嘴向上，下雕一五体投地跪趴姿势的人物。再外侧各雕一身蹲状的猴子，为侧面相，手捧一圆罐形物。二猴子的外侧各雕一身菩萨像，右侧一身高5.7厘米，左侧一身高5.3厘米，均以内侧一腿盘坐，外侧一腿撑起，且内侧一手扶膝，外侧一手上举莲蕾；二菩萨头戴宝冠，身材丰满，上身袒裸，下身着长裙，饰有联珠形项圈、手镯、帔帛，并有短的斜披络腋。再向外侧，各有一身思惟菩萨像，侧向中部而坐，右侧一身高6.1厘米，左侧一身高5.6厘米，均以外侧一腿下舒，以足踏覆莲，内侧一腿担于外侧腿之膝上，内侧一臂弯屈并以手支腮；头戴宝冠，上身向中部倾斜；上身袒裸，下身着长裙，饰有项圈、手镯、帔帛，身躯较丰满。思惟菩萨的身后各刻有

一株菩提树，分别自二胁侍菩萨的头光后部伸出，树叶呈银杏叶状。

在舟形背光的上部边沿浮雕有一周飞天，中部一身，两侧各四身，手中都持有一件乐器。中部一身持排箫，左侧上起分别持笙、钹、拍板、箜篌；右侧上起分别持阮咸、腰鼓、竖笛、横笛。中部的飞天为上身正向，高8.8厘米，头上束有发髻，腹部在下，双腿相并向上于上身之后；两侧飞天身长6~7厘米，上身均向中部倾斜，没有束发髻，头发梳于头后两侧；面相丰圆，身躯丰满，腹部前挺，双腿弯屈呈跪姿；上身袒裸，下身着裙，饰有项圈与手镯，帔帛在身后绕作大圆环，并飘向上部。

主尊交脚菩萨的双足之间刻有一身正面向的人物，长发向上竖起，当为承托弥勒双足的天帝释。在天帝释的两侧略下部各雕一尊卧狮，向着中部相对而卧，身体为侧向，但面部扭作正向，其中左狮子高6厘米，右狮子高6.5厘米。主尊交脚菩萨的左右两侧下部分别雕着尼乾子和鹿头梵志，身体均侧向主尊，头部向上仰起，长发飘于下部，头部显大；右侧的鹿头梵志高18.5厘米，左侧的尼乾子高17.2厘米，均为内侧一臂上举。鹿头梵志以左手上托一髑髅头，尼乾子以右手上托一鸟；二仙之外侧一臂弯屈，以手贴放在胸前；双腿微屈；上身袒裸，下身仅着短裙，饰有帔帛；足下踏有圆形覆莲。

在二仙人的外侧，即该造像的左右两下角处，右侧雕正面相的文殊菩萨，高6.6厘米，右手执如意钩，结跏趺坐，以左手下扶左膝。该菩萨身躯丰满，头戴宝冠，冠披垂于头后两侧，上身袒裸，下身着裙，饰有项圈、手镯、帔帛。左侧雕维摩诘居士，高6.6厘米，也为结跏趺坐，以右手执扇。文殊与维摩诘的身体外侧均有一身材低矮的侍者，双手高举一伞盖，着窄袖上衣，双腿着裤，足踏一朵仰莲。二伞盖的上部均雕有一身蹲跪姿的力士，其中右力士高8厘米，左力士高9厘米。在这两身力士的身体外侧还各有一身交脚坐姿的力士像，双手向上托举着胁侍菩萨的覆莲台，其中右侧的力士高8.8厘米，左侧的力士高7.8厘米。这四身力士的装束与背

8. 林保尧：《佛利尔美术馆藏北周石造交脚弥勒菩萨七尊像略考——光背僧伽梨线素画研究史上的一些问题》，《艺术学》第15期，台北，1996年。李静杰：《卢舍那法界图像研究》，《佛教文化》增刊，北京，1999年11月，第14页。

9. 金申：《中国历代纪年佛像图典》，图版155。

10. 龙门文物保管所等：《中国石窟·龙门石窟》（一），图版225。关于龙门石窟路洞的年代，持北魏说者有宿白、温玉成先生，参见《中国石窟·龙门石窟》（一）中的论文。主张东魏开凿者，见宫大中《龙门石窟艺术》，上海：上海人民出版社，1981年；曾布川宽：《龙门石窟におけ北朝造像为诸问题》，刊京都大学人文科学研究所：《中国中世の文物》，1993年3月。

11. 台北历史博物馆：《佛雕之美：北朝佛教石雕艺术》，图版17、45。

12. 周到：《河南襄县出土的三块北齐造像碑》，《文物》1963年第10期，第13～15；中国美术全集编辑委员会：《中国美术全集·雕塑编3·魏晋南北朝雕塑》，图版121。

13. 松原三郎：《中国佛教雕刻史论》，图版编二《南北朝后期·隋》，东京：吉川弘文馆，1995年，图版379、424。

14. 中国美术全集编辑委员会：《中国美术全集·雕塑编3·魏晋南北朝雕塑》，图版122。

光上的飞天相同，仅帔帛在胸腹前绕一圆环有所不同。外侧力士的身下刻作山形，其间各刻有一小龛，龛内刻有结跏趺坐、头戴风帽的禅定僧人像，其中右侧龛口高3.5、宽2.8厘米，左侧龛口高4.1、宽3.1厘米，在右侧龛上有二小龛，左侧龛上有一小龛。

在该造像正面的最下排中部，是两身呈蹲跪姿势的力士像，高5厘米，身材矮胖，头部上仰，他们内侧一手向上共托一博山炉，炉的两侧饰有忍冬纹。两侧各雕五身并坐的结跏趺坐禅定僧人像，均着双领下垂式大衣，高3.6厘米。

该造像的舟形大背光上部厚4厘米，下部厚5.7厘米，侧面饰阴刻的波状连续忍冬图案。

造像年代

关于该造像的年代，前辈学者的观点众说纷纭。1911年，佛利尔在北京购得此像，出售者被记录为"Ta Ge Shang"。出售者的档案记录该像年代为"魏"或"初唐"。1916年，Langdon Warner认为该造像雕刻于唐代。1917年曾在芝加哥艺术研究所展出。1922年，C. W. Bishop认为这是一件极为有趣的造像，但他则倾向于将它的年代定在唐代中期。1924年，J. E. Lodge将此像年代定为明代或更晚的时期。1951年，J. A. Pope不同意明代之说，认为这是一件唐代的质量低劣的造像。1959年，J. A. Pope引用了喜龙仁书中的观点：具有六朝时期的特征，尽管制作年代要晚一些。J. A. Pope说喜龙仁并没有说明它的制作年代到底有多晚。他推测喜龙仁也许倾向于将该像定为明代或更晚的时期，因为喜龙仁将该像与几件明代造像放在一类讨论。1959年，喜龙仁分析了该像的石质，认为其材料应来自陕西。他还认为该像带有中亚一带的因素，因此他怀疑该像的雕刻者可能是一位于阗人。关于它的年代，经过与同为佛利尔收藏的北宋元祐六年（1091）慕子白造观音石雕像（详见本书第四章）比较，认为该像可能造于公元11世纪晚期或12世纪早期。1962年，喜龙仁考证该背屏式造像的正面主尊交脚菩萨为弥勒，其身旁侍立的二菩萨为观音（持瓶者）与大势

至，其次为辟支佛、阿难、迦叶。他还考证出了正面两下角的维摩诘与文殊菩萨。但关于尼乾子与鹿头梵志，他认为是两位向着主像供奉食物的男人。关于一铺主像上方的题材，喜龙仁还考证出了释迦与多宝佛、九龙浴太子等。他认为此像很少具有北魏的传统风格，而更多具有来自中亚如和田一带的受印度影响的风格。1975年，罗谭将此像的年代从公元1100年左右的宋代改为北周。此后，台湾学者林保尧于1996年、中国学者李静杰于1999年均赞同该像北周之说。[8]

笔者也赞同北周之说，并认为该像正面的主要造像以及背面的卢舍那线刻像均表现出了典型的北周风格。但从造像组合及一些细部刻划来看，该像似乎具有北周与北齐交互影响的因素，笔者在此略分析一二。其一，该像以交脚菩萨为中心，两侧侍立胁侍，舟形背光的边缘雕刻一周飞天，足下有二蹲狮，这种布局与日本京都藤井有邻馆收藏的东魏（534～550）元象元年（538）薛安颠造的交脚菩萨一铺五尊像布局完全相同。[9]其二，F1911.412一铺主像的体形健壮丰满，交脚菩萨的胸前饰有斜披络腋，这些特点也与薛安颠造像完全相同。其三，F1911.412在胁侍弟子与菩萨之间胁侍了两身辟支佛像。将辟支佛用于造像组合之中，在龙门石窟北魏晚期（有学者认为属于东魏）的路洞窟门两侧即已出现，[10]其后多被东魏、北齐造像所沿用，如台北静雅堂藏东魏兴和三年（541）张晖綦造坐佛七尊像与财团法人震旦文教基金会收藏的北齐皇建二年（561）比丘惠瓛造佛七尊像碑，[11]河南省博物馆藏1957年河南省襄县出土的天保十年（559）张□鬼造像碑，[12]河北省博物馆藏1958年河北省临漳县上柳村出土的北齐白石镂空雕佛七尊像，[13]1965年安徽省亳县咸平寺旧址出土的北齐河清二年（563）上官僧度等造像碑，[14]以及佛利尔收藏的两件北齐造像（F1909.293、F1915.59，详见本书第二章）。同时，却很少在西魏与北周的造像中见到。其四，以交脚坐姿的菩萨像表现未来的弥勒佛，多见于北魏与东、西魏，少见于北周，如日本个

人藏来自山西省高平县的东魏武定元年（543）弥勒菩萨石像等。[15] 其五，F1911.412 多使用双阴线来刻划人物的衣纹，这种技法未见于北周造像，却多见于东魏与北齐造像，如在本书第二章中述及的北京故宫博物院藏东魏兴和三年（541）李晦造立佛像，美国纳尔逊艺术博物馆藏兴和三年元某造的思惟菩萨像，日本书道博物馆藏东魏武定二年（544）戎爱洛造白玉思惟菩萨像，[16] 佛利尔收藏的兴和三年九门安乐王寺道遇邑义廿人等造白玉佛三尊像（F1909.288）等，以及北齐的许多造像，如佛利尔收藏的天保二年白石弥勒立像（F1909.289，详见本书第二章），特别是山东青州龙兴寺出土的北齐石造像等。其六，F1911.412 正面主尊右下侧刻有持骷髅头的鹿头梵志，左下侧刻有持一鸟的尼乾子。相同题材的像例可见于饱含北齐造像风格的前述佛利尔收藏的立菩萨七尊像（F1909.293）。鹿头梵志与尼乾子组合的形象，在敦煌莫高窟壁画中表现较多，流行于北魏、西魏、北周、隋与初唐，如北魏晚期开凿的第 254 窟中心柱东龛的南侧和北侧，分别画有尼乾子与鹿头梵志；在西魏开凿的第 249 窟西壁龛内南北侧分别画着尼乾子与鹿头梵志；西魏开凿的第 285 窟西壁南龛的南侧画着尼乾子；北周时期的第 250 窟西壁龛壁下南侧与北侧分别画着鹿头梵志与尼乾子。[17] 但在西魏、北周时期的石刻造像中却很少见到这种题材，而在北魏、东魏、北齐的造像之中却能发现像例，该问题已在本书第二章北齐部分述及。其七，F1911.412 背面的卢舍那法界像之中刻有两身头顶束着较扁平的发髻、身着开领较高的交领汉装长裙的女子形象，它们的身侧环绕着数位小孩，即为直接模仿人间的妇女形象雕刻而成。从它们的服饰来看，与莫高窟北周壁画中的女供养人所着低开领的汉装长裙不同，[18] 但与华盛顿赛克勒美术馆收藏的北周建德元年（572）道教造像碑背面的女供养人服饰相同，[19] 同时也与河北邯郸水浴寺石窟西窟前壁两侧的北齐女供养人所着的汉装衣裙相近。[20] 笔者以为，F1911.412 是兼容了北朝晚期东西方的艺术因素而形成的。

造像背面的卢舍那法界佛像

前辈学者对此像背面题材的考证经过了一个漫长的过程（图 5-2）。1916 年，Langdon Warner 认为 F1911.412 线刻佛像大衣表面的图像与曼荼罗图像相似，并说位于此曼荼罗中部的是一八头龙王。在众像簇拥之下，一菩萨坐于一寺院上方的须弥山顶。1962 年，喜龙仁认为该像光背的这些线刻象征着中医治疗用的针灸图，但他认为解释所有细部超出了他的知识范围。1975 年，罗谭认为背面的线刻佛像是毗卢遮那佛，也就是宇宙佛（Vairocana, the cosmic Buddha）。也许是受此观点的影响，1986 年，美国学者何恩之（Angela F. Howard）出版了《宇宙佛图像》一书，[21] 认为此类图像与《华严经》没有关系，而是《法华经》中神格化的历史性佛主——宇宙主释迦佛（Sakyamuni as the Cosmological Buddha）。但是，何恩之并没有找到确切的经典依据，因此，她的考证大部分属于主观臆测。之后，有学者同意宇宙主释迦佛说。1999 年以后，李静杰对此像作了系统考证，认为它应该表现的是《华严经》教主卢舍那佛，并逐条考证出了所有图像的经典依据。笔者赞同李静杰的观点。经李同意，笔者在此详述自己对该像背面卢舍那法界佛图像的客观记录，再逐条引用李文中对各图像的考证。

F1911.412 的背面卢舍那佛立像高 66.5 厘米，在头身比例上头部显大，头顶没有刻出明显的肉髻，发髻的下沿刻有一周卷发，上沿刻有一周锯齿形的发纹。该佛面相丰满、胖圆，双眉向上弯曲，而双目向下俯视，表情肃穆。身材丰满窈窕，突出地刻划出了宽肩、细腰、宽胯的体形特征。它的右臂弯屈向上，右手的拇指、食指相捻，施无畏印，掌心刻一法轮；左臂微下伸，以左手握着衣襟，掌心向着右下方。双足呈八字开分开站立，足下各踏着一朵仰莲花。该佛身体表面基本不刻衣饰，仅在两袖之际及双小腿部刻出衣襟，但在胸部没有表现出是何种大衣样式。头后有圆形头光，仅以阴线刻出八重光环；舟形背光的也是以阴线刻出八重光环。

在卢舍那佛的身体表面以阴线刻出法界图相（图 5-3）。自下而上：

15. 松原三郎：《中国佛教雕刻史论》，图版编二《南北朝后期·隋》，图版 280。

16. 松原三郎：《中国佛教雕刻史论》，图版编一《魏晋南北朝前期》，图版 268a、269。

17. 中国美术全集编辑委员会：《中国美术全集·绘画编 14·敦煌壁画上》，图版 11、12、58、89，上海：上海人民美术出版社，1985 年 9 月。敦煌文物研究所：《中国石窟·敦煌莫高窟》（一）图版 26、27、91、120，株式会社平凡社、文物出版社，1980 年。敦煌文物研究所：《敦煌莫高窟内容总录》，北京：文物出版社，1982 年 11 月。

18. 敦煌文物研究所：《中国石窟·敦煌莫高窟》（一），图版 171。

19. 该像曾收录于松原三郎：《中国佛教雕刻史论》，图版编三《唐·五代·宋付道教造像》，图版 859、860、861。

20. 邯郸市文物保管所：《邯郸鼓山水浴寺石窟调查报告》，《文物》1987 年 4 期，第 1~23 页。

21. Angela F. Howard, *The Imagery of the Cosmological Buddha*, Leiden: Brill, 1986.

Fig. 5-2. Rocana Buddha, rubbing on the back of F1911.412

图 5-2：卢舍那法界佛像，F1911.412 北周交脚菩萨一铺七尊石雕像正面背面拓本

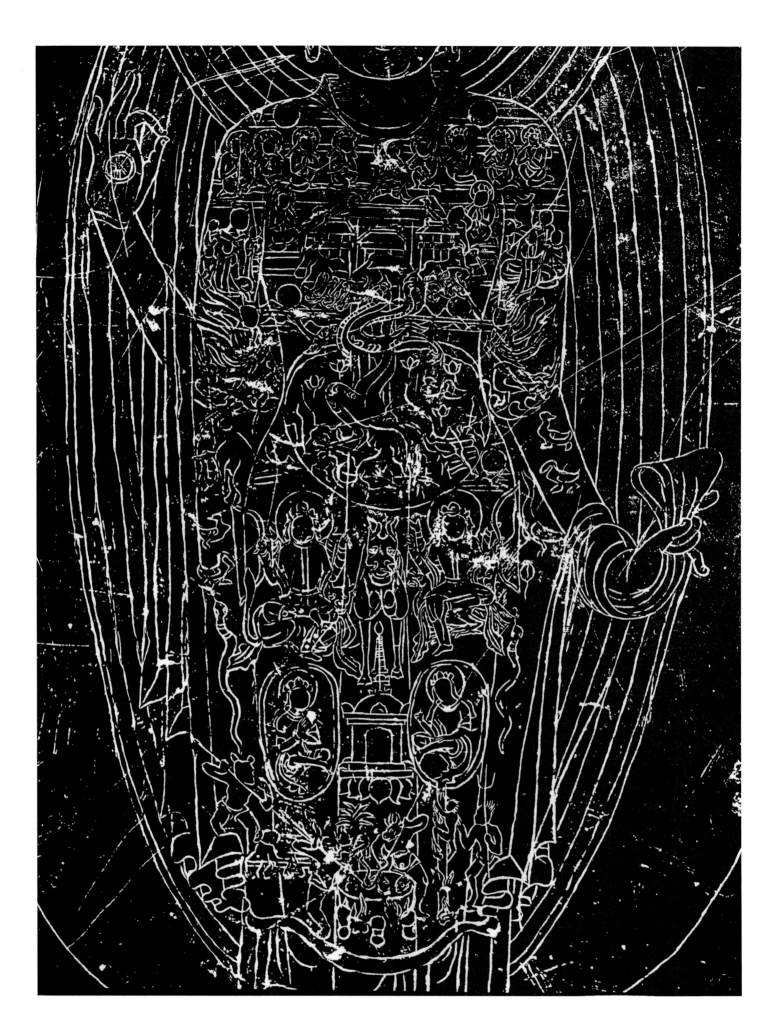

22.《大正藏》第9册，第415页。

23.《大正藏》第9册，第597b页。

24.《大正藏》第9册，第629c页。

25.《大正藏》第9册，第644a页。

26.《大正藏》第9册，第781b页。

27.《大正藏》第25册，第73a页。

28. 水野清一、长广敏雄：《云冈石窟》第8洞，京都大学人文科学研究所，1951年，实测图8。

29.《大正藏》第9册，第397a页。

30.《大正藏》第9册，第499c页。

第一层：地狱

刻于立佛膝下的双小腿上部，表现二牛头鬼在搅动一个煮沸的大鼎，内有三人头。左侧鬼的右后侧有另一牛头鬼在举一长矛刺向一卧者的腹部。三鬼均全身赤裸，仅着短裤。其左侧有一裸体人物，有长发向上，全身赤裸，仅着短裤，左手执一长柄三股叉，右手正指着一裸体的小人命令其攀一火柱。这幅残酷的地狱图景大体可与《六十华严》卷四"卢舍那佛品"对照，经云："此世界海中，刹性难思议。……或有泥土刹，众生常苦恼，常冥离光明，光明海能照。诸畜生趣中，受无量种身，随宿行业故，长受无量苦。阎罗王界中，饥渴苦常逼，登上大火山，长受无量苦。"[22] 这里是在说明地狱构成了不思议莲花藏世界海的一部分，用来教化众生，使众生修菩萨行，远离恶道，并教化众生摆脱轮回，走向觉悟之路。

第二层：起塔供养

位于立佛的双膝部位，双膝之间刻一座亭阁式的覆钵塔，高9.5厘米；塔下有莲台，塔身处有一门，覆钵下部有山花蕉叶装饰，覆钵上是尖刹。立佛双膝上各有一个竖向的椭圆形幅面，内各刻一身供养菩萨，面向宝塔做礼拜供养状，左一身高6.6厘米，右一身高7厘米。二菩萨均呈盘腿坐姿，头戴花冠，头后有头光，上身祖裸，有项圈与帔帛；下身穿裙。《六十华严》卷三一"佛不思议品"云："如来……碎末全身示现舍利，欲令众生欢喜供养……欲令众生起如来塔种种供养。……众生……具功德已，或生天上，或生人中，尊贵富乐，除灭恶趣，直向正道。"[23] 又，《六十华严》卷三六"宝王如来性起品"云："若有得经卷地如来塔庙，礼拜供养，彼诸众生等具足善根，灭烦恼患，得贤圣乐。"[24]《六十华严》卷三八"离世间品"云："如来灭后，大众普会结集经藏，护持正法，令久住世。为舍利故起无量塔，种种庄严，孝敬供养。

又化众生，令见诸佛，听受正法，忆念护持。"[25] 就是说如来示现舍利，是为了使众生起塔供养，生恭敬之心，从而走向觉悟之路。舍利，不仅是生身舍利，还包括佛教经藏即法身舍利，强调了法身常住思想。可以说，舍利宝塔就是佛法的象征。

第三层：弥勒马王与摩醯首罗天、韦纽天

位于立佛的二大腿部位，在大腿之间刻一匹正向立姿的马，在右侧大腿表面刻一四臂天王像，下坐一鸟，高7.8厘米。该天王头戴冠，头后有头光，上身穿窄袖衣，下身穿裤与靴。右腿盘起，左腿下舒。立佛的左侧大腿表面刻一四臂天王像，下坐一牛，高8.1厘米。该天王的服饰同右侧天王，为左腿盘起，右腿下舒。二天王的外侧一臂均持一弓，内侧一臂均持一矛。《六十华严》卷六十"入法界品"云："尔时善才于宝镜中……见弥勒……或为马王，荷负众生令离鬼难。"[26] 骏马图像似乎与这一记述有关，表现弥勒为救度众生的化现。

后秦（384~417）鸠摩罗什（334~413）译《大智度论》卷二"婆伽婆释论"云："如摩醯首罗天（秦言大自在），八臂三眼骑白牛。如韦纽天（秦言遍闷），四臂捉贝持轮骑金翅鸟。如鸠摩罗天（秦言童子），是天擎鸡持铃捉赤幡骑孔雀，皆是诸天大将。"[27] 据此推测，马王两侧多臂天神中的骑牛者为摩醯首罗天（或曰尸婆天），骑鸟者为韦纽天（或曰毗纽天、那罗延天），其所骑应为金翅鸟。当然，这里的图像与经典记述不能完全对应，但大体可以。此二多臂天神与山西大同云冈石窟第8窟护法神的图像表现相似，[28] 不过云冈第8窟的毗纽天擎鸡，造型与鸠摩罗天混淆。在《华严经》中，摩醯首罗天、那罗延天亦作为护法神出现。《六十华严》卷一"世间净眼品"云："摩醯首罗天等……悉在如来大众海数……随所至方无能坏者，如来所乘常现在前。"[29]《六十华严》卷十六"金刚幢菩萨十回向品"云："菩萨摩诃萨若为王时，得胜国土，安乐丰隐，降伏怨敌，治以正道。兵仗不用，自然泰平，体力坚固，摄取天帝那罗延身。"[30] 此二多臂天神守护在弥勒化身之骏马的两侧，并位居香水海的下方，其护法的含义显而易见。

Fig. 5-3. The Dharma Realm Images, rubbing on the details of the back of F1911.412
图5-3：卢舍那法界像，F1911.412 北周交脚菩萨一铺七尊石雕像正面背面拓本局部

第四层：龙王与香水海

在卢舍那佛的腹部轮廓线内刻有五条龙相互缠绕着，在左侧伸出三头，在右侧伸出二头。五龙足下四周有山石、莲花、水鸟、台阶等。在立佛腹部轮廓的四角处刻出山水，其上各刻画一小圆轮。

《六十华严》卷三、四"卢舍那佛品"云："有须弥山微尘等风轮，持此莲华藏庄严世界海。……最上风轮名胜藏，持一切香水海。……众宝色水盈满其中，一切众花皆悉开敷。……有世界海微尘数清净庄严……或须弥山形，或河形，或转形，或旋流形，或轮形，或树形，或楼观形，或云形，或网形。"[31] 据此，在卢舍那立像腹部刻出的山石花鸟等象征着香水海，动植物等则是香水海中的清净庄严。香水海中出现的阶道，应为《六十华严》卷三"卢舍那佛品"所云"杂宝阶道"的表现。[32]

《六十华严》卷三四"宝王如来性起品"云："譬如阿耨达龙王兴大重云，满阎浮提，普降大雨，百谷草木皆悉滋长，江河池泉一切盈满……饶益无量众生。如来应供等正觉亦复如是，兴大悲云遍满世间，普雨无上甘露正法……饶益一切众生。……譬如摩那斯龙王，将欲降雨，先兴重云，弥覆虚空……过七日已渐降微雨，

普润大地。如来应供等正觉亦复如是，将雨法雨，先兴法云，普覆众生，未便即雨甘露正法，先令众生成熟善根，诸根熟已，然后渐降甘露法雨。若即说深法，众生恐怖，是故如来渐渐微雨一切种智甘露法味。……譬如海中有大龙王名大庄严，或连雨十日……或百千日。如来应供等正觉亦复如是，欲雨微妙甘露正法……无量亿那由他声分别说法……化众生故，所说不同。……譬如娑伽罗龙王……兴大重云，遍覆六天……雨种种雨。然彼龙王……以众生根不同故，雨有差别。如来应供等正觉无上法王，亦复如是……以正法云，大慈悲云，不可思议云，令一切种生身心柔软，然后乃雨不可思议大法云雨。……以众生根不同故，如来法雨现有差别。……一切大海水皆从龙王心愿所起，如来智海亦复如是，悉从大愿力起。……境界无量，饶益一切众生。"[33] 这段记述告诉我们，四大龙王基于众生各自承受力与不同需要，降雨方式有所差别。如来教化众生亦复如是，针对不同根器众生，采取不同形式说法，但都是为了达到教化的目的。第四层图像表现了五条龙王，与经典记述的四条略有差异。同时，将龙王表现在香水海之中，恰好符合"一切大海水皆从龙王心愿所起"的记述，譬喻如来智能大海，

31.《大正藏》第9册，第412b、413b、414ab 页。
32.《大正藏》第9册，第413b 页。
33.《大正藏》第9册，第619c、620a、621a、625ab 页。
34.《大正藏》第9册，第412bc 页。
35.《大正藏》第9册，第603a、604 页。

源自拯救众生的宏大誓愿和无畏力量。龙王吐雾降雨场面配置在画面中间，相对比例较大，造型雄健有力，是正面图像表现的重点，强调了如来的方便说法。总之，该层图像整体表现了如来无碍智能、大海般智能，以及采取不同方式教化众生，使众生获得如来智能。

至于立佛腹部四角的四小圆轮及轮下山峦的表现，《六十华严》卷三"卢舍那佛品"云："此世界海边有金刚山，周匝围绕。……此莲华藏世界海金刚围山，依莲华日宝王地住。彼有一切香水海，一切众宝遍布其地，金刚厚地不可破坏，出生一切众宝，又能照明一切世界。"[34] 据此推测，四小圆轮为莲华日或照明一切世界的众宝，其下山峦为金刚围山的表现。

第五层：如来大人相与庄严佛刹

在立佛胸部刻出一组殿堂，前有三小殿，后有一大殿，均为四注式的屋顶。在殿堂两侧各有一身供养菩萨像，呈蹲跪之姿，向着殿堂方向合十。此二菩萨均头戴冠，头后有头光。殿堂的上方有一排九身人物，均有头光；正中一身为正面向，上半身已残，其两侧各有四身人物，似供养菩萨像，高 2.7 厘米许，均呈蹲跪之姿，侧身向着正中一身合十，均头戴冠，头后有头光。它们的上方，即卢舍那佛的双肩部位，

各刻有一个圆轮。在卢舍那佛大臂的表面，各刻一身坐姿的世俗女子像，均将身体侧向中部，头顶束有发髻，身着折领的交领式上衣，下身穿着长裙，通高 4.9 厘米。二女子的周围各刻有三身小孩。

《六十华严》卷三二"如来相海品"云："如来有大人相，名一切宝地云。如来右肩相一切宝色……如来有大人左肩相，阎浮檀莲花色。……普放无量诸光明网，悉照一切世界法界，示现如来无量自在神力云。……开发普照诸菩萨心，皆悉满足无量大愿，摩尼宝王以为庄严，种种日光轮皆悉普照一切法界。……遍照一切庄严佛刹，佛云充满无量世界，庄严菩萨自在法海。普照一切诸佛功德及诸菩萨解脱之藏，庄严法界。"[35] 据此推测，被若干小孩围绕的二形体较大人物，为"如来有大人相"的表现，立佛两肩部的圆轮则是大人左右肩相的表现。密集的平行短线表现如来"普放无量诸光明网"，一组殿堂建筑为"庄严佛刹"的表现，有冠饰头光的人物为"庄严菩萨"。

除上述五层线刻外，在卢舍那立像两肘部各刻一飞天，相向而飞，有长帔帛飘向身后，身下均有流云。在左小臂处刻有两只水鸟，左衣袖下垂部位刻有一水鸟与一条向上移动的蛇。

在右臂衣袖下垂部位还刻有四只水鸟，一条向上移动的蛇。这些图像与《六十华严》卷三三"宝王如来性起品"对应："譬如大千世界成已，种种饶益无量众生。水性众生得水安乐，陆地众生得地安乐，宫殿众生得宫殿安乐，空中众生得虚空安乐。如来应供等正觉亦复如是，出兴于世，种种饶益一切众生。见闻如来，踊跃欢喜，修诸善根。住尸罗者得佛戒乐，住四禅四无量者，得圣无上智明之乐，住法门者得真实乐，住照明者得净智乐。如是等无量法门，种种饶益一切众生。"[36] 蛇为水性众生，水鸟为水陆两栖众生，飞天为空中众生，另加上述宫殿上部的菩萨，即宫殿众生，象征如来饶益众生的四种法门。这些图像贯通上下，使全部图像一体化。

卢舍那佛的右手掌心现有宝轮。《六十华严》卷三二"如来相海品"云："如来有大人手掌相，具足千辐宝轮，种种众宝以为庄严，放大光明普照法界。转正法轮，普照一切诸如来海，充满一切佛功德海，种种妙宝庄严法界。"[37] 可见，宝轮是如来有大人手掌相的表现。如太阳普照世界，如来转正法轮，教化一切众生，这种表现比较罕见。唐僧法藏（643~712）撰《华严经传记》卷三云："释道昂，未详其氏，魏郡人。……初投于灵裕法师而出家焉。……欣属讲华严地论，谅超先哲。又曾登讲之夜，素无灯烛，昂举掌高示，便发晕光，朗照堂宇，大众观瑞，怪所从来。昂曰：此光手中恒有耳，何可怪耶？"[38] 很明显，此记述模仿了《华严经》的如来有大人手掌相。

纵观 F1911.412 背面图像，表现的应是莲花藏世界。若与正面的弥勒净土图像相结合，推测与当时《华严经》学者的弥勒信仰有所关联。

二、隋代卢舍那法界佛像

F1923.15 为隋代卢舍那法界佛像，[39] 头已佚，通高 176、宽 62.9、厚 31.3 厘米（图 5-4）。身体比例谐调，宽圆肩，胸部平坦，腹部略鼓，胯部较宽，但仍显示着筒状的体形结构。双足平行分立，下踏一圆形仰莲台，现莲台与双足前部均已残。右臂弯屈略呈 90 度，原右手似施无畏印；左臂弯屈大于 90 度，原左手似施与愿印。现双手均已残缺，并存有后期修补时凿成的方孔。该佛身披通肩式大衣，表面打磨光滑，不刻衣纹，仅在大衣下摆处的第二层有少许衣褶。身体的表面，包括正面与背面，以减地阴刻的手法雕着法界像。

与前述北周造像相似，这件造像也经历了它的题材判定过程。1923 年 12 月 24 日，C. W. Bishop 自北京的 Taku Shanfang 处购得此像。1962 年，喜龙仁认为此像表现了隋代的造像风格。自此之后，人们对该像年代的隋代之说并无异议。1968 年，罗谭发现此像与大理国画师张胜温所绘的《梵像卷》中的卢舍那佛身上的图像相似，认为此像应是毗卢遮那佛。在 1976 年出版的《中国与日本的艺术杰作：佛利尔美术馆手册》一书中，该像题材被判定为毗卢遮那，即宇宙佛。[40] 1991 年，何恩之认为此像表现了宇宙主释迦佛（Sakyamuni as the Cosmological Buddha），并逐层分析了她认为的该像正、反两面的题材，包括须弥山、魔王地狱、维摩诘与文殊菩萨、本生故事等。这些研究，何恩之在她的《宇宙佛图像》一书中均有体现，但她所引的经典不足以支持她的观点。下面，笔者将对该像正、反两面的图像作客观描述，然后分段采用李静杰的研究成果对相关题材进行考证。

36.《大正藏》第 9 册，第 614ab 页。

37.《大正藏》第 9 册，第 603bc 页。

38.《大正藏》第 51 册，第 162c、163a 页。

39. 该像曾收录于松原三郎：《中国佛教雕刻史论》，图版编二《南北朝后期·隋》，图版 500。

40. The Freer Gallery of Art. *Masterpieces of Chinese and Japanese Art: Freer Gallery of Art Handbook.* Washington DC, 1976, P40.

Fig. 5-4. Rocana Buddha
figure (front), in robes
portraying the Dharma
Realm Images
F1923.15
Limestone
H×W×D: 151.3×62.9×31.3
cm (59 9/16×24 3/4×12 5/16
in)
Sui dynasty (581–618)
Purchase
图 5-4: 隋代卢舍那法界佛
像正面

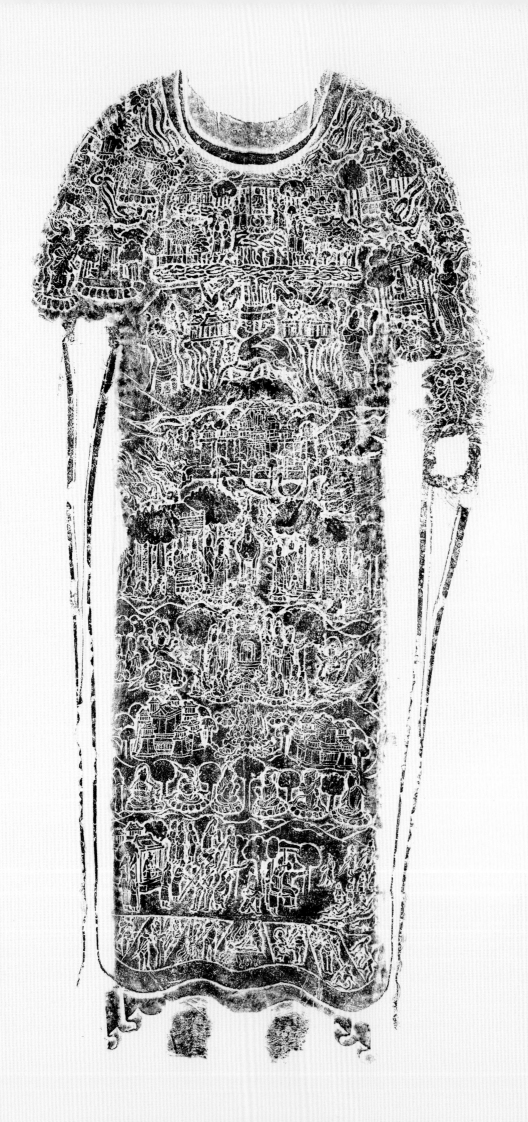

正面图像

卢舍那佛的身体正面雕刻，自下而上可分为七层（图5-5）。

第一层：众鬼在地狱受苦

高6.5~9.2厘米，位于小腿下部，刻有七幅牛头鬼与地狱鬼的场面，并以八字形的斜棱分隔。牛头鬼仅着三角短裤，地狱中的人物均为裸体。

中间一幅，刻一人头向右侧卧于一板上，其头部略微抬起，右臂平伸，左臂抬起，板之上下刻有火焰。其左侧站立一身牛头鬼，身体侧向中部，双手持一柄棍戳向卧者的腹部。

其余各幅，自中部向左：左一，左侧刻一身站立的牛头鬼，身体侧向中部，手持一棍，正在驱赶二人；右侧刻二人，下一人为下趴之姿，上一人作向左侧奔跑状，其头后有项光，不为普通人。左二，中间刻一身牛头鬼，身体侧向左侧，上身略俯，手持一棍，指向左下角一人，该人蹲坐于地，头顶束有圆形发髻，身体侧向右侧，以左臂支撑于地，右臂弯屈抬起，以挡牛头鬼之棍，其身下有一条蛇，正抬头咬向该人的腰部。右上角有一人蹲跪着，双臂弯屈供奉于胸前，作哀求状。左三，刻有三人沿着斜边向左侧奔跑状，并回首。

自中部向右：右一，刻一身站立的牛头鬼，双腿分立，身体略向左侧，但头部扭向右侧，双手持一棍指向右侧一人之臀部，该人抱着一立柱作攀状，身体向右，双腿卷起，柱下刻有火焰。右二，刻一人正在攀一树，身体侧向左。该人的右下侧刻一身站立的牛头鬼正手持一棍，指着该人的背部。牛头鬼的身体侧向左侧，在左上角刻有一人，身体侧向右，其右腿呈蹲姿，左腿呈跪姿，双手合十。右三，刻一人向着右侧作奔跑状，其左侧刻一身牛头鬼，呈正向站立之姿，但头部扭向右侧，双手握一棍指向跑者的臀部作驱赶状。

第二层：地狱之王审判与六道轮回

位于卢舍那佛小腿上部，高16.5~17厘米，可分为左、右两幅。上沿刻着重叠的山峦，以与第三层相间隔。

右幅。右侧中部刻一男子盘腿坐于一四注式

顶的小屋之内，小屋的后面另有地阙楼。该男子身体侧向左侧，双手扶于一矮几之上，头上戴有束发冠，身着交领窄袖长袍，为右幅中的首要人物。四注式顶小屋的两侧各有一株树。小屋的右侧站有二侍者，背部向外，身体侧向左侧，右手各持一杆，杆顶飘有一缨状物。这二侍者均头戴幞头，身着窄袖长袍，腰间束带，足着靴。小屋的左侧也站有二侍者，身体侧向右侧，服饰同右侧的二侍者，衣领为相交状，双手拱放于胸前。这二侍者身后另有一侍者，头上似不戴幞头，站立的方向与服装均同前者，但右臂弯屈放于胸前，左臂下伸于体侧。小屋的正前方，即左侧刻有二侍者，右侧一身为背部向外，身体侧向左侧，双臂弯屈；左侧一身为侧身向左，身体前俯，双手持一账簿向着左侧一戴长枷的人物。这二侍者的左侧刻二身戴枷的人物，均为侧身向右，仅着三角短裤，臀部撅起，双手放于胸前，右侧一戴枷者作从侍者手中接看账簿状。左侧戴枷者的左侧刻一侍者呈正面立姿，但上身向左倾斜，左手下扶左膝，右手上扬一长鞭，作抽打之状。小屋左侧侍者之左侧也刻有二身戴枷人物，其中左侧一身为身体侧向右侧站立，头顶束有圆形发髻，臀部撅起，双手相握于胸前，长枷一端放于地上，正在观看其右侧一侍者手中的账簿。该侍者的身体向左侧立，上身俯向左侧。该侍者的身下刻有一身戴枷者，双腿盘起倒向右侧。上述侍者的服饰均同于前述侍者，戴枷人物均仅着三角短裤。该画面的左侧立有一株树。这幅应为地狱之王审判众鬼之情景。

在第二层的左、右幅之间，刻有二身仅着三角短裤的裸体人物，左侧一身为立姿，头上束有圆形发髻，身体侧向右，臀部撅起，双腿分开，双臂弯屈于胸前。右侧一身身体侧向左，坐于地，双腿屈起，仰面向上，双臂弯屈环抱着左侧一人的腰部。二人作惜别之状。此应为二鬼惜别之情景。

左幅。首要人物为一双腿下舒坐于束帛座上的男子，侧身向左，右臂弯屈于腹前，左臂平伸向左侧，以左手指向前方。该男子的左腿略屈，身着翻领相交的窄袖长袍，足部着靴，头戴幞头。

该男子的身后立有三位侍者，均将身体侧向左侧，其右后侧一身双手拱放于胸前。其后与左后侧各一身侍者分别持有长椭圆形的羽扇与华盖，他们的身体部分为首要男子及其右后侧侍者所挡。三位侍者的服饰基本与首要男子相同，仅衣领不外翻。这四身人物的左、右两侧各刻一株树。在该画面的左侧，刻有四层向着左上方上升的人与动物，自上而下依次为：第一层，刻三位天人，头上束有发髻，身着窄袖长袍，足着靴，双手合十于胸前，其中左端一天人作回首状，三位天人均饰有帔帛，飘向身体右侧。第二层，刻四身立姿俗人，向着左侧渐大，服装同上，但没有帔帛，中部二人双手相拱放于胸前，左、右两侧二人双臂下伸于体侧。第三层，刻四身裸体人物手拉手向着左侧作奔跑状，并向着左侧身体渐大。第四层，即最下一层，刻一匹马向着左侧奔跑。这四层人与动物自上而下分别代表着天、人、地狱、兽牲四道。左幅图像应表现地狱王在审判完众人之后，分派众人重新投胎于六道的情景。

第一、二层场面可与《六十华严》卷十七"金刚幢菩萨十回向品"记述相对应："菩萨摩诃萨见牢狱众生受诸楚毒，或缚或打闭在幽冥，纽械枷锁拷掠流血，饥渴难忍，裸形羸瘦被发覆身，受无量苦，无能救者。菩萨摩诃萨见如是等苦众生已，或舍财宝妻子眷属，或舍己身，于彼狱中救苦众生，如大悲菩萨眼王。……菩萨摩诃萨见送狱囚趣于死地……众人围绕，舍阎浮提一切乐俱，永离亲爱渐之死地。或以木贯置高标上，或以刀割，或以火焚，或缠身油灌以火烧之，受如是等无量诸苦。菩萨摩诃萨见如是已，自舍身命救彼苦难。……以此善根，令一切众生得无尽身命，永离炽然忧悲苦恼……永离恶道，永入不死智能境界……舍离刀杖，众行净业。"[41]据此推想，第一层中有项光的受刑人物，或许正是菩萨舍身在地狱中救众生苦难的情形。《六十华严》卷四十"离世间品"也有同样记述："菩萨摩诃萨成就大悲，不舍一切众生，代一切众生受诸地狱、畜生、恶鬼、阎罗王苦，利益众生心无疲厌。"[42]何恩之引用后秦佛陀耶舍共竺佛念译《长阿含经》(《大正藏》第1册)卷十九"世纪经·地狱品"，解释第一层的诸地狱场面，但经文中却不见菩萨代众生受恶道诸苦的记述。

第三层：六神王与佛国宫殿

位于卢舍那佛的膝部，高18~20厘米。由下部的六身神王像与上部的宝珠与楼阁组成。

该层的下部刻有六身神王像，像间各立一树，中间一株最大。六身神王除左起第二身外，均为盘腿坐姿，右侧三身侧向左，左侧三身侧向右，相互对称排列。神王的身下均饰有莲台，左起第二、五身为覆莲台，其余均为仰莲台。神王的头后均有竖向椭圆形素面头光，身体均略微显胖，上身袒裸，下身着裙，饰有项圈、手镯、帔帛。左起：第一身，头上有巾带飘于肩上，左手放于腹前，左手放于胸前，承接口中吐出的串珠，为"珠

41.《大正藏》第9册，第507bc页。
42.《大正藏》第9册，第651a页。
43.《大正藏》第9册，第395c、396a、397a页。
44. 常青:《北朝石窟神王雕刻述略》,《考古》1994年12期，第1127~1141页。
45.《大正藏》第9册，第414bc页。

神王"。第二身，右腿盘起，左腿撑起，二小腿赤裸着，双手于左肩前托着火焰，头部微向左偏，长发飘向上方，似为"火神王"。第三身，鸟首，头顶有长羽毛飘向头后，左手下扶右小腿，右臂弯屈，右手指向右侧，为"鸟神王"。第四身，狮首，口大张，双臂弯屈，夹放于身体两侧，为"狮神王"。第五身，长发飘向右侧，怀抱着风袋，袋口向着左侧，为"风神王"。第六身，头上束有发髻，有二条头巾分别飘于双肩之上，右手放于右腿之上，左臂弯屈放于身体左侧，名目不清。第六身的右侧刻有山石。

神王题材可见于《六十华严》卷一"世间净眼品"："复有佛世界微尘数诸道场神……诸龙神……诸地神（内有散宝焰神）……诸树神……无边药草神……诸谷神……诸河神……诸海神……诸火神……诸风神……无边虚空神。……悉在如来大众海数……随所至方无能坏者，如来所乘常现在前。"[43] 据此，这些神王构成了如来大众海的因素，同时肩负守护佛国净土的职责，他们配置在上部庄严佛国的下方恰好说明这一点。当然，雕刻此像的艺术家只选择了六身神王像，而它们的基本造型还可见于6世纪时期开凿的中原与北方地区的石窟寺之中，反映了该像造对前朝艺术传统的继承。[44]

第三层的上部正中刻一颗火焰宝珠，珠下饰一周覆莲瓣，珠上饰一片忍冬叶，忍冬叶的两侧各有一朵莲花。在宝珠的左、右侧，及左下与右下侧，均饰有侧视的忍冬叶。在该宝珠的左右两上角各飞飘着一颗摩尼宝珠，珠下各饰有一周覆莲瓣。在第三层上部的左右两侧，各有一相互对称的四注顶楼阁，楼阁之外有围墙，墙间立有阙楼，其中右侧楼阁周围有七座阙楼，左侧楼阁周围有五座阙楼。在阙楼的两侧及后部各刻有五株树，并在两侧刻有山石。左侧楼阙的上方还刻有重叠的山峦，以与第四层相隔。

《六十华严》卷四"卢舍那佛品"云："有一香水海名乐光明……上有世界名清净宝网光明。……彼世界上过佛刹尘数世界，有佛名杂香莲华胜妙庄严，依宝网住，形如师子座，佛号师子座光明胜照。彼世界上过佛刹尘数世界，有佛国名宝庄严普光明，依诸花住，形如日轮云，佛号广大光明智胜。"[45] 据此可知，二对称的楼阁可能分别表现形如师子座的杂香莲华胜妙庄严佛国，以及形如日轮云的宝庄严普光明佛国。何恩之认为，左侧大城五门代表五根，右侧大城七门代表七种烦恼。

第四层：供养佛塔与鸠摩罗天、摩醯首罗天

位于卢舍那佛的大腿部位，高 12.5~16.5 厘米。中央刻一座圆形覆钵塔，塔身之上立有刹杆，杆上有三重相轮，在轮盘与刹座之下均饰有仰莲瓣。塔身两侧各立三身菩萨像，身体侧向中部，相互对称，呈八字形排开，头上均束有高发髻，上身袒裸，下身着长裙，有帔帛自双肩处分垂于身体两侧，头后均有竖向的椭圆形头光，其中内

侧四身均双手合十，最外二身以内侧臂下伸体侧，外侧臂弯屈于胸前。在六菩萨的外侧各立一株树。在塔前的两下角，各有一身跪姿的菩萨，身体侧向中部，服饰同上述菩萨。塔的正前方放置一棺（或为香炉），其下饰一排覆莲瓣。棺的左右两侧各有二身跪姿的比丘像，身着交领式大衣，双手相拱于胸前，身下饰有一周仰莲瓣。比丘的身后各有二身跪姿的俗人，其中右侧二身头部已残，内侧一身似双手相拱于胸前，外侧一身似双臂下伸于体侧；左侧二身头戴笼冠，着交领宽袖长袍，内侧一身将双手相拱于胸前，外侧一身以右臂弯屈，左臂下伸放于体侧。

第四层的右侧，刻一身六臂的摩醯首罗天，骑于一卧牛身上，身体侧向中部。该天头顶束有三朵发髻，有四臂弯屈向上各托一圆形物，二主臂持弹一琵琶，上身袒裸，饰有帔帛，下身着有齐膝短裙，小腿裸露，头后有竖向椭圆形素面头光。摩醯首罗天之右侧有二跪姿的头戴笼冠的男子，身体侧向中部，身着交领宽袖长袍，双手各捧一物于胸前，二人的身后立有四株树。

第四层的左侧刻一身六臂鸠摩罗天，骑一孔雀，身体侧向中部。该天头顶束有发髻，向上张开的四臂手中各托一物，而二主臂弯屈前伸作驾驭孔雀状。该天饰有帔帛，下身着裙，头后有圆形素面头光。鸠摩罗天的左侧有两身瘦削的裸体人物，均为双腿分立，身体侧向中部，其中内侧一身略高，左臂弯屈于胸前，右臂弯屈上举；外

侧一身双手相握于胸前。

佛塔与二天神图像均也出现在了 F1911.412 北周交脚菩萨一铺七尊像背，在《华严经》中应具有同样的宗教功能，在此不再重复。第四层的上沿刻有重叠的山峦，以便与上部的第五层相隔。

第五层：弥勒马王与道场

位于卢舍那佛的腹下部位，高 14~18 厘米。内容为两组人物簇拥着二人对坐说法，中部以一马相隔。

第五层的正中刻一匹马，为正面相的立姿。马的两侧上部分别飘着一颗摩尼宝珠，珠下托着一周覆莲瓣，右侧珠上有一片忍冬叶，左侧珠上有两片忍冬叶。马的两侧各刻有一组人物。

右侧一组。主尊为一男子结跏趺坐于一个两面坡顶的宝帐之中，宝帐由四柱支撑，上沿饰有山花蕉叶，宝帐的左右两侧各立有一株树。帐中的男子头顶有小肉髻，身穿大衣，右手施无畏印，左手向上托有一物，下坐圆形束腰仰覆莲座，下部的覆莲之上有两层叠涩，头后有圆形头光。在这位主尊的座前地面有一颗摩尼宝珠，珠下有一周覆莲瓣。主尊的右侧立有三身菩萨，均将双手放于胸前，头上束有发髻，上身袒裸，下身着裙，帔帛自双肩处分垂于体侧。在右侧三菩萨之外，还有三身向着主尊结跏趺坐的人物，头上均束发髻，其中前二身为多背面相，后一身为正面相，可见其身着双领下垂式大衣，双手拱放于胸前。主尊的左侧立有两身菩萨，服饰与右侧菩萨相同，

46.《大正藏》第 9 册，第 416c、417b 页。

前一身的双臂分开，但均弯屈向上，足下踏着覆莲台。在左侧二菩萨之间立有一身佛装人物，头上有肉髻，身披双领下垂式大衣，双手相拱于胸前，头后有圆形头光，足下踏有覆莲台。

左侧一组。主尊结跏趺坐于悬山式屋顶的小亭之中，小亭由四柱支撑，在前、左、右三面均立有一株树。主尊的头上情况不清，身披双领下垂式大衣，双手放在胸前，宝座的情况也不清楚，仅可见座下饰有一周覆莲瓣。主尊的右侧立有四身菩萨，服饰与右侧一组的菩萨相同，前一身为双臂弯屈，右手上托一宝珠状物，足下踏有覆莲台；后三身菩萨为双手于胸前合十。在亭子的右前角处有一人结跏趺坐，没有刻出细节。主尊的身后立有一人，双手拱放于胸前，似着双领下垂式大衣，头上情况不清。主尊的左侧有两身立菩萨，服饰同前，后一身为双手合十，前一身双手放于胸前。左侧二菩萨的左前方有一排向着主尊结跏趺坐的人物，前三身为背面相，后一身为侧身相，可见其交领式大衣，这四人的头上似均有发髻。

该层是以树与上部第六层起到了相间隔的作用。

该层中部的宝马也可见于 F1911.412 北周交脚菩萨一铺七尊像背，同样应表现弥勒菩萨救济众生。何恩之将宝马作为代表欲界的畜生解释，认为象征着释迦佛说法教化的娑婆世界，用来说明表现此画面的佛陀为释迦。从宝马所处位置分

析，两侧为佛说法道场，上方是代表理想世界的大城，下方是象征佛法的宝塔，何的解释显然不可取。宝马两侧的道场大体可以与《六十华严》卷四"卢舍那佛品"的记述对应："时彼林中有一道场名宝花庄严，其道场前有大莲华名华焰具足，纵广百亿由旬，十亿莲华眷属围绕。时彼世界过百岁已有佛出世，如是次第有十须弥山尘数如来出兴于世。其最初佛名一切功德本胜须弥山云，时佛处彼大莲华上。……时彼焰光城中有王名爱见善慧，尔时爱见善慧王与七十七亿那由他眷属俱，往诣一切功德本胜须弥山云佛所，到已头面礼足于一面坐。……尔时如来教化一切诸众生故，于彼大众海中说经，名现三世一切诸佛集会。"[46] 据此，两侧以大莲花为标志的道场应为宝花庄严道场，莲花座上说法者为一切功德本胜须弥山云佛，它们成对表现或许是出于构图的需要。在道场外坐着的人物，很可能就是由第六层焰光大城前来的爱见善慧王及其眷属。

第六层：焰光大城

高 14~16 厘米，由一组城池与飞天等人物形象组成。第六层的中央刻出一座城池，由八座阙楼组成，其中下面有一排五座阙楼，上部三阙楼呈三角形排列。城池的后面刻出一排重叠的山峦，前面立着交错排列的六棵蘑菇状树，树前刻有两只天鹅状的飞禽，其中右一只伸颈向左，左一只向着中部侧身而立。在城池的右侧有三人正在骑马出城。在城池的两下角，即

第五层的左、右上方，各有二身飞天俯冲而下，长帔帛飘向身体后部上方。飞天的头上均束有高发髻，上身袒裸，下身着长裙，均双臂弯屈向上。右侧飞天之间及外侧各有一朵流云，左侧飞天之间有一朵流云。

从飞天的飞向情况看，它们可能属于第五层。若将第五、六层的内容合二为一，则其高度为27~30.5厘米。

《六十华严》卷四"卢舍那佛品"云："于彼林东有一大城，名曰焰光，纯香所成，面千由旬，七宝为郭，周匝围绕。其城寮观杂宝庄严……十

亿园林周匝围绕。城中众生皆成就业报神足，形同诸天，一切所欲应念即至。"[47] 据此推测，第六层中的楼阁应是表现焰光大城，出行的人们是形同诸天的城中众生，自在的水鸟意味着一切所欲应念即至。

第七层：须弥山－佛国净土－摩尼宝王－龙王－天神－力士

位于卢舍那佛的胸部，并向左、右延至双大臂的正面，最高处为48厘米。该层于卢舍那的胸部刻出佛在须弥山上说法的情景，而于两侧刻出一些附属的佛教故事情节与人物。

47.《大正藏》第9册，第416c页。

卢舍那佛胸前的须弥山呈束腰形，腰身上缠有二龙，龙尾分垂于山下，而龙首分别向山腰的上部两侧伸出，并以前肢承托着山上部分。在须弥山的山腰两旁各有一座小山，山上立有四注式的楼阁，均为一正两侧。小山的外侧各立有一身四臂天王像，二天王的动作相同，方向相反，胯部向中部扭动，双腿分立，头上束有发髻，身披铠甲，下身着齐膝战裙，足着靴，四臂均弯屈向上，四手各托一物，所托物似为日、月、摩尼宝珠等。须弥山的上部之下刻作一平台状，台上有山石，又堆砌作一个束腰状，在这个束腰上部中央刻一佛结跏趺坐于一座四注式似五开间的殿堂之中。佛的双手施说法印，身下有覆莲台。佛殿的前部两侧各立有四株树，树冠呈一个蘑菇状。大殿的两侧各有三座四注式殿堂呈三角形排列，它们共同象征着一组宫殿建筑群。在主佛殿正面的阶前，有一颗摩尼宝珠，珠下饰有一周覆莲瓣。宝珠的左、右两侧各有二身立菩萨，在头身比例上头部显大，身体均侧向主佛，腹部微向前挺，头顶束有高发髻，双手合十于胸前，上身袒裸，下身着裙，帔帛自双肩处分垂于体侧，不刻衣纹。在束腰的下部两侧也各有二身立菩萨，形制同前，并与上述四菩萨排列呈梯形状。在束腰下部平台的两侧之上，各有一座侧立的殿堂，殿堂周围围以树，前面均为三颗，其中右侧殿堂前中一棵为娑罗树，左侧殿堂前的左、右两棵为娑罗树，左侧三树间还各立有一棵蘑菇形树冠的小树。左侧殿堂的外侧还有两只雁向着殿堂飞动。在主佛殿的后面两侧也各出露一个树冠，主佛殿的两侧上方各飘着一颗摩尼宝珠，珠下饰有覆莲瓣，并向着两外侧分别飞飘着三片忍冬叶。

在卢舍那佛的双肩下部各刻有一座殿堂，殿顶似歇山式。殿下有莲瓣承托，殿中各坐着一身人物，结跏趺坐，将身体侧向刻于卢舍那胸部的坐佛。殿堂两侧各有一树，殿堂上方各有一身飞天，向着卢舍那佛胸部的一组殿堂作俯冲状。飞天头顶束有发髻，有长帔飘向身后。

在卢舍那佛的双肘部位，各有一座侧视的殿堂，殿顶似歇山式，殿堂四周围以树，殿下托以覆莲台，殿内各有一身结跏趺坐的人物，将身体

侧向中部，其中左一身之下有覆莲台，殿堂下面还刻有束起的四颗摩尼宝珠，珠下有一周覆莲瓣，珠的两侧各有一朵莲花和一片荷叶。在两侧殿堂的上方各有一身飞天，向着中部的须弥山飞动。二飞天的双腿微屈，双臂弯屈张开，均以右手执一物，头上束有发髻，上身袒裸，下身着长裙，帔帛于身后绕一大圆环，经双肘部飘向身后上方。在这两座殿堂的外侧，即卢舍那佛大臂的正表面，各有一身力士像，其中左侧一身略大一些，它们均将身体侧向中部的须弥山。二力士的头顶均束有发髻，有头巾飘向头的后上方，面部略上仰，身躯健壮，双手持一金刚杵，双足分立于覆莲台上，上身袒裸，下身着长裙。右侧力士的身体呈直立之姿，帔帛于腹前交叉，再上绕至双肘部垂下；左侧力士的腹部略为前挺，帔帛自双臂处分垂于体侧。二力士位于肩部的帔帛均有一角向上翘起，头后有圆形头光。

在上述左力士的上方，有一匹马向着中部的须弥山奔跑，马背上驮着一颗摩尼宝珠，珠下有一周覆莲瓣。马的上方有一身跪姿的男子，身体侧向中部，头上戴冠，身着广袖长袍，头后有圆形火焰头光。该男子的身后（即左侧）立着两身侍女，头上束着发髻，下身着长裙，身后（即左侧）立有两株树。该男子的头上有一颗摩尼宝珠。

在上述右力士的上方，有一头象向着中部的须弥山行走，大象的右前足抬起，其余三足下均有一朵覆莲。象背上驮着一颗摩尼宝珠。象的上方，即卢舍那佛的右肩部位，有一倚坐男子，坐于束帛座之上，头上戴冠，身着交领窄袖长袍，双臂弯屈，左臂前伸。该男子的身体前方（即左侧）下部有一条蛇，正抬首张口向着该男子。该男子的身后（即右侧）有一站立的侍者双手举着伞盖，身着交领宽袖长袍。在倚坐男子的左侧，有一小型的单层檐殿堂，殿下有覆莲台。这个小殿堂的左上角有一颗飞飘的摩尼宝珠，珠下饰有覆莲瓣，珠的右上侧飘着两片忍冬叶，珠的右下角有一朵三瓣小花。

总之，这层上部有楼阁排列，诸楼阁均处在莲花上，楼阁之中有佛结跏趺坐，楼阁之间生长着大树。楼阁群的左右两外上侧，即如来肩肘部，

排列着种种摩尼宝珠，或以莲花承托，或以象、马承载。《六十华严》卷三"卢舍那佛品"云："彼大矸迦罗山内世界海中……众宝莲华以为庄严大地。……彼大地处有不可说佛刹微尘等香水海，众宝庄严，一切摩尼宝王以为其岸，宝王罗网弥覆其上，众宝色水盈满其中，一切众花皆悉开敷。……恒沙佛刹微尘等宝华楼阁周匝围绕，无量佛刹微尘等众宝花城以周其外。……十佛国土尘数香树以为庄严。"[48] 显然，该层上方的这些图像为宝花楼阁周匝围绕，摩尼宝王以为其岸的香水海表现。

关于第七层下部的二龙盘绕着的须弥山，后秦佛陀耶舍共竺佛念译《长阿含经》卷十八"世记经阎浮提州品"云："须弥山王入海水中八万四千由旬，出海水上高八万四千由旬。下根连地多固地分，其山直上无有阿曲，生种种树。"[49] 这正是中央山峦作直立表现的缘由。龙王和重云的表现与前述 F1911.412 北周交脚菩萨一铺七尊像背图像相仿，意味着如来以种种形式说法。须弥山两侧的山峦和宫殿大体与《六十华严》卷四"卢舍那佛品"对应："尔时有世界海名净光普眼……其世界性如须弥山，天宫庄严以念为食。彼世界性中有香水海名清净光，彼香水海中有须弥山名大焰华庄严幢，以十种宝栏楯围绕。彼须弥山有林观名宝花枝，以无量花楼阁、无量宝幢楼阁、无量绀宝网、种种色花而庄严之，无量香云弥覆其上，十亿百千城周匝围绕。"[50] 此即名大焰华庄严幢之须弥山，顶上宫殿名为宝花枝林观。坐落在丛林状耸立山峦顶上的宫殿，可能正是林观的表现。

关于该层下部三组山峦的两外侧手擎日月、身着铠甲的四臂天神，北魏（368~534）瞿昙般若流支译《正法念处经》卷十八"畜生品"云："阿修罗……住大海底须弥山侧……种种诸色庄严其身以为甲胄，光明熠熠。时罗睺阿修罗王身量广大，如须弥山王……即举右手以障日轮，欲见天女可爱妙色，手出四光如上所说。立海水中水至其腰……以手障月欲见天女。"[51] 据此，这里表现的是一对阿修罗王。《六十华严》卷一"卢舍那佛品"云："复与无量阿修罗神俱，其名曰罗睺罗

王、毗摩质多罗王、晱婆利王、名月王、金刚坚锦王、大智能力王、胜集天女王，如是一切悉能降伏憍慢放逸。"[52] 可知，阿修罗王成为如来世界海的一个神祇，辅助如来教化众生。中原北方较早的阿修罗王作品见于云冈石窟北魏中期开凿的第 10 窟前室北壁门上方。[53] 在龙王盘绕须弥山的两侧表现一对多面多臂阿修罗王，继承了北魏中期以来阿修罗成对表现的传统。

至于卢舍那佛双肘部位刻的执金刚杵力士像，《六十华严》卷一"世间净眼品"云："有世界海微尘数金刚力士……已于阿僧祇劫发大誓愿，侍卫诸佛。……佛所游处无不遍至，皆悉能行不可思议解脱境界，处一切众。其身殊特无能映蔽，随诸众生所应度者，能现其身如应化之。"[54] 这一对金刚力士不仅为香水海的守护神，还起着佑护众生的作用。

卢舍那佛的左小臂已残断，在残存部分的上面，刻有一颗摩尼宝珠，珠下饰有一周覆莲瓣，珠的两侧各有一片卷叶。珠下的覆莲瓣之下有两片侧视的忍冬叶。在左小臂的内侧表面也残存有花草纹样。

纵观卢舍那的正面图像，香水海及香水海之中的佛国净土占据大部分画面，可在此莲花藏世界中窥见西方净土的影子。在此，与佛国净土内涵相适应的层状图像配置成为该造像的显著特征。另外，象征如来种种说法的龙王，代表如来救济众生的马王，与象征大乘佛法的宝塔，也在这组图像中强调。菩萨代替众生受诸酷刑的图像则位于正面下部，配合着地狱诸苦。

背面图像
卢舍那佛的身体背面雕刻，自上而下可分为四层（图 5-6、5-7）。

第一层：兜率天宫
最高处为 50 厘米许，位于卢舍那佛的背部。主尊为倚坐弥勒菩萨，坐于一四注式顶的大殿之内，屋檐下有帷幔。弥勒上身袒裸，下身着裙，颈饰项圈，双膝部分开较大，帔帛自双肩处分垂于体侧。右手放于胸前，食指上指；左手放于胸部左侧，施与愿印。他头戴宝冠，头后有素面圆

48.《大正藏》第 9 册，第413ab 页。
49.《大正藏》第 1 册，第114c 页。
50.《大正藏》第 9 册，第416c 页。
51.《大正藏》第 17 册，第107ab 页。
52.《大正藏》第 9 册，第396b 页。
53. 水野清一、长广敏雄：《云冈石窟》第 10 洞，京都大学人文科学研究所，1952 年，插图 8。
54.《大正藏》第 9 册，第395c 页。

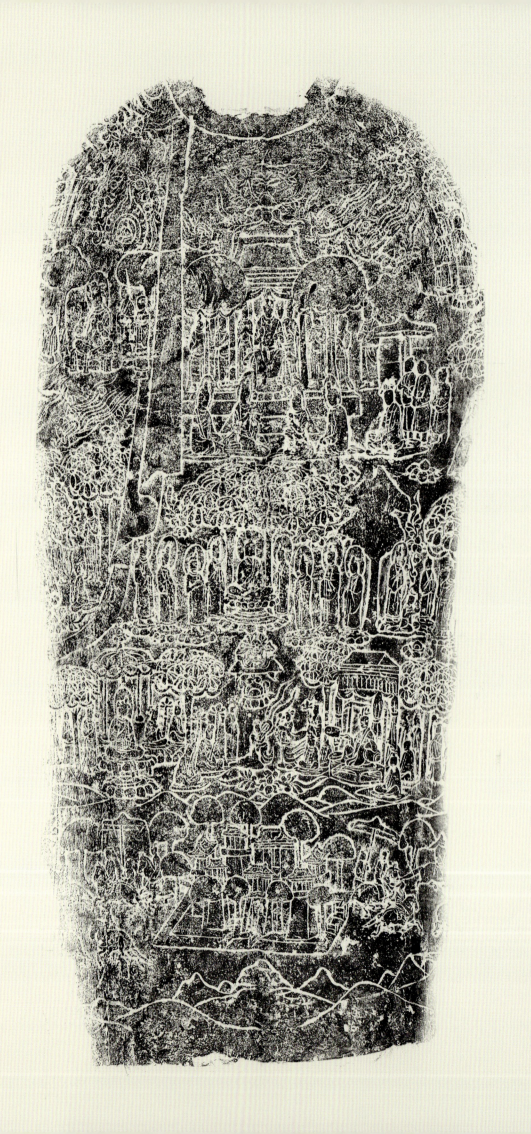

55.《大正藏》第 9 册，第
478c、479bc、481b 页。
56.《大正藏》第 51 册，第
163a 页。
57.《大正藏》第 9 册，第
395a 页。

形头光。双足呈八字形分踏于一圆形莲台之上。弥勒的两侧各有一身立菩萨。在大殿的两侧，各立着一棵圆形树冠的树，树的两侧也各有一身立菩萨。弥勒与这六身菩萨的足下有统一的台基。这六身菩萨均将身体侧向弥勒，双手拱放于胸前，头上束发髻，饰有项圈，上身袒裸，下身着裙，帔帛自双肩处分垂于体侧，身材窈窕，但不显身段。在这七身主像的左侧还有一尊体量略大的立菩萨像，身体侧向主尊弥勒，双手合十，服饰同前述六身菩萨。大殿屋檐的左右上方各有二身飞天，均向着中部的弥勒飞动，它们的双臂弯屈前伸，装饰与前述六菩萨相同，帔帛与长裙飘向身后上方。在飞天的身边还飞飘着小花。在大殿的阶前，有四身跪姿人物，其中右侧二身，左侧二身，均将身体侧向中部的弥勒。中部二身的装束与前述六身菩萨相同，双手于胸前合十，外侧一腿为跪姿，内侧一腿为蹲姿。外侧二身均头戴冠，身披双领下垂式的大衣，并有交领式的内衣，双手放于腹前。四人的头后均有圆形头光。

在第一层画面的左下角，刻有四身人物，均将身体侧向中部的弥勒。靠中部的一身为结跏趺坐，头戴束发冠，身披双领下垂式的宽袖长袍，内有齐胸的内衣。坐姿供养人的身后站着三身供养人，均将双手交拱于胸前，头顶束发，身穿交领窄袖长袍，下及小腿中部，腰间束带，足着靴。其中靠中部的一身持着伞盖。在三立供养人的下方，有一颗摩尼宝珠，下饰一周覆莲瓣，他们的身后立有一棵树。

《六十华严》卷十三"如来升兜率天宫一切宝殿品"云："尔时如来以自在神力……趣兜率天宫一切宝庄严殿。时彼天王遥见佛来，即于殿上敷如意宝藏师子之座。……百万亿妙宝莲花开敷光耀……百万亿杂宝妙花周匝围绕……百万亿妙莲花雨。诸大菩萨顶戴护持，百万亿花手菩萨雨一切花。……尔时兜率陀天王……奉迎如来。"[55]这段记述与画面内容大体相应，画面应为《六十华严》中七处八会之兜率天宫会。兜率天宫为弥勒菩萨居所，隋代的弥勒菩萨通常采用倚坐姿。何恩之解释此场面为兜率天上的弥勒菩萨，但李静杰认为此图中的主尊当属卢舍那佛，不过是应

借用了弥勒菩萨的姿态，这层图像应为卢舍那佛上升兜率天宫说法的表现。宫殿侧前方伞盖下的人物则是兜率天王。另外，莲花庄严宫殿、莲花漂浮空中的表现与记述符合。

《华严经传记》卷三云："（道昂）贞观七年（633）卒……及将殡殓，足下有普光堂等文字生焉。"[56] 普光堂即普光法堂，《六十华严》七处八会中的两会在这里举行。道昂足下文字显系人为制造，但从侧面说明当时七处八会的概念已经受到重视，在作品中出现相应的画面是可能的。

第二层：寂灭道场法会

位于卢舍那佛的后腰部位，最高处为 30.5 厘米，以佛在娑罗双树说法图为主，并以娑罗树冠与第一层相隔。画面中部刻一佛结跏趺坐于圆形束腰仰覆莲座上，下有四层叠涩。该佛头上有较小的肉髻，右手施无畏印，左手似放于腹前。身着袒裸右肩式大衣，头后有圆形素面头光，身后两侧各立一棵娑罗树，树冠呈一大伞盖状覆着佛与众胁侍。佛座前置一香炉台，香炉的两侧装饰着莲花与荷叶。佛的身体两侧各有四身胁侍立像，均将身体侧向坐佛，其中近佛的二身站于佛座后部两侧，而其余六身立于佛座前的左右两侧。这六身胁侍均身材窈窕，不显身段，头上戴着高冠，双手交拱于胸前，身穿双领下垂式的宽袖大衣，内有袒右式的内衣，足下踏着仰莲台。八身胁侍的头后均有圆形素面头光。

该场面环境的描绘大体与《六十华严》卷一"卢舍那佛品"记述相符："一时佛在摩竭提国寂灭道场，始成正觉。……其菩提树高显殊特，宝叶垂布犹如重云……杂色宝花间错其间……普现大众菩萨道教。"[57] 据此，该层图像表现的可能是《六十华严》七处八会中寂灭道场会。因名为寂灭道场，艺术家借用了传统的佛在寂灭前于娑罗双树间的最后一次说法，而图中的树形明显为娑罗树，而不为菩提树。

第三层：维摩诘与文殊对坐说法图

位于卢舍那佛的大腿后部，高 18~22 厘米。画面的左侧以维摩诘为主。维摩诘坐于一个四面坡顶的宝帐之中，宝帐的檐下有垂幔，在帐柱上

有束起的帐幔。他头戴高冠，身着宽松的双领下垂式大衣，右臂弯屈前伸，以右手执一扇，左臂弯屈于胸部左侧，左腿盘坐，右腿屈起呈蹲姿，身体侧向右。维摩宝帐的左右两侧各立一棵娑罗树，树冠呈圆形，二树下各有二身结跏趺坐的侍者，双手放于腹前并隐于衣袖之内。维摩宝帐的左侧有五身站立的侍者，其中最右一身位于宝帐与娑罗树之间。这五身侍者均将双手拱放于胸前，身体侧向右，其中右起第二、三身各手持一朵长茎莲花，第四、五身各手持一长柄幡。宝帐的右侧与右侧娑罗树的右侧也各有一身侍者，动作与立姿均同于左侧侍者，双手也持一朵长茎莲花。上述侍者的头上的有似戴冠，有的似束发髻（如维摩右侧的右一身坐姿侍者），身着交领宽袖长袍。在维摩与侍者的右侧有二身天女，均将身体侧向右侧，其中右一身似为蹲跪之姿，身体前倾，双手捧一物，头上束有两朵发髻，衣裙的细节不清，帔帛于身后绕一圆环，并飘向身体后部上方，似刚刚从天而降。右侧一身天女为立姿，头上有三朵发髻，双手似持一长茎莲花，身着交领宽袖的衣裙，长袖与裙带飘向身体左侧（即后部）。二天女的身下有一颗摩尼宝珠，珠上有两片向外翻卷的叶子，珠下饰一周覆莲瓣，珠的左右两侧各饰一片正视的忍冬叶。

该层画面的右侧以结跏趺坐的文殊菩萨为主。文殊的身体略向左侧，右手似施无畏印，左手放于左腿之上，头上戴冠，上身祖裸，下身着裙，不露双足；饰有项圈与手镯，帔帛自双肩处垂于体侧，胸前似有短的斜披络腋，身材窈窕并略显身段，头后有圆形素面头光；下坐上大下小的圆形束腰仰覆莲座，下有三层叠涩；有三条裙带垂覆于宝座之上。文殊的头上有花形伞盖，盖顶饰有一颗摩尼宝珠，珠上饰有三朵小圆花，珠下饰有一周覆莲瓣，盖檐向下垂有四条带子，每带之上坠有一圆形物。文殊的左右两侧各立有一棵娑罗树，树冠呈圆形。在文殊与右侧娑罗树之间刻有一身立菩萨，身体向左侧着，服饰与文殊相同，双臂弯屈，放于身体两侧，身材窈窕，略显身段。在右侧娑罗树的右侧，有四身站立的侍者，均将身体向

左侧，头上束有三朵发髻，身着交领宽袖长裙，双手拱放于胸前，前一身的持物不清，后三身均手执一长柄幡。在文殊的左侧有四身结跏趺坐的人物，两身在后，两身在前。前部两身侍者身体前倾，双手执一长茎莲花。后部二身位于文殊与左侧娑罗树之间，身下有一排仰莲。后部右一身以右臂弯屈，以左手执一长茎莲花。后部左一身似将双手放于腹前，持物不清。在服饰方面，后部右身与主尊文殊相同，为菩萨装束；后部左身头上似戴一小冠（或束一朵发髻），身着交领宽袖衣。而前部二身的头上似有几朵发髻，身上似着有交领宽袖衣。上述这四身坐者的左侧，也就是右侧一组人物的最左侧，立有一身侍者，服饰似与右侧的四侍者相同，身体向左，头略下低，双手放于胸前，与维摩一组人物中的最右侧的天女作对答之状。在该侍者与天女的上方，有一颗摩尼宝珠，珠后饰有三瓣小花，珠的两侧各有一片向外翻卷的叶子，珠下有一周覆莲瓣。

维摩诘、文殊对坐问答图像的创作应出自《维摩诘经》。该经在中国佛教史上备受推崇，甚或被看做是大乘佛法的象征，有多种译本。依据三国（220~280）时期在吴国（222~280）活动的月氏国僧人支谦翻译的《佛说维摩诘经》（《大正藏》第14册）卷下"法供养品"云："至诸佛般泥洹曰……立七宝塔……为诸佛别造塔……彼之福佑不可称说。……受此不思议门所说法要，奉持说者福多于彼。所以者何，法生佛道，法出诸佛。"[58]此经将佛法置于诸佛之上，特别强调了大乘佛法的重要性。但这里的维摩诘与文殊对坐说法图像很可能是为了配合该卢舍那佛像身上的一些与布施题材有关的图像而雕刻的。《佛说维摩诘经》卷上"不思议品"云："诸如来诸菩萨有八不思议门……若晓了不思议门者，一切魔众无如之何。……魔之所为十方无量，或从菩萨求索手足、耳鼻、头眼、髓脑、血肉、肌体、妻子、男女、眷属，及求国城、墟聚、财谷、金银、明月、珠玉、珊瑚、珍宝、衣裘、饮食，一切所有皆从求索。立不思议门菩萨者，能以善权为诸菩萨方便示现，坚固其性。"[59]后秦鸠摩罗什译《大智度论》卷四六"摩诃衍品"解释布施有内、外两种

58.《大正藏》第14册，第535bc页。

59.《大正藏》第14册，第527bc页。

60.《大正藏》第25册，第395b页。

布施，即自我自身布施与所有物布施。[60]但是，《维摩诘经》虽讲述了菩萨布施的思想，以及菩萨抱着不惜牺牲一切的信念、力行苛刻的布施行为而获得如来智能，但却没有叙述布施的具体情节。下述种种布施的具体图像是基于《华严经》表现的。这里的维摩诘与文殊对坐说法图像应是《维摩诘经》与《华严经》共同强调的菩萨行思想的图像表现。

第四层：城郭与骑马出行图

位于卢舍那佛的小腿后部，高 40~44 厘米。画面的中部有一座位于一透视的方形地面之上的城郭，为向右侧视。城郭以中间的一座似歇山顶的楼阁为主，左右两侧各有两座重檐阙楼，前面有两座重檐阙楼。在城的后部一周有五棵树呈圆弧形排列，在城的前面有一排四棵树，树冠均呈圆形。在城的左侧有六位骑马的人物正在从左侧出城向左侧方向奔驰。其中上排有四身，在中间有一树，树形同上，其中右起第一身为第二身持一伞盖，第二身着交领宽袖长袍，头上似戴着束

发冠，为主要人物。其余三身的头上均束发髻，右起第三、四身头上的束发带子飘于头后。下排二身人物似回首看着上排的主人。除上排左起第二身外，其余五身人物均着圆领窄袖长袍，而上排最左一身的马首隐于卢舍那佛的衣褶之中，其头上有一颗摩尼宝珠，珠上饰忍冬叶，珠下饰有一周覆莲瓣。在城郭的右侧也有六身骑马人物正在从右侧出城向着右侧方向奔驰，也是上排四身，下排两身。其中的左起第二身为第三身持一伞盖，在第三、四身之间立有一棵树，树冠也呈圆形。这六身人物的头上所戴均似平巾帻冠，身着交领宽袖长袍，下排右一身的马首隐去。在上排右一身的前上方有一颗摩尼宝珠，上饰两片忍冬叶，下饰一周覆莲瓣。在该层画面的上、下刻出重叠的山峦。

何恩之将此图解释为释迦太子四门出游场面。李静杰不同意此观点，他以为该层图像的内涵目前尚无法准确地解释，可能作为一佛国净土表现。

两侧面图像

两侧面图像，即卢舍那佛两臂侧面上的图像，在左右侧面各分上、下两层（图 5-5、5-7）。何恩之将这些场面作为传统的本生、佛传图像解释，李静杰认为是基于《六十华严》表现的布施与授记图像。

佛授记

在卢舍那佛右大臂的外侧，刻有一身立佛，身体略侧，头部略下低，右手施无畏印，左手下伸作接物状，双足分立于一覆莲台上。该立佛身躯直立，身材窈窕，但不显优美的身段，披着祖裸右肩式的大衣，头后有圆形头光。立佛的身后有一身立姿的比丘，身体略向左侧着，身着交领宽袖僧衣，双手拱放于胸前。立佛的左前方立有一株树，片片树叶均呈向上的银杏叶状。在立佛身体的左下方，有一站立的童子，双手捧一物奉向立佛，立佛的下方还有一童子正在爬向立童子。该情节与传统的阿育王施土图像相似。据李静杰的研究，在中国佛教史上，阿育王施土的图像常被用来表现定光佛授记。[61] 这里应是其中一例，与下述画面共同表现佛授记题材。

在卢舍那佛的右小臂外侧长袖上部表面，刻有一颗摩尼宝珠，珠下饰有一周覆莲瓣，珠上飘着两片忍冬叶。宝珠的左侧有一身侍女，头上束着丫形发髻，身体侧向宝珠，身着交领窄袖短袄，下身着长裙，双手执一朵长茎莲花。宝珠的右侧有一立菩萨，将身体侧向宝珠，身材窈窕，腹部略前挺，头上束有发髻，面相长圆，双臂弯屈，右手放于胸前，左手上执一朵莲花，上身祖裸，下身着长裙，帔帛自双肩处分垂于体侧，头后有圆形头光。宝珠的下方有一位五体投地的人物，身体侧向宝珠的右侧，以长发铺于地上，在其长发之上，站立着一佛。立佛的身体侧向宝珠，身躯直立，腹部微鼓，头略下低，双臂弯屈，右手抬起，左手前伸作安抚状。该立佛的头顶有小肉髻，身着双领下垂式大衣，体形窈窕，但不显身段，头后有圆形头光。立佛的身后有一身立菩萨，形制及动作均与立佛左侧的立菩萨相似。在佛与身后的菩萨之间，立有一株娑罗树。在这幅画面的上方，即卢舍那佛右小臂的外侧表面，刻有一

身结跏趺坐的人物，坐于山中。

上述情节与传统的定光佛为儒童子授记图像相似。《六十华严》卷三六"离世间品"云："百万亿那由他不可说佛刹微尘等菩萨摩诃萨，皆悉具普贤行愿。随诸世界有佛兴世，悉能往诣请转法轮，悉能受持诸佛正法，令一切佛种姓不断。悉能了达一切诸佛次第授记，随诸世界成等正觉，转净法轮。于无佛世界现身为佛，出兴于世，令有染者悉得清净，除灭一切菩萨业障，入无碍法界。"[62] 因此，该场面应为授记表现，以期将来成佛，使佛法延续。但该图像明显是部分地借用了传统的定光佛授记本生图像，但不见散花、身升虚空等表现，二者有所区别。何恩之则直接解释此画面为定光佛授记本生图像。

布施汤药

在上述授记画面的下部，即卢舍那佛右臂衣袖的外侧，刻有一组七身人物。主尊为一身倚坐佛，身体向右侧着，头顶的肉髻不太明显，右手施无畏印，左手交代不清楚，身着双领下垂式大衣，内有祖右式的僧祇支，下坐圆形束腰仰覆莲座，下有三层叠涩，双足下踏着圆形仰莲台。主尊的身后立着一棵娑罗树，树冠呈圆形，树冠下还饰有一排垂幔。佛的头后有圆形素面头光。主尊的身后，即左侧，有二身胁侍，身体均侧向主尊，头戴冠，身着双领下垂式的宽袖大衣，双手交拱于胸前，足下踏有仰莲台，头后有圆形素面头光。主尊倚坐佛的右侧有一身正面相的立菩萨，上身祖裸，下身着裙，头上戴冠，头部略偏向主尊，帔帛自双肩处分垂于体侧，双臂情况交代不清，足踏仰莲台。该立菩萨的右侧有二身侍立人物，身体侧向主尊，服饰与动作均同于主尊左侧的二胁侍。其中外侧一身可见其头后的素面圆形头光，足下也似踏莲台。在这二胁侍之间的上部，有一颗摩尼宝珠，珠下饰一周覆莲瓣，并于上下各饰一片正视的忍冬叶。此二胁侍之间的下部，刻一身侧身向主尊的跪姿人物，头上束着高发髻，似为女性，双手捧一钵于胸前，身着交领窄袖上衣，下身着齐胸的长裙。在该人物的左下角有一颗摩尼宝珠，珠下饰有一周覆莲瓣。上述七身人物的身材均显窈窕，但不显身段。

61. 参见李静杰：《中国北朝期における定光佛授记本生図の二种造形について》，《美学美术史研究论集》第18号，名古屋大学，2000年，第23~50页。又，《北朝时期定光佛授记本生图像的两种造型》，《艺术学》第23卷，台北艺术大学美术史研究所，2007年，第75~117页。

62.《大正藏》第9册，第631c页。

63.《大正藏》第9册，第501c页。

64.《大正藏》第9册，第505ab页。

《六十华严》卷十六"金刚幢菩萨十回向品"云："菩萨摩诃萨施汤药时如是回向，以此善根令一切众生离诸障碍，令一切众生舍离病身，悉得如来清净法身。令一切众皆成药性，悉能除灭一切不善之病。……令一切众生成如来药，拔（被）除一切烦恼毒刺。"[63] 据此，这幅画面应表现菩萨布施汤药，以使众生远离病苦，得如来清净法身。

布施宝座

在背部第一层画面的右侧，刻一结跏趺坐的似着菩萨装的人物，头戴宝冠，有宝缯垂下，以右手上托一圆珠状物，身体侧向右侧，他的左右两侧各有一棵树。在左侧的树前立有二身比丘，身着交领宽袖僧衣，双手拱放于胸前。在主尊右侧的外侧，有一跪姿男子双手合十侧向主尊结跏趺坐者，他头上戴冠，身着交领宽袖长袍。该男子的外侧站有二比丘，身体侧向左侧，装饰与动作均同于左侧比丘，双手各执一支长茎仰莲花。在主尊左侧之树的上方刻一较大的火焰宝珠，珠内现出一坐姿的人物。在主尊右侧之树的上方有一颗较小的摩尼宝珠。

李静杰认为，这个情节属菩萨布施宝座，其经典依据如下。《六十华严》卷十六"金刚幢菩萨十回向品"云："菩萨摩诃萨施种种座。或施圣王师子之座，瑠璃为足，金缕织成，柔软妙衣以覆其上，薰以一切坚固之香。……其座高广清净装饰，无量阿僧祇众生乐观无厌。功盖天下自在大王之所坐处，处于彼座，以正治国，无敢违逆。众妙宝庄严其身，青宝珠王、大青宝珠王、胜藏宝珠以为庄严，明净犹日，清凉如月。……阎浮檀金妙色宝缯以冠其首。布施座时如是回向，以此善根令一切众生得菩提座，自然觉悟诸佛正法。令一切众生得自在座，具足成就于法自在……觉悟如来一切种智，示现诸佛功德境界。"[64] 李认为，画面中的主尊就是经中所述的功盖天下自在大王，周围立者观其无厌，上方以清凉如月、明净犹日的宝珠庄严之，以期获得觉悟佛法的菩提之座。李将此画面断为布施宝座的主要依据，就是画面二树上方特意表现的一小一大两颗宝珠，可与上述经文中的"青宝珠王、大青宝珠王"相关联。何恩之解释现出人形的火焰宝珠为自我牺牲，

并与《法华经》的烧身供养联系起来，作为表现该画面的佛陀为《法华经》教主释迦佛的有力依据。笔者以为，李静杰的推断更有道理。但笔者觉得在一幅画面中表现一颗或多颗摩尼宝珠的有很多先例，既为布施宝座，似应表现与宝座有关的特殊图像特征。画面中的主尊就像是一尊菩萨，身下坐有宝座。但一般的坐佛与菩萨身下都有宝座。所以，笔者以为，如果此画面果真表现布施宝座，就应有特指的宝座出现在醒目的位置。布施宝座题材在此虽有存疑，有待进一步研究，但迄今为止，李静杰的研究仍是最令人信服的。

布施宝器

背部第二层画面的右侧，即卢舍那佛左衣袖的外侧表面，刻有一组五身人物，主尊为一结跏趺坐菩萨，身体向左侧着，下坐圆形束腰仰覆莲台，右手施无畏印，左手放于左腿膝上，头戴宝冠，冠前装饰着一颗摩尼宝珠。该菩萨的头部略微下低，上身祖裸，下身着裙，饰有项圈与手镯，帔帛自双肩处分垂于体侧，有三条衣带垂于宝座前，头后有圆形素面头光。在菩萨的座前置一颗摩尼宝珠，两侧各饰一片向外翻卷的叶子，珠下饰一周覆莲瓣，从莲瓣下向左右两侧各伸出一片忍冬叶。在坐菩萨的身后左侧立有一棵娑罗树，身后右侧立有一棵树叶呈向上的银杏叶状的菩提树。主尊坐菩萨的身后两侧各有一身胁侍立菩萨，身体均随主尊一同向左侧着，服饰同于主尊，双手于胸前合十，身材窈窕，略显细腰宽胯的身段，头后有圆形素面头光。其中右菩萨的外侧有一支长茎仰莲花，茎侧各有一片长茎卷叶；左菩萨的外侧也有一支长茎仰莲花，花上有一片侧视的忍冬叶，花下有一片正视的忍冬叶。在左侧立菩萨外的长茎莲花左侧，有一身立菩萨，双手合十侧向主尊，形制与服饰同前述二胁侍菩萨。在它的身后（即左侧），立有一棵娑罗树。在左侧二菩萨的身体下方之间，刻一侧视跪姿人物，身体向着主尊菩萨，他的头上束着发髻，左臂弯屈抬起，身着宽袖长袍，腰间束带。在该跪姿人物的身前有一矮台，台上放着一件瓶状物，似正在供奉此物给该画面的主尊。在左侧二树冠的上方，刻有二身飞天向着主尊的方向俯冲。飞天的头上均束

65.《大正藏》第 9 册，第 502a 页。

66. 李静杰的这种观点来自笔者与他的通信。

67. 参见李静杰：《北朝晚期と隋代の卢舍那佛像について》，利于《美学美术史研究论集》第 19 号，名古屋大学，2001 年，第 1~25 页。

着圆形发髻，上身袒裸，下身着长裙，帔帛在身后绕一大圆环，并飘向身体后部上方。其中上一身飞天双手于胸前合十，下一身飞天双臂均弯屈前伸。在二飞天之间有一颗摩尼宝珠，珠下饰有一周覆莲瓣。在上一身飞天的上部也有一颗摩尼宝珠，珠下也饰有一周覆莲瓣，此珠的上部与左侧各饰一片正视的忍冬叶，下部及右侧各饰一片卷叶，右下侧有一朵流云。

李静杰认为，该画面中的跪姿人物为一身菩萨，他的身前矮台上放着的瓶状物象征着宝器。他的经典依据是《六十华严》卷十六"金刚幢菩萨十回向品"："菩萨摩诃萨悉能惠施一切诸器。所谓以真金器盛满杂宝，以白银器盛满杂宝……如是无量无数诸妙宝器，盛以无量无数妙宝。或施诸佛……以此善根令一切众生成广大藏器……令一切众生成清净器，悉能受佛深法故。令一切众生成无上宝器，悉能受未来今佛一切法故。"[65] 据此，李认为该场面应为菩萨布施宝器的表现，换得能够容纳一切佛法的思想宝器。

关于佛利尔美术馆收藏的这件隋代卢舍那法界佛像的产地，李静杰认为可能与山东地区有些关联。[66] 从迄今的考古发现来看，关中、河南、河北、山东地区发现的隋代造像较多，而且较多地保留着原北周与北齐的造像风格。但在原北齐邺都（今河北省临漳县）所在的邯郸、安阳交接地带迄今为止未见这种风格的造像。该卢舍那佛像着通肩式袈裟，通体没有刻画衣纹，很可能是模仿中印度笈多朝的通体打磨光滑不刻衣纹的佛像风格而制作成的。但印度笈多朝佛像一般表现轻薄贴体的大衣，并清晰地表现佛的躯体轮廓和形态。而这件隋代佛像的大衣似乎厚重一些，并没有反映出印度笈多式的那种薄衣透体的写实感。通体不刻衣纹的着通肩式大衣的立佛像在中国北方发现最多的地点就是山东青州龙兴寺一带，制作时代以北齐为主（图 5-8）。另外，在广义的青州地区，包括含青州、临朐、诸城等地也有发现。如果目前的发现以及这种风格的佛像分布地能够反映公元 6 世纪末至 7 世纪初的基本情况，那么，佛利尔的这件隋代卢舍那佛像就有可能出自山东地区。在东魏时期，首都邺城地论

学宗匠慧光的弟子僧范将地论学传播到了山东北部。[67] 那么，在以青州为中心的山东北部地区发现出土了数量可观的北齐、隋代卢舍那法界佛像，很可能就是邺都地论学影响下的产物。不过，也存在着另一种可能：佛利尔的这件卢舍那佛像的通身打磨光滑也许是为了在通体表面雕刻法界图像的方便，而与印度笈多朝风格的佛像没有直接关系。另外，佛利尔的这件造像很特殊，在中国发现的并不多，也并非在北周、北齐、隋代十分流行。因此，可资比较的类似风格的实物是否一定代表着当年该类型艺术品的布分规律，还有待进一步的发现与研究。但从迄今的发现来看，来自山东的可能性最大。

Fig. 5–8. Rocana Buddha figure, in robes portraying the Dharma Realm with applied gold and colored painting
H: 150 cm
Limestone
Northern Qi (550~577)
Excavated at the ruin of Longxing monastery, 1996
Qingzhou, Shandong Province
Qingzhou City Museum
图 5-8：山东青州龙兴寺出土的北齐卢舍那法界佛像
采自 Hong Kong Museum of Art, ed., Buddhist Sculptures: New Discoveries from Qingzhou, cat. 55.

三、十地修行与莲华藏世界海观

佛利尔美术馆收藏的这两佛像既反映了《华严经》教主卢舍那佛，也反映了《华严经》的法界观。卢舍那佛及其法界图像是根据《华严经》造立的，在中国佛教艺术史的长河中，形成了一种独特的艺术题材。这两件作品在表现卢舍那法界图像的完整性方面，在现存同类题材的作品中属于佼佼者，因此它们是研究卢舍那法界图像不可缺少的重要资料。菩萨行是贯穿《华严经》全经的主题思想。所谓菩萨行，就是菩萨自利利他圆满佛果的大行，也就是布施、忍辱、持戒、精进、禅定、般若之六度万行。从信敬三宝开始的地前菩萨诸行，进入菩萨境界的十地修行，成就十波罗蜜功德，最终趋向佛陀境界的菩萨诸行，由此获得诸佛的神通及智能，为救度众生出兴于世。十地，指大乘佛教修菩萨道行者所要经历的最后十个修行阶段，出自《华严经》"十地品"（即《十地经》）及《大方广菩萨十地经》。已发菩提心的菩萨行者，要历经十信、十住、十行、十回向等四十阶位修行福德与智能资粮，然后进入十地修学。十地包括欢喜地、离垢地、发光地、焰慧地、难胜地、现前地、远行地、不动地、善慧地、法云地等十个修行阶段。十波罗蜜是所有菩萨行者在到达大涅槃之前所必修的十种善德，又称作十胜行、十度、十到彼岸，包括施（财施、法施、无畏施三种）、戒（持戒而常自省）、忍（忍耐迫害）、精进（精励进修而不懈怠）、禅（摄持内意，使心安定）、般若（开真实之智慧，晓了诸法实相）、方便（以种种间接方法，启发其智慧）、愿（常持愿心，并付诸实现）、力（培养实践善行，判别真伪之能力）、智（能了知一切法之智慧）波罗蜜。上述两尊卢舍那法界佛像的图像，是基于《六十华严》"金刚幢菩萨十回向品"表现的画面，强调布施功德，表明菩萨开始修行十波罗蜜，意味着进入十地初阶——欢喜地。依据《六十华严》"宝王如来性起品"表现的画面，表明菩萨登上第十地——法云地，获得诸佛神通及智能，

达到佛陀境界。来自《六十华严》"卢舍那佛品"内容的画面，是卢舍那佛应众生的愿望而示现的境界。尤其是龙王兴云作雨画面，正是菩萨进入法云地，具足无边功德，出生无量功德水，如大云普覆虚空，雨清净甘露法雨的表现。那些来源于其他大乘经典的图像，也体现了《华严经》所主张的一切法相即相入（指彼此事物、互相融入而无乖隔，如数多之灯光相和也）、圆满无碍（指义理通达）的法界观。

自北魏高僧菩提流支、勒那摩提译出了《十地经论》（共十二卷）之后，在南北朝时期出现专研此论的僧侣，他们被称为地论师。这种研习被人们称为"地论学"，逐渐成为北朝佛教的主流思潮。如何通过十地修行，获得佛陀智能并普度众生，为地论学讨论的中心内容。这种反映《华严经》法界观的卢舍那法界佛像，严密地展示了十地修行过程，其产生和流行应与北朝地论学发展息息相关。

佛利尔美术馆收藏的这两尊卢舍那法界佛像还表现了"莲华藏世界海观"。日本学者松本荣一在《炖煌画の研究》一书中的"华严教主卢舍那佛图"中，注意到《华严经传记》所述灵干（535~612）创作的莲华藏世界海观一事。《华严经传记》卷二云："释灵干姓李氏，金城（今甘肃兰州）狄道人。祖相封于上党（今山西长治），遂随封而迁焉。……十四（时值东魏武定六年，548）投邺京大庄严寺衍法师为弟子。十八复讲《华严》、《十地》，初开宗本，金共美之。周武灭法（574~577），居家奉戒，隋开佛日，则当高选。干每讲此经，亟延凉燠，四方进结，尘接相望。开皇七年（587）敕令住（长安大）兴善寺，为译经证义沙门。……大业……八年（612）正月卒于寺，春秋七十有八，乃火葬于终南之阴。初，干志奉《华严》，常依经本作'莲华藏世界海观'及'弥勒天宫观'。至于疾甚，目精上视，不与人对，久乃如常。沙门童真问疾在侧，干谓真曰，

'向见青衣童子引至兜率天宫。而天乐非久，终堕轮回，莲华藏是所图也'。不久气绝，须臾复通。真问：'何所见耶？' 干曰：'见大水遍满，花如车轮，干坐其上，所愿足矣。' 寻尔便卒。"[68] 可知灵干创作"莲华藏世界海观"及"弥勒天宫观"，应自其十八岁（时北齐天保三年，即公元552年）开始讲授《华严经》时或稍后时间，创作地可能是其所居住的北齐邺京（今河北省临漳县）大庄严寺。

灵干创作的"莲华藏世界海观"，或许与北齐高寒寺圆雕佛像上的卢舍那法界图像有一些关系。据水野清一介绍，原佛像身高不低于2米。石质不明。袈裟表面减地平雕密集的卢舍那法界图像。目前仅存1939年水野清一在河南安阳得到的此像拓本，藏于日本京都大学文学部。水野清一获得拓本时，只知拓工从安阳附近高寒寺拓得，至于高寒寺具体在什么地方，制作拓本的原造像如何，一概不明。[69] 灵干创作的"莲华藏世界海观"与高寒寺北齐佛像的制作时间、地域都十分接近，那么后者的图像粉本是否直接或间接地来源于前者？另外，高寒寺佛像身上的卢舍那法界图像与佛利尔美术馆的隋代卢舍那法界像相似，是由严密的《华严经》思想组织起来的复杂图像，其设计过程应有《华严经》学者参与。再者，高寒寺北齐佛像的胸部刻有香水海中的大莲花，正可对应于上述灵干去世之前冥冥中所见的"大水遍满，花如车轮"的描述。这样看来，高寒寺佛像的图像粉本，很有可能来源于灵干创作的"莲华藏世界海观"。

比较来看，高寒寺北齐佛像、佛利尔美术馆藏北周与隋代造像身上的法界图像，呈现着一脉相承的发展关系。目前，至少可以推测高寒寺北齐佛像的图像设计与灵干法师也许有直接或间接的关系，但佛利尔美术馆藏的两件卢舍那法界佛像的设计是否与灵干的创作有关联就不得而知了。此外，灵干不仅创作"莲华藏世界海观"，又创作"弥勒天宫观"的情况值得注意。佛利尔美术馆藏北周佛像的正面表现兜率天宫的弥勒菩萨，背面表现卢舍那法界图像，同馆的隋代卢舍那佛像背面也有表现弥勒居于兜率天宫的画面，

这些是否都与灵干创作的两种图像有关，也有待进一步研究与新资料的发现。

"莲华藏世界海观"之"观"即禅观，就是用于禅观的《华严经》图像。事实上，这种图像已经超出莲花藏世界海的范围，还包括菩萨行的重要内容。"莲花藏世界海观"图像，由于思想体系庞大且出现时间晚，除囊括《华严经》自身的思想内涵外，还融合了与其思想相同或相近的部分《法华经》、《维摩诘经》、《涅槃经》等因素。因此，"莲华藏世界海观"图像是十分庞杂的包容多种大乘经典思想的集合体。创作这种图像须精通《华严经》等大乘经典，并要求掌握高超的制作技术，但当时该图像的流行程度应该比较有限，而直接依据《华严经》或稍加其他成分的禅观修行活动可能更为流行。《华严经传记》卷四云："释法安……慕禅为业。……每诵华严，遂积寒暑，或云普贤境界常现吾前。又入九陇山可百余里，于石室内镂写《华严》，因即号为华严堂也。至大业十一年（615）无病而终。"[70] 反映了这种华严与禅观相结合的情况。大约到了隋唐之际，新《华严经》图像出现之后，"莲华藏世界海观"图像趋向衰歇。

此外，历史上还有一些相关的其他《华严经》图像的创作。继灵干于北齐初创作"莲花藏世界海观"之后，在隋唐之际，比丘解脱创作出"佛光观"，并应用于当时的禅观实践。《华严经传记》卷四云："释解脱，俗姓邢，代郡五台县人。……于五台西南之足佛光山，立佛光精舍，依之综习。脱常诵法华，又每读《华严》，晓夜无辍。后依《华严》作'佛光观'。……贞观十六年（642）（卒）。……释明曜常读《法华》，又披阅《华严》，手不释卷。……依脱禅师，习佛光观。"[71] 就"佛光观"的名称而言，也应是一种《华严经》的禅观图像，但迄今没有发现或辨识出相应实物。禅观图像服务于禅观的实践，是早期佛教注重修行的产物，禅观图像构成与当时流行的佛学思潮休戚相关。入唐以后，随着佛教宗派的兴起，传统的修禅实践不再受重视，禅观图像也逐渐退出历史舞台。

68.《大正藏》第51册，第161b页。

69. 详见李静杰：《北齐至隋代三尊卢舍那法界佛像的图像解释》。

70.《大正藏》第51册，第168c、169a页。

71.《大正藏》第51册，第169页。

72.《大正藏》第51册，第163bc、164a页。

73. 推测莲花藏世界图基于《六十华严》卷二、三"卢舍那佛品"表现。西安碑林藏元延祐六年（1319）刻《大开元寺兴致碑》，背面线刻"华藏庄严世界海图"，基于《八十华严》卷八～十"华藏世界品"表现，应该不同于前述莲花藏世界图。

74.《大正藏》第51册，第153c页。

75.《大正藏》第51册，第171a页。

76. 清陈梦雷（1650~1741）等：《古今图书集成》，《神异典》第91，上海中华书局影印本，1934年。

77. 松本荣一：《炖煌画の研究》第一章第八节〈华严经变相〉(189~195页)。又，ジャック・ジエス (Jacques Giès) 编辑《西域美术ギメ美术馆ペリオ・コレクション I》〈新出の二大画幅「华严经变相七处九会」および「华严经十地品变相」について〉(47~62页)，讲谈社，1994年。

初唐还出现了"莲华藏世界图"。《华严经传记》卷三云:"(长安至相寺)释智俨,姓赵氏,天水人也。……年甫十四,即预缁衣,于时隋运将终(公元 618 年稍前)。……进具之后听《四分》、《迦延》、《毘昙》、《成实》、《十地》、《地持》、《涅槃》等经,遂立教分宗,制此经疏(即《华严经疏》),时年二十七。……其精练庶事,藻思多能,造'莲华藏世界图'一铺,盖葱河之左古今未闻者也。至总章元年(668)……告门人曰:'吾此幻驱从缘无性,今暂往净方,后游莲藏世界,汝等随我,亦同此志。'……终于清净寺焉,春秋六十七矣。"[72] "莲华藏世界图"应是一种不同于"莲华藏世界海观"的新图像,就其名称分析,可能描绘了以须弥山为中心的莲华藏世界景象。目前,尚没有发现基于《六十华严》表现的"莲华藏世界图"。[73]

还有"七处八会"与"七处九会"图像,分别反映了《六十华严》与《八十华严》的部分经文内容。《华严经传记》卷一云:"今大周于阗所进,逾四万诵(即《八十华严》)。于第一会所说华藏世界,旧译(即《六十华严》)缺略,讲解无由,今文并具,灿然可领。其十定一会,旧经有问无答,今本照然备具。是以前有'七处八会',今'七处九会'。"[74] 新旧两部《华严经》都有"七处"说法,包括人间三处(寂灭道场、普光法堂、逝多林),天上四处(忉利天宫、夜摩天宫、兜率天宫、他化自在天宫)。在《六十华严》中,卢舍那佛于普光法堂两次说法,其他处各一次说法,故有"七处八会"。在《八十华严》中,卢舍那佛于普光法堂三次说法,故有"七处九会"。

《华严经传记》卷五云:"释法诚,俗姓樊氏,雍州(今陕西省西安市)万年人。幼出家,每以诵《华严》为业,因遇慧超禅师(开元十五年(727)末至长安以后),隐居蓝谷。……后于寺南岭造华严堂……庄严既毕,乃洁净图画'七处八会'之像。"[75] 据此可知,在盛唐前后曾经流行过"七处八会"图像,但是否为法诚首创,相关记述并不明确。迄今为止,我们还没有发现"七处八会"图像作品。唐刘禹锡(772~842)《毗卢遮那佛华藏世界图赞》云:"佛说《华严经》,真人妙觉不由诸乘,非大圆智不能信解。德宗朝(780~805)有龙象观公,能于是经了第一义,居上都云华寺,名闻十方。沙门嗣肇是其上足,以经中九会纂成'华藏图',俾人瞻礼,即色生敬,因请余赞之。"[76] 由此可知,中唐僧人嗣肇创作出了"七处九会"图像。敦煌莫高窟壁画中遗存多幅"七处九会"图像,该图像还可见于一些传世的绢画作品。[77] 这些"七处九会"图像采用方形或长方形的构图,在画面下部边缘表现香水海,以大莲华居香水海正中。再上分为横三排、纵三列共九个相等的区间,在自上而下第二、三排连接的中央位置表现须弥山。在第三排即须弥山前方,中央为寂灭道场会(第一会),左侧为普光法堂初会(第二会),右侧为逝多林给孤独园会(第九会)。在第二排左、右侧即须弥山的两侧,分别为普光法堂再会(第七会)和三会(第八会)。以上三处五会均发生在地上,故配置在须弥山的前方及两侧。第二排中央即须弥山上方,为忉利天宫会。第一排均处须弥山上方,中央为夜摩天宫会,左、右两侧分别为兜率天宫会和他化自在天宫会。以上四会发生在天上,故配置在须弥山上方。

Chapter Six:
Genuine or Forged: Methods of Identifying Forgeries of
Chinese Buddhist Sculptures

第六章
真品还是赝品：中国佛教造像真伪的鉴定方法

1. 迄今为止，中国学者出版了不少鉴定古代文物的书籍，但这些书中通常没有专门的章节来讨论中国佛教造像中的赝品。戴南海、张懋熔、周晓陆：《文物鉴定秘要》，贵阳：贵州人民出版社，1994年。这是文物鉴定领域里的一部巨著。然而，该书仅在碑刻与拓片部分简要地讨论了中国佛教造像，极有限地列举了几件造像的伪造题记、历史文献，以及两种做伪的方法（仿造与作伪）。参见该书第416~418、421页。

2. 参见陆增祥：《八琼室金石补正》，北京：文物出版社，1985年，第954~957页。

3. 在其所著的《语石》卷十中，清代学者叶昌炽（1847~1917）说："大抵赝造者，墓志、造像居多，不能与丰碑，其文或有所本，其字虽有工拙，古今气息，总可摩掌得之。"刊于《石刻史料新编2》，台北：新文丰出版公司，1979年，第24册，第12021~12022页。Stuart J. Fleming 说："西方的仿造者们在复制早期中国艺术品时也是类似的不成功。现藏于（德国）科隆的一件佛像碑具有一则纪年铭文，有意将此作品归为公元501年，却用了一个那个时期并没有存在于日历中的日期。一个更常见的错误是在一件文物上使用一种谥号并有意将其归入一个特定皇帝的统治时期。"参见 Stuart J Fleming, *Authenticity in Art: The Scientific Detection of Forgery* [艺术中的鉴定真伪：科学检测伪造物]，New York: Crane, Russak & Co Inc., 1976, 第14~15页。

4. 李静杰、王全利：《佛像赝品因素分析》，《美术观察》1996年第12期，第66~69页。

5. 金申：《佛像的鉴藏与辨伪》，上海：上海辞书出版社，2002年，第100~104页。

6. 参见 Nelson Goodman, *Languages of Art* [艺术的语

19世纪以来，包括佛教造像在内的大量中国古代艺术品流入了美国、日本与欧洲，其中不乏高质量的为学者们所重视的珍品。但是，与为数众多的真品一同外流的还有相当一批赝品，也通过中外古董商与收藏家之手进入了欧美大小博物馆与私人收藏之中。一般而言，这些赝品的制造者们不是艺术家，也没有经过佛教艺术传统的系统训练，不可能完全掌握中国各时代的艺术风格与图像特点。因此，他们制作的一些赝品不可能具有被佛教徒们欣赏的那种宗教美感与魅力。很多现存实例都反映了数百年间中国人制作赝品的几种方法。

与绘画、青铜器或其他中国艺术种类相比，对于鉴定中国佛教雕塑真伪的研究还显得相当薄弱。[1] 晚清（1644~1911）学者陆增祥（1816~1882）利用分析铭文题记的书法风格与两个中国传统干支纪年运用的方法鉴定了九件赝品佛教造像。[2] 其实，在中国与西方的金石学研究中，这种方法常被用来鉴定具有铭文题记的佛教造像碑与雕塑。[3] 中国当代学者李静杰与王全利分析了北京故宫博物院收藏的四件作品，讨论了三种鉴定佛教造像真伪的方法，即应考虑到造像的时代风格、地域特征以及制作程序中的错误。[4] 其中，分析制作程序中的错误是一项很好的鉴定真伪方法，可应用于对金铜造像的鉴定。另外，金申在他的著作《佛像的鉴藏与辨伪》一书中列举了一些赝品佛教造像，讨论了四种造像明显的错误：

（1）杂糅了不同的时代特点；

（2）将不同的作品合而为一；

（3）在无纪年铭文的真品上刻赝品题记；

（4）完全模仿某些真品。[5]

这些无疑都是鉴定佛教造像真伪的有效方法，但其他有效方法仍然值得我们进一步去开发。

为了获得鉴定真伪的标准与方法，了解赝品佛教造像的制作动机与一般方法是十分重要的。在本章中，笔者将运用始自早期赝品古董制造的中国古代文献来陈述这个动机。关于赝品佛教造像制作的一般方法，笔者将通过比较真品与赝品的风格与图像特征来讨论四种中国古代与近现代赝品的制作方法，包括：

（1）不遵循传统图像规则；

（2）杂糅两种或两种以上的不可居于同一时代的不同风格；

（3）在真品上伪造仿古铭文题记；

（4）许多赝品特有的民间风格。

第二种方法曾在金申的书中有过讨论，但有必要在这里做进一步的展开分析。在这种情况下，如果证据被有效提供，在真品与有欺诈性质的赝品之间必然存在根本的不同审美情趣，[6] 从而可以帮助我们建立这四项鉴定中国佛教造像赝品的方法。本章的最后一部分将简要讨论怎样对待自20世纪90年代以来制造的当代高仿真赝品。

在本章中，我将重点分析举例佛利尔收藏中的一些赝品。这并非表示佛利尔收藏了过多的赝品，也不表示佛利尔美术馆的策展人对这些赝

品存在的问题并不知晓，而是因为佛利尔是笔者在美国能够仔细进行这项研究的第一所博物馆，也是笔者仔细鉴赏了所有佛教造像藏品的唯一一所美国博物馆。[7] 佛利尔美术馆的创建人查理斯·朗·佛利尔（1856~1919）曾于1895、1907、1909与1910~1911年四次访问中国，考察了许多中国历史遗迹，包括著名的位于河南省的巩县与龙门石窟。这些经历给他带来了丰富的中国古代文物的知识，帮助他从中国与在美国的亚洲古董商那里积累了一个高质量的收藏。[8] 但是，佛利尔不是一个亚洲艺术史学者。在他收藏的超过了330件中国佛教雕塑作品中，笔者只见到了约百分之二十为赝品。这些赝品有的已经过佛利尔美术馆策展人的鉴定，有些

还没有来得及做。[9] 事实上，佛利尔收藏的赝品所表现出的问题同样也会出现在其他博物馆与私人收藏的赝品造像中。在本章的讨论中，凡没有提到出处的造像之例均来自佛利尔的收藏。

伪造者们制作赝品的目的是为了销售以赚取不义之财。一旦赝品进入了某个博物馆或私人收藏，所有种类的赝品或多或少地迷惑着学者们的研究与鉴赏家的鉴定，因为它们"放松了我们对真实性的拥有，损毁与歪曲我们对过去的理解"[10]。笔者关于中国佛教造像赝品制作方法的研究旨在对博物馆与私人收藏中的赝品能做出有效鉴定，帮助人们在将来避免购买赝品。其次，也希望我的研究能防止一些赝品成为将来迷惑学者们研究的一个资料来源。

言], Indianapolis: Bobbs-Merrill, 1968, 第108页。有的学者不同意Goodman的观点，参见Louise H. Morton与Thomas R. Foster的文章，"Goodman, Forgery, and the Aesthetic [古德曼、伪造物与审美标准]," *Journal of Aesthetics and Art Criticism* 49, no. 2 (Spring 1991), 第155~159; W.E.Kennick的文章，"Art and Inauthenticity [艺术与伪造]," *Journal of Aesthetics and Art Criticism* 44, no.1 (Fall 1985), 第3~12页。但是，我赞同Goodman的观点，即在真品、赝品或伪造物之间应该存在着审美观的不同。中国佛教造像的伪造者们总是对传统图像与风格特点产生误解，所以，Goodman的理论可以用在笔者的研究。

7. 1999~2001年，笔者在华盛顿佛利尔美术馆作高级访问学者。在结束了这项研究之后的2001年，笔者又被位于华盛顿的美国国家美术馆 [National Gallery of Art] 的高级视觉艺术研究中心 [Center for Advanced Study in the Visual Arts] 录取为高级访问学者，访问了美国九所重要博物馆收藏的中国佛教造像。在美国的这些调查与研究给我提供了难得的机会去发现与研究中国佛教艺术中的赝品。

8. John A. Pope, "Preface [序言]," 刊于 *The Freer Gallery of Art: China* [佛利尔美术馆：中国], Tokyo: Kodansha Ltd., 1971, 第9~14页。有关佛利尔美术馆中的中国佛教雕塑精品，参见 Angela F. Howard, "Highlights of Chinese Buddhist Sculpture in the Freer Collection [佛利尔收藏的中国佛教雕塑精品]," *Orientations* 24, no. 5 (May 1993), 第93~101页。

9. Jan Stuart（司美茵）与笔者讨论了佛利尔收藏的五件有问题的造像，包括一件金铜立佛像（F1909.281），一件白石弥勒像碑（F1952.28），一件有公元564年纪年的石灰岩造像碑（F1923.14）。参见"Chinese Buddhist Sculpture in New Light at the Freer Gallery of Art [佛利尔美术馆藏中国佛教雕塑的新认识]," *Orientations* 33, no. 4 (April 2002), 第32~35页。陈文捷翻译此文为中文，参见《敦煌研究》2004年第6期，第51~55页。另外，没有发表的关于佛利尔藏品的策展人档案包含着历届策展人与访问学者对这些有问题的造像的看法。

10. Mark Jones, *Fake? The Art of Deception* [赝品? 欺诈的艺术], London: British Museum Publications Ltd., 1990, 第16页。

一、中国伪造者们制作赝品佛教造像的动机

11. Samuel A. Goudsm-ith, "Foreword［前言］", 刊于 Stuart J Fleming, *Authenticity in Art*（无页码）。

12. Michael Wreen, "Is, Madam？ Nay, It Seems！［是女士？不, 仿佛是！］"刊于 Denis Dutton, *The Forger's Art*［伪造者的艺术］, Berkeley: University of California Press, 1983, p.189。

13. 参见 Monroe C. Beardsley, "Notes on Forgery［关于伪造物的说明］", 刊于 Denis Dutton, *The Forger's Art*, 第 226 页。

14. W.E. Kennick, "Art and Inauthenticity", p.6。

15. 关于复制品的定义, 参见 Mark Sagoff, "The Aesthetic Status of Forgeries［伪造物的审美状态］", 与 Rudolf Arnheim, "On Duplication［关于复制］", Denis Dutton, *The Forger's Art*, p.145, 232~245。有关复制品的功能, Joseph Margolis, "Art, Forgery, and Authenticity［艺术、作伪与鉴定真伪］", Denis Dutton, *The Forger's Art*, pp.157~160。

16. 参见 *Challenging the Past: The Paintings of Chang Dai-chien*［挑战过去：张大千的绘画］, 展览图录, Washington, D.C.: Smithsonian Institution, 1991, 第 34~35 页。

17. 例如, 北宋欧阳修（1007~1072）说："余所集录古文, 自周秦以下讫于显德（954~960）, 凡为千卷, 唐居其十七八。其名臣显达, 下至山林幽隐之士, 所有莫不皆有。"参见欧阳修：《集古录跋尾》卷六, 刊于《石刻史料新编1》第 24 册, 第 17888 页。

18. 宋人仿商周青铜器风格制造了许多赝品青铜器, 参见 Mark Jones 主编, *Fake: The Art of Deception*, 第 37 页。

19. 欧阳修：《集古录跋尾》卷六, 刊于《石刻史料新编1》第 24 册, 第 17888 页。

20. 叶昌炽：《语石》卷二, 刊于《石刻史料新编2》第 16 册, 第 11880 页。

21. 叶昌炽：《语石》卷二, 刊于《石刻史料新编2》第 16 册, 第 11880 页。

什么是赝品或伪造物？并非所有的对古代文物的复制品或仿制品都是真正意义上的赝品或伪造物。这个称号只能用在那些被声称是真品但却以欺诈与误导人们（通常都是潜在的买家）为目的的复制品或仿制品身上。学者们曾试图设置一些决定因素来给赝品下定义。根据 Samuel Goudsmit 的研究, 大部分伪造物制作的目的与动机"是为了欺骗与误导购买者付出大大超过其物品本身的价值"。[11] 另外, Michael Wreen 认为一件伪造物的定义是它的"非真实性但却表现为有意欺诈的真品"。[12] Monroe C. Beardsley 进一步提议一件伪造的艺术品"必须具备一些与某些并非伪造的艺术品的相似性"。[13] 我们可以用这些标准来界定包括青铜器、陶瓷器、书绘、雕塑等所有赝品文物。W.E. Kennick 还阐明了伪造物（forgery）、赝品（fake）、复制品（copy）之间的关系。他说："一件伪造的或欺诈的 N 是赝品 N, 但一件赝品 N 不一定是伪造物或欺诈的 N……一些伪造物是复制品；但很多伪造物却并非复制品。"[14] 根据这个论断, 伪造物就有了与赝品不同的涵义：一件赝品可以是复制品或仿制品, 当它被用来作欺诈的行为时就变成了伪造物。[15] 绝大多数在本章中提及的赝品都曾被用作欺诈的行为, 并大占其购买者们的便宜。

在中国, 仿造与创造是两个最流行的制作赝品佛教造像的方法。根据 Shen C. Y. Fu（傅申）与 Jan Stuart（司美茵）研究, 中国艺术中的复制品主要有三种类别：（1）临, 即精准的复制；（2）仿, 带有个人对作品诠释的仿制；（3）造, 虽然有对古代大师风格的模仿, 但纯属个人重新诠释的新作品。[16] 赝品中国佛教雕塑的制造者们的作品也可分为这三种类别, 尤其是第二、三类方法, 从古至今都在使用。为当代博物馆工作的艺术家们则倾向使用第一种方法, 如果他们打算复制一件文物或艺术品。在本章中讨论的所有赝品则均属于仿或造的类别。在本章的最后一部分, 笔者将提及当代精准复制的赝品之制作方法。

从宋代至清代, 金石学家们激发了中国人伪造古董的灵感, 因为金石学家在研究古物的同时也喜好收藏古物与古物拓本。[17] 于是, 一些称不上是艺术家的工匠们就伪造古董并设法卖给那些学者收藏家们。[18] 北宋（960~1127）是学者们研究金石学的开始阶段, 从现存文献可知, 那时的学者们对其所见的古董之真伪起疑心仅是个别现象。例如, 著名的北宋学者欧阳修（1007~1072）就曾经怀疑过他的两件藏品。关于一件铁制弥勒佛像的铭文题记, 他说：

> 太原府交城县石壁寺铁弥勒像颂者, 参军房璘妻高氏书（于唐开元二十九年）……然其所书刻石存于今者, 惟是颂与安公美政（安庭坚）颂尔。二碑笔画字体远不相类, 殆非一人之书。疑摹刻不同, 亦不应相远如此。又疑好事者寓名以为奇也。[19]

欧阳修所议也许有误, 因为同一位书法家是完全可能写出两种不同风格的书法作品的。但是, 欧阳修所提到的重要信息是：谁是"好事者"？这里的好事者可能是那些古董复制者并积极向收藏家们吹嘘、推销自己的假古董以混淆学者们视听之人。换句话说, 他们也可能是那些有些手艺的匠人并推销自己的赝品或伪造的铭文拓本给金石学者们。我们可由此推想, 在北宋时期, 欧阳修就曾遇到过一些伪造古董的人, 而这些人给他或他的同行们制造过一些麻烦。

晚清文献资料提供了当时制造赝品佛教造像的历史背景。在晚清金石学家叶昌炽（1847~1917）1901 年完成的《语石》一书中, 提到了当时中国的一个小城市潍（今山东潍坊）的古董交易与市场情况。他说："潍, 海滨一小邑耳, 至今鬻古者成市, 秦金汉玉, 无所不有, 不独碑版之富也。都门（北京）骨董客自山左（山东）来者, 皆潍人也。"[20] 关于制作赝品石雕佛教造像, 他说："［北］魏造像半为齐（山东）物, 然假托者即出于其间。古石佛无字者, 或镌其背, 或凿其龛, 年月文字, 皆能乱真。"[21] 接着, 叶介绍了一些古代佛教造像的来源, 分析了赝品制造者们是如何伪造仿古文物并销售给金石学者的：

释慧影造像，[22] 亦梁（502~557）刻，自蜀中来。余曾见蜀人携梁造像数十通，皆赝，托此石……道光（1821~1850）中，陕人李宝台取旧铜像无字者，劃其背以炫售，好古者争购之……石像，荒山废刹中往往有之。衲子之无行者辄持以求食。碑估携至都下，或凿其首。法身无字者，或仅携其座，或残龛一角。而伪造者即杂出其间。[23]

除李宝台外，叶还介绍了几位在晚清时期活跃的赝品制造者。他说：

> 虽以潘文勤之精鉴，滂喜藏石亦间为梨邱所眩也。诸城尹祝年，明经，名彭寿，颇知古学。其子号伯渊，能篆刻。相传汉（前206~220）朱博颂，即其父子所造。余客羊城时，伯渊在吴窗斋，中丞幕曾识其人，王越石流也。卒以无行不良死，可为炯戒。[24]

此外，叶还说：

> 鲍臆园（鲍康，1810~1881）《丛稿》有自题造像拓册云：造像伪作者，如齐天保七年（556）尼如静一石，王廉生知刻者姓名，乃人家柱角下物也。叶氏平安馆所收天保五年（554）司马治中、开皇元年（581）张佐清、二年（582）吴文得、大业元年（605）朱建忠、长庆元年（821）姜永锡及姜长年诸拓，皆李宝台所伪。大梁丹阳民白僧佑（取永徽年无字造像添刻）、天复元年（901）苏检诸拓，皆朱贾所伪。附着以告后之嗜古者。盖自刘燕庭《丈宣秦晓》，以古器虽破阙，无伤以款识为重。因之寸许铜造像亦率遭镌刻作伪，日劳未始，非吾辈导之也。[25]

本章所谈的一些赝品可能造于晚清，但是否出自上述伪造者之手则不得而知。

除金石学之外，另一项激发赝品制造的因素就是西方古董市场对中国古代文物的需要。在19世纪末至20世纪初，许多西方学者、收藏家、博物馆策展人对中国文化与古代艺术十分感兴趣，促使一些学者前往中国探险去发掘遗址、搜求古代文物。与此同时，古董商与收藏家们也纷纷来中国寻宝。[26] 于是，大量的考古遗址（特别是许多著名的石窟寺）遭到了人为的毁坏与劫掠，使许多中国古代艺术品的精华流入了西方收藏之中。在这种背景之下，中国的古董生意进入了繁荣时期，几乎每个中国的大城市都有古董市场，且都充斥着大量的古代文物。于是，在这个时期，中国的匠人们复制或伪造了许多古董，这些以欺诈为目的的"新作品"的主要销售对象就是来自海外的买家，即以出口、赚钱为目的。

因此，中国的古董市场与交易就成了美国人购入真品与赝品的来源。根据佛利尔本人的日记，他在中国的香港、上海、青岛、天津、北京、开封、洛阳、杭州、沈阳等城市的古董市场购买了大量的古代艺术品。佛利尔还访问了一些中国著名的收藏家，如天津的端方（1861~1911）与上海的庞元济（1864~1949），并参观了他们的收藏。[27] 有鉴于此，那么，佛利尔收藏的赝品就应该是来自19世纪末至20世纪初的中国古董市场了。但是，佛利尔的日记与佛利尔美术馆的策展人记录档案都没有提供任何关于这些赝品出自哪些做伪者之手的信息，虽然它们中的一些也许是出自上述叶晶炽提到的赝品制造者之手。[28] 其他西方收藏家与古董商们也是利用同样的可信赖的与有问题的资源去购买他们喜爱的中国文物，包括真品与赝品。这种情况一直持续到1949年。[29]

二、是否遵循图像规则

中国艺术家们在制作佛教雕塑时一般都会遵循佛典规定的某佛教神祇的图像准则与艺术的传统。在中国佛教艺术界，每一种类的造像，如佛、弟子、菩萨、天王、力士、飞天等，都有它们自身独特的图像。有些种类造像图像特点在佛典中有明确的规定，如佛的三十二相、

22. 这件石像造于梁朝中大同元年（546），1960年顾廷龙将此像捐给了上海博物馆。参见丁文光：《梁中大同元年造释迦石像》，《文物》1961年第12期，第50~51页。

23. 叶昌炽：《语石》卷五，刊于《石刻史料新编2》第24册，第11943页。

24. 叶昌炽：《语石》卷二，刊于《石刻史料新编2》第16册，第11880页。

25. 叶昌炽：《语石》卷五，刊于《石刻史料新编2》第24册，第11943~11944页。

26. 更多信息可参见Warren Cohen, East Asian Art and American Culture［东亚艺术与美国文化］, New York: Columbia University Press, 1992。在19世纪末至20世纪初，来自英国、德国、瑞典、法国、意大利、日本、俄国与美国的许多学者前往中国探险，发掘了许多考古遗址。斯坦因（Aurel Stein）就是其中最为著名的一位，他在中国的经历记载在他的主要著作之中，如 Sand Buried Ruins of Khotan［沙埋和田废墟记］, London: T.F. Uniwn, 1903, Ancient Khotan［古代和田］二卷（Oxford: Clarendon, 1907), Serindia［西城］五卷, Oxford: Clarendon, 1921, and Innermost Asia［亚洲腹地］四卷,Oxford: Clarendon,1928.

27. John A. Pope, "Preface", The Freer Gallery of Art: China, pp.9~14.

28. 实际上，佛利尔将本文所谈的出自他的博物馆的所有赝品都视为真品。如果他真的知晓那些伪造者们的欺诈行为及其工作作坊，他是不会购买那些赝品的。因此，佛利尔美术馆藏的中国佛教造像赝品的真正来源仍是个未知数。

29. 有关更多的曾在19世纪末至1949年新中国成立前去中国购买文物的美国收藏家与古董商们的信息，见 Warren Cohen, East Asian Art and American Culture, 第37~151页。

30. 有关佛的三十二相、八十随好的描述，参见唐僧玄奘（600~664）译的《大般若波罗蜜多经》卷381，《大正藏》第6册，第967c~968ab页。

31. 该像的手印与历代旃檀释迦立像之手印相同，如日本京都清凉寺藏的由日僧奝然在北宋时从中国请来的旃檀释迦立像，据其题记可知造于 986 年之前。参见 Gregory Henderson 与 Leon Hurvitz, "The Buddha of Seiryoji: New Finds and a New Theory［清凉寺佛：新发现与新理论］", *Artibus Asiae* 19 (1956): 5~21。这种释迦立像据说是由与佛祖同时代的憍赏弥国国王优填王所造，被誉为世上第一尊佛像。

32. 关于佛的肉髻，参见玄奘：《大般若波罗蜜多经》卷 381，《大正藏》第 6 册，第 968b 页。

八十随好。[30] 与此同时，事实上中国艺术家制作雕塑时也根据不同时代的佛教艺术传统，而这种艺术传统随着人们在各时代审美观的不同发展变化着。于是，佛教图像的准则在各时代也不尽相同。佛教造像的伪造者们一般是不懂这些惯例与习俗的，因而时常不遵循这些不同时代的图像准则而任由他们的想象创造出"新"的不合常规的因素。这种错误包括以下几个方面：混淆佛典准则、不合理的组合、错误的佛与菩萨服装、错误的菩萨装饰品。如果我们熟知传统的佛教图像特点，将会很容易地分辨出拥有某些（或其中一项）错误的赝品。

A. 是否遵循佛典准则

一些赝品造像没有遵循佛典规定的图像准则。例如，图 6-1 所示的石雕三尊立像有一则发愿文题记，说是该像造于隋（581~618）仁寿元年（601）。该题记只提到了捐资者造的是白玉（实为汉白玉）像三躯，并没有写明确切的题材。主尊着佛装，右手施无畏印，左手施与愿印。这两种手印是许多立佛像所通用的。很明显，该像的作者是打算雕一尊立佛像作为主尊。然而，这尊主像仅显光头，头顶没有佛像应有的最主要的特征——肉髻。[32] 因此，这尊像无法与佛典规定的佛的图像准则相对应。

Fig. 6-1. Stele with Buddhist triad
F1907.505
Stone
H×W×D (overall): 29.5×18.2×5.5 cm (11 5/8×7 3/16×2 3/16 in)
Qing dynasty (1644~1911), dated ca. late 19th or early 20th century
With spurious inscription dated 601
Gift of Charles Lang Freer
图 6-1：清代 "隋仁寿元年（601）" 铭佛三尊石雕像

B. 造像组合的紊乱

　　有两件造像反映了赝品制造者们对传统造像组合准则的误解。佛利尔收藏的一件白石舒腿坐观音像模仿了北齐（550~577）时期河北曲阳制作的同类造像（图6-2）。曲阳是中国著名的制作白石造像的地区。佛利尔收藏的这件造像在观音的身后雕有二树，树的表面雕有八身人物，包括三身坐佛、两身飞天、一身立菩萨、两身骑动物的菩萨像。但是，我们无法在中国的任何历史时期找到这种组合的造像。另外，在造像下部的台基正面有三身体量较小的菩萨像：一身居中而坐，两身分别站立在台基的两端。这两身立姿菩萨像实际上是代替了两身力士像，因为在北齐雕成的白石造像中总是有两身力士站在这个位置（图2-37）。那么，伪造者为什么会出这种错误呢？从北魏（420~534）晚期到北齐，力士像总是穿着与菩萨相同的服装，但它们的面相与身躯却完全不同于菩萨。[33] 如上述佛利尔收藏的白石造像作者那样的伪造者们总是混淆北齐时期的菩萨像与力士像，才会出现这种明显的错误。佛利尔还收藏了一件类似的具有些许北齐风格的白石舒腿坐菩萨造像（图6-3），在下部台基的正面中部是一香炉，两侧是二蹲狮子与二立菩萨像。这件造像的作者明显犯了同样的错误。[34] 我们可以运用同样的造像组合观察法来鉴定佛利尔收藏的另一件石白造三尊像（图6-4），因为在它的下部台基两端也分别刻着一身立菩萨像。虽然该像也是力图模仿北齐风格，但其作者却不懂得那里应该是力士的位置。

Fig. 6–2. Tablet with a pensive bodhisattva and other figures, in Northern Qi (550~577) style
F1911.415
Stone
H×W×D: 94.4 × 35.3 × 18.6 cm (37 3/16 × 13 7/8 × 7 5/16 in)
Qing dynasty (1644~1911), dated ca. late 19th or early 20th century
With spurious inscription dated 532
Gift of Charles Lang Freer
图 6-2：清代"北魏太昌元年（532）"铭白石思惟菩萨像

33. 佛利尔收藏的一件真品北齐白石造像碑（F1913.27）可作为展示这种二力士的正确图像之例。参见 Jan Stuart 与 Chang Qing, "Chinese Buddhist Sculpture in New Light at the Freer Gallery of Art［对佛利尔美术馆藏品中的中国佛教雕像的新认识］"，图7。
34. Jan Stuart 与笔者简要讨论了这件造像（F1909.281），见"Chinese Buddhist Sculpture in New Light at the Freer Gallery of Art"，第32~33页。

Fig. 6–4. Buddha triad and other figures, in Northern
Qi (550~577) style
F1911.414
Stone
H×W×D: 57.6×26.7×13.9 cm (22 11/16×10 1/2×5 1/2 in)
Qing dynasty (1644~1911), dated ca. late 19th or early 20th century
With spurious inscription dated 486
Gift of Charles Lang Freer
图 6-4: 清代 "北魏太和十年〔486〕" 铭石雕佛与菩萨立像

Fig. 6–3. Stele with a seated bodhisattva flanked by standing
bodhisattvas, in the style of Northern Qi (550~577)
F1909.281
Marble
H×W×D: 41.4×21.3×10.7 cm (16 5/16×8 3/8×4 3/16 in)
Qing dynasty (1644~1911), dated ca. late 19th or early 20th century
With spurious inscription dated556
Gift of Charles Lang Freer
图 6-3: 清代 "北齐天保七年〔556〕" 铭镂空雕白石造像

C. 错误的服装样式

　　日本出光美术馆收藏的具有铭文题记的金铜弥勒像是一个说明赝品制作者搞错造像服装的绝佳例子（图 6-5）。该像的铭文纪年为北魏太和八年（484），造像的发愿者是发干县（今山东堂邑县西南）人李日光。佛像的头顶有短发与肉髻，身着袒右式大衣，以右手施无畏印，所有这些都与释迦像类似。同时，该像还穿了一件菩萨像常有的长裙与帔帛，但裙间的衣纹却类似于佛像大衣的衣纹。这件弥勒像很明显是综合了佛衣与菩萨服装的图像特点。弥勒是未来佛，至今还没有下生成佛。因此，北朝（420~581）时期制作的弥勒像一般表现为交脚坐姿的菩萨像。[35] 这件金铜弥勒像的作者并不懂北朝弥勒像应该具有的图像与风格特征。他混淆了佛衣与菩萨服装，也说明了他不懂佛与菩萨应该穿什么样的衣服，为我们提供了该像为赝品的明显证据。不幸的是，这件金铜像被许多学者作为真品发表在他们的学术著作之中。[36]

Fig. 6-5. Standing Maitreya
Gilt bronze
Inscription dated 484 of Northern Wei (386~534)
Idemitsu Museum, Japan
图 6-5: 日本出光美术馆藏金铜弥勒像
采自松原三郎《中国佛教雕刻史论·图版编一：魏晋南北朝前期》，图版 72ab。

35. Stanley K. Abe, Ordinary Images［普通造像］, Chicago: The University of Chicago Press, 2002, 图 4.13、4.14、4.22、4.24。
36. 松原三郎：《中国佛教雕刻史论·图版编一：魏晋南北朝前期》，东京：吉川弘文馆，1995 年，图版 72ab；金申：《中国历代纪年佛像图典》，北京：文物出版社，1994 年，图版 38；《特别展：中国の金铜佛》，奈良：大和文华馆，1992 年，图版 11。
37. 早期的白衣观音像例可见于浙江杭州烟霞洞，大约雕刻于 10~12 世纪。参见中国石窟雕塑全集编辑委员会：《中国石窟雕塑全集 10·南方八省》，重庆：重庆出版社，2000 年，图版 27。

Fig. 6-7. Maidservant
Clay
Height 158 cm
Northern Song period, inscription dated 1087
In Shengmu Hall at Jinci shrine
Taiyuan, Shanxi Province
图 6-7: 北宋元祐二年（1087）彩塑侍女像
山西省太原市晋祠圣母殿
采自中国美术全集编辑委员会《中国美术全集·雕塑编 5·
五代宋雕塑》，图版 87。

Fig. 6-6. Tablet with a standing bodhisattva, in the style of Northern Qi (550–577)
F1909.284
Stone
H×W×D (overall): 44.1×24.6×8.7 cm (17 3/8×9 11/16×3 7/16 in)
Qing dynasty (1644~1911), dated ca. late 19th or early 20th century
With spurious inscription dated 574
Gift of Charles Lang Freer
图 6-6: 清代 "北齐武平五年（574）" 铭白石菩萨像

　　一件具有北齐武平五年（574）纪年铭文的白石菩萨像也穿着错误的服装（图 6-6）。其造像风格与材质都类似于一些在曲阳制作的北齐白石造像。然而，该菩萨像的面相却类似于一普通妇女的相貌，毫无佛教应有的神性。它穿着两袖宽大的交领式大衣，则类似于宋或明朝（1368~1644）妇女的衣着（图 6-7）。另外，大衣的部分从头部披下，与中国人在唐代以后创造的白衣观音像的衣着相似。[37]该像还有一长帔帛，并在腹前交叉穿一环形饰物，这是梁朝与北魏菩萨像流行的装饰（图 2-17、2-24）。这尊菩萨像的造型展示了其制造者对不同时代的菩萨像所具有的不同图像特点的误解。

D. 错误的菩萨像饰物

异乎寻常的菩萨像饰物体现了伪造者们所犯错误的另一方面。日本学者松原三郎的《中国佛教雕刻史论》是佛教艺术研究者必读的名著，发表了大量的中国佛教单体造像精品。但是，该书发表了两件本身有问题的由私人收藏的金铜观音像。其中一件刻有北魏"熙平元年（516）"的铭文题记，发愿人姓王（图6–8）；另一件刻有北魏"正光五年（524）"的铭文，发愿者是胡绊之妻。[38] 这两件作品风格极为相似，如同出自一人之手，且都表现出了一些北魏晚期菩萨像具有的秀骨清像风格与在身体表面交叉的长帔帛。但是，北魏晚期的菩萨像都戴有一冠，而这两件菩萨像的头顶却都有高发髻，则是入唐（618~907）以后典型的菩萨像特征。[39]

一件佛教造像碑可视为另一搞错菩萨像饰物之例（图6–9）。该碑刻有坐佛与二胁侍菩萨像，[40] 尽管二菩萨像饰有长帔帛，但我们无法看清它们的帔帛是如何缠绕着的。5~6世纪的真品菩萨像一般都有帔帛在腹前交叉，有的还穿有一环形饰物（图3–2、2–17、2–24）。而6~7世纪的菩萨像的帔帛则一般自双肩处下垂身体两侧。[41] 这件造像碑上的菩萨像之帔帛缠绕的方式则无法与任何5~7世纪的真品菩萨像相对应。另外，碑上的两身胁侍菩萨像头顶均刻有一簇头发，同样也无法在6世纪下半叶的菩萨像身上找到类似之物，因为那时雕刻的菩萨像都戴有宝冠。这两身菩萨像头顶还有火焰形项光，而不是像其他真品佛教造像那样将项光置于头后。如果该造像碑的作者很熟知北魏菩萨像的艺术传统，他是不会犯这些错误的。

由于伪造者一般不遵循佛教图像准则，我们就能通过观察赝品造像在图像方面的错误或不和谐性来加以鉴定。为了切实地鉴定一件藏品的真伪，我们必须熟悉佛典对主要神祇（如佛、弟子、菩萨、天王等）图像特征的记载。另外，中国艺术家们还遵循他们所造图像的艺术传统，因此，我们也要研究并掌握那些在不同历史时期传统的造像组合、服装、佛与菩萨的饰物等，以期熟知各时期真品造像的图像特点。那些不符合真品造像标准的因素就是我们赖以辨识赝品的证据。

38. 松原三郎：《中国佛教雕刻史论·图版编一：魏晋南北朝前期》，图版140ab、167ab。

39. 参见甘肃省文物工作队《中国石窟·永靖炳灵寺》，北京：文物出版社，1989年，图版127~168。

40. 松原三郎：《中国佛教雕刻史论·图版编一：魏晋南北朝前期》，图版293ab。

41. 这种风格的菩萨像可见于公元673年开凿的龙门石窟惠简洞。参见龙门石窟研究所编《中国石窟·龙门石窟》（二），第89、90页。

Fig. 6–8. Standing Guanyin
Gilt bronze
Inscription dated 516 of Northern Wei (386~534)
Private collection
图6–8："北魏熙平元年（516）"铭金铜观音立像
私人收藏
采自松原三郎《中国佛教雕刻史论·图版编一：魏晋南北朝前期》，图版140a。

Fig. 6-9. Buddhist tablet
in the form of a miniature
shrine with a Buddha triad
F1912.82
Stone
H×W×D (overall):
30.9×15.9×7.6 cm (12
3/16×6 1/4×3 in)
Qing dynasty (1644~1911),
dated ca. late 19th or early
20th century
Gift of Charles Lang Freer
图 6-9: 清代佛三尊造像碑

三、杂糅无法并存的不同风格

一件佛教造像可以拥有一种或两种来自两个相继历史时期的图像与风格特点，因为一件晚期的作品完全有可能继承着前代风格。例如，一件初唐佛教雕塑可以同时具有初唐与隋（或隋与北周）时期的风格。但另一方面，从中国佛教艺术传统来看，有些不同时代的风格是不可能同时出现在一件作品之上的，因为创造这些风格的时代相距太远以致它们之间不可能有所关联。例如，一件宋代佛教造像真品不可能具有北魏时期的图像与风格特征。这种艺术现象的总结是基于艺术家们在各朝代所创造像佛教造像特色的排年得出的，意味着艺术家们通过他们仅仅使用一些在时间上相邻的朝代的风格发展着这种艺术体系与方法。但是，赝品制造者们常常不懂这种年代学。尽管一些赝品的因素是来自真品模式，但是，伪造者们却并不完全掌握这种艺术传统而去表现不可能在同一时代共存的真品因素。于是，它们的作品虽然具有不同时代的真品因素，却无法使其整体作品纳入真品行列。

一件铜造一佛二菩萨像就是这种赝品的好例证（图6-10）。它的铭文题记提到了梁朝大同七年（541）纪年，但是，其主佛风格却表现出唐代特征：丰满的面相、健美的身躯，以及丰胸、细腰。只有二菩萨像身躯显瘦，有长帔帛在腹前交叉，这才是梁朝与北魏晚期的典型风格（图3-2）。根据现存遗物，这两种风格的结合明显有问题，因为梁朝（或北魏）与典型的唐朝风格不可能同时出现在同一造像身上。那么，这个伪造者极有可能是想造一件梁朝的造像，但却错误地刻上了一件唐风的主佛，因为他不了解这种艺术传承规律。[42]

另一例证是一件形体较小的石塔，由台北的震旦文教基金会收藏（图6-11）。[43]据其表面铭文，该塔是为洽公和尚（即普惠大师）造的功德塔，造于隋代开皇八年（588）。该塔表面的菩萨像头戴三仰莲瓣式宝冠，与北朝晚期或隋代的菩萨像

Fig. 6-10. Buddha Triad
With spurious inscription dated 541
Bronze
Height 16.7 cm
Shanghai Museum, Shanghai
From Ji Chongjian, Foxiang, fig.34
图6-10 "梁朝大同七年（541）"铭金铜一佛二菩萨像
高 16.7 厘米
上海博物馆藏
采自季崇建《佛像》，图版34。

Fig. 6-11. Small stupa
With inscription dated 588.
Collection of the Foundation of Zhengdan Wenjiao, Taibei
图6-11 "隋开皇八年（588）铭"石雕塔
震旦文教基金会藏
采自台北历史博物馆《佛雕之美：北朝佛教石雕艺术》，图版69。

宝冠相式相同，但其所饰长帔帛在腹前缠绕的特殊方式却不见于各时代的菩萨像。另外，塔身表面的主佛像身着双领下垂式大衣，将胸部大面积袒裸，这种风格只出现在晚唐以后，特别在入宋以后流行。从现存中国历代佛教造像情况看，北朝或隋代的风格是不可能与唐代以后的风格并存的。这件石塔最为明显的伪造证据还是它的一则铭文题记："佛顶尊胜大陀罗尼经幢"。1) 该题记的意思是说：这件石塔是一件经幢。但是，很明显它不是一件经幢。2) 根据中国佛教发展史，《佛顶尊胜大陀罗尼经》在初唐时期的公元7世纪才由梵文翻为汉文。之后，佛教徒们才兴起制作柱形石经幢热潮，并在其表面刻上这个佛经，起到造功德的目的。[44] 因此，隋朝的佛教徒是不可能制造这种石经幢的。

在佛利尔的收藏中，有些造像也是声称做于北朝，但却表现为唐或唐以后的风格。一件水月观音像由二弟子与二菩萨胁侍，这两身立菩萨像表现着典型唐代菩萨像的窈窕扭动的身段与装束（图6-12）。据文献记载，水月观音像创作于唐代，迄今所见最早的水月观音像保存在四川绵阳魏城圣水寺石窟第7窟中，造于唐中和五年（885）。入宋之后，水月观音成为中国佛教艺术界的一种流行题材（图4-23、4-27）。[45] 不幸的是，该像基座上的铭文题记声称这铺造像制作于北魏延昌二年（513）。这里尽管有该题记为后期补刻的可能性（见下文讨论），典型的宋或宋以后流行的水月观音像是不可能被唐人雕刻的。因此，唐风的胁侍菩萨像是不可能与宋风的水月观音像同时出现在一件真品造像身上的。

上述赝品的制造年代有两种可能性。一、确切的制造年代可与其表现的一种最晚风格对应。当一件作品杂糅着多种时代风格，且表现出拙劣的技法与明显的年代错误，这种推测就极可能正确。这些赝品制造者们很可能是一些没有多少造像经验的工匠，他们只是想伪造出一种"古风"，但却用错了时代风格。在前述三例中，根据它们所表现的最晚时代风格，第二、三例可能造于宋代。但是，笔者却很难断定拥有唐风的第一例造像制作于唐代。如在本章第一部分已讨论过的，

42. 参见季崇建：《千年佛雕史》，台北：艺术图书公司，1997，图版172。在该书中，作者认为这件造像属真品中的精华。

43. 台北历史博物馆：《佛雕之美：北朝佛教石雕艺术》，台北：台北历史博物馆，1997，图版69。

44. 阎文儒：《石幢》，《文物》1959年第8期，第47~48页。

45. 关于水月观音，参见 Chun-fang Yu, *Kuan-Yin: The Chinese Transformation of Avalokitesvara* [观音：阿缚卢枳低湿伐逻的中国转化]，New York: Columbia University Press, 2001，第233~247页。

Fig. 6-12. Stele with a seated Bodhisattva accompanied by two Bodhisattvas and two monks, in Tang (618~907) and Song (960~1279) styles
FSC-S-37
Stone
H×W×D: 47.5×27×9.8 cm
Qing dynasty (1644~1911) or Republic of China (1911~1949), dated ca. late 19th or early 20th century
With spurious inscription dated 513
Acquired under the guidance of the Carl Whiting Bishop expedition
图6-12：清代或民国初年"北魏延昌二年（513）"铭孙士元造石雕菩萨一铺五尊像

这是因为宋代的金石学家首先激发了赝品的制作，那么一件具有唐风格赝品就不一定造于唐代了，而这又与第二种断代的可能性相关联。二、一些赝品可能制作于更晚的时期，甚至晚于这些造像所表现的一种最晚风格，因为一些工匠们并不明白中国佛教艺术发展史与每个时代应该拥有的风格。因此，前述的三件造像也可能制造于宋代以后，如明代或清代，因为伪造者们往往视所有北魏、唐代与宋代图像风格为"古风"而不明白它们之间的不同之处。由此可见，赝品制造者们是很容易犯这种错误的，因为他们只想选择一种早于他们生活时代的风格作为"古风"，却往往错误地选择了多种早于他们生活时代的风格。他们更不了解这样做的结果会使他们的欺诈之术在其后代懂行人眼里现出原形。

四、伪造古风铭文题记

　　另一个鉴定真伪方法就是查看造像具有的铭文题记是否符合造像所反映的图像与风格特点。一件赝品最普通的失误就是表现时代风格的错误。在一略晚的朝代，艺术家们总是继承一些早其朝代的艺术风格去创作他们的新作品。例如，我们在许多东魏与西魏（534~556）佛教石窟与造像中可以看到北魏风格。但是，一件略早的艺术品是不可能表现晚期朝代的艺术特点的，因为早期的艺术家们是不可能穿越时空来到他们的未来去接受晚期艺术风格的影响的。然而，许多伪造者却无视（或不懂）这种事实与逻辑去伪造铭文题记，以期声称其造像是造于一个过早的时代，却又无法与其造像表现的真正时代风格相对应。为了检查是否一件真品或赝品造像具有伪造的铭文题记，考虑前述的两种因素是十分必要的：造像是否遵循佛典的准则，是否符合中国佛教艺术传统。另外，如果熟知一些著名的铭文题记，将会使这种鉴定变得更加容易，因为一些赝品制造者常常会模仿一些在市场上闻名且行情很好的铭文题记去造他们的新作品。下面这个部分将从考察铭文题记与造像风格入手来讨论如何鉴定造像的真伪，包括刻在真品与赝品上的题记。

A. 刻在真品上的古风铭文

　　据前文所述的文献记载，有的赝品制造者喜欢在无款真品造像上伪造纪年铭文，以便自己的造像能更容易地以高价出售。这是因为在收藏家与学者们的眼里，同等体量、时代风格与质量的两件造像，有纪年铭文的无疑更显重要，也更有研究价值。在《语石》一书中，叶昌炽在论及山东古董交易与市场之后，形象地描述了伪造者是如何在无款真品造像上伪造铭文的：

　　　　古石佛无字者，或镌其背，或凿其龛。年月文字，皆能乱真……道光（1821~1850）中，陕人李宝台取旧铜像无字者，刬其背以炫售，好古者争购之。[46]

　　关于在真品造像上加刻铭文的动机，叶说：

"以古器虽破阙，无伤以款识为重。因之寸许铜造像亦率遭镌刻作伪。"[47]

　　这种在无款造像上伪造题记的实践可见于陕西西安青龙寺文管所收藏的一件石造像。这是一件典型的唐风结跏趺坐佛像，但像背的铭文却说该像是一尊弥勒像，造于北魏孝昌二年（526）。[48] 在北魏时期造一尊唐代风格的佛像是不可能的。另外，北魏的弥勒像一般表现为交脚坐姿的菩萨像，表现弥勒还没有成佛，仍居于兜率天宫。而唐代的弥勒则表现为倚坐佛像，表现弥勒已下生人间成了佛。笔者从来没有发现北魏时期有人制造过结跏趺坐的弥勒像。很明显，这是后代的"好事者"在一件真品上加刻了古风铭文。

　　另一在真品上伪造铭文的实例是一件金铜造像（图6-13）。该像正面刻有一尊立菩萨像，其服装样式与甘肃永靖炳灵寺石窟第169窟造于5世纪上半叶的石雕泥塑立菩萨像服装相似，而后者无疑是高质量的真品。[49] 但是，在这件金铜造像的背光表面有一尊阴线刻立菩萨像，身着于腹前交叉的长帔帛，身躯为北魏晚期（6世纪上半叶）流行的清瘦风格。这个线刻菩萨像技法拙劣，造型极为特殊：面部形象不清，左臂长得异常，右手极不自然地持一瓶（图6-14）。像座的铭文说："（东魏）（534~549）兴和三年（541）四月十九日，博陵郡饶阳县刘扶上为忘父母，后为兄弟及己身夫妻男女伯年，□造观像一区。"该题记的作者犯了两个错误：把"亡"错误地刻成了"忘"，把"观世音"仅刻成了"观"。有的真品造像也可能出这种铭文刻写错误，但造像正背两面的菩萨像风格却不可能出现在同一时代。从现存中国雕塑来看，有着健壮身躯的北魏中期造像风格可以延续到北魏孝文帝（471~499年在位）与宣武帝（500~515年在位）年间。在北魏结束以前的公元6世纪上半叶，北魏中期盛行的那种风格就基本被从南朝传入的汉式秀骨清相风格取代了。东魏造像仍旧沿用着北魏晚期流行的清瘦

46. 叶昌炽：《语石》卷二，刊于《石刻史料新编2》第24册，第11880、11943页。

47. 叶昌炽：《语石》卷二，刊于《石刻史料新编2》第24册，第11944页。

48. 瞿春玲：《陕西青龙寺佛教造像碑》，《考古》1992年第7期，第624~631页。

49. 参见甘肃省文物工作队：《中国石窟·永靖炳灵寺》，图版18、21、47、62。Paul Jett 与 Janet G. Douglas 将这件金铜造像鉴定为真品，但他们没有发表该像照片。参见 "Chinese Buddhist Bronzes in the Freer Gallery of Art: Physical Features and Elemental Composition［佛利尔美术馆的中国佛教铜像：外观与元素构成］," Materials Research Society, vol. 267 (1992)，第216页。

50. 将该视为真品之例，见松原三郎：《中国佛教雕刻史论·图版编一：魏晋南北朝前期》，图版257。

Fig. 6–13. Standing Bodhisattva Avalokiteshvara (Guanyin), in middle and late Northern Wei (386~534) style
F1911.129
Bronze with gilding
H×W: 17.3×7.2 cm (6 13/16×2 13/16 in)
Northern Wei (386~534) or Qing dynasty (1644~1911), dated ca. late 5th century and/or late 19th or early 20th century,
With spurious inscription dated 541
Gift of Charles Lang Freer
图 6–13：北魏或清代 "东魏兴和三年 (541)" 铭金铜观音菩萨立像

Fig. 6–14. Standing bodhisattva, back of F1911.129
图 6–14：北魏或清代 "东魏兴和三年 (541)" 铭金铜观音像背面

风格。另外，我们也找不到一件北魏时期造的类似线刻立菩萨像以这种姿势手持一瓶。所有这些反常现象都说明了这件金铜造像包含着伪造的因素。也许这件造像原本只表现正面的浮雕立菩萨像，也确实造于公元 515 年以前。但到了后代，一位工匠伪造了背面的阴线刻立菩萨像与台座上的铭文题记。不幸的是，该金铜像被许多学者当做真品发表在了他们的研究中国佛教艺术的著作之中。[50]

B. 赝品造像上的古风铭文

出于欺诈与赚钱的动机，伪造者们往往在自己的赝品造像上刻带有古风的铭文题记。前文已述，佛教造像的伪造者们常常忽视（或不懂）中国佛教艺术的年代学规律，导致他们的作品往往具有显而易见的时代风格的错误。他们为表现具有铭文题记的古代风格作品所作的努力却经常包含一些晚期的因素，我们可以根据其造像本身是否具有时代风格的矛盾现象或错误来判断一些作品是否是赝品、是否具有伪造的铭文。山东省临沂市博物馆发现的一件白石三尊菩萨立像就具有类似的问题。所有三立菩萨像均着北魏晚期风格的于腹前交叉穿环的长帔帛，但其铭文题记却说该造像由周记才与其兄弟发愿造于北魏（386~534）太和元年（477）。[51] 如前文所述，这种菩萨像服装出现在北方的原因是南朝对北魏孝文帝汉化改革的影响，而孝文帝对政治与文化方面的改革开始于太和十三年（489）。因此，北方中国的艺术家在 489 年以前对这种菩萨服装是不知晓的。另外，两身胁侍菩萨像的窈窕身躯与在头顶束一高发髻则是唐代的风格。这些时代风格的错误可以断定该像是具有伪造铭文的赝品，是不可能在同一时期并存的。

一件收藏在比利时的金铜造二佛并坐像（可能是释迦与多宝佛）具有纪年铭文，声称造于北魏神龟二年（519）。但是，这两尊佛像分别身着传自印度的袒右与通肩式大衣，是北魏中期（5世纪中晚期）流行的佛衣样式。着袒右式大衣的佛像在 519 年基本是不被制作的，因为在此之前北魏佛教艺术界已经完成了从印度式佛装到汉式佛装的改革。这里的汉式佛装指的是褒衣博带式佛装，即着覆盖双肩的宽袖大衣，在内衣外胸前束一长长的衣带。另外，刻于该像基座表面的供养人像既不是流行于北魏中期的鲜卑人装束，也非流行于北魏晚期的汉人装束。[52]

C. 模仿著名铭文题记

另一简易的鉴定真伪的方法就是查看题记内容，因为一些赝品造像在模仿著名的铭文题记。正如 Stuart Fleming 所说的，一些伪造品的"设计就是为了符合真品的记录证据，包括一些引人瞩

目的具有完整的欺骗性艺术风格的赝品"。[53] 我们也可以在中国佛教雕塑中观察到相同的现象，佛利尔美术馆收藏的两件造像就是很好的例子。一个具有隋或初唐风格的铜造坐佛像（图 6-15）头顶有低平肉髻，身躯消瘦，基座的铭文说："太和十八年（494）七月朔十一日，步辇郎张元祖造像一躯，为父母居家眷属平安，一切众生普同其福。"很明显，这是一则伪造的铭文题记，因为它的伪造者模仿了一件著名的铭文——刻于龙门石窟的著名的北魏二十则铭文题记（即龙门二十品）之一。该赝品题记与龙门的真品题记都提到了张元祖以及他的官职。那则位于龙门古阳洞北壁第 76 龛的真品铭文原文是："太和廿年（496），步辇郎张元祖不幸丧亡，妻一弗为造像一区，愿令亡夫直生佛国"（图 6-16）。[54]

对著名铭文题记的模仿是与金石学在官员与文人圈子里盛行以及收藏古董与著名铭文拓本的热潮相关联的。在北宋时期，龙门石窟的一些北魏造像发愿文题记因其高质量的魏体书法就已闻名并被记录在金石学著作之中。许多金石学者往往是收藏家，他们希望能获得这些著名铭文碑刻的拓本，以欣赏它们的书法之美，还可用于自己的研究。一弗发愿记就是这样一则闻名的题记并很有市场价值，也就因此成为伪造者们的参考对象。这件佛利尔所藏铜像的作者很明显是模仿了一弗发愿记，但却只用了张元祖——一弗的亡夫作为该铜佛的发愿者。这也许是出于不敢完全复制一弗题记的考虑。另外，该铜佛有一块衣襟横向缠绕着它的腹部、大腿以及左小臂，这种佛衣的穿法在中国历代真品佛造像身上都见不到，同样将该像及其题记的归属指向赝品。[55]

一件佛利尔收藏的赝品白石造像也具有伪造题记（图 6-4）。刻于该像背的题记说："太和十年（486），步辇郎张元兴不幸丧亡，妻一弗为造像一区，愿令亡夫直生佛国。"这则题记也是在模仿一弗发愿记，但改了时间与受益者的名字，即把原来的一弗之夫张元祖改为张元兴。在造像风格方面，该像却表现为北齐风格，因为其菩萨像都有直筒状的身躯。另外，作者还错误地在基座的两端各刻一身立菩萨像。前文已述，这是力士

51. 临沂市博物馆冯沂：《山东临沂发现北魏太和元年石造像》，《文物》1986 年第 10 期，第 96 页。

52. 起码有三种中文著作将该像视作真品，见金申：《中国历代纪年佛像图典》，图版 107；田军：《释迦多宝佛并坐金铜像的分期与分布》，刊于《中国金铜佛》，第 256 页；李玉珉：《河北早期的佛教造像：十六国和北魏时期》，《故宫学术季刊》1994 年第 4 期，第 11 卷，第 15、62、74 页。

53. 参见 Stuart J Fleming, *Authenticity in Art: The Scientific Detection of Forgery*, 第 7 页。

54. 刘景龙：《古阳洞》，北京：科学出版社，2001 年，第一册，第 42 页；第二册，第 29 页。一弗造像龛主要表现一结跏趺坐佛与二菩萨像。

55. 一些美国学者根据自然科学检测铜的成分认为该像（F11.139）为真品。参见 Paul Jett 与 Janet G. Douglas, "Chinese Buddhist Bronzes in the Freer Gallery of Art: Physical Features and Elemental Composition", 第 212、216 页。

56. Kenneth Ganza, "A Forged Buddhist Stele Inscription as a Case Study in Chinese Epigraphy［作为中国金石学个体研究的一件伪造佛教碑文］", *Journal of the American Oriental Society*, vol. 111, no. 3 (July-September 1991), 第 512~522 页。

像的位置，不应该刻菩萨像。由此可知，这件白石造像是一件赝品，它的错误的图像特征无法符合被声称的铭文纪年与传统的北齐造像风格。

其实，模仿著名铭文题记在赝品造像界是常见的现象。在美国印第安纳州 Bloomington 的印第安纳大学收藏的一件造像碑也是这种赝品。碑上主像的坐姿与北魏流行的交脚坐弥勒菩萨像相同，但造像本身却具有唐代风格。有意思的是，该碑的铭文题记模仿了龙门石窟古阳洞刻于北魏太和七年（483）的孙秋生发愿记，并作了一些改动。[56] 孙秋生发愿记也是著名的龙门二十品之一，也是赝品制造者们的重要参考对象。

Fig. 6–16. Rubbing on the imagery niche sponsored by Yifu
Northern Wei (386~534), dated 496
Northern wall of Guyang Cave, Longmen Cave Temples
Luoyang, Henan Province
图 6–16：河南洛阳龙门石窟古阳洞北壁太和廿年（496）一弗造像龛拓本
采自刘景龙编著《古阳洞》，拓本 30。

Fig. 6–15. Seated Buddha, in Sui (581~618) style
F1911.139
Bronze
H×W: 25.9×7.4 cm (10 3/16×2 15/16 in)
Qing dynasty (1644~1911), dated ca. late 19th or early 20th century
With spurious inscription dated 494
Gift of Charles Lang Freer
图 6–15：清代"北魏太和十八年（494）"铭铜造坐佛像

Fig. 6–18. Tablet with a Buddha triad
F1912.80
Stone
H×W×D (overall): 27.6×18.3×8.8 cm (10 7/8×7 3/16×3 7/16 in)
Qing dynasty (1644~1911), dated ca. late 19th or early 20th
century
With spurious inscription dated 536
Gift of Charles Lang Freer
图 6–18: 清代 "东魏天平三年（536）" 铭佛三尊石雕像

Fig. 6–17. Bodhisattva Manjusri, kylin, Sudhana and
Dragon Girl
F1913.36
Stone
H×W×D (overall): 20.5×12.1×4.5 cm (8 1/16×4 3/4×1 3/4 in)
Dated ca. Qing dynasty (1644~1911)
With spurious inscription dated 543
Gift of Charles Lang Freer
图 6–17: 清代 "东魏武定元年（543）" 铭石雕骑麒麟观音像

D. 题记与造像内容不符

　　一些赝品造像的题记明显与造像的题材不符，因为它们的作者不明白如何才能使题记的内容正确地符合造像的图像。一尊悠闲地坐在麒麟背上的石雕菩萨像即为其中一例（图 6-17）。具有这种坐骑与坐姿的菩萨像不可能出现在公元 10 世纪以前，山西长子县崇庆寺里的一尊在麒麟背上具有相似坐姿的北宋观音塑像就是较早的一例。[57] 佛利尔收藏的这件造像之背景表现河、山、云，与 10 世纪以后始见流行的水月观音像的背景很相似。该观音像两下侧各有一身胁侍像，则与观音的胁侍善财童子与龙女相似，也是 10 世纪以前的中国佛教艺术中所不见的。然而，这件造像背面的铭文题记却说："大魏武

定元年（543）四月二十七日，□陵渤海三□刺佳氏李早敬造清心佛一躯，常匕供养。"很明显，这个铭刻东魏纪年无法与造像的图像特征相对应。铭文提到的清心佛也是闻所未闻，不见于任何佛典与艺术传统。

　　一件石造一佛二弟子像具有同样的错误（图 6-18）。该像的铭文题记说："（东魏）天平三年（536）十月十一日……三人敬造观世音石像一区。"主像的头顶有肉髻，身着佛之大衣，应该是一尊佛像。与之相反，观音应该身着菩萨装，并通常在宝冠表面饰一尊小型坐姿的阿弥陀佛像。因此，该像铭文的作者并不明白佛与菩萨像的区别。

57. 参见中国美术全集编辑委员会《中国美术全集·雕塑编 5·五代宋雕塑》，北京：人民美术出版社，1988 年，图版 63。

五、是民间风格还是伪造物？

58. 松原三郎以真品发表了该像，参见《中国佛教雕刻史论·图版编一：魏晋南北朝前期》，图版73a。此外，Paul Jett 与 Janet G. Douglas 也认为该像为真品，见"Chinese Buddhist Bronzes in the Freer Gallery of Art: Physical Features and Elemental Composition", in *Materials Research Society*, vol. 267 (1992)，第216页。

59. 佛利尔美术馆收藏了一件观音像，下座表面刻有游龙，编号为F1913.28。据其铭文题记，该像由慕子白出资造于北宋元祐六年（1091）。详见本书第四章。

上述两件造像（6-17、6-18）的铭文题记至少是有问题的，但其造像本身是否一定是伪造物或赝品则引发了另一个研究问题。铭文的内容显示它们的作者并不懂铭文提到的佛教神祇的基本图像特征。观察这两件造像，笔者很难发现造像本身有什么时代风格的错误，或没有遵循佛典准则的图像错误。但是，两件造像中的佛教神祇在头身比例上都不谐调，头部都显得很大，造像表面则是雕法拙劣而粗糙。这种造型与风格不仅与很多民间风格造像相似，也与很多粗劣的赝品造像相似。其实，赝品造像可以包含民间风格，因为很多伪造者本身就可能是民间的工匠。另外，没有经过特别的佛教艺术传统训练的普通工匠是完全可以制作出具有民间风格的质量低劣的作品的，这些作品不同于在大都市工作的专业佛教艺术工匠的作品。在另一方面，一些中国佛教图像有时并不符合艺术传统，也无法与佛典的准则相对应，这种现象在许多民间造像身上尤为常见。但对于一个收藏而言，当我们面对一件具有上述风格与错误的造像时，则有必要在是否是民间风格造像还是伪造物上作出抉择。

与真品雕塑相比，佛利尔收藏的一些造像表现出了低劣的手工艺。一件具有北魏"太和六年（482）"铭文的金铜立菩萨像就是这样的作品（图6-19）。该像的身体有些畸形：头部与双肩搭配得并不谐调，双肩也不平衡，一只手在比例上过大。[58] 一件石造白衣观音坐像的基座表面刻有水波纹与游龙，在宋代是常见的题材（图6-20）。[59] 多数白衣观音像表现祥和的面相与比例谐调的身躯（著录篇Z238），但佛利尔收藏的这件白衣观音的身体比例并不平衡：其头部在比例上显得过大，面相过于严肃。另一低劣造像是一圆形石板，上有浅浮雕立姿白衣观音像并二身半裸童子像（图6-21）。这种造像组合无法与任何观音及其胁侍像相对应，包括常见的观音与善财童子、龙女的组合。此外，这身观音像的面部

Fig. 6-19. Bodhisattva Avalokiteshvara (Guanyin), in middle Northern Wei (386~534) style
F1911.131
Bronze with gilding
H×W: 15.5×6.7 cm (6 1/8×2 5/8 in)
Qing dynasty (1644~1911), dated ca. late 19th or early 20th century
With spurious inscription dated 482
Gift of Charles Lang Freer
图6-19: 清代 "北魏太和六年（482）" 铭金铜观世音菩萨立像

Fig. 6-20. White-robed Guanyin Bodhisattva, in post-Tang style
F1912.85
Stone
H×W×D (overall): 36.4×16.7×14.7 cm (14 5/16×6 9/16×5 13/16 in)
Qing dynasty (1644~1911), dated ca. late 19th or early 20th century
Gift of Charles Lang Freer
图 6-20：清代石雕白衣观音坐像

Fig. 6-21. Circular plaque with White-robed Guanyin and two attendants
F1910.13
Stone
H×W×D (overall): 17.8×17×1.4 cm (7×6 11/16×9/16 in)
Qing dynasty (1644~1911), dated ca. late 19th or early 20th century
With spurious inscription dated 503
Gift of Charles Lang Freer
图 6-21：清代"北魏景明四年（503）"铭观音三尊像石雕板

如同一幅面具，双眼大而无神，下巴歪向一侧，双臂摆放也极不自然。这些造型特点通常与下层民众制作的"俗"风格相对应，而与文人士大夫们欣赏的"雅"风完全不同。

那么，这些粗制劣造的造像是由没有经过佛教艺术传统训练的下层工匠制造的具有民间风格的真品，还是由一些不法商人与工匠合谋制作的伪造物，或是兼而有之？这些质量低下的造像无疑有被非专业佛教艺术家的普通工匠制作的可能性。当笔者访问中国的一些佛教石窟与摩崖造像时，见到了许多被现代工匠修补或重新制作的粗劣佛教造像。很明显，这些工匠并非工作在大都市的专业佛教艺术家，他们的作品对真正的艺术家与学者没有任何吸引力，但却被同样没有佛教艺术传统素养的生活在农村的农民们欣赏，而没有任何欺诈的用意。另外，即使是一名在大都市工作的专业工匠，如果他没有经过佛教艺术传统的训练，也会同样制作出年代风格错误的作品。

问题是，为什么在中国的博物馆里很难发现类似的质量低劣的单体佛教造像，而在海外的大小收藏机构中却司空见惯呢？这些粗制滥造的造像是由中国或西方的古董商从中国农村收集来的质量低劣的真品，还是一些无良商人刻意制作的赝品以蒙蔽易上当受骗的买家呢？佛教艺术家制造雕塑的目的是为了向人们展现佛教神祇的美感与宗教魅力，以便感染民众接受或坚定佛教的信仰。他们从来没有主观意图去刻划丑陋的佛教神祇，或是在文人士大夫的眼里是丑陋的造型。事实上，前述许多赝品中国佛教造像都是质量低下，为不具备创造高雅人物造型能力的工匠们所制作。再者，在 20 世纪上半叶之前，中国一些大都市的古董市场已经充斥了毫无感召力的（或赝品）造像。据佛利尔日记记载，他是在中国的如上海、开封这样的大城市里买到的那些高质量与低质量、真品与赝品佛教造像的。[60] 由于真品的供应渠道是极其有限的，一些无德中国人就制作了那些质量粗劣的伪造物来赚取同样不具备中国佛教艺术鉴赏能力但却喜好收藏的买家（特别是外国人）的钱财。于是，缺乏中国佛教艺术传统知

60. John A. Pope, "Preface," *The Freer Gallery of Art, 1 China*, pp.9~14.

61. 然而，据笔者的亲身经历，许多拍卖行与私人收藏家却宁愿将因自己的失误而早已拥有的粗制滥造的有着明显年代或风格错误的造像鉴定为具有民间风格的真品造像，不失为一种权宜之计。逻辑上虽通，但缺乏实物佐证。因此，这种做法必然无法取信于学者与大多数持谨慎态度的收藏家。

识的外国收藏家购买了大量的赝品造像，而其中相当的一部分最终流入了西方的一些收藏机构与博物馆之中。因此，笔者以为前述那些粗劣质量的造像（包括佛利尔收藏的一些具有不遵循造像题材规律的伪造铭文的造像）极有可能都是以欺诈外国人为目的而制造的赝品。尽管有些已被某些中外机构收藏的前述造像从逻辑上讲也有被乡下或民间工匠制造的低质量的真品的可能性，把具有民间粗劣风格的造像鉴定为赝品，对以升值与鉴赏为目的的私人收藏、以面向公众展览为目的的博物馆收藏来讲都是一种安全与保险的抉择。[61]

六、关于现代高仿真赝品造像

62. Mark Jones, *Fake: The Art of Deception*, p.18.

63. 参见 Mark Sagoff, "The Aesthetic Status of Forgeries", 刊于 Denis Dutton, *The Forger's Art*, p.146. 另外，Paul Jett 与 Janet G. Douglas 利用分析材料的成分鉴定了一些佛利尔收藏的中国佛教铜像，参见"Chinese Buddhist Bronzes in the Freer Gallery of Art: Physical Features and Elemental Composition", pp.205~223。

64. 关于该地点出土的石造像，参见 Lukas Nickel, *Return of the Buddha: the Qingzhou discoveries*［佛的归来：青州的发现］, London : Royal Academy of Arts, 2002。

前述四种鉴定真伪法适用于"仿"与"造"两种赝品，但不太适合于一些高仿真赝品。一件真品的精准复制品是不同于以带有个人诠释的"仿"与个人独创的"造"两种方法制作的赝品的。高仿真造像以现代技术制作类似照片一样逼真的复制品，正如 Mark Jones 所说的具有"无可置辩的真实感。不论对观者还是制造者，它们都显得比真品还要逼真"。[62]但是，这些复制品是无法在造型与材料两方面都做到与真品完全相同无二的。就像 Mark Sagoff 所论述的那样，既然精准复制品与真品无法具有"相等地准确的、相等地制作精巧的、设计独特的、富有联想的或有创意的表现"，对铜与石造像材质成分（包括造像表面的颜料装饰）进行科学的分析，无疑可以帮助我们鉴定高仿真作品。[63]事实上，有些高仿真造像材料的现代制作细部特征明显，则不需要科学仪器的检测。

20 世纪 90 年代以后，这种高仿真造像大量涌入古董市场，以假乱真，收藏家们是不可能有足够的时间、精力与财力把每一件正在考虑中的造像送到科学实验室进行检测的。还有一种方法，可以帮助我们脱离科学仪器来鉴定高仿真赝品。2003 年，一位美国博物馆的策展人给我发来一张照片，请我帮忙鉴定一件造像的真伪。照片显示一盛唐菩萨头像，有着丰满与精致的面容，表现出了公元 8 世纪中期高超的技艺。那真是一件完美无瑕的作品，也看不出任何时代风格的错误！但是，这件头像让我回想起了一件类似的出土于西安的唐代皇家遗址的精品菩萨头像，现藏于西安市文物管理委员会。与西安出土的真品菩萨头像比较，笔者仅在照片上头像的发饰上发现了微小的不同之处，而这少许的不同点并不表现本文所述的赝品造像的四点错误。然而，西安出土的这件头像是独一无二的，目前还没有与之相似的作品面世。照片上头像的作者显然是以西安出土的菩萨头像作为蓝本制作成他的作品的。在市场上见到这样与一件独一无二的绝世精品相类似的造像，就不免让人起疑心了。笔者当时自问：难道现在有用高仿真的手法来复制著名佛教造像的趋势？当我于 2006 年在纽约居住时，这个疑问就被证实了。在那里，我被一位古董商邀请去鉴定他收藏与购买的约五十多件中国佛教雕塑，他希望从中选择一些真品来办一个展览。我发现了许多雕刻技艺高超的具有北齐风格的石造像，与 20 世纪 90 年代在山东青州龙兴寺一带出土的石雕造像极为相似。龙兴寺造像是当时轰动全中国乃至全世界的重大考古发现。之后，笔者在图书馆里查阅了青州出土石造像的图录，发现了几件与那位古董商藏的有些造像几乎一模一样的作品。[64]所以，拥有丰富的中国佛教造像的知识并熟知典型与精品像例，就能帮助我们避免将有欺诈性质的高仿真赝品纳入收藏。

对纽约一些收藏家与美术廊、古董店的访问，也证明了笔者在本文讨论的四个鉴定真伪方法同样也适用于鉴定现代制作的很多高质量赝品。在那位古董商收藏的五十多件造像中，

Fig. 6–22. Buddha Triad
Limestone
ca. 1990s
Private collection
图 6–22：石雕坐佛三尊像

除少数为精准的复制品外，绝大多数只模仿了真品的基本特征，而在一些不太引人注意的地方却有伪造者们的创作，如头饰、衣纹、手印、装饰物的布置等。例如，有一件雕刻精美、技艺高超的坐佛三尊石雕像具有标准的北魏晚期风格，主尊坐佛着北魏晚期流行的褒衣博带大衣（图6-22）。但是，该佛的两侧各有一身弟子像，而北魏晚期佛像身旁一般是二立菩萨，或是二弟子与菩萨像的组合（图2-17、2-18）。另外，在三像底座的正面刻有二蹲狮拱卫莲花荷叶，而传统的图像规律是在二狮的中部刻一博山炉（图2-21、2-22）。这些细微的错误仍然是这些现代作品中可以观察到的反常的表象，与晚清至民国时期伪造者们制作的不精确的赝品仍属同一类。尽管在过去的一百年时间里，伪造者们的技艺在不断的进步，他们也确实获得了更多的制造赝品的知识与本领，但与专业佛教艺术史学家相比，他们的有限知识仍在阻止他们完全精准地制造带有欺诈性质的复制品。

结　语

根据赝品制造者的动机，只有那些声称是真品并用来欺诈人们（通常为潜在的买家）以便在市场上谋利的仿品或复制品才是伪造物或赝品。从北宋开始，金石学家对佛教雕塑的欣赏与研究刺激了一些古董商与工匠合作制造假古董。从19世纪中叶开始，西方古董贸易给中国人制作赝品带来了灵感，以期迎合外国人对中国文物与艺术品的需求。以比较真品与伪造物风格与图像特征为基础的四种方法，对鉴定中国佛教单体造像的真伪有一定的益处。这些方法可以向人们证明有些赝品没有遵循佛典与中国佛教艺术传统中关于图像的准则，可以证明有些赝品具有两个或更多的无法共存的时代风格，可以证明有些赝品包含伪造的古风铭文题记，还可以证明有些赝品展现着民间的审美风格。有的赝品可以用上述四种方法中的两种或更多的方法来鉴定，因为它们表现着伪造者们通常会犯的一种以上的错误。这些方法对于鉴定大部分在1990年以后制造的现代赝品仍然有用，但高仿真的复制品除外。由于一些精准的复制品经常会以一些著名的造像精品为蓝本，或是刻意模仿一批闻名遐迩的作品，如果我们熟知各时代中国佛教造像的基本特征以及一些著名的像例，就会发现伪造者们的诡计。

判定赝品的制作年代则不太容易，但我们可以知晓在中国历史上赝品制造的几个时代背景。由于对古物特征有总体上的误解，伪造者们在制作他们的作品时常会用一些他们所处时代的造像的风格特点，而并非是历史性的正确风格作为他们的参考。所以，一些赝品的制造年代可以通过分析它们的特征来断定。例如，如果一件赝品包含着一种或一种以上的时代风格，而其表现的最晚时代风格属于宋代，那么该赝品就有可能造于宋代。同时，这件赝品也可能造于更晚的时代，因为晚期的工匠可以利用并制作出早期的风格。因此，宋代就可以是该赝品制作的时代上限。然而，根据本文所述的时代背景，笔者提及的大部分赝品都有可能制作于19世纪晚期至20世纪初期。

Bibliography

参考文献

One: Chinese Classical Texts

一、中文古籍

◎ ［日］高楠顺次郎、渡边海旭主：《大正新修大藏经》，100 册，东京：大正一切经刊行会，1922~1934 年。

◎ ［北宋］曹勋（1098~1174）：《净慈创塑五百罗汉记》，见其著《松隐集》，刊于王云五主编《四库全书珍本七集》第203册，台北，1977年，第1~4页。

◎ ［唐］澄观（737~838）：《大方广佛华严经疏》，《大正藏》第35册。

◎ ［清］陈梦雷（1650~1741）等：《古今图书集成》，《神异典》，上海中华书局影印本，1934年。

◎ ［北宋］道诚（约11世纪初）：《释氏要览》，《大正藏》第54册。

◎ ［唐］道世（?~683）：《法苑珠林》卷十三，《大正藏》第53册。

◎ ［北凉］道泰译：《入大乘论》，《大正藏》第32册。

◎ ［唐］道宣（596~667）：《续高僧传》，《大正藏》第50册。

◎ 邓立勋：《苏东坡全集》，合肥：黄山书社，1997年。

◎ ［北宋］黄休复：《益州名画录》，北京：人民美术出版社，1964年。

◎ ［梁］慧皎：《高僧传》，《大正藏》第50册。

◎ ［唐］李延寿：《南史》，北京：中华书局，1975年。

◎ ［清］陆增祥（1816~1882）：《八琼室金石补正》，北京：文物出版社，1985年。

◎ ［北宋］欧阳修（1007~1072）：《集古录跋尾》，刊于《石刻史料新编1》第24册，台北：新文丰出版公司，1977年。

◎ ［唐］菩提流志（?~727）译：《不空羂索神变真言经》，《大正藏》第20册。

◎ ［南宋］潜说友（1216~1277）：《咸淳临安志》，刊于《中国方志丛书华南地方》第49号，台北：成文出版社有限公司，1970年。

◎ ［刘宋］求那跋陀罗（394~468）译：《杂阿含经》，《大正藏》第2册。

◎ ［北宋］日称（?~1078）译：《父子合集经》，《大正藏》第11册。

◎ ［梁］僧祐（445~518）：《出三藏记集》，《大正藏》第55册。

◎ ［后秦］僧肇（384~414）：《注维摩诘经》，《大正藏》第38册。

◎ ［南宋］施谔：《淳祐临安志》，见《南宋临安两志》，杭州：浙江人民出版社，1983年。

◎ ［唐］玄奘（600~664）译：《阿毗达摩法蕴足论》，《大正藏》第26册。

◎ ——：《大般若波罗蜜多经》，《大正藏》第6册。

◎ ［清］叶昌炽（1847~1917）：《语石》，刊于《石刻史料新编 2》，台北：新文丰出版公司，1979年。

◎ 俞剑华点校：《宣和画谱》，北京：人民美术出版社，1964年。

◎ ［唐］张彦远：《历代名画记》，北京：人民美术出版社，1963年。

◎ ［晋］支敏度：《合维摩诘经序》，收录于梁僧祐撰《出三藏记集》卷八。《大正藏》第55册。

Two: Research Articles and Books in Chinese

二、中文研究论著

◎ 保全：《西安文管处所藏北朝白石造像和隋鎏金铜像》，《文物》1979年第3期，第83~85页。

◎ 常青：《北朝石窟神王雕刻述略》，《考古》1994年12期，第1127~1141页。

◎ ——：《炳灵寺169窟塑像与壁画题材考释》，刊于中国社会科学院考古研究所编《汉唐与边疆考古研究》（一），北京：科学出版社，1994年，第111~130页。

◎ ——：《彬县大佛寺造像艺术》，北京：现代出版社，1998年。

◎ ——：《初唐宝冠佛像的定名问题——与吕建福先生〈中国密教史〉商榷》，《佛学研究》1997年第6期，第91~97页。

◎ ——：《龙门石窟北朝晚期龛像浅析》，刊于龙门石窟研究所编《龙门石窟一千五百周年国际学术讨论会论文集》，北京：文物出版社，1996年5月，第44~73页。

◎ ——：《龙门石窟地藏菩萨及其相关问题》，《中原文物》1993年4期，页27~34。

◎ ——：《陕西麟游慈善寺石窟的初步调查》，《考古》1992年10期，第909~914页。

◎ ——：《试论龙门初唐密教雕刻》，《考古学报》2001年，第335~360页。

◎ ［美］查尔斯·兰·弗利尔著、李雯/王伊悠译：《佛光无尽——弗利尔1910年龙门纪行》，上海：上海书画出版社，2014年。

◎ 陈炳应：《图解本西夏文"观音经"译释》，《敦煌研究》1985年第3期，第49~58页。

◎ 陈清香:《从五胡到北魏时代的佛教造像》,刊于台北历史博物馆编《佛雕之美:北朝佛教石雕艺术》。

◎ 重庆大足石刻艺术博物馆:《中国大足石刻》,香港万里书店·重庆出版社,1991年。

◎ 戴南海、张懋镕、周晓陆:《文物鉴定秘要》,贵阳:贵州人民出版社,1994年。

◎ 大理州文管所、下关市文化馆:《下关市佛图塔实测和清理报告》,《文物》1986年第7期,第50~55页。

◎ 丁明夷:《川北石窟札记——从广元到巴中》,《文物》1990年第6期,第41~53页。

◎ 丁文光:《梁中大同元年造释迦石像》,《文物》1961年第12期,第50~51页。

◎ [日]东山健吾:《流散于欧美日本的龙门石窟雕像》,刊于龙门文物保管所编《中国石窟·龙门石窟》(二),东京:平凡社;北京:文物出版社,1988年,第246~253页。

◎ 敦煌文物研究所:《敦煌莫高窟内容总录》,北京:文物出版社,1982年。

◎ ——:《中国石窟·敦煌莫高窟》(二),北京:文物出版社,1984年。

◎ ——:《中国石窟·敦煌莫高窟》(三),北京:文物出版社,1987年。

◎ 方国瑜:《大理崇圣寺塔考说》,《思想战线》1978年6月,第51~57页。

◎ [日]肥田路美著、李静杰译:《唐代菩提伽耶金刚座真容像的流布》,《敦煌研究》2006年第4期,第32~41页。原文发表于《论丛佛教美术史》,东京:吉川弘文馆,1986年,第157~186页。

◎ 甘肃省文物工作队等:《陇东石窟》,北京:文物出版社,1987年。

◎ ——:《中国石窟·永靖炳灵寺》,北京:文物出版社,1989年。

◎ 高念华主编:《飞来峰造像》,北京:文物出版社,2002年。

◎ 宫大中:《龙门石窟艺术》,上海:上海人民出版社,1981年。

◎ 台北故宫博物院:《雕塑别藏:宗教篇特展图录》,台北:台北故宫博物院,1997年。

◎ 台北故宫编辑委员会:《海外遗珍·佛像》,台北:台北故宫博物院,1986年。

◎ ——:《海外遗珍·佛像续》,台北:台北故宫博物院,1990年。

◎ 台北历史博物馆:《佛雕之美:北朝佛教石雕艺术》,台北:台北历史博物馆,1997年。

◎ ——:《佛雕之美:宋元木雕佛像精品展》,台北:台北历史博物馆,1997年。

◎ [新]古正美:《龙门擂鼓台三洞的开凿性质与定年》,刊于龙门文物保管所编《龙门石窟一千五百周年国际学术讨论会论文集》,北京:文物出版社,1996年,第166~182页。

◎ 邯郸市峰峰矿区文管所、北京大学考古实习队:《南响堂石窟新发现窟檐遗迹及龛像》,《文物》1992年第5期,第1~15页。

◎ 邯郸市文物保管所:《邯郸鼓山水浴寺石窟调查报告》,《文物》1987年4期,第1~23页。

◎ [美]何恩之:《四川蒲江佛教雕刻——盛唐时中国西南与印度直接联系的反映》,李淞译,《敦煌研究》1998年第4期,第47~55页。

◎ 何剑平:《中国中古维摩诘信仰研究》,成都:巴蜀书社,2009年。

◎ 贺世哲(1930~2011):《关于北朝石窟千佛图像诸问题》(一)、(二),《敦煌研究》1989年第3、4期。

◎ 季崇建:《千年佛雕史》,台北:艺术图书公司,1997年。

◎ 金申1995. 金申:《佛教雕塑名品图录》,北京:北京工艺美术出版社,1995年。

◎ 金申:《佛像的鉴藏与辨伪》,上海:上海辞书出版社,2002年。

◎ 金申1994. 金申:《中国历代纪年佛像图典》,北京:文物出版社,1994年。

◎ 靳之林:《陕北发现一批北朝石窟和摩崖造像》,《文物》1989年第4期,第60~66、83页。

◎ 雷玉华:《试论四川的"菩提瑞像"》,《四川文物》2004年第1期。

◎ 雷玉华、王剑平:《再论四川的菩提瑞像》,《故宫博物院院刊》2005年第6期,第142~148页。

◎ 李崇峰:《菩提像初探》,刊于《石窟寺研究》第三辑,北京:文物出版社,2012年,第190~211页。

◎ 李静杰:《北朝时期定光佛授记本生图像的两种造型》,《艺术学》第23卷,台北艺术大学美术史研究所,2007年,第75~117页。

◎ 李静杰2006. 李静杰:《北齐至隋代三尊卢舍那法界佛像的图像解释》,《艺术学》第22期,台北:觉风佛教艺术文化基金会,2006年,第81~128页。

◎ 李静杰:《关于金铜佛的几个问题》,刊于《中国金铜佛》,第284页。

◎ 李静杰1999. 李静杰:《卢舍那法界图像研究》,《佛教文化》增刊,1999年11月。

◎ 李静杰:《石佛选粹》,北京:中国世界语出版社,1995年。

◎ 李静杰1996. 李静杰:《中国金铜佛》,北京:宗教文化出版社,1996年。

◎ 李静杰、王全利:《佛像赝品因素分析》,《美术观察》1996年第12期,第66~69页。

◎ 林保尧:《佛利尔美术馆藏北周石造交脚弥勒菩萨七尊像略考——光背僧伽梨线刻素画研究史上的一些问题》,《艺术学》第15期,台北,1996年,第63~94页。

◎ 临沂市博物馆冯沂:《山东临沂发现北魏太和元年石造像》,《文物》1986年第10期,第96页。

◎ 李松等:《中国古代雕塑》,北京:中国外文出版社,纽黑文/纽约:美国耶鲁大学出版社,2003。

◎ 李文生:《龙门唐代密宗造像》,《文物》1991年第1期,第61~64页。

◎ 李玉珉1994. 李玉珉:《河北早期的佛教造像——十六国和北魏时期》,《故宫学术季刊》第11卷第四期,1994年,第1~41页。

◎ 李玉珉：《试论唐代降魔成道式装饰佛》，《故宫学术季刊》第23卷，2006年第3期，第39~90页。

◎ ——：《四川菩提瑞像窟龛研究》，刊于重庆大足石刻艺术博物馆编《2005年重庆大足石刻国际学术研讨会论文集》，北京：文物出版社，2007年，第555~557页。

◎ ——：《中国观音的信仰与图像》，刊于台北故宫博物院编辑委员会：《观音特展》，台北：台北故宫博物院，2000年。

◎ 李域铮：《陕西古代石刻艺术》，西安：三秦出版社，1995年。

◎ 刘景龙：《古阳洞：龙门石窟第1443窟》，北京：科学出版社，2001年。

◎ 刘志远、刘廷璧：《成都万佛寺石刻艺术》，北京：中国古典艺术出版社，1958年。

◎ 龙门石窟研窟所：《龙门流散雕像集》，上海：上海人民美术出版社，1993年。

◎ ——：《龙门石窟雕刻萃编——佛》，北京：文物出版社，1995年。

◎ ——：《龙门石窟窟龛编号图册》，北京：文物出版社，1994年。

◎ 龙门文物保管所等：《中国石窟·龙门石窟》（一），东京：平凡社、北京：文物出版社，1991年。

◎ ——：《中国石窟·龙门石窟》（二），东京：平凡社，1988年。

◎ 吕建福：《中国密教史》，北京：中国社会科学出版社，1995年。

◎ 罗世平：《巴中石窟三题》，《文物》1996年第3期，第58~64，95页。

◎ ——：《广元千佛崖菩提瑞像考》，台北《故宫学术季刊》1991年第9卷第2期，第117~135页。

◎ ——：《千佛崖利州毕公及造像年代考》，《文物》1990年第6期，第34~36页。

◎ ——：《四川唐代佛教造像与长安样式》，《文物》2000年第4期，第46~57页。

◎ 罗炤：《试论龙门石窟擂鼓台的宝冠·佩饰·降魔印佛像》，刊于《徐苹芳先生纪念文集》，上海：上海古籍出版社，2012年，第466~501页。

◎ 马德：《散藏美国的五件敦煌绢画》，《敦煌研究》1999年第2期，第170~175页。

◎ 马欣乐：《收藏家黄蕙英（Dora Wong）和她的犀角雕收藏》，《收藏》2010年第3期。

◎ 马元浩：《中国雕塑观音》，上海：上海古籍出版社，1994年。

◎ 宁夏回族自治区文物管理委员会等：《须弥山石窟》，北京：文物出版社，1988年。

◎ 庞文龙：《岐山县博物馆隋代石造像》，《文物》1991年第4期，第93~94页。

◎ 山东省博物馆：《东魏武定二年路文助造像》，《文物》1961年第12期。

◎ 上海博物馆：《上海博物馆中国古代雕塑馆》，上海：上海古籍出版社，1996年。

◎ 时桂山：《青岛的四尊北魏造像》，《文物》1963年第1期。

◎ ［日］石松日奈子：《维摩和文殊造像的研究》，收录于龙门石窟研究所编《龙门石窟一千五百周年国际学术讨论会论文集》，北京：文物出版社，1996年。

◎ 宿白：《敦煌莫高窟密教遗迹札记（上）》，《文物》1989年第9期。

◎ ——：《元代杭州的藏传密教及其有关遗迹》，《文物》1990年10期，第55~62页。

◎ ——：《云冈石窟分期试论》，《考古学报》1978年第1期，第76~87页。

◎ ——：《中国石窟寺研究》，北京：文物出版社，1996年。

◎ 孙善德：《对"青岛的四尊北魏造像"一文的补充意见》，《文物》1964年第9期，第56页。

◎ 台湾故宫1986．台北故宫编辑委员会：《海外遗珍·佛像》，台北：台北故宫博物院，1986年。

◎ 台湾故宫1990．台北故宫编辑委员会：《海外遗珍·佛像续》，台北：台北故宫博物院，1990年。

◎ 王惠民：《敦煌水月观音像》，《敦煌研究》1987年第1期，第31~38页。

◎ ——：《敦煌写本"水月观音经"研究》，《敦煌研究》1992年第3期，第93~97页。

◎ ——：《婆薮仙与鹿头梵志》，《敦煌研究》2002年第2期，第64~70页。

◎ ——：《执雀外道非婆薮仙辨》，《敦煌研究》2010年第1期，第7~13页。

◎ 王家鹏：《藏传佛教金铜佛像图典》，北京：文物出版社，1996年。

◎ 王世襄：《记美帝搜刮我国文物的七大中心》，《文物》1955年第7期，第45~55页。

◎ 王振国：《龙门石窟破坏残迹调查》，刊于龙门石窟研究所编《龙门流散雕像集》，上海人民美术出版社，1993年。

◎ 温玉成：《龙门石窟造像的新发现》，《文物》1988年第4期，第21~26页。

◎ 吴怡如：《北周王令猥造像碑》，《文物》1988年第2期。

◎ 邢军：《广元千佛崖初唐密教造像析》，《文物》1990年第6期，第37~40页。

◎ 西吉县文物管理所李怀仁：《宁夏西吉发现的一批唐代鎏金铜造像》，《文物》1988年第9期，第74~79页。

◎ 徐苹芳：《僧伽造像的发现和僧伽崇拜》，《文物》1996年第5期，第50~58页。

◎ 杨伯达：《曲阳修德寺出土纪年造像的艺术风格与特征》，《故宫博物院院刊》总第2期，1960年，第43~52页。

◎ 颜娟英1987．颜娟英：《武则天与唐长安七宝台石雕佛相》，《艺术学》1987年第1期，台北：艺术家出版社，第40~89页。

◎ 阎文儒（1912~1994）：《石幢》，《文物》1959年第8期，第47~48页。

◎ ——：《中国石窟艺术总论》，天津：天津古籍出版社，1987年。

◎ 于春：《绵阳龛窟——四川绵阳古代造像调查研究报告集》，文物出版社，2010年。

◎ 袁曙光：《四川茂汶南齐永明造像碑及有关问题》，《文物》1992年第2期，第67~71页。

◎ 云岗石窟文物保管所：《中国石窟·云岗石窟》（一），北京：文物出版社，1991年。

◎ ——：《中国石窟·云岗石窟》（二），北京：文物出版社，1994年。

◎ 云南省文物工作队：《大理崇圣寺三塔主塔的实测和清理》，《考古学报》1981年第2期，第245~267页。

◎ 张宝玺：《建弘题记及其有关问题的考释》，《敦煌研究》1992年第1期，第11~20、118~119页。

◎ 张林堂2004. 张林堂、孙迪：《响堂山石窟——流失海外石刻造像研究》，北京：外文出版社，2004年。

◎ 张乃翥：《龙门石窟擂鼓台三窟考察报告》，《洛阳大学学报》1995年第9期。

◎ 张燕：《北朝佛道造像碑精选》，天津：天津古籍出版社，1996年。

◎ 张燕：《长武县发现两件纪年铜造像》，《文物》1986年第3期，第96页。

◎ 赵力光、裴建平：《西安市东郊出土北周佛立像》，《文物》2005年第9期，第76~90页。

◎ 赵永平、陈银凤：《东魏大通智胜汉白玉佛》，《文物春秋》1995年第1期，第87页。

◎ 中国历史博物馆等：《盛世重光：山东青州龙兴寺出土佛教石刻造像精品》，北京，1999年。

◎ 中国美术全集编辑委员会：《中国美术全集·雕塑编3·魏晋南北朝雕塑》，北京：人民美术出版社，1988年。

◎ 中国美术·隋唐1988. 中国美术全集编辑委员会：《中国美术全集·雕塑编4·隋唐雕塑》，北京：人民美术出版社，1988年。

◎ 中国美术全集编辑委员会：《中国美术全集·雕塑编5·五代宋雕塑》，北京：人民美术出版社，1988年。

◎ ——：《中国美术全集·雕塑编6·元明清雕塑》，北京：人民美术出版社，1988年。

◎ ——：《中国美术全集·雕塑编8·麦积山石窟雕塑》，北京：人民美术出版社，1988年。

◎ ——：《中国美术全集·雕塑编12·四川石窟雕塑》，北京：人民美术出版社，1988年。

◎ ——：《中国美术全集·雕塑编13·巩县天龙山响堂山安阳石窟雕刻》，北京：文物出版社，1989年。

◎ ——：《中国美术全集·绘画编17·麦积山等石窟壁画》，北京：人民美术出版社，1987年。

◎ ——：《中国美术全集·绘画编19·石刻线画》，上海：上海人民美术出版社，1988年。

◎ 中国石窟雕塑精华编辑委员会：《中国石窟雕塑精华·四川观音·菩萨造像》，重庆：重庆出版社，1996年。

◎ 中国石窟雕塑全集编辑委员会：《中国石窟雕塑全集2·甘肃》，重庆：重庆出版社，2000年。

◎ ——：《中国石窟雕塑全集10·南方八省》，重庆：重庆出版社，2000年。

◎ ——：《中国石窟雕塑精华·陕西钟山石窟》，重庆：重庆出版社，1996年。

◎ ——：《中国石窟雕塑全集6·北方六省》，重庆：重庆出版社，2001年。

◎ ——：《中国石窟雕塑全集10·南方八省》，重庆：重庆出版社，2000年。

◎ 中国文物精华编辑委员会：《中国文物精华》，北京：文物出版社，1992年。

◎ 周到：《河南襄县出土的三块北齐造像碑》，《文物》1963年第10期，第13~15页。

◎ 周叔迦：《十六罗汉十八罗汉和五百罗汉》，《周叔迦佛学论著集》，北京：中华书局，1991年，第706~708页。

◎ 邹启宇：《云南佛教艺术》，昆明：云南教育出版社，1991年。

Three: Research Articles and Books in Japanese and Korean

三、日、韩文研究论著

◎ 滨田耕作：《西魏の四面像に就いて》，《史学研究会讲演集》第4册，1912年。

◎ 滨田1980. 滨田隆：《曼荼罗》，《日本の美术》第173号，东京：至文堂，1980年。

◎ ［韩］崔圣银：《杭州烟霞洞石窟十八罗汉像研究》，《美术史学研究》第190~191期，1991年，第161~192页。

◎ 大村西崖：《支那美术史雕塑篇》，东京：佛书刊行会图像部，1915年。

◎ 大和文华馆：《特别展：中国の金铜佛》，奈良：大和文华馆，1992年。

◎ 东京国立博物馆：《特别展：金铜佛·中国·朝鲜·日本》，东京，1987年。

◎ 高田修、山本智教：《佛教雕刻四·パ|ヲ期》，刊于下中弥三郎编《世界美术全集》第11卷，东京：平凡社，1950~1955年。

◎ 关野贞、常盘大定：《支那文化史迹》，京都：法藏馆，1939年。

◎ ——：《中国文化史迹》，京都：法藏馆，1976年。

◎ 和泉市久保总记念美术馆：《特别展示·中国古式金铜佛与中央、东南亚的金铜佛》，和泉市久保惣记念美术馆编集发行，1988年。

◎ ジャック·ジエス(Jacques Giès)：《西域美术ギメ美术馆ペリオ·コレクションⅠ》，东京：讲谈社，1994年。

◎ 角川1961. 角川书店：《世界美术全集》第15卷"隋唐"，东京：角川书店，1961年。

◎ 京都台北博物馆等：《大英博物馆所藏イソドの佛像ヒゾドゥ|の神々》，东京：朝日新闻社，1994年。

◎ ［韩］金理那文、林南寿译：《六世纪中国七尊仏にみえる螺髻像について》，《佛教艺术》219号，1995年。

◎ ［中］李静杰：《北朝晚期と隋代の盧舎那仏像について》，《美学美术史研究论集》第19号，名古屋大学，2001年，第1~25页。

◎ ［中］李静傑：《北斉~隋の盧舎那法界佛像の図像解釈》，《佛教藝術》第251號，東京，每日新聞社，2000年，第13~47页。

◎ ［中］李静杰：《中国北朝期における定光佛授記本生図の二种造形について》，《美学美术史研究论集》第18号，名古屋大学，2000年，第23~50页。

◎ 山中1928. 山中定次郎：《唐宋精華》，大阪：山中商会，1928年。

◎ 山中定次郎：《天竜山石仏集》，大阪：山中商会，1928年。

◎ 矢代幸雄：《刘宋元嘉年间の金铜佛》，《美术研究》第109期，1941年，第15~20页。

◎ 水野清一、长广敏雄：《龙门石窟の研究》，东京：座右宝刊行会，1941年。

◎ 水野、长广1937. 水野清一、长广敏雄：《响堂山石窟》，京都：东方文化学院京都研究所，1937年。

◎ 水野清一、长广敏雄：《云冈石窟：西曆五世纪における中国北部佛教窟院の考古学的调查报告》，京都：京都大学东方化研究所，1951~1955年。

◎ 水野1960. 水野清一：《中国の雕塑·石佛金铜佛》，东京：日本经济新闻社，1960年。

◎ 松本栄一：《炖煌画の研究》，东京：同朋舍，1985年。

◎ 松原1985. 松原三郎：《韩国金铜佛研究》，东京：吉川弘文馆，1985年。

◎ 松原1980. 松原三郎：《元嘉十四年铭佛坐像》，《国华》1980年第1032期，第22~28页。

◎ 松原1961. 松原三郎：《中国佛教雕刻史研究》，东京：吉川弘文馆，1961年。

◎ 松原1966. 松原三郎：《中国佛教雕刻史研究》，东京：吉川弘文馆，1966年。

◎ 松原1995. 松原三郎：《中国佛教雕刻史论》，东京：吉川弘文馆，1995年。

◎ 松原1974. 松原三郎：《中国佛像样式の南北——再考》，《美术研究》296号，1974年，第134~153页。

◎ 松原三郎1980. 松原三郎：《中国南朝造像资料考》，《佛教艺术》1980年第130号，第64~76页。

◎ ［中］宿白：《平城における国力の集中と“云冈样式”の形成と发展》，刊于云岗石窟文物保管所编《中国石窟·云冈石窟》（一），东京：平凡社，1989年。

◎ 田边1986. 田边三郎助：《释迦如来像》，《日本の美术》第243号，东京：至文堂，1986年。

◎ 曾布川宽：《龙门石窟における北朝造像ゐ诸问题》，刊京都大学人文科学研究所《中国中世的文物》，1993年3月。

◎ ［中］张砚著、王建新译：《中国陕西省耀县の碑林（一）》，《佛教艺术》205号，1992年，第77~89页。

◎ 足立1933. 足立喜六：《长安史迹の研究》，东京，1933年，图版93。

◎ 佐藤、长広1972. 佐藤雅彦、长广敏雄：《中国美术》第3卷“彫塑”，东京：讲谈社，1972年。

Four: Research Articles and Books in Western Languages

四、西文研究论著

◎ Abe 2002. Abe Stanley K. "A Freer Stela Reconsidered", Free-Sackler Galleries. ed. *Occasional Papers.* Vol. 3, 2002.

◎ Abe, Stanley K. *Ordinary Images.* Chicago: The University of Chicago Press, 2002.

◎ Anonymous 1947. Anonymous. *Right Angle.* Washington, D. C., 1947, vol. 1, no. 7.

◎ Art Institute of Chicago 1917. Art Institute of Chicago. "Current exhibition." *Bulletin of the Art Institute of Chicago*, vol. 11, no. 4 (Dec. 1917), p. 265.

◎ Ashton 1924. Ashton, Leigh. *An Introduction to the Study of Chinese Sculpture*. New York, 1924.

◎ Bachhofer 1946. Bachhofer, Ludwig. *A Short History of Chinese Art*. New York: Pantheon, 1946.

◎ Bachhofer 1934. Bachhofer, Ludwig. "Die Anfänge der buddhistischen Plastik in China." In *Ostasiatische Zeitschrift*, Berlin, Jan./ Apr. 1934.

◎ Biermann 1924. Biermann, George. *Jahrbuch der Asiatischen Kunst.* Leipzig: Klinkhardt & Biermann, 1924.

◎ Bosch 1916. Bosch, Reitz, S.C. *Catalogue of an Exhibition of Early Chinese Pottery and Sculpture.* New York: Metropolitan Museum of Art, 1916.

◎ Bowie, Theodore. *The Sculpture of Thailand.* New York: The Asia Society, Inc. 1972.

◎ Bunker 1928. Bunker, Frank F. *China and Japan*. Fhiladelphia: Lippincott & Co., 1928.

◎ Bunker 1964. Bunker, Emmy C. "The Spirit Kings in Sixth Century Chinese Buddhist Sculpture." *Archives of the Chinese Art Society of America*, 1964, vol. 18, pp. 26-37.

◎ Bussagli 1969. Bussagli, Mario. *Chinese Bronzes*, London, New York, Paul Hamlyn, 1969.

◎ Butterfield, Roger. "Avery Brundage." *Life*. New York: Time, Inc., June 14, 1948.

◎ Capolavori 1962. Capolavori nei secoli. *Enciclopedia di tutte I popoli in tutti I tempi.* Vol. 3. Milano: Fratelli Fabbri Editori, 1962.

◎ Cartwright 1958. Cartwright, W. Aubrey. *Guide to Art Museum in the United States, East Coast-Washington to Miami.* New York: Duell, Sloan & Pearce, c1958.

◎ Chang 2003. Chang Qing, "Search and Research: The Provenance of Longmen Images in the Freer Collection." *Orientations* 34 (May 2003): 16-25.

◎ Chapin, Helen, revised by A. C. Soper. "A Long Roll of Buddhist Images." *Artibus Asiae* 32.1, 2-3 (1970): part 2, 157-172.

◎ Chavannes, édouard (1865-1918). *Msiion Archeologique La Chine Septentrionale*, Paris: E. Leroux, 1909.

◎ Cheney 1937. Cheney, Sheldon. *A World History of Art.* New York, 1937, p. 267.

◎ Clark 1976. Clark, Carol, ed. *Masterpieces of World Art from American Museums from Ancient Egyptian to Contemporary Art.* Tokyo: National Museum of Western Art, 1976.

◎ Cleveland 1916. Cleveland Museum of Art. *Catalogue of the Inaugural Exhibition, June 6-September 20, 1916.* Cleveland, 1916.

◎ Cohen, Warren. *East Asian Art and American Culture.* New York: Columbia University Press, 1992.

◎ Cologne 1972. Cologne Museum für Ostasiatische Kunst. *Buddhistische Plastik aus China and Japan.* 1972.

◎ Crim 1981. Crim, Keith, ed. *Abingdon Dictionary of Living Religions.* Nashville, TN: Abingdon, 1981.

◎ Davidson 1954. Davidson, Joseph LeRoy. *The Lotus Sutra in Chinese Art: A Study in Buddhist Art to the Year 1000.* New Haven: Yale University Press, 1954.

◎ Davidson 1950. Davidson, Joseph LeRoy. "The Origin and Early Use of the Ju-i." *Artibus Asiae*, vol.13, no. 4, 1950, pp. 239-249.

◎ Davidson 1948. Davidson, Jospeh LeRoy. "Traces of Buddhist Evangelism in Early Chinese Art." *Artibus Asiae*, vol. 11, no. 4, 1948, pp. 251-265.

◎ Detroit 1929. Detroit Institute of Arts. *A Loan Exhibition of Chinese Art.* Detroit, 1929.

◎ Deydier 1980. Deydier, Christian. *Chinese Bronzes.* New York: Rizzoli International Publications, INC. 1980.

◎ Dutton, Denis, ed. *The Forger's Art.* Berkeley: University of California Press, 1983.

◎ Ferguson 1939. Ferguson, John Calvin. *Survey of Chinese Art.* Shanghai, 1939.

◎ Fleming, Stuart J. *Authenticity in Art: The Scientific Detection of Forgery.* New York: Crane, Russak & Co Inc., 1976.

◎ Fong, Wen. *The Lohans and a Bridge to Heaven.* Freer Gallery Occasional Papers, no. 1. Washington DC: the Freer Gallery of Art, 1958.

◎ Freer 1953. Freer Gallery of Art. "Chinese Art Recently Acquired by American Museums." *Chinese Art Society of America Archives*, vol. 7, 1953.

◎ Freer 1979. Freer Gallery of Art. *A Decade of Discovery.* Washington, D.C.: Freer Gallery of Art, 1979.

◎ Freer 1971. Freer Gallery of Art. *Eugene and Agnes E. Meyer Memorial Exhibition.* Washington, D.C., 1971.

◎ Freer 1983. Freer Gallery of Art. *The Freer Gallery of Art.* Washington, D.C.: Smithsonian Institition, 1983.

◎ Freer 1954. Freer Gallery of Art. *The Freer Gallery of Art of the Smithsonian Institution.* 10th printing, 1954.

◎ Freer 1976. Freer Gallery of Art. *Masterpieces of Chinese and Japanese Art: Freer Gallery of Art Handbook.* Washington DC, 1976.

◎ Fu, Shen C. Y. and Jan Stuart. *Challenging the Past: The Paintings of Chang Dai-chien.* Washington, D.C.: Smithsonian Institution, 1991.

◎ Ganza, Kenneth. "A Forged Buddhist Stele Inscription as a Case Study in Chinese Epigraphy." *Journal of the American Oriental Society*, vol. 111, no. 3, July-September 1991, pp. 512-522.

◎ Gesellschaft 1930. Gesellschaft für ostasiatische kunst, Berlin. *Chinesische kunst.* Berlin: B. Cassirer, 1930.

◎ Goodman, Nelson. *Languages of Art.* Indianapolis: Bobbs-Merrill, 1968.

◎ Grousset 1959. Grousset, René. *Chinese Art and Culture.* New York: Orion Press, 1959.

◎ Guest 1928. Guest, Grace D. "Art in Washington, The Freer Gallery of Art." *The Forerunner of the General Convention*, March, 1928, p. 35.

◎ Henderson, Gregory and Leon Hurvitz. "The Buddha of Seiryoji: New Finds and a New Theory." *Artibus Asiae*, vol. 19, no. 1, 1956, pp. 5-22.

◎ Hong Kong Museum of Art, ed. *Buddhist Sculptures: New Discoveries from Qingzhou.* Shandong Province, Hong Kong: The Leisure and Cultural Services Department, 2001.

◎ Hopkirk, Peter. *Foreign Devils on the Silk Road: The Search for the Lost Cities and Treasures of Chinese Central Asia.* Amherst: The University of Massachusetts Press, 1980.

◎ Horizon 1969. Horizon Magazine, ed. *The Horizon Book of the Arts of China.* New York: American Heritage Pub. Co., 1969.

◎ Ho 1966. Ho, Wai-kam. "Three Selected Stone Buddhas." In *Cleveland Museum of Art Bulletin*, April 1966.

◎ Howard 1993. Howard, Angela F. "Highlights of Chinese Buddhist Sculpture in the Freer Collection." *Orientations* 24, no. 5 (May 1993): 93-101.

◎ Howard 1986. Howard, Angela F. *The Imagery of the Cosmological Buddha.* Leiden: Brill, 1986.

◎ Howard 1984. Howard, Angela F. "The Momumental 'Cosmological Buddha' in the Freer Gallery of Art: Chronology and Style." *Ars Orientalis,* vol. 14, 1984, pp. 53-73.

◎ Ingholt 1957. Ingholt, Harald. *Gandharan Art in Pakistan.* New York: Pantheon Books, 1957.

◎ International Symposium 1982. International Symposium on the Conservation and Restoration of Cultural Property. *International Symposium on the Conservation and Restoration of Cultural Property: Interregional Influences in East Asian Art History, October 6 to 9, 1981, Tokyo.* Japan. Tokyo: Organizing Committee of the International Symposium on the Conservation and Restoration of Cultural Property, c1982.

◎ Jett and Douglas 1992. Jett, Paul and Janet G. Douglas. "Chinese Buddhist Bronzes in the Freer Gallery of Art: Physical Features and Elemental Composition." *Materials Research Society,* vol. 267 (1992): 205-223.

◎ Jones, Mark, ed. *Fake? The Art of Deception.* London: British Museum Publications Ltd., 1990.

◎ Juliano, Annette L. *Buddhist Sculpture from China: Selections from the Xi'an Beilin Museum, Fifth through Ninth Centuries.* New York: China Institute Gallery, 2007.

◎ Kennick, W.E. "Art and Inauthenticity." *Journal of Aesthetics and Art Criticism* 44, no. 1 (Fall 1985): 3-12.

◎ Kent, Richard K. "The Sixteen Luohans in the Baimiao Style: From Song to Early Qing." Ph.D. dissertation, Princeton University, 1995.

◎ Lawton 1983. Lawton, Thomas. "China's Artistic Legacy." *Apollo,* A special issue, originally published in *Apollo,* vol. 118, no. 258, August, 1983.

◎ Lee 1984. Lee, Jung-Hee. *The Contemplating Bodhisattva Images of Asia, with Special Emphasis on China and Korea.* Los Angeles: University of California, 1984.

◎ Lee S. 1984. Lee, Sherman E. "The Freer's Studies in Connoisseurship." *Museum News,* vol. 44, no. 1 (Spring 1984): 65-70.

◎ Lee 1955. Lee, Sherman E. "The Golden Image of the New-born Buddha." *Artibus Asiae,* 1955, vol. 18, nos. 3-4, pp. 225-237.

◎ Lefebvre d'Argence, Rene-Yvon, ed. *The Avery Brundage Collection: Chinese, Korean, and Japanese Sculpture.* San Francisco: The Asian Art Museum of San Francisco and Kodansha, 1974.

◎ Leidy 1990. Leidy, Denise Patry. "The Ssu-wei Figure in Sixth Century AD Chinese Buddhist Sculpture." *Archives of Asian Art* 43 (1990): 21-37.

◎ Leidy 2010. Leidy, Denise Patry and Donna Strahan. *Wisdom Embodied: Chinese Buddhist and Daoist Sculpture in the Metropolitan Museum of Art.* New York: The Metropolitan Museum of Art, 2010.

◎ Loo, C.T. & Cie. *An Exhibition of Ancient Chinese Ritual Bronzes.* Detroit, Mich. : Detroit Institute of Art, 1940.

◎ Loo 1940. Loo, C. T. *An Exhibition of Chinese Stone Sculpture.* New York: C. T. Too & Co., 1940.

◎ Lovell 1975. Lovell, Hin-cheung. "Some Northern Chinese Ceramic Wares of the Sixth and Seventh Centuries." *Oriental Art,* Winter 1975. n. s. 21, no. 4, pp. 328-343.

◎ Mallon 1915. Mallon, Paul. *Collection Paul Mallon.* Paris, 1915.

◎ Metropolitan 1916. Metropolitan Museum of Art. *Catalogue of an Exhibition on Early Chinese Pottery and Sculpture.* New York, 1916.

◎ Meyer 1927. Meyer, Agnes E. "The Charles L. Freer Collection." *The Arts,* August, 1927, vol. 12, no. 2.

◎ Morse 1986. Morse, Samuel Crowell. *The Formation of the Plain-wood Style and the Development of Buddhist Sculpture: 760-840.* Ann Arbor, Mich.: University of Microfilms International, 1986, c1985, fig. 77.

◎ Morton, Louise H. and Thomas R. Foster. "Goodman, Forgery, and the Aesthetic." *Journal of Aesthetics and Art Criticism* 49, no. 2 (Spring 1991), pp. 155-159.

◎ Münsterberg 1946. Münsterberg, Hugo. "Buddhist Bronzes of the Six Dynasties Period." *Artibus Asiae,* vol. 9, no. 4, 1946, pp. 275-314.

◎ Munsterberg 1967. Munsterberg, Hugo. *Chinese Buddhist Bronzes,* Tokyo, Rutland: Charles E. Tuttle Company, 1967.

◎ Murray, Julia. *A Decade of Discovery.* Washington, DC, 1979.

◎ Museum für 1972. Museum für Ostasiatische Kunst der Stadt Köln. *Buddhistische Plastik aus China und Japan: Bestandskatalog des Museums für ostasiatische Kunst der Stadt Köln.* By Gabbert Avitabile, Gunhild. Wiesbaden: Franz Steiner, 1972.

◎ Museum of Fine Arts, Boston, ed. *Selected Masterpieces of Asian Art.* Boston: Museum of Fine Arts, Boston 1992.

◎ Nag 1937. Nag, K. *Art and Archaeology Abroad.* Calcutta, 1937.

◎ National Gallery of Art. *The Sculpture of Indonesia.* Washington, D.C., 1990.

◎ Nickel, Lukas. *Return of the Buddha: The Qingzhou discoveries.* London: Royal Academy of Arts, 2002.

◎ Nourse 1935. Nourse, Mary. *The Four Hundred Million*. Indianoplis, 1935.

◎ Pontynen 1985. Pontynen, Arthur John. "The Early Development of Taoist Art." Ph.D. Thesis, University of Iowa, 1983. Ann Arbor, Mich.: University Microfilms International, 1985.

◎ Pontynen 1982/83. Pontynen, Arthur. "Philosophia Perennis *ars Orientalis*: A Buddhist-Taoist Icon in the Freer Gallery of Art." *Oriental Art*, n. s. winter, 1982/83, vol. 28, no. 4, pp. 359-367.

◎ Pope 1971. Pope, John A. *The Freer Gallery of Art: China*. Tokyo: Kodansha Ltd., 1971.

◎ Rhie 1995. Rhie, Marylin M. "The Earliest Chinese Bronze Bodhisattva Sculptures." *Arts of Asia*, vol. 25, no. 2, March-April 1995, pp. 86-97.

◎ Rhoades 1919. Rhoades, Katharine N. "Recent Additions to the Freer Collection." *Art and Archaeology*, vol. 8, no. 5 (Sep./Oct. 1919), p. 285.

◎ Riley 1952. Riley, Olive L. *Your Art Heritage*. New York, 1952.

◎ Scaglia 1958. Scaglia, Gustina. "Central Asians on a Northern Ch'i Gate Shrine." *Artibus Asiae*, vol. 21, no. 1, 1958, pp. 9-28.

◎ Seymour 1949. Seymour, Charles. *Tradition and Experiment in Modern Sculpture*. Washington: American University Press, 1949.

◎ Sickman 1956. Sickman, Laurence. *The Art and Architecture of China*. London: Penguin Books, 1956.

◎ Siren 1929-1930. Siren, Osvald. *A History of Early Chinese Art*. London: E. Benn, Limited, 1929-1930.

◎ Siren 1933. Siren , Osvald. *A History of Early Chinese Painting*. London, 1933.

◎ Siren 1962. Siren, Osvald. "The Chinese Marble Bust in the Rietberg Museum." *Artibus Asiae*, vol. 25, no. 1, 1962, pp. 9-22.

◎ Siren 1925. Siren, Osvald. *Chinese Sculptures from the Fifth to the Fourteenth Centuries*. London, 1925.

◎ Siren, Osvald. *Chinese Sculpture from the Fifth to the Fourteenth Century*. New York, 1970.

◎ Siren 1959. Siren, Osvald. *Chinese Sculptures in the von der Heydt Collection*. Zurich: Museum Reitberg, 1959.

◎ Siren 1938. Siren, Osvald. "Indian and Other Influences in Chinese Sculpture." In *Studies in Chinese Art and Some Indian Influences*, chapter two. London, 1938.

◎ Siren 1942. Siren, Osvald. *Kinas Konst under tre Artusenden*. Stockholm, 1942.

◎ Siren 1925/1926. Siren, Osvald. "Quelques Observations sur les Imitations des Anciennes Sculptures Chinoises." *Artibus Asiae*, vol. 1, no. 2, 1925, pp. 132-145.

◎ Smithsonian 1986. Smithsonian Institution. *Annual report of the Smithsonian Institution for the year ended September 30, 1985*. Washington, D. C.: Smithsonian Institution, 1986.

◎ Snellgrove 1978. Snellgrove, David. *The Image of the Buddha*. Tokyo: Kodansha/UNESCO, 1978.

◎ Soper 1966. Soper, Alexander C. *Chinese, Korean and Japanese Bronzes: A Catalogue of the Auriti Collection*. Roma: IsMEO, 1966.

◎ Stein, Sir Aurel. *Ancient Khotan: Detailed Report of Archaeological Exploration in Chinese Turkisitan*. Oxford: Clarendon press, 1907.

◎ ———. *Innermost Asia: Detailed Reported of Explorations in Central Asia, Kan-su, and Eastern Iran*. Oxford: Clarendon press, 1928.

◎ ———. *Sand Buried Ruins of Khotan*. London: T.F. Uniwn, 1903.

◎ ———. *Serindia: Detailed Report of Explorations in Central Asia and Westernmost China*. Oxford: Clarendon press, 1921.

◎ Stuart and Chang 2002. Stuart, Jan and Chang Qing. "Chinese Buddhist Sculpture in a New Light at the Freer Gallery of Art." *Orientations* 33, no. 4 (April 2002): 32-35.

◎ Swann 1963. Swann, Peter C. *The Art of China, Korea and Japan*. New York: Praeger, 1963.

◎ Swergold, Leo and Eileen Hsu. *Treasures Rediscovered: Chinese Stone Sculpture from the Sackler Collections at Columbia University*. New York: Miriam and Ira D. Wallach Art Gallery, 2008.

◎ Tsiang 2010. Tsiang, Katherine R., ed., *Echoes of the Past: The Buddhist Cave Temples of Xiangtangshan*. Chicago and Washington DC: Smart Museum of Art, Arthur M. Sackler Gallery, 2010.

◎ The Walters Art Gallery. *The Sacred sculpture of Thailand*. London, 1997.

◎ Warner 1923. Warner, Langdon. "The Freer Gift of Eastern Art to America." *Asia*, vol. 23, no. 8, Auguest 1923, pp. 590-594.

◎ Warner, Langdon. *The Long Old Road in China*. New York: Doubleday, Page & company; 1926.

◎ Watson 1981. Watson, William. *Art of Dynastic China*. New York: Abrams, 1981, c1979.

◎ Watt, James C. Y. *China: Dawn of a Golden Age, 200-750 AD*. New York: The Metropolitan Museum of Art, 2005.

◎ Weidner 1994. Weidner, Marsha. *Latter Days of the Law: Images of Chinese Buddhism 850-1850*. University of Hawaii Press, 1994.

◎ Wenley 1957. Wenley, Archibald Gibson. "A Radiocarbon Dating of a Yunnanese Image of Avalokitesvara." *Ars Orientalis*, vol. 2, 1957, p. 508.

◎ Wenley 1944. Wenley, Archibald Gibson & John A Pope. *China*. Washington, Smithsonian Institution, 1944.

◎ Willetts 1965. Willetts, William. *Foundations of Chinese Art from Neolithic Pottery to Modern Architecture*. New York, etc.: McGraw-Hill, 1965.

◎ Yamanaka & Company, Inc. *Exhibition of Early Chinese Bronzes, Stone Sculptures and Potteries*. New York, 1926.

◎ ——. *Collection of Chinese and Other Far Eastern Art*. New York, 1943.

◎ Yen 1986. Yen Chuan-ying. "Sculpture from the Tower of Seven Jewels: The Style, Patronage and Iconography of the T'ang Monument." Harvard University Ph.D. thesis, May 1986.

◎ Yu, Chun-fang. *Kuan-Yin: The Chinese Transformation of Avalokitesvara*. New York: Columbia University Press, 2001.

◎ Yu 1916. Yu, Hsiao-ch'i and Chi-tseng Chang. *Masterpieces in Chinese National Art: The Collection of Mr. Seaouk'e Yue*. Shanghai, 1916.

Index of
Terms in the Book
术语索引

天平 / 48,52,242

天统 / 60,61,143

天尊 / (著录) 301,302,303

陀罗尼 / 125,184,186,187,188,237

W

潍坊 / 227

魏晋风度 / 38

维摩诘 / 58,115,118,120,121,151,156,166,169,
170,179,194,195,202,215,216,217,222

韦纽天 / 199

伪造 / 225,226,227,228,229,230,234,236,237,
238,239,240,243,244,245,247

文殊 / 56,58,91,96,101,102,104,115,118,120,
121,151,166,169,170,183,187,188

文宣帝 / 133

文昭皇太后 / 118

万佛寺 / 56,164,173

吴道子 / (著录) 205

五方佛 / 188

无量寿 / 48,156,158,178,188,189

武定 / 48,52,59,170,196,221,242

武平 / 56,61,64,86,142,169,233

武泰 / (著录) 295

武威 / 111

吴越国 / 91,104,183,187

武则天 / 67,76,77,81,86,126,130,151,192

武周 / 76,81,84,85,124,128,130

X

下华严寺 / (著录) 211

西安 / 9,22,25,46,48,54,61,67,72,75,76,77,81,
84,96,124,127,140,151,161,164,184,
223,238,245

鲜卑 / 31,56,158,240

西安碑林博物馆 / 46,72,75,77,81,96,161,164

香港 / 16,21,82,92,115,228

香水海 / 199,200,207,212,222,223

响堂山 / 4,7,11,16,18,56,58,61,67,74,86,109,
112,128,129,133,134,136,139,142,143,
144,145,147,151,173,179

象牙 / 107

显庆 / 82

仙人 / 96,174,194

箫 / 194

孝文帝 / 10,11,31,38,56,118,120,157,158,238,
240

悉达多 / 145,161

西方极乐世界 / 146,178

西方净土变 / 146,147,179

兴安 / (著录) 4,5

兴和 / 48,56,174,178,195,196,238

心经 / (著录) 130

熙平 / 43,44,234

修定寺 / 16

秀骨清像 / 151,158,234

西雅图艺术博物馆 / 14

宣武帝 / 10,118,238

须弥山 / 54,64,184,191,196,200,202,209,210,
211,212,223

Y

延昌 / 161,237

焰光大城 / 209,210

阎立本 / 25

阎罗王 / 199,206

烟霞洞 / 104

延兴 / 34,36

赝品 / 112,131,132,148,150,153,158,225,226,
227,228,229,230,232,234,236,237,238,
240,241,242,243,244,245,247

腰鼓 / 194

亚洲艺术博物馆 / 1,2,16,17,60,96,99,151,174

药师 / 11,18,189

药王山博物馆 / 46,65

叶昌炽 / 227,238

印度教 / 183,187

永隆 / 85,86,122

永平 / 38,46

永熙 / 44,48,170

元嘉 / 35,153,154,155,158

元象 / 48,195

元祐 / 92,96,180,195

榆林窟 / 90,96,183

云冈石窟 / 4,7,19,25,31,38,111,118,158,162,
170,174,199,212

语石 / 227,238

宇文泰 / 54,164

宇文邕 / 143

宇宙佛 / 196,202

宇宙主释迦佛 / 191,196,202

Z

藏传佛教 / 90,103,106

造像碑 / 4,7,11,13,17,19,38,46,55,58,61,62,
65,66,67,82,84,86

张僧繇 / 48,54,164

张胜温 / 202

张掖 / 38,111,155

旃檀 / 153

赵匡胤 / 92

昭陵六骏 / 4

正德 / 60

正定 / 34,42,48,61

贞观 / 76,82,215,222

正光 / 42,45,45,52,139,234

芝加哥 / 6,19,100,128,134,195

至元 / 101,102,149,184

中洞 / 10,11,73,118,120,121,129,130,133,142,
143,173

中心柱窟 / 111,112,133,142,145

中亚 / 67,101,151,154,156,195

周昉 / 96,183

周武帝 / 143

庄子 / (著录) 303

珠王 / 219

About the Author

Dr. Chang Qing received his B.A and M.A. from the Archaeology Department at Beijing University and his Ph.D. from the Art History Department at the University of Kansas. He has conducted research at three institutes in China: the Longmen Research Institute, the Archaeological Research Institute of Chinese Social Science Academy, and the Chinese Buddhist Research Institute. He later became the senior research fellow at the Freer and Sackler Galleries at the Smithsonian Institute in Washington D.C. and a post-doctorial fellow at the Metropolitan Museum of Art in New York City. He was the Curatorial Fellow of Asian Art at the Ackland Art Museum of the University of North Carolina, Chapel Hill, and Associate Curator of Asian art at the Ringling Museum of Art, Sarasota, Florida. His field of expertise is Chinese Buddhist art, including Buddhist architecture, sculpture, and painting. Currently, he is research curator at the Crow Collection of Asian Art in Dallas, TX. He has published numerous research articles, and this is his tenth book. (Email: changq2002@gmail.com)

作者简介

常青，1962 年 12 月生于陕西省西安市。北京大学考古系学士与硕士，主修中国石窟寺艺术。曾在龙门石窟研究所、中国社会科学院考古研究所、中国佛教文化研究所、乐天文化股份有限公司，长期从事佛教文化数据库工作。1999 年来到美国研究、学习与定居。曾在华盛顿佛利尔美术馆、国家美术馆做高级访问学者，研究美国各大博物馆收藏的中国佛教艺术品。2005 年在堪萨斯大学获中国艺术史博士学位。后在纽约大都会艺术博物馆亚洲部做博士后研究，在北卡大学亚克兰艺术博物馆、佛罗里达州瑞格林艺术博物馆担任亚洲艺术策展人。2010~2015 年在密苏里州圣路易华盛顿大学、密苏里大学圣路易分校讲授亚洲艺术史与中国艺术史。2016 年以后任达拉斯亚洲艺术博物馆研究员。出版 9 种专著、40 余篇研究论文，主要研究中国佛教艺术。

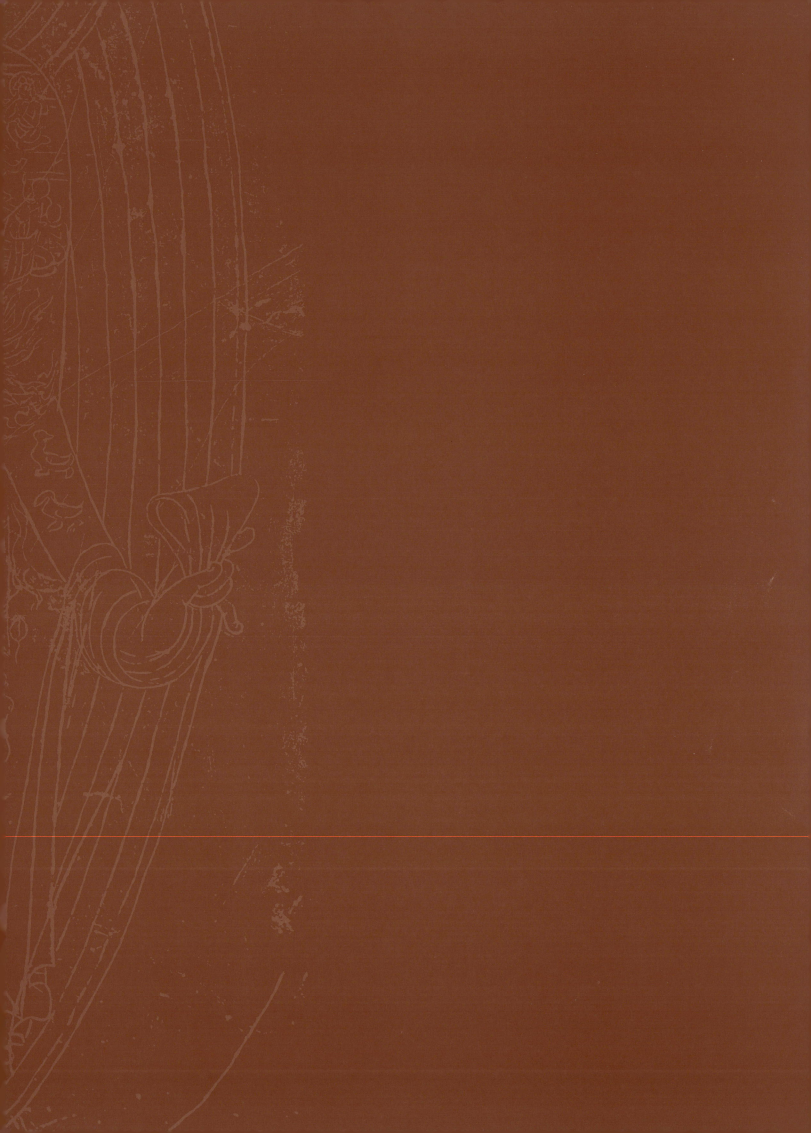